Kaufmann

Bauordnung Sachsen-Anhalt

Bauordnung Sachsen-Anhalt

mit ergänzenden Vorschriften

Textausgabe mit Einführung

von
Friedhelm Kaufmann
Regierungsamtsrat
Ministerium für Bau und Verkehr
des Landes Sachsen-Anhalt,
Magdeburg

2. Auflage, Mai 2002

::rehm *bau*

Die Deutsche Bibliothek – CIP-Einheitsaufnahme

Bauordnung Sachsen-Anhalt : [vom 9. Februar 2001] ;
mit ergänzenden Vorschriften ; Textausgabe mit Einführung /
von Friedhelm Kaufmann. – 2. Aufl. – München : Rehm, 2002
Einheitssacht.: Bauordnung des Landes Sachsen-Anhalt
ISBN 3-8073-1389-3

Bei der Herstellung des Buches haben wir uns zukunftsbewusst für
umweltverträgliche und wiederverwertbare Materialien entschieden.
Der Inhalt ist auf elementar chlorfreiem Papier gedruckt.

ISBN 3-8073-1389-3

Verlagsgruppe Jehle Rehm GmbH
Emmy-Noether-Str. 2, 80992 München
und
Friedrichstraße 130 a, 10117 Berlin

Satz: TypoScript GmbH, München
Druck und Verarbeitung: Ebner & Spiegel, Ulm

Vorwort

In diesem Werk sind die am 9. Februar 2001 neu gefasste Bauordnung des Landes Sachsen-Anhalt und die aus Sicht des Verfassers und des Verlages bis Mai 2002 erschienen und für den Praktiker wichtigen ergänzenden Vorschriften – einschließlich dem aktuellen Gebührenrecht – für das Bauordnungsrecht des Landes zusammengefasst.

Ziel ist es, dem Bauherrn und Planer sowie den Baugenehmigungsbehörden und Bauausführenden alle für die tägliche Arbeit entscheidenden Vorschriften an die Hand zu geben.

In der Einführung wird in aller gebotenen Kürze auf die Entwicklung der Landesbauordnung und auf die aktuellen Änderungen des Gesetzes aus dem Jahre 2001 eingegangen; die Synopse dürfte dabei hilfreich sein. Eine Zusammenfassung zum aktuellen Rechtsstand der ergänzenden Vorschriften rundet die Einführung ab.

Bei der Auswahl der ergänzenden Vorschriften kam es auf Aktualität und eine gewisse Vollständigkeit der Sammlung an – und so wurde das relativ späte Erscheinungsdatum des Werkes bewusst in Kauf genommen. Verfasser und Verlag gehen davon aus, dass dies auch im Sinne des Nutzers ist und bedanken sich für die Geduld.

Magdeburg, im Mai 2002   Friedhelm Kaufmann

Inhaltsverzeichnis

Um Ihnen die Handhabung des Werkes zu erleichtern, haben wir im Inhaltsverzeichnis novellierte Vorschriften mit einem schwarzen Pfeil ▶ und lediglich geänderte mit einem weißen Pfeil ▷ gekennzeichnet.

	Seite
Vorwort	V

I. Einführung
1. Allgemeines 1
2. Synopse 3
3. Die Änderungen nach der BauO LSA 2001 8
4. Ergänzende Vorschriften im Überblick 21

II. Texte
▶ 1. Bauordnung des Landes Sachsen-Anhalt (BauO LSA) 27
▶ 2. Bauvorlagenverordnung (BauVorlVO) 123
▷ 3. Bautechnische Prüfungsverordnung (BauPrüfVO) 143
▶ 4. Garagenverordnung (GaVO) 151
▷ 5. Feuerungsverordnung (FeuVO) 169
▶ 6. Baugebührenverordnung (BauG-VO) 189
▶ 7. Verordnung über staatlich anerkannte Sachverständige nach der Bauordnung Sachsen-Anhalt (BauO-SV-VO) 225
▷ 8. Verordnung über anerkannte Sachverständige für die Prüfung technischer Anlagen und Einrichtungen nach Bauordnungsrecht (Bauordnungsrechtliche Sachverständigenverordnung – BauSVO) 259
▷ 9. Verordnung über die Übertragung von bauaufsichtlichen Befugnissen und Zuständigkeiten (Bauaufsichtliche Übertragungsverordnung) 263
▷ 10. Verordnung über Campingplätze und Wochenendplätze (CWVO) 265
▶ 11. Verordnung über die Überwachung von Tätigkeiten mit Bauprodukten und bei Bauarten (ÜTVO) 275
▶ 12. Verordnung über Anforderungen an Hersteller von Bauprodukten und Anwender von Bauarten (Hersteller- und Anwenderverordnung – HAVO) 277
▶ 13. Verordnung über das Übereinstimmungszeichen (Übereinstimmungszeichen-Verordnung – ÜZVO) 281

		Seite
14.	Verordnung über die Anerkennung als Prüf-, Überwachungs- oder Zertifizierungsstelle nach Bauordnungsrecht (PÜZAVO)	283
15.	Verordnung über die erweiterte Anwendung der Dampfkesselverordnung, der Druckbehälterverordnung und der Aufzugsverordnung in Sachsen-Anhalt	289
16.	Verordnung zur Feststellung der wasserrechtlichen Eignung von Bauprodukten und Bauarten (WasBauPVO)	291
▷ 17.	Liste der Technischen Baubestimmungen	293
▷ 18.	Verwaltungsvorschriften zur BauO LSA zu Stellplätzen und Garagen	361

I.
Einführung

1. Allgemeines

Am 20. Juli 1990 erließ die Volkskammer der Deutschen Demokratischen Republik das Gesetz über die Bauordnung (BauO), welches am 1. August 1990 in Kraft trat. Diese BauO war inhaltlich bis auf wenige Ausnahmen mit der **Musterbauordnung (MBO)** identisch. Mit dem Vertrag über die Herstellung der Einheit Deutschlands (Einigungsvertrag) zwischen der Bundesrepublik Deutschland und der Deutschen Demokratischen Republik vom 6. September 1990 wurde die BauO als Landesrecht fortgeführt.

Die Bauordnung für das Land Sachsen-Anhalt vom 23. Juni 1994 (BauO LSA) war die erste im Landesgesetzgebungsverfahren beschlossene Landesbauordnung und lehnte sich in weiten Teilen an die Musterbauordnung an.

Bereits im Jahre 1955 haben Bund und Länder die „Bad Dürkheimer Vereinbarung" geschlossen, wonach der Bund sich verpflichtet, von seiner Gesetzgebungskompetenz im bauordnungsrechtlichen Bereich keinen Gebrauch zu machen, wenn die Länder diese Rechtsgebiete „im Grundsätzlichen einheitlich" regeln würden. Aus diesem Grunde wurde von der Arbeitsgemeinschaft der für das Bau-, Wohnungs- und Siedlungswesen zuständigen Minister der Länder (ARGEBAU), eine Musterbauordnung (MBO) erarbeitet, die in der Folgezeit fortgeschrieben wurde und als Grundlage für die einzelnen Länderbauordnungen dient.

Die MBO wurde seit 1994 mehrfach geändert, insbesondere der Abschnitt 3 „Bauprodukte und Bauarten", da diese Änderungen im Zusammenhang mit der Umsetzung der EG-Bauproduktenrichtlinie hinsichtlich der Verwendung von Bauprodukten und Bauarten, die nach dem Bauproduktengesetz oder nach weiteren, der Umsetzung anderer EG-Richtlinien dienenden Vorschriften in Verkehr gebracht werden, stehen.

Die Regelungen der MBO wurden nun mit der vorliegenden Neufassung im Rahmen der einheitlichen Umsetzung der materiellen Anforderungen im Wesentlichen in die BauO LSA übernommen; das **formelle Bauordnungsrecht** wurde insoweit geändert, dass die bauordnungsrechtlichen Anforderungen der Praxis aber auch den veränderten Auffassungen hinsichtlich des Sicherheitsdenkens und der Notwendigkeit einer präventi-

Einführung

ven behördlichen Kontrolle gerecht werden. Im Übrigen ist Ziel der neuen Bauordnung, eine **Verfahrensbeschleunigung** herbeizuführen (siehe § 67 ff.) und die **kommunale Verantwortung zu stärken** (siehe §§ 53, 68 und 90), verbunden mit Vereinfachung und Transparenz.

Einen nicht unwichtigen Anteil beinhaltet die Bauordnung auch an verstärkten Aufgaben der **Sozial- und allgemeinen Fürsorge** – in Ergänzung zu den historischen Aufgaben der Gefahrenabwehr, Baugestaltung und Vollzug der städtebaulichen Planung. Ein besonderer Augenmerk ist daher, beim Baugeschehen die Frage barrierefreier Zugänglichkeit besser zu berücksichtigen, um damit eine Besserstellung besonderer Personengruppen zu erreichen (siehe §§ 39, 40, 50 und 57).

Ein weiterer Schwerpunkt der neuen Bauordnung ist die Bestimmung des **vereinfachten Genehmigungsverfahrens zum Regelverfahren** und die Prüfeinschränkung, dass nur noch für wenige Vorhaben, die wegen ihres technischen Schwierigkeitsgrades oder wegen der besonderen Art ihrer Nutzung ein umfassendes Genehmigungsverfahren erfordern, durchgeführt wird (siehe § 67).

Noch weiter geht die **Genehmigungsfreistellung** für bestimmte bauliche Anlagen (siehe § 68). Hiermit ist die erhöhte Verantwortung des Bauherrn und der am Bau Beteiligten – vornehmlich der Architekten, Bauingenieure, Unternehmer und Bauleiter verbunden. Um ihre planungsrechtlichen Interessen wahren zu können, ist die Gemeinde hier vor Baubeginn durch die Einreichung der Bauvorlagen von den beabsichtigten Bauvorhaben in Kenntnis zu setzen.

Die Verlagerung von Aufgaben der Bauaufsichtsbehörde auf **privat tätige Sachverständige** (siehe § 67 ff.) ist eine konsequente Folge aus dem Versuch der Deregulierung des Baurechts.

Das Gesetz zur Vereinfachung des Baurechts in Sachsen-Anhalt vom 9. 2. 2001, in dessen ersten Artikel die Bauordnung Sachsen-Anhalt (BauO LSA) enthalten ist, wurde am 15. 2. 2001 im GVBl. LSA S. 50 verkündet.

Gemäß Art. 7 des Gesetzes zur Vereinfachung des Baurechts in Sachsen-Anhalt gelten die Vorschriften im Wesentlichen vom **1. Mai 2001** an (vgl. die Hinweise zu Art. 7 am Ende der Einführung).

Die **BauO LSA** enthält jetzt 93 Paragraphen. Neu aufgenommen wurden:

§ 35 – Vorbauten –, § 68 – Genehmigungsfreistellung – und § 74 – Ersetzung des gemeindlichen Einvernehmens –. Hierdurch kommt es zu

Verschiebungen gegenüber den Regelungen in der alten Fassung. Zur besseren Übersicht wird auf die Synopse (siehe Nr. 2 der Einführung) verwiesen.

2. Synopse BauO LSA 1994/2001

BauO LSA 1994 vom 23. Juni 1994 (GVBl. LSA S. 339)	BauO LSA 2001 vom 9. Februar 2001 (GVBl. LSA S. 50)

TEIL 1
Allgemeine Vorschriften

§ 1	Anwendungsbereich	§ 1	Anwendungsbereich
§ 2	Begriffe	§ 2	Begriffe
§ 3	Allgemeine Anforderungen	§ 3	Allgemeine Anforderungen

TEIL 2
Das Grundstück und seine Bebauung

§ 4	Bebauung der Grundstücke mit Gebäuden	§ 4	Bebauung der Grundstücke mit Gebäuden
§ 5	Zugänge und Zufahrten auf den Grundstücken	§ 5	Zugänge und Zufahrten auf den Grundstücken
§ 6	Abstandflächen	§ 6	Abstandflächen
§ 7	Übernahme von Abstandflächen auf Nachbargrundstücke	§ 7	Übernahme von Abstandflächen auf Nachbargrundstücke
§ 8	Teilung von Grundstücken	§ 8	Teilung von Grundstücken
§ 9	Nicht überbaute Flächen der bebauten Grundstücke, Kinderspiel- und Freizeitflächen	§ 9	Nicht überbaute Flächen der bebauten Grundstücke, Kinderspiel- und Freizeitflächen
§ 10	Einfriedungen von Baugrundstücken und baulichen Anlagen	§ 10	Einfriedung von Baugrundstücken und baulichen Anlagen
§ 11	Gemeinschaftsanlagen	§ 11	Gemeinschaftsanlagen

TEIL 3
Bauliche Anlagen

Abschnitt 1
Gestaltung

§ 12	Baugestaltung	§ 12	Baugestaltung
§ 13	Anlagen der Außenwerbung und Warenautomaten	§ 13	Anlagen der Außenwerbung und Warenautomaten

Einführung

BauO LSA 1994 vom 23. Juni 1994 (GVBl. LSA S. 339)	BauO LSA 2001 vom 9. Februar 2001 (GVBl. LSA S. 50)

Abschnitt 2
Allgemeine Anforderungen an die Bauausführung

§ 14 Bauteile	§ 14 Bauteile
§ 15 Standsicherheit	§ 15 Standsicherheit
§ 16 Schutz gegen schädliche Einflüsse	§ 16 Schutz gegen schädliche Einflüsse
§ 17 Brandschutz	§ 17 Brandschutz
§ 18 Wärmeschutz	§ 18 Wärmeschutz, Schallschutz und Erschütterungsschutz
§ 19 Verkehrssicherheit	§ 19 Verkehrssicherheit

Abschnitt 3
Bauprodukte und Bauarten

§ 20 Bauprodukte	§ 20 Bauprodukte
§ 21 Allgemeine bauaufsichtliche Zulassung	§ 21 Allgemeine bauaufsichtliche Zulassung
§ 22 Allgemeines bauaufsichtliches Prüfzeugnis	§ 22 Allgemeines bauaufsichtliches Prüfzeugnis
§ 23 Nachweis der Verwendbarkeit von Bauprodukten im Einzelfall	§ 23 Nachweis der Verwendbarkeit von Bauprodukten im Einzelfall
§ 24 Bauarten	§ 24 Bauarten
§ 25 Übereinstimmungsnachweis	§ 25 Übereinstimmungsnachweis
§ 26 Übereinstimmungserklärung des Herstellers	§ 26 Übereinstimmungserklärung des Herstellers
§ 27 Übereinstimmungszertifikat	§ 27 Übereinstimmungszertifikat
§ 28 Prüf-, Zertifizierungs- und Überwachungsstellen	§ 28 Prüf-, Zertifizierungs- und Überwachungsstellen

Abschnitt 4
Wände, Decken und Dächer

§ 29 Tragende Wände, Pfeiler und Stützen	§ 29 Tragende Wände, Pfeiler und Stützen
§ 30 Außenwände	§ 30 Außenwände
§ 31 Trennwände	§ 31 Trennwände
§ 32 Brandwände	§ 32 Brandwände
§ 33 Decken	§ 33 Decken
§ 34 Dächer	§ 34 Dächer
	§ 35 Vorbauten

BauO LSA 1994	BauO LSA 2001
vom 23. Juni 1994	vom 9. Februar 2001
(GVBl. LSA S. 339)	(GVBl. LSA S. 50)

Abschnitt 5
Treppen, Rettungswege, Aufzüge und Öffnungen

§ 35 Treppen	§ 36 Treppen
§ 36 Treppenräume	§ 37 Treppenräume und Ausgänge
§ 37 Allgemein zugängliche Flure	§ 38 Notwendige Flure und Gänge
§ 38 Aufzüge	§ 39 Aufzüge
§ 39 Fenster, Türen, Kellerlichtschächte	§ 40 Fenster, Türen, Kellerlichtschächte
§ 40 Umwehrungen und Abdeckungen	§ 41 Umwehrungen und Abdeckungen

Abschnitt 6
Haustechnische Anlagen und Feuerungsanlagen

§ 41 Leitungen, Lüftungsanlagen, Installationsschächte, Installationskanäle	§ 42 Leitungen, Lüftungsanlagen, Installationsschächte, Installationskanäle
§ 42 Feuerungsanlagen, Wärme- und Brennstoffversorgungsanlagen	§ 43 Feuerungsanlagen, Wärme- und Brennstoffversorgungsanlagen
§ 43 Wasserversorgungsanlagen	§ 44 Wasserversorgungsanlagen
§ 44 Anlagen für Abwässer und Niederschlagswasser	§ 45 Anlagen für Abwasser
§ 45 Einleitung der Abwässer in Kleinkläranlagen, Gruben oder Sickeranlagen	§ 46 Kleinkläranlagen, Gruben und Sickeranlagen
§ 46 Abfallschächte	§ 47 Abfallschächte
§ 47 Anlagen für feste Abfälle und Wertstoffe	§ 48 Anlagen für feste Abfälle und Wertstoffe

Abschnitt 7
Aufenthaltsräume und Wohnungen

§ 48 Aufenthaltsräume	§ 49 Aufenthaltsräume
§ 49 Wohnungen	§ 50 Wohnungen
§ 50 Aufenthaltsräume und Wohnungen in Kellergeschossen und Dachräumen	§ 51 Aufenthaltsräume und Wohnungen in Kellergeschossen und Dachräumen
§ 51 Bäder und Toilettenräume	§ 52 Bäder und Toilettenräume

Einführung

BauO LSA 1994	BauO LSA 2001
vom 23. Juni 1994	vom 9. Februar 2001
(GVBl. LSA S. 339)	(GVBl. LSA S. 50)

Abschnitt 8
Besondere Anlagen

§ 52 Stellplätze und Garagen	§ 53 Stellplätze und Garagen
§ 53 Ställe	§ 54 Ställe
§ 54 Ausnahmen für Behelfsbauten und untergeordnete Gebäude	§ 55 Behelfsbauten und untergeordnete Gebäude
§ 55 Bauliche Anlagen und Räume besonderer Art oder Nutzung	§ 56 Bauliche Anlagen und Räume besonderer Art oder Nutzung
§ 56 Bauliche Anforderungen zugunsten Behinderter und anderer Personengruppen	§ 57 Barrierefreies Bauen

TEIL 4
Die am Bau Beteiligten

§ 57 Grundsatz	§ 58 Grundsatz
§ 58 Bauherr	§ 59 Bauherr oder Bauherrin
§ 59 Entwurfsverfasser	§ 60 Entwurfsverfasser oder Entwurfsverfasserin
§ 60 Unternehmer	§ 61 Unternehmer oder Unternehmerin
§ 61 Bauleiter	§ 62 Bauleiter oder Bauleiterin

TEIL 5
Bauaufsichtsbehörden und Verwaltungsverfahren

§ 62 Aufbau der Bauaufsichtsbehörden	§ 63 Aufbau der Bauaufsichtsbehörden
§ 63 Aufgaben und Befugnisse der Bauaufsichtsbehörden	§ 64 Aufgaben und Befugnisse der Bauaufsichtsbehörden
§ 64 Sachliche Zuständigkeit	§ 65 Sachliche Zuständigkeit
§ 65 Genehmigungsbedürftige Vorhaben	§ 66 Genehmigungsbedürftige Vorhaben
§ 66 Vereinfachtes Baugenehmigungsverfahren	§ 67 Vereinfachtes Baugenehmigungsverfahren
	§ 68 Genehmigungsfreistellung
§ 67 Baugenehmigungsfreie Vorhaben	§ 69 Genehmigungsfreie Vorhaben

Einführung

BauO LSA 1994
vom 23. Juni 1994
(GVBl. LSA S. 339)

- § 68 Bauantrag und Bauvorlagen
- § 69 Bauvorlageberechtigung
- § 70 Vorbescheid
- § 71 Behandlung des Bauantrages

- § 72 Ausnahmen und Befreiungen
- § 73 Beteiligung der Nachbarn
- § 74 Baugenehmigung und Baubeginn
- § 75 Teilbaugenehmigung
- § 76 Geltungsdauer der Baugenehmigung
- § 77 Typengenehmigung und Typenprüfung
- § 78 Genehmigung Fliegender Bauten
- § 79 Zustimmung zu Vorhaben öffentlicher Bauherrn
- § 80 Verwendungsverbot unrechtmäßig gekennzeichneter Bauprodukte
- § 81 Baueinstellung sowie Beseitigung und Nutzungsuntersagung baulicher Anlagen

- § 82 Bauüberwachung
- § 83 Bauzustandsbesichtigung
- § 84 Baulasten und Baulastenverzeichnis

TEIL 6
Ordnungswidrigkeiten, Rechtsvorschriften, Übergangs- und Schlussvorschriften

- § 85 Ordnungswidrigkeiten
- § 86 Erlass von Verordnungen

BauO LSA 2001
vom 9. Februar 2001
(GVBl. LSA S. 50)

- § 70 Bauantrag und Bauvorlagen
- § 71 Bauvorlageberechtigung
- § 72 Vorbescheid
- § 73 Behandlung des Bauantrages
- § 74 Ersetzung des gemeindlichen Einvernehmens
- § 75 Abweichungen, Ausnahmen und Befreiungen
- § 76 Beteiligung der Nachbarn
- § 77 Baugenehmigung und Baubeginn
- § 78 Teilbaugenehmigung
- § 79 Geltungsdauer der Baugenehmigung
- § 80 Typengenehmigung und Typenprüfung
- § 81 Genehmigung Fliegender Bauten
- § 82 Zustimmung zu Vorhaben öffentlicher Bauherrn
- § 83 Verwendungsverbot unrechtmäßig gekennzeichneter Bauprodukte
- § 84 Baueinstellung sowie Beseitigung und Nutzungsuntersagung baulicher Anlagen sowie anderer Anlagen und Einrichtungen
- § 85 Bauüberwachung
- § 86 Bauzustandsbesichtigung
- § 87 Baulasten und Baulastenverzeichnis

Ordnungswidrigkeiten, Rechtsvorschriften und Übergangsvorschriften

- § 88 Ordnungswidrigkeiten
- § 89 Erlass von Verordnungen

Einführung

BauO LSA 1994 vom 23. Juni 1994 (GVBl. LSA S. 339)	BauO LSA 2001 vom 9. Februar 2001 (GVBl. LSA S. 50)
§ 87 Örtliche Bauvorschriften	§ 90 Örtliche Bauvorschriften
§ 88 Bestehende bauliche Anlagen	§ 91 Bestehende bauliche Anlagen
§ 89 Übergangsvorschriften für Bauprodukte und Bauarten	§ 92 Übergangsvorschriften für Bauprodukte und Bauarten
§ 90 Sprachliche Gleichstellung	§ 93 Ergänzende Übergangsvorschriften
§ 91 Übergangsvorschriften	

3. Die Änderungen nach der BauO LSA 2001

Teil 1: Allgemeine Vorschriften

§ 1 Abs. 1 regelt den sachlichen **Anwendungsbereich** der Bauordnung, während Abs. 2 bestimmte Vorhaben von der Geltung der Bauordnung ausnimmt, die nach der Abgrenzung des Absatzes 1 ansonsten unter die Bauordnung fielen.

Der gleiche Anwendungsbereich gilt für alle Rechtsvorschriften, die aufgrund einer in der Bauordnung enthaltenen Ermächtigung erlassen werden. Für die in Absatz 2 aufgeführten Anlagen gilt die Bauordnung nicht. Die nach den jeweiligen Fachgesetzen zuständige Behörde oder Stelle ist für diese Anlagen auch hinsichtlich der Gefahrenabwehr zuständig. Die **Gewinnung von Bodenschätzen** wurde durch die Aufnahme in Absatz 2 Nr. 3 aus dem Geltungsbereich der Bauordnung **herausgenommen.** Die Gewinnung von Bodenschätzen stellt z. B. durch Abgrabungen und Sprengungen einen dynamischen Vorgang dar, der nicht den bauordnungsrechtlichen Anforderungen unterfallen soll, weil sich gerade aus anderen Gesetzen die entscheidenden Anforderungen ergeben. In Anpassung an die neue Terminologie des Telekommunikationsgesetzes wurde Absatz 2 Nr. 4 geringfügig geändert.

§ 2 enthält Legaldefinitionen für mehrere **Begriffe,** die in dieser Bauordnung häufig wiederkehren. Die Bauordnung befasst sich hauptsächlich mit der „baulichen Anlage"; sie ist in Absatz 1 Satz 1 allgemein definiert und in Übereinstimmung mit der MBO an den Begriff „Bauprodukt" nach Artikel 1 Bauproduktenrichtlinie und § 2 Absatz 1 des Bauproduktengesetzes angepasst. In Absatz 3 wird der Begriff „Gebäude mittlerer Höhe" wieder eingeführt, da dieser Begriff in der Bauordnung verwendet wird und dort hinsichtlich Verfahren und

Prüfanforderungen unterschieden wird. Der Begriff „Vollgeschoss" wird in Absatz 4 bestimmt. Seine Definition ist für das Planungsrecht unverzichtbar, hat jedoch für das Bauordnungsrecht keine Bedeutung mehr. Der Begriff des „Aufenthaltsraumes", an den insbesondere in § 49 bauordnungsrechtliche Anforderungen an seine Lage, seine Beleuchtung und Belüftung sowie an seine Raumhöhe gestellt werden, die weit über die Anforderungen an „andere Räume" gehen, ist in Absatz 5 definiert. Um Unklarheiten beim Vollzug des öffentlichen Baurechts zu vermeiden, wird in Absatz 7 der Begriff der „Geländeoberfläche" erläutert. In Absatz 8 wird klargestellt, dass Carports Garagen sind und daher auch für Carports die gleichen Anforderungen wie für Garagen gelten.

Die materielle **Generalklausel der Gefahrenabwehr** ist in § 3 Absatz 1 Satz 1 enthalten. Die allgemeinen Anforderungen an Bauprodukte werden in Absatz 2 formuliert. Hiermit soll sichergestellt werden, dass sich die Forderung der Gebrauchstauglichkeit baulicher Anlagen unmittelbar nur auf Bauprodukte bezieht; neue Anforderungsbereiche für bauliche Anlagen entstehen hierdurch nicht. Eine Klarstellung enthält Absatz 3 Satz 2: „Das Betreten und Benutzen von Bauten, die der Öffentlichkeit allgemein zugänglich sind, muss auch Menschen mit Behinderung und älteren Menschen, Kindern und Personen mit Kleinkindern, gefahrlos und ohne fremde Hilfe möglich sein." Hieraus ergibt sich, dass bei der Planung und Errichtung baulicher Anlagen für die hier genannten Personengruppen die in der Liste der Technischen Baubestimmungen enthaltenen Regeln zu beachten sind.

Teil 2: Das Grundstück und seine Bebauung

§ 4 regelt die bauordnungsrechtlichen Anforderungen an das zu bebauende Grundstück. Nach Absatz 1 muss das zu bebauende Grundstück in angemessener Breite an einer befahrbaren öffentlichen Verkehrsfläche liegen oder über eine rechtlich gesicherte Zufahrt zu einer solchen Fläche verfügen. Mit der neuen Bauordnung reicht nunmehr erstmals eine „rechtliche" Sicherung aus. Durch diese Regelung ist neben der bisherigen öffentlich-rechtlichen Baulasteintragung **künftig auch eine privatrechtliche Sicherung,** z. B. durch Eintragung einer Grunddienstbarkeit, **ausreichend.** Abweichend vom Grundsatz, dass die Errichtung von Gebäuden auf mehreren Grundstücken unzulässig ist, lässt Absatz 2 dies zu, sofern durch Baulast gesichert ist, dass keine Verhältnisse auftreten können, die den bauordnungsrechtlichen Vorschriften zuwiderlaufen.

I Einführung

Das Erfordernis und die Anordnung der für die Feuerwehr erforderlichen **Zu- oder Durchgänge, Zu- oder Durchfahrten** sowie der auf dem Grundstück (vgl. § 4) oder an den Gebäuden auf öffentlichen Flächen erforderlichen Aufstell- und Bewegungsflächen für die Feuerwehr und deren Rettungsgeräte (vgl. **§ 17**) wird in **§ 5** erläutert. Absatz 1 wurde hier deutlich gestrafft und enthält nur noch grundsätzliche Anforderungen an Zugänge und Zufahrten auf den Grundstücken unter dem Gesichtspunkt des abwehrenden Brandschutzes durch die Feuerwehr. Die detaillierten Anforderungen werden nunmehr, soweit erforderlich, in einer Richtlinie über Flächen für die Feuerwehr auf Grundstücken aufgenommen, die als Technische Baubestimmung bekannt gemacht wird. Absatz 1 enthält die Grundanforderungen für die Zugänglichkeit; Absatz 2 soll gewährleisten, dass die Flächen für die Feuerwehr durch Feuerwehrfahrzeuge benutzbar sind und ständig zur Verfügung stehen. Diese Flächen sind zu kennzeichnen und ständig freizuhalten.

Verschiedene baurechtliche Vorschriften bestimmen die Anordnung einer baulichen Anlage auf einem Grundstück. Planungsrechtliche Regelungen (z. B. Festsetzung von Baulinien und Baugrenzen bzw. Bebauungstiefen) erfolgen aus städtebaulichen Gründen, beispielsweise zur Schaffung einer baulichen Ordnung oder zur Gestaltung städtebaulicher Räume. Bauordnungsrechtliche Vorschriften sichern hingegen ausreichende Belichtung und Belüftung von Räumen sowie den baulichen und abwehrenden Brandschutz.

So ist die Grundforderung, dass vor Außenwänden von Gebäuden **Abstandflächen** von oberirdischen Gebäuden freizuhalten sind, in § 6 Absatz 1 Satz 1 geregelt. Die **Tiefe der Abstandfläche** ist in Absatz 5 festgeschrieben. Sie beträgt nunmehr **nur noch 0,8 H,** mindestens jedoch 3 m. Diese Reduzierung der Tiefe der Abstandfläche ermöglicht eine Verdichtung der Bebauung und eine Verringerung des Flächenverbrauchs ohne nachbarliche Belange, wie Belichtung, Besonnung, Belüftung unzumutbar zu beeinträchtigen. Nach Absatz 10 gelten für bauliche Anlagen sowie für andere Anlagen und Einrichtungen im Sinne von § 1 Absatz 1 Satz 2, von denen Wirkungen wie von Gebäuden ausgehen, die Absätze 1 bis 9 gegenüber Nachbargrenzen sinngemäß. **Neu** ist jetzt, dass die **Absätze 4 bis 9 für Windenergieanlagen nicht gelten.** Absatz 10 Satz 3 regelt die Bemessung der Abstandflächen für diese Anlagen neu. Absatz 11 Nr. 1 **erlaubt** erstmals die **Errichtung eines selbstständigen sonstigen Gebäudes ohne Aufenthaltsräume,** wenn dieses **an die Nachbargrenze** oder in einer Entfernung von 1 m bis 3 m zur Nachbargrenze gebaut wird, mit einer

Grundfläche von max. **15 m²**. Bisher waren ausschließlich Abstellräume in Verbindung mit Garagen zulässig. Die **Änderung** der **Höhe von Stützmauern und geschlossenen Einfriedungen** von 1,5 m **auf 2 m** in Absatz 11 Nr. 2 stellte eine Angleichung dar; bis zu dieser Höhe sind diese Anlagen nach § 69 Absatz 1 Nr. 6 Buchst. a und c genehmigungsfrei.

Die Regelungen des § 7 zur **Übernahme von Abständen und Abstandflächen** auf Nachbargrundstücke bleiben unverändert.

Nachdem bereits die planungsrechtliche **Teilungsgenehmigung** nach dem BauGB entfallen ist, wird nunmehr in § 8 künftig auch auf das **Erfordernis** einer **bauordnungsrechtlichen Teilungsgenehmigung verzichtet**. Die Anforderungen der BauO LSA sind bei Grundstücksteilungen jedoch weiterhin zu beachten bzw. einzuhalten.

Teil 3: Bauliche Anlagen

Abschnitt 1 beschäftigt sich mit der **Baugestaltung (§ 12)** und den Anlagen der **Außenwerbung und Warenautomaten (§ 13)**. Auf den § 13 Absatz 3 Nr. 3 – alte Fassung – wurde zur Vermeidung von Doppelregelungen verzichtet; die Hinweiszeichen haben ihre Grundlage in der Straßenverkehrsordnung und gehören damit zu den Anlagen nach § 1 Absatz 2 Nr. 1 BauO LSA. Auch die bisher in Absatz 7 getroffenen Regelungen entfallen, da ein Regelungsbedürfnis nicht mehr besteht. Soweit Werbeanlagen auf öffentlichen Flächen (z. B. an Straßenmasten und Laternen) angebracht werden, erfolgt dies im Rahmen der Sondernutzung nach dem Straßenrecht.

Die allgemeinen Anforderungen an die Bauausführung sind in Abschnitt 2 geregelt.

Neu ist der Wegfall des § 14 Absatz 4 Satz 2 – alte Fassung –; sofern die Bauaufsichtsbehörde nunmehr auf das Bauschild verzichtet, muss sie dies im Wege der Abweichung nach § 75 tun.

Abschnitt 3 regelt Bauprodukte und Bauarten.

In diesem Abschnitt wurden Erleichterungen in den Verfahren für den Nachweis der Anwendbarkeit von Bauarten für die Kennzeichnung von Bauprodukten eingeführt. Die Anpassung dient unter anderem der Vermeidung von Wettbewerbsnachteilen für die heimische Wirtschaft und führt zur Kostenreduzierung für den Nachweis der Verwendbarkeit. Weiter wurde die Nachweispflicht der Eignung von Herstellern bestimmter Bauprodukte präzisiert. So wurde klargestellt, dass die Nachweispflicht der Eignung gegenüber einer anerkannten Stelle zu erfolgen hat.

I Einführung

Abschnitt 4 betrifft **Wände, Decken und Dächer.**

Für die tragenden **Wände, Pfeiler und Stützen** werden in § 29 die Grundanforderungen des § 17 Absatz 1 bezüglich ihrer Aufgabe und der Gebäudeart konkretisiert. Absatz 1 enthält dazu die brandschutztechnische Grundanforderung an diese Teile: sie müssen feuerbeständig sein. Erleichternd wird für Gebäude geringer Höhe nur eine feuerhemmende Bauart vorgeschrieben. Da von Kellerräumen eine besondere Brandgefahr ausgeht – auch aufgrund der Zeit bis der Brand bemerkt wird –, wird in Absatz 2 für diese Bauteile im Keller eine feuerbeständige Bauart vorgeschrieben. Dies gilt nicht für Wohngebäude geringer Höhe mit nicht mehr als zwei Wohnungen. Für bestimmte frei stehende Einfamilienhäuser gelten nach Absatz 3 Erleichterungen, da eine zügige Personenrettung gewährleistet und eine Brandausbreitung auf Nachbargebäude nicht zu erwarten ist.

§ 32 betrifft die **Brandwände**. Absatz 1 enthält lediglich eine Klarstellung: da die Regelung des Absatz 1 Nr. 2 – alte Fassung – missverständlich war, wurden die Tatbestände in die Ziffern 2 und 3 getrennt. Absatz 6 erhält die Ergänzung, dass die in Höhe der Dachhaut zulässige Platte, um einen Feuerüberschlag über die Brandwände zu verhindern, nicht nur feuerbeständig sein, sondern auch aus nichtbrennbaren Baustoffen bestehen muss.

§ 34 – **Dächer** – wurde entsprechend der MBO neu gefasst. Der Absatz 1 Satz 2 – alte Fassung – ist ohne Abweichungsvorbehalt in Absatz 3 und mit Abweichungsvorbehalt in Absatz 4 berücksichtigt. Auf den Begriff der „weichen Bedachung" des bisherigen Absatz 4 wird in Absatz 2 Satz 1 verzichtet, da an Bedachungen, die nicht den Anforderungen nach Absatz 1 entsprechen, unterschiedliche Anforderungen gestellt werden. Öffentliche Grünflächen und öffentliche Wasserflächen werden bei der Ermittlung des Abstandes in Absatz 2 Satz 2 einbezogen. Sofern die Traufseiten der aneinander gebauten Gebäude parallel verlaufen und sich dabei die geneigten Dachflächen gegenüberliegen, werden in Absatz 5 weitergehende Anforderungen an die Dachausbildung gestellt. Absatz 9 findet im Gegensatz zum bisherigen Absatz 7 erleichternd keine Anwendung auf Dächer von Anbauten an Wohngebäude geringer Höhe.

Der neue § 35 dient der Klarstellung zur Behandlung von **Vorbauten** hinsichtlich der brandschutztechnischen Anforderungen.

In **Abschnitt 5** werden **Treppen, Rettungswege, Aufzüge und Öffnungen** behandelt.

§ 37 wurde entsprechend der MBO neu gefasst und in der Überschrift entsprechend dem Regelungsinhalt ergänzt. In Absatz 1 Satz 1 wurde für den **Treppenraum** mit einer notwendigen Treppe der Begriff „notwendiger Treppenraum" eingeführt. Die Forderung in Absatz 5 Satz 2 – alte Fassung –, wonach mindestens ein Ausgang aus den Kellergeschossen durch einen eigenen Treppenraum führen musste, war überzogen und ist daher in der neuen Bauordnung entfallen. In Absatz 8 Satz 1 Nr. 1 wurde klargestellt, dass auch Putze und Unterdecken nicht brennbar sein müssen. Aus Gründen des Brandschutzes werden in Absatz 8 Satz 1 Nr. 2 Anforderungen an Bodenbeläge gestellt; diese müssen mindestens schwer entflammbar sein. Sicherheitsanforderungen an Öffnungen in notwendigen Treppenräumen sind in Absatz 10 geregelt. Absatz 13 entspricht dem bisherigen Absatz 11. Er gilt jedoch nicht mehr für Wohngebäude geringer Höhe mit mehr als zwei Wohnungen.

Anforderungen an **„Notwendige Flure und Gänge"** werden in § 38 gestellt. Auch hier wurden Regelungen über die Baustoffart von Fußbodenbelägen getroffen und die Verwendung brennbarer Baustoffe für Verkleidungen untersagt. Die materiellen bauordnungsrechtlichen Vorschriften bei der **Anordnung von Aufzügen** ergeben sich aus § 39. Hier regelt Absatz 5, dass in bestimmten Gebäuden Aufzüge in ausreichender Zahl einzubauen sind. Im Übrigen sind hier auch die notwendigen Ergänzungen zu § 50 Absatz 2 Satz 1 enthalten, wonach in Gebäuden mit mehr als zwei Wohnungen die Wohnungen eines Geschosses **barrierefrei** erreichbar sein müssen.

Fenster, Türen und Kellerlichtschächte sind in § 40 behandelt. Absatz 4 bestimmt nunmehr die Mindestbreite (90 cm) der Eingangstüren von Wohnungen, die über Aufzüge erreichbar sein müssen. Dieses Maß gewährleistet, dass diese Wohnungen auch für Rollstuhlfahrer zugänglich sind. Absatz 5 Satz 1 dient der Klarstellung, dass für Türen ein Regelungsbedürfnis nicht besteht, da diese regelmäßig als begehbar anzusehen sind.

Abschnitt 6 regelt **haustechnische Anlagen und Feuerungsanlagen.**

Die Änderung von § 42 Absatz 1 Satz 1 ist eine Folge der Änderung des § 36 Absatz 5. Weiter werden an Leitungsanlagen in Absatz 1 Satz 2 hinsichtlich der Weiterleitung von Schall die gleichen Anforderungen wie an Lüftungsanlagen gestellt. Durch die Änderung in Absatz 5 entfällt künftig die Zulassung einer Abweichung.

Einführung

§ 45 spricht nunmehr nur noch von **„Anlagen für Abwässer"**; als Definition dient hier § 150 Absatz 1 Wassergesetz für das Land Sachsen-Anhalt.

Abschnitt 7 umfasst die Bestimmungen für **Aufenthaltsräume und Wohnungen.**

Hier berücksichtigt § 50 Abs. 2 die Wohnbedürfnisse eines immer größer werdenden Anteils älterer und behinderter Menschen an der Gesamtbevölkerung. In Gebäuden mit mehr als zwei Wohnungen müssen die **Wohnungen** eines Geschosses **barrierefrei,** das heißt stufenlos erreichbar sein, so dass sie insbesondere von Gehbehinderten und Rollstuhlfahrern problemlos erreicht werden können (vgl. auch § 40 Absatz 4). Bei situationsbedingten Schwierigkeiten müssen die Anforderungen der Absätze 1 und 2 nicht erbracht werden (Absatz 3). Die bisher geregelte Mindestgröße von Abstellräumen entfällt. In Anpassung an die MBO wurde Absatz 6 angefügt und regelt die Errichtung von Trockenräumen in Gebäuden mit mehr als zwei Wohnungen.

Die in § 52 Absatz 2 Satz 3 eingefügte Möglichkeit zur Abweichung soll insbesondere die Zulassung so genannter Komposttoiletten erleichtern.

In **Abschnitt 8** werden **Besondere Anlagen** geregelt.

In § 53 Absatz 3 wird der Gemeinde nunmehr erstmals die Möglichkeit eingeräumt, durch Satzung auf die Herstellung notwendiger **Stellplätze und Garagen** zu verzichten. Die Regelung in § 52 Absatz 7 – alte Fassung – ist insoweit entbehrlich. Die Gemeinde kann je nach Bedürfnis nach Absatz 3 eine Stellplatzverzichtssatzung, nach Absatz 4 Satz 2 eine Verpflichtungssatzung, nach Absatz 6 Satz 3 eine Einschränkungs- oder Untersagungssatzung oder nach Absatz 7 Satz 4 eine Ablösesatzung, jeweils als Satzung im eigenen Wirkungskreis erlassen. Neu ist, dass nunmehr die Gemeinde für die Ablösung von Stellplätzen zuständig ist.

Die Aufzählung in § 56 Absatz 1 zur Regelung **baulicher Anlagen und Räume besonderer Art und Nutzung** wurde geringfügig konkretisiert bzw. ergänzt.

§ 57 regelt die Erfordernis des **barrierefreien Bauens.** In Absatz 2 Nr. 3 entfällt die Begrenzung der Platzzahl. Somit gilt Absatz 1 für alle Gaststätten und Beherbergungsbetriebe hinsichtlich der barrierefreien Gestaltung der Teile, die dem allgemeinen Besucherverkehr dienen. Durch die Ergänzung des Absatz 2 Nr. 10 sind große Stellplatzanlagen

Einführung

und Großgaragen den besonderen Personengruppen nach Absatz 1 nunmehr zugänglich zu machen.

Teil 4: Die am Bau Beteiligten

Dieser Teil bleibt gegenüber der BauO LSA von 1994 im Wesentlichen unverändert.

Teil 5: Bauaufsichtsbehörden und Verwaltungsverfahren

Durch die Formulierung des § 67 Absatz 1 Satz 1 wird das **vereinfachte Baugenehmigungsverfahren** nunmehr zum **Regelverfahren**. Satz 2 stellt klar, dass dieses Verfahren auch durchgeführt wird, wenn der Bauherr dies gemäß § 68 Absatz 1 Satz 3 verlangt. Nur noch die in Satz 3 Nrn. 1 bis 20 abschließend aufgeführten schwierigen Bauvorhaben unterliegen jetzt der **umfassenden bauaufsichtlichen Prüfung**. Auch Nutzungsänderungen unterliegen dem vereinfachten Baugenehmigungsverfahren gemäß Satz 3, wenn durch die Nutzungsänderungen Vorhaben entstehen, die bei der Errichtung dem vereinfachten Baugenehmigungsverfahren unterliegen würden. Da das vereinfachte Baugenehmigungsverfahren nunmehr für eine Vielzahl unterschiedlicher Bauvorhaben gilt, müssen an diese aus Gründen der öffentlichen Sicherheit, vor allem hinsichtlich der beizubringenden bautechnischen Nachweise, unterschiedliche Anforderungen gestellt werden. Absatz 2 enthält diesbezüglich die **grundsätzlichen Regelungen**. Absatz 4 bestimmt, dass im vereinfachten Baugenehmigungsverfahren **alle Bauvorlagen** einzureichen sind, auch die, die nicht durch die Bauaufsichtsbehörde geprüft werden. Nach Absatz 5 können die bautechnischen Nachweise allerdings auch noch vor Beginn der jeweiligen Bauarbeiten eingereicht werden. Weiter wird festgelegt, welche Nachweise durch privat tätige Sachverständige geprüft sein müssen und welche Bescheinigungen vorzulegen sind. Abschließend werden in Absatz 6 Satz 1 einfache Vorhaben genannt, bei denen auf eine Prüfung der Nachweise durch Sachverständige regelmäßig verzichtet wird. Dem Bauherrn wird in Absatz 7 die Möglichkeit eingeräumt, die **Nachweise** über die **Standsicherheit** oder den **Brandschutz** durch die Bauaufsichtsbehörde prüfen zu lassen. Diese Regelung ist erforderlich, falls sich der Bauherr Sachverständiger nicht bedient; dies gilt insbesondere für die Zeit, bis die ersten Sachverständigen anerkannt sind. Für das vereinfachte Baugenehmigungsverfahren wird in Absatz 9 eine **Bearbeitungsfrist von drei Monaten** eingeführt. Diese Frist ist erforderlich, um die Vereinbarkeit mit anderen öffentlich-rechtlichen Vorschriften zu prüfen, anderen

Einführung

Behörden und Stellen ausreichend Zeit zur Stellungnahme zu geben, wie z. B. auch der Gemeinde nach § 36 BauGB für die Erteilung des Einvernehmens eine Frist von zwei Monaten eingeräumt wird. Die **Genehmigungsfiktion** des alten § 66 Absatz 9 **entfällt**. Absatz 10 bestimmt, dass die Bauüberwachung und die Bauzustandsbesichtigung beschränken sich auf den im Genehmigungsverfahren geprüften Umfang.

Mit § 68 wird das **Genehmigungsfreistellungsverfahren neu** eingeführt. Danach entfällt jetzt die Baugenehmigungspflicht für eine Reihe von Bauvorhaben unter bestimmten Bedingungen. Die Arten von Bauvorhaben, für die dieses Verfahren gilt, sind abschließend in Absatz 1 aufgezählt. Die Errichtung der genannten Vorhaben bedarf abweichend von § 66 keiner Baugenehmigung, wenn sie den Festsetzungen eines **Bebauungsplans nach § 30 Absätze 1 und 2 BauGB** nicht widersprechen oder wenn notwendige Ausnahmen und Befreiungen bereits erteilt sind, die Erschließung gesichert ist und die Gemeinde nicht erklärt, dass ein Baugenehmigungsverfahren durchgeführt werden soll. Im Interesse der Rechtssicherheit des Bauherrn wird in Absatz 2 bestimmt, dass bei freigestellten Vorhaben auch die spätere Feststellung der Nichtigkeit des Bebauungsplans nicht zur Rechtswidrigkeit der baulichen Anlage führt. Nach Absatz 3 sind die **Bauvorlagen** bei der **Gemeinde** einzureichen; diese hat dann einen Monat Zeit, gegenüber dem Bauherrn zu erklären, dass sie die Durchführung des Baugenehmigungsverfahrens verlangt. Dies bedeutet, dass mit dem Bauvorhaben erst einen Monat nach Eingang der Bauvorlagen bei der Gemeinde begonnen werden darf, es sei denn, die Gemeinde hat gegenüber dem Bauherrn vor Fristablauf schriftlich erklärt, dass kein Baugenehmigungsverfahren durchgeführt werden soll. Die Gründe, aus denen die Gemeinde ein Baugenehmigungsverfahren verlangen kann und das sich hieraus ergebende weitere Verfahren, sind in Absatz 4 aufgeführt. Das Verlangen der Gemeinde, ein Baugenehmigungsverfahren durchzuführen, kann aus planungsrechtlichen oder anderen wichtigen Gründen erfolgen. Grundsätzlich reicht die Gemeinde die Bauvorlagen in diesem Fall an den Bauherrn zurück. Das **Erfordernis, dass vor Ausführung** eines Vorhabens nach anderen öffentlich-rechtlichen Vorschriften **erforderliche Genehmigungen, Erlaubnisse oder Zustimmungen vorliegen müssen,** bleibt weiter bestehen. Hat der Bauherr bei Einreichung der Bauvorlagen bestimmt, dass in dem Fall, in dem die Gemeinde ein Genehmigungsverfahren verlangt, die Vorlage gleichzeitig als Bauantrag zu werten ist, muss die Gemeinde diesen Bauantrag unverzüglich an die untere Bauaufsichtsbehörde weiterleiten. Nach Absatz 6 ist der **Bauherr** dafür **verantwort-**

lich, dass alle **bautechnischen Nachweise** und die erforderlichen **Bescheinigungen vorliegen.** Auf Verlangen hat er diese bei der Bauaufsichtsbehörde einzureichen. Die Fertigstellung der baulichen Anlage ist gemäß Absatz 8 der Bauaufsichtsbehörde anzuzeigen. Soweit bei der Planung der Vorhaben Sachverständige Bauvorlagen zu prüfen und deren Richtigkeit zu bescheinigen haben, muss der Bauaufsichtsbehörde mit der Fertigstellungsmeldung eine Bescheinigung derselben Sachverständigen über die ordnungsgemäße Ausführung der Bauvorhaben vorgelegt werden. Nach Absatz 9 fallen auch **Garagen** bis 1000 m² Nutzfläche, die einem Wohngebäude nach Absatz 1 Nr. 1 dienen, ebenfalls unter das **Genehmigungsfreistellungsverfahren.** In Abhängigkeit von der Garagengröße werden die erforderlichen Prüfungen durch Sachverständige und die beizubringenden Bescheinigungen festgelegt. Der Bauherr hat nach Absatz 10 die **Nachbarn** über die beabsichtigte Baumaßnahme zu informieren. Damit wird den Nachbarn die Möglichkeit gegeben, begründete Einsprüche gegen die Baumaßnahme vorzubringen und sich gegebenenfalls an die Gemeinde oder die zuständige Bauaufsichtsbehörde zu wenden.

In § 69 Absatz 1 sind die untergeordneten Vorhaben aufgeführt, die keine bauordnungsrechtliche Prüfung erfordern und für die im Hinblick auf § 15 Absatz 1 Satz 2 BauGB kein Bedürfnis für ein präventives landesrechtliches Verfahren besteht. Die **Genehmigungsfreiheit** besteht nicht nur bei der Errichtung und Änderung der in Absatz 1 genannten baulichen Anlagen, sondern kann auch bei der Nutzungsänderung baulicher Anlagen bestehen; dies gilt, wenn für die neue Nutzung keine anderen Anforderungen nach öffentlich-rechtlichen Vorschriften gelten als für die bisherige Nutzung (Absatz 2). In den Absätzen 5 und 6 wird darauf hingewiesen, dass trotz einer Genehmigungsfreiheit die öffentlich-rechtlichen Anforderungen einzuhalten sind und die Genehmigungspflicht nach anderen Vorschriften nicht aufgehoben ist.

Mit der Regelung zum **Vorbescheid in § 72** Absatz 1 Satz 3 wurde bestimmt, dass die Sätze 1 bis 3 für Vorhaben nach § 68 Absatz 1 oder 9 entsprechend gelten. In Absatz 2 Satz 2 werden dem Bauherrn Erleichterungen bei Voranfragen zum Planungsrecht eingeräumt. In diesen Fällen kann der Bauherr ohne Hinzuziehung eines Entwurfsverfassers den Antrag auf Vorbescheid stellen.

In **§ 73 – Behandlung des Bauantrages** – wurde die Regelung des § 71 Absatz 4 – alte Fassung – wegen der neuen Verfahrensregelungen gestrichen; auf den ehemaligen Absatz 5 wurde verzichtet, da die Regelung in § 63 Absatz 2 ausreichend ist.

Einführung

Mit § 74 wurden erstmals Regelungen zur **Zuständigkeit** für die **Ersetzung des rechtswidrig versagten gemeindlichen Einvernehmens** in die Bauordnung übernommen. Abweichend von der bisherigen Regelung ist für die Ersetzung des Einvernehmens nunmehr nach Absatz 1 Satz 1 die für die Genehmigung des Vorhabens zuständige Behörde zuständig. Durch Satz 2 soll sichergestellt werden, dass die bauplanungsrechtliche Beurteilung auch dann hinreichend sicher erfolgt, wenn die Genehmigungsbehörde nicht selbst Bauaufsichtsbehörde ist. In den Absätzen 2 bis 5 wird das Verfahren zur Einvernehmensersetzung geregelt.

Mit der **Neufassung** des § 75 wird die bisherige Unterscheidung zwischen **Ausnahmen und Befreiungen** im Bauordnungsrecht aufgegeben und ein einheitlicher **Abweichungsbegriff** geschaffen, der den Bauaufsichtsbehörden größere Entscheidungsfreiräume bietet. Die bisher eng umgrenzten Voraussetzungen für die Erteilung von Befreiungen wurden in Absatz 1 zur Erleichterung für den Bauherrn durch Abweichungsvoraussetzungen ersetzt, die künftig der Bauaufsichtsbehörde die Erteilung von Abweichungen sowohl von bautechnischen als auch von baurechtlichen Anforderungen gestatten. Die Abweichung soll dem Zweck der Vorschrift, von der abgewichen werden soll, nicht entgegenstehen, schutzwürdige Belange der Nachbarn nicht beeinträchtigen und mit den öffentlichen Belangen vereinbar sein. Absatz 2 fordert sowohl für genehmigungspflichtige als auch für genehmigungsfreie Vorhaben einen schriftlichen Antrag und eine Begründung der beabsichtigten Abweichung.

Die **Baugenehmigung** wird nach § 77 Absatz 4 weiterhin unbeschadet privater Rechte Dritter erteilt.

Die Erleichterung des § 81 Absatz 2 Satz 2, nach dem bestimmte **Fliegende Bauten** keiner Ausführungsgenehmigung bedurften, wurde in § 69 Absatz 1 Nr. 10 übernommen. Der Katalog der von der Ausführungsgenehmigung freigestellten Fliegenden Bauten wurde auf Grund der Praxiserfahrung erweitert.

Teil 6: Ordnungswidrigkeiten, Rechtsvorschriften und Übergangsvorschriften

§ 88 entspricht im Wesentlichen der Regelung des § 85 BauO LSA – alte Fassung –. Bewusst wurde darauf verzichtet, bereits bei geringen bauordnungsrechtlichen Verstößen, die Mittel des Ordnungswidrigkeitenrechts einzusetzen, da eine Sanktion erst dann sinnvoll ist, wenn Rechtspflichten entweder überhaupt nicht, nicht rechtzeitig oder nicht vollständig erfüllt werden und dadurch erhebliche Nachteile für wichtige Gemeinschaftsinteressen entstanden sind. **Neu** aufgenommen wurden in Absatz 1 die **Nrn. 12 bis 13.** Der Höchstbetrag der Geldbuße wurde in Absatz 3 auf 500 000 Euro erhöht, um auch bei Verstößen bei großen Bauvorhaben eine wirksame und fühlbare Buße sicherstellen zu können.

Mit der **neuen** Vorschrift des § 89 Absatz 2 Nr. 5 wird eine **Rechtsgrundlage für eine Verordnung** zur staatlichen Anerkennung von Sachverständigen, die im Auftrag des Bauherrn tätig sein sollen, geschaffen, in der auch Qualifikationsanforderungen für Sachverständige oder staatlich anerkannte Sachverständige festgelegt werden können. Diese Regelung dient insbesondere der Umsetzung der Verlagerung staatlicher Aufgaben auf die private Ebene und der Vereinfachung der bauordnungsrechtlichen Verfahren, wie in den §§ 67 und 68 vorgesehen. Mit der ebenfalls **neuen** Nr. 6 wird eine weitere Rechtsgrundlage für eine Verordnung geschaffen, um den Betreiber bestimmter Anlagen und Einrichtungen wegen der besonderen Bedeutung einer sicheren Funktion dieser Anlagen dazu zu verpflichten, Sachverständige mit der Prüfung zu beauftragen. Die oberste Bauaufsichtsbehörde wird in Absatz 5 Satz 1 Nrn. 1 bis 4 (neu die Nrn. 3 und 4) ermächtigt, die dort angeführten Befugnisse auf andere Behörden zu übertragen.

Im Gegensatz zu § 89, welcher der obersten Bauaufsichtsbehörde die Befugnis zur Rechtssetzung durch Verordnung einräumt, werden mit **§ 90** die **Gemeinden ermächtigt,** eigenes Ortsbaurecht zu schaffen. Dies erfolgt durch den **Erlass von Satzungen,** nunmehr jedoch im **eigenen Wirkungskreis.** Eine aufsichtsbehördliche Genehmigungspflicht für diese Satzungen ist nicht vorgesehen; sie sind der Kommunalaufsicht mitzuteilen. Somit entscheiden die Gemeinden nicht nur über die Aufstellung örtlicher Bauvorschriften, sondern auch über die Zulässigkeit von gestalterischen Maßnahmen an baulichen Anlagen und die Möglichkeit der Abweichung von örtlichen Bauvorschriften. Die Entscheidung der Gemeinde bindet auch die Bauaufsichtsbehörde im Baugenehmigungsverfahren. Verstöße gegen örtliche Bauvorschriften können als Ordnungswidrigkeit nur geahndet werden wenn nach § 6 Absatz 7 Gemeindeordnung (GO LSA) ein entsprechender Hinweis in der Satzung enthalten ist. Die örtlichen Bauvorschriften sind öffentlich-rechtliche Vorschriften und als solche von der Bauaufsichtsbehörde gegebenenfalls zu prüfen und von allen am Bau Beteiligten zu beachten. Gestaltungssatzungen nach Absatz 1 Nr. 1 darf die Gemeinde nur noch erlassen, um besondere gestalterische Absichten

Einführung

zu verfolgen; dies bedeutet, dass solche Satzungen einer Rechtfertigung bedürfen, die sich aus dem bestehenden Ortsbild ableiten lässt.

Die Absätze 5 und 6 des § 89 – alte Fassung – entfallen bei den **Übergangsvorschriften für Bauprodukte und Bauarten** in § 92.

Die **ergänzenden Übergangsvorschriften** treffen in § 93 Abs. 1 eine Regelung für solche **Verfahren, die zum Zeitpunkt des In-Kraft-Tretens am 1. Mai 2001** dieser Bauordnung **eingeleitet, aber noch nicht abgeschlossen** sind. Die materiellrechtlichen Vorschriften der neuen Bauordnung sind nur anzuwenden, wenn sie eine für den Antragsteller günstigere Regelung als das bisher geltende Recht enthalten. Absatz 2 sieht ein **Wahlrecht für den Bauherrn** vor, wenn **nach Verkündung aber vor In-Kraft-Treten** der neuen Bauordnung **über seinen Bauantrag entschieden wird**. In diesen Fällen kann er die Anwendung der neuen Bauordnung verlangen. Absatz 3 ist eine Folgeregelung auf die Änderung des § 90, wonach die Gemeinden künftig Satzungen im eigenen Wirkungskreis erlassen. Sofern eine solche Satzung um die Bestimmung der Genehmigungspflicht nach § 90 Absatz 3 Satz 2 ergänzt werden soll, ist **erleichternd** § 90 Absatz 5 insoweit nicht anzuwenden.

Mit **Artikel 2** des Gesetzes zur Vereinfachung des Baurechts in Sachsen-Anhalt wurde das **Denkmalschutzgesetz des Landes Sachsen-Anhalt** geändert.

Hier wurde in § 8 Absatz 2 durch die Anfügung des Satzes 3 geregelt, dass die Gemeinden den **Denkmalpflegeplan als Satzung im übertragenen Wirkungskreis** beschließen und diese Satzung der Genehmigung durch die obere Denkmalschutzbehörde bedarf. Mit dem neuen Absatz 11 des § 14 wurde eine Genehmigungsfiktion aufgenommen. Danach **gilt** eine **Genehmigung** nach den Absätzen 1 bis 3 **als erteilt**, wenn die Denkmalschutzbehörde nicht **innerhalb von zwei Monaten nach Eingang des Antrages** entschieden hat. Wichtig ist, dass die Frist auch im Falle fehlender oder unvollständiger Antragsunterlagen mit dem Eingang des Antrags beginnt, wenn die Denkmalschutzbehörde es unterlässt, dem Antragsteller **innerhalb von fünf Arbeitstagen schriftlich unter Aufzählung der fehlenden Antragsunterlagen mitzuteilen,** dass die Frist erst mit **Eingang** der noch **fehlenden Unterlagen beginnt**.

Das **Nachbarschaftsgesetz des Landes Sachsen-Anhalt** wurde durch **Artikel 3** geändert. In § 23 Satz 2 wurde die Höhe von Einfriedungen von 1,50 m auf 2,00 m geändert und somit an § 6 Absatz 11 Nr. 2 BauO LSA angepasst; mit den **Artikeln 4, 5 und 6** wurden das **Gesetz zur**

Gestaltung des öffentlichen Personennahverkehrs im Land Sachsen-Anhalt sowie das **Ingenieurgesetz** und das **Vermessungs- und Katastergesetz** jeweils des Landes Sachsen-Anhalt jeweils redaktionell geändert.

Artikel 7 regelt das **In-Kraft-Treten** und **Außer-Kraft-Treten.**

Vorbehaltlich des Absatz 2 tritt dieses Gesetz am 1. Mai 2001 in Kraft und das Gesetz über die Bauordnung vom 24. November 1994 außer Kraft. Abweichungen werden in Abs. 2 geregelt.

4. Ergänzende Vorschriften im Überblick[1])

4.1 Bauvorlagenverordnung (BauVorlVO) vom 13.12.2001 (GVBl. LSA Nr. S. 614)

Durch die Neufassung der Bauvorlagenverordnung erfolgte insbesondere die Anpassung an die geänderten und neuen Genehmigungs- bzw. Freistellungsverfahren der BauO LSA 2001.

4.2 Bautechnische Prüfungsverordnung (BauPrüfVO) vom 5.9.1996 (GVBl. LSA S. 315)

Die Verordnung wurde geändert aufgrund von Artikel 1 der Verordnung zur Änderung bauordnungsrechtlicher Vorschriften vom 7.12.2001 (GVBl. LSA S.565). Im Übrigen erfolgten fast ausschließlich redaktionelle Änderungen zur Anpassung an die BauO LSA 2001.

4.3 Garagenverordnung (GaVO) vom 15.5.1991 (GVBl. LSA S.528)

Die Vorschrift wurde geändert aufgrund von Artikel 2 der Verordnung zur Änderung bauordnungsrechtlicher Vorschriften vom 7.12.2001 (GVBl. LSA S.565).

Neben redaktionellen Anpassungen an die BauO LSA 2001 wurde nunmehr erstmals die Vorhaltung von Frauenparkplätzen verbindlich geregelt.

4.4 Feuerungsverordnung (FeuVO) vom 22.11.1996 (GVBl. LSA S.362)

Die Feuerungsverordnung wurde geändert aufgrund von Artikel 3 der Verordnung zur Änderung bauordnungsrechtlicher Vorschriften vom 7.12.2001 (GVBl. LSA S.565).

Es erfolgten im Wesentlichen redaktionelle Änderungen zur Anpassung an die BauO LSA 2001.

---

1) Im folgenden Abschnitt wird auf Änderungen in den Verordnungen kurz eingegangen.

4.5 Baugebührenverordnung (BauG-VO) vom 15.3.2002 (GVBl. LSA S. 111)

Auch in der Baugebührenverordnung erfolgte eine Anpassung an die BauO LSA 2001 und die dort neu eingeführten Verfahrensarten; außerdem eine Anpassung der Gebühren an die Einführung des Euro.

4.6 Verordnung über staatlich anerkannte Sachverständige nach der Bauordnung Sachsen-Anhalt (BauO-SV-VO) vom 28.9.2001 (GVBl. LSA S. 410)

Aufgrund der in der BauO LSA 2001 enthaltenen Regelungen zur Vereinfachung des bauaufsichtlichen Verfahrens und zur Privatisierung bauaufsichtlicher Aufgaben war diese neue Verordnung erforderlich.

Nach dieser Vorschrift hat der Bauherr für Vorhaben, die dem vereinfachten Baugenehmigungsverfahren oder dem Freistellungsverfahren unterliegen, in Abhängigkeit vom Schwierigkeitsgrad des Vorhabens privatrechtlich tätige Sachverständige für die Prüfung sicherheitsrelevanter Nachweise und für die Überwachung der ordnungsgemäßen Bauausführung dieser Arbeiten einzuschalten.

Abschnitt 1 der Verordnung enthält die für alle Sachverständigen allgemein geltenden Vorschriften. Die speziellen Bestimmungen für die Anerkennung von Sachverständigen für die Standsicherheit sind in Abschnitt 2 und für die Anerkennung von Sachverständigen für den vorbeugenden Brandschutz in Abschnitt 3 enthalten. In Abschnitt 4 wird in Verbindung mit den allgemeinen Regelungen des Abschnittes 1 die Musterverordnung der ARGEBAU über Anerkennung von Sachverständigen für Erd- und Grundbau, umgesetzt. Regelungen zur Vergütung der Tätigkeit der Sachverständigen erfolgen in Abschnitt 5.

Die Verordnung wurde mit der **Verordnung zur Änderung der Verordnung über staatlich anerkannte Sachverständige nach der Bauordnung Sachsen-Anhalt vom 21.12.2001** (GVBl. LSA S. 6) hinsichtlich der Honorarberechnung geändert (§ 24 Abs. 5 Satz 1).

4.7 Verordnung über anerkannte Sachverständige für die Prüfung technischer Anlagen und Einrichtungen nach Bauordnungsrecht (Bauordnungsrechtliche Sachverständigenverordnung – BauSVO) vom 25.8.1992 (GVBl. LSA S. 666)

Die Verordnung gilt unverändert.

4.8 Verordnung über die Übertragung bauaufsichtlicher Befugnisse und Zuständigkeiten (Bauaufsichtliche Übertragungsverordnung) vom 7.12.2001 (GVBl. LSA S. 570)

Außer redaktionellen Anpassungen an die BauO LSA 2001 wurden alle Zuständigkeiten zur Anerkennung von Prüf-, Überwachungs- und Zertifizierungsstellen nach der BauO LSA 2001 sowie dem Bauproduktengesetz (BauPG) auf das Deutsche Institut für Bautechnik übertragen.

4.9 Verordnung über Campingplätze und Wochenendplätze (CWVO) vom 27.1.1994 (GVBl. LSA S. 78)

Die Vorschrift wurde zuletzt geändert durch Artikel 4 der Verordnung zur Änderung bauordnungsrechtlicher Vorschriften vom 7.12.2001 (GVBl. LSA S. 565).

Die Verordnung wurde redaktionell an die Änderungen der BauO LSA 2001 angepasst.

4.10 Verordnung über die Überwachung von Tätigkeiten mit Bauprodukten und bei Bauarten (ÜTVO) vom 16.10.2001 (GVBl. LSA S. 450)

Die neue Verordnung regelt, welche Tätigkeiten durch eine Überwachungsstelle nach § 28 Abs. 1 Satz 1 Nr. 5 BauO LSA 2001 überwacht werden müssen und entspricht der Musterverordnung der ARGEBAU.

4.11 Verordnung über Anforderungen an Hersteller von Bauprodukten und Anwender von Bauarten (Hersteller- und Anwenderverordnung – HAVO) vom 15.12.2001 (GVBl. LSA S. 426)

Diese Verordnung basiert auf dem Beschluss der Fachkommission „Bautechnik", die Muster-Hersteller- und Anwenderverordnung (MHVO) gleitend mit Bezug auf die entsprechenden Nummern der Liste der Technischen Baubestimmungen anzupassen.

Dies hat den Vorteil, dass bei Änderungen der jeweiligen Technischen Baubestimmungen nicht immer auch die Verordnung geändert werden muss.

I Einführung

4.12 Verordnung über das Übereinstimmungszeichen (Übereinstimmungszeichen-Verordnung – ÜZVO) vom 7.12.2001 (GVBl. LSA S. 569)

Wegen der Vereinheitlichung der Ü-Zeichen in allen Bundesländern erfolgte die Neuregelung in Anpassung an die Musterübereinstimmungszeichen-Verordnung (MÜZVO).

4.13 Verordnung über die Anerkennung als Prüf-, Überwachungs- oder Zertifizierungsstelle nach Bauordnungsrecht (PÜZAVO) vom 13.6.1997 (GVBl. LSA S. 583)

Diese Verordnung wurde nicht geändert.

4.14 Verordnung über die erweiterte Anwendung der Dampfkesselverordnung, der Druckbehälterverordnung und der Aufzugsverordnung in Sachsen-Anhalt vom 7.9.1992 (GVBl. LSA S. 670)

Die Verordnung wurde nicht geändert.

4.15 Verordnung zur Feststellung der wasserrechtlichen Eignung von Bauprodukten Sachsen-Anhalt (WasBauPVO) vom 17.3.1999 (GVBl. LSA S. 104)

Diese Verordnung wurde nicht geändert.

4.16 Liste der eingeführten Technischen Baubestimmungen vom 8.8.2001
Erlass des Ministeriums für Wirtschaft und Verkehr vom 8.8.2001 (MBl. S. 812)

Die Änderungen erfolgen aufgrund der jährlichen Anpassung an die Musterliste der Technischen Baubestimmungen des Instituts für Bautechnik, Berlin.

4.17 Verwaltungsvorschriften zu § 53 BauO LSA (Stellplätze und Garagen)[1]

Aus dem Entwurf

Neu ist vor allem in Absatz 3 die Regelung wonach die Gemeinde durch Satzung für genau abgegrenzte Teile des Gemeindegebietes

---

[1] Zum Zeitpunkt der Drucklegung des Werkes lag die veröffentlichte Fassung der Verwaltungsvorschrift noch nicht vor. Es kann aber davon ausgegangen werden, dass es keine Änderungen der Nr. 53 Stellplätze und Garagen gibt.

Einführung

oder für bestimmte Nutzungen in genau abgegrenzten Teilen des Gemeindegebietes bestimmen kann, dass auf Herstellung notwendiger Stellplätze oder Garagen verzichtet wird.

Ebenfalls neu geregelt ist, dass die Gemeinde (bisher die untere Bauaufsichtsbehörde mit Einverständnis der Gemeinde) vom zur Herstellung von Stellplätzen und Garagen Verpflichteten die Zahlung eines Geldbetrages an die Gemeinde verlangen kann.

II.
Texte

1.
Bauordnung des Landes Sachsen-Anhalt (BauO LSA)[1])

vom 9.2.2001 (GVBl. LSA S.50),
geändert durch Art. 35 des Gesetzes vom 7.12.2001 (GVBl. LSA S. 540)

Inhaltsübersicht

TEIL 1
Allgemeine Vorschriften

- § 1 Anwendungsbereich
- § 2 Begriffe
- § 3 Allgemeine Anforderungen

TEIL 2
Das Grundstück und seine Bebauung

- § 4 Bebauung der Grundstücke mit Gebäuden
- § 5 Zugänge und Zufahrten auf den Grundstücken
- § 6 Abstandflächen
- § 7 Übernahme von Abständen und Abstandflächen auf Nachbargrundstücke
- § 8 Teilung von Grundstücken
- § 9 Nicht überbaute Flächen der bebauten Grundstücke, Kinderspiel- und Freizeitflächen
- § 10 Einfriedung von Baugrundstücken und baulichen Anlagen
- § 11 Gemeinschaftsanlagen

TEIL 3
Bauliche Anlagen

ABSCHNITT 1
Gestaltung

- § 12 Baugestaltung
- § 13 Anlagen der Außenwerbung und Warenautomaten

---

[1] Dieses Gesetz ist Artikel 1 des Gesetzes zur Vereinfachung des Baurechts in Sachsen-Anhalt vom 9.2.2001 (GVBl. LSA S.50).

ABSCHNITT 2
Allgemeine Anforderungen an die Bauausführung

§ 14 Baustelle
§ 15 Standsicherheit
§ 16 Schutz gegen schädliche Einflüsse
§ 17 Brandschutz
§ 18 Wärmeschutz, Schallschutz und Erschütterungsschutz
§ 19 Verkehrssicherheit

ABSCHNITT 3
Bauprodukte und Bauarten

§ 20 Bauprodukte
§ 21 Allgemeine bauaufsichtliche Zulassung
§ 22 Allgemeines bauaufsichtliches Prüfzeugnis
§ 23 Nachweis der Verwendbarkeit von Bauprodukten im Einzelfall
§ 24 Bauarten
§ 25 Übereinstimmungsnachweis
§ 26 Übereinstimmungserklärung des Herstellers
§ 27 Übereinstimmungszertifikat
§ 28 Prüf- Zertifizierungs- und Überwachungsstellen

ABSCHNITT 4
Wände, Decken und Dächer

§ 29 Tragende Wände, Pfeiler und Stützen
§ 30 Außenwände
§ 31 Trennwände
§ 32 Brandwände
§ 33 Decken
§ 34 Dächer
§ 35 Vorbauten

ABSCHNITT 5
Treppen, Rettungwege, Aufzüge und Öffnungen

§ 36 Treppen
§ 37 Treppenräume und Ausgänge
§ 38 Notwendige Flure und Gänge
§ 39 Aufzüge
§ 40 Fenster, Türen, Kellerlichtschächte
§ 41 Umwehrungen und Abdeckungen

ABSCHNITT 6
Haustechnische Anlagen und Feuerungsanlagen

§ 42 Leitungen, Lüftungsanlagen, Installationsschächte, Installationskanäle
§ 43 Feuerungsanlagen, Wärme- und Brennstoffversorgungsanlagen
§ 44 Wasserversorgungsanlagen
§ 45 Anlagen für Abwasser
§ 46 Kleinkläranlagen, Gruben und Sickeranlagen
§ 47 Abfallschächte
§ 48 Anlagen für feste Abfälle und Wertstoffe

ABSCHNITT 7
Aufenthaltsräume und Wohnungen

§ 49 Aufenthaltsräume
§ 50 Wohnungen
§ 51 Aufenthaltsräume und Wohnungen in Kellergeschossen und Dachräumen
§ 52 Bäder und Toilettenräume

ABSCHNITT 8
Besondere Anlagen

§ 53 Stellplätze und Garagen
§ 54 Ställe
§ 55 Behelfsbauten und untergeordnete Gebäude
§ 56 Bauliche Anlagen und Räume besonderer Art oder Nutzung
§ 57 Barrierefreies Bauen

TEIL 4
Die am Bau Beteiligten

§ 58 Grundsatz
§ 59 Bauherr oder Bauherrin
§ 60 Entwurfsverfasser oder Entwurfsverfasserin
§ 61 Unternehmer oder Unternehmerin
§ 62 Bauleiter oder Bauleiterin

TEIL 5
Bauaufsichtsbehörden und Verwaltungsverfahren

§ 63 Aufbau der Bauaufsichtsbehörden
§ 64 Aufgaben und Befugnisse der Bauaufsichtsbehörden
§ 65 Sachliche Zuständigkeit

§ 66	Genehmigungsbedürftige Vorhaben
§ 67	Vereinfachtes Baugenehmigungsverfahren
§ 68	Genehmigungsfreistellung
§ 69	Genehmigungsfreie Vorhaben
§ 70	Bauantrag und Bauvorlagen
§ 71	Bauvorlageberechtigung
§ 72	Vorbescheid
§ 73	Behandlung des Bauantrages
§ 74	Ersetzung des gemeindlichen Einvernehmens
§ 75	Abweichungen, Ausnahmen und Befreiungen
§ 76	Beteiligung der Nachbarn
§ 77	Baugenehmigung und Baubeginn
§ 78	Teilbaugenehmigung
§ 79	Geltungsdauer der Baugenehmigung
§ 80	Typengenehmigung und Typenprüfung
§ 81	Genehmigung Fliegender Bauten
§ 82	Zustimmung zu Vorhaben öffentlicher Bauherren
§ 83	Verwendungsverbot unrechtmäßig gekennzeichneter Bauprodukte
§ 84	Baueinstellung sowie Beseitigung und Nutzungsuntersagung baulicher Anlagen sowie anderer Anlagen und Einrichtungen
§ 85	Bauüberwachung
§ 86	Bauzustandsbesichtigung
§ 87	Baulasten und Baulastenverzeichnis

TEIL 6
Ordnungswidrigkeiten, Rechtsvorschriften und Übergangsvorschriften

§ 88	Ordnungswidrigkeiten
§ 89	Erlass von Verordnungen
§ 90	Örtliche Bauvorschriften
§ 91	Bestehende bauliche Anlagen
§ 92	Übergangsvorschriften für Bauprodukte und Bauarten
§ 93	Ergänzende Übergangsvorschriften

TEIL 1
Allgemeine Vorschriften

§ 1
Anwendungsbereich

(1) Dieses Gesetz gilt für bauliche Anlagen und Bauprodukte. Es gilt auch für Grundstücke sowie für andere Anlagen und Einrichtungen, an die in diesem Gesetz oder aufgrund dieses Gesetzes erlassener Vorschriften Anforderungen gestellt werden.

(2) Dieses Gesetz gilt nicht für
1. Anlagen des öffentlichen Verkehrs einschließlich Zubehör, Nebenanlagen und Nebenbetrieben, mit Ausnahme von Gebäuden,
2. Anlagen, soweit sie der Bergaufsicht unterliegen, mit Ausnahme von Gebäuden,
3. Anlagen zur Gewinnung von Bodenschätzen, mit Ausnahme von Gebäuden,
4. Leitungen, die der öffentlichen Versorgung mit Wasser, Gas, Elektrizität, Wärme, der öffentlichen Abwasserbeseitigung oder der Telekommunikation dienen,
5. Rohrleitungen, die dem Ferntransport von Stoffen dienen,
6. Krane, mit Ausnahme von Kranbahnträgern und deren Unterstützungen.

§ 2
Begriffe

(1) Bauliche Anlagen sind mit dem Erdboden verbundene, aus Bauprodukten hergestellte Anlagen. Eine Verbindung mit dem Boden besteht auch dann, wenn die Anlage durch eigene Schwere auf dem Boden ruht oder auf ortsfesten Bahnen begrenzt beweglich ist oder wenn die Anlage nach ihrem Verwendungszweck dazu bestimmt ist, überwiegend ortsfest benutzt zu werden. Als bauliche Anlagen gelten, auch wenn sie nicht unter die Sätze 1 und 2 fallen,
1. Aufschüttungen, Abgrabungen und künstliche Hohlräume unterhalb der Erdoberfläche,
2. Lagerplätze, Abstellplätze und Ausstellungsplätze,
3. Campingplätze, Wochenendplätze, Zeltplätze, Sport-, Spiel- und Freizeitflächen,
4. Stellplätze für Kraftfahrzeuge,

5. Gerüste,
6. Hilfseinrichtungen zur statischen Sicherung von Bauzuständen,
7. Feuerungsanlagen,
8. Kleingartenanlagen,
9. Anlagen der Außenwerbung und Warenautomaten,
10. sonstige Anlagen, die einen Zu- oder Abgangsverkehr mit Fahrzeugen erwarten lassen.

(2) Gebäude sind selbständig benutzbare, überdeckte bauliche Anlagen, die von Menschen betreten werden können und geeignet oder bestimmt sind, dem Schutz von Menschen, Tieren oder Sachen zu dienen.

(3) Gebäude mit einer Höhe
1. bis 7 m sind Gebäude geringer Höhe,
2. von mehr als 7 m bis 22 m sind Gebäude mittlerer Höhe,
3. von mehr als 22 m sind Hochhäuser.

Höhe im Sinne des Satzes 1 ist das Maß der Fußbodenoberfläche des höchstgelegenen Geschosses, in dem ein Aufenthaltsraum möglich ist, über der Geländeoberfläche.

(4) Vollgeschosse sind Geschosse, deren Deckenoberfläche im Mittel mehr als 1,60 m über die Geländeoberfläche hinausragt und die über mindestens zwei Drittel ihrer Grundfläche eine lichte Höhe von mindestens 2,30 m haben. Zwischendecken oder Zwischenböden, die unbegehbare Hohlräume von einem Geschoss abtrennen, bleiben bei der Anwendung des Satzes 1 unberücksichtigt.

(5) Aufenthaltsräume sind Räume, die zum nicht nur vorübergehenden Aufenthalt von Menschen bestimmt oder geeignet sind.

(6) Oberirdische Geschosse sind Geschosse, deren Deckenoberfläche im Mittel mehr als 1,60 m über die Geländeoberfläche hinausragt. Hohlräume zwischen der obersten Decke und dem Dach, in denen Aufenthaltsräume nicht möglich sind, gelten nicht als Geschosse.

(7) Geländeoberfläche ist die Fläche, die sich aus den Festsetzungen des Bebauungsplanes oder aus der Baugenehmigung ergibt, im Übrigen die natürliche Geländeoberfläche.

(8) Stellplätze sind Flächen, die dem Abstellen von Kraftfahrzeugen außerhalb der öffentlichen Verkehrsflächen dienen. Garagen sind ganz

oder teilweise umschlossene Räume zum Abstellen von Kraftfahrzeugen. Ausstellungsräume, Verkaufsräume, Werkräume und Lagerräume für Kraftfahrzeuge gelten nicht als Stellplätze oder Garagen.

(9) Feuerstätten sind in oder an Gebäuden ortsfest benutzte Anlagen oder Einrichtungen, die dazu bestimmt sind, durch Verbrennung Wärme zu erzeugen.

(10) Bauprodukte sind
1. Baustoffe, Bauteile und Anlagen, die hergestellt werden, um dauerhaft in baulichen Anlagen eingebaut zu werden,
2. aus Baustoffen und Bauteilen vorgefertigte Anlagen, die hergestellt werden, um mit dem Erdboden verbunden zu werden, wie Fertighäuser, Fertiggaragen und Silos.

(11) Bauart ist das Zusammenfügen von Bauprodukten zu baulichen Anlagen oder Teilen von baulichen Anlagen.

§ 3
Allgemeine Anforderungen

(1) Bauliche Anlagen sowie andere Anlagen und Einrichtungen im Sinne von § 1 Abs. 1 Satz 2 sind so anzuordnen, zu errichten, zu ändern und instand zu halten, dass die öffentliche Sicherheit oder Ordnung, insbesondere Leben und Gesundheit, nicht gefährdet werden; den natürlichen Lebensgrundlagen ist Rechnung zu tragen. Unzumutbare Belästigungen oder unzumutbare Verkehrsbehinderungen dürfen nicht entstehen.

(2) Bauprodukte dürfen nur verwendet werden, wenn bei ihrer Verwendung die baulichen Anlagen und die anderen Anlagen und Einrichtungen im Sinne des § 1 Abs. 1 Satz 2 sowie ihre Teile bei ordnungsgemäßer Instandhaltung während einer dem Zweck entsprechenden angemessenen Zeitdauer die Anforderungen dieses Gesetzes oder aufgrund dieses Gesetzes erlassener Vorschriften erfüllen und gebrauchstauglich sind.

(3) Bauliche Anlagen müssen den allgemeinen Anforderungen an gesunde Wohn- und Arbeitsverhältnisse entsprechen. Das beinhaltet auch das Erfordernis, Menschen mit Behinderung und älteren Menschen, Kindern und Personen mit Kleinkindern das Betreten und die Benutzung von Bauten, die der Öffentlichkeit allgemein zugänglich sind, gefahrlos und ohne fremde Hilfe zu ermöglichen.

(4) Die von der obersten Bauaufsichtsbehörde durch öffentliche Bekanntmachung im Ministerialblatt für das Land Sachsen-Anhalt als

Technische Baubestimmungen eingeführten technischen Regeln sind zu beachten; sie gelten auch als allgemein anerkannte Regeln der Technik. Bei der Bekanntmachung kann hinsichtlich ihres Inhalts auf die Fundstelle verwiesen werden. Von den Technischen Baubestimmungen kann abgewichen werden, wenn mit einer anderen Lösung in gleichem Maße die allgemeinen Anforderungen des Absatzes 1 erfüllt werden; § 20 Abs. 3 und § 24 bleiben unberührt.

(5) Für den Abbruch baulicher Anlagen sowie anderer Anlagen und Einrichtungen im Sinne des § 1 Abs. 1 Satz 2 und für die Änderung ihrer Benutzung gelten die Absätze 1 und 4 sinngemäß.

TEIL 2
Das Grundstück und seine Bebauung

§ 4
Bebauung der Grundstücke mit Gebäuden

(1) Gebäude dürfen nur errichtet werden, wenn das Grundstück in angemessener Breite an einer befahrbaren öffentlichen Verkehrsfläche liegt oder wenn das Grundstück eine befahrbare, rechtlich gesicherte Zufahrt zu einer befahrbaren öffentlichen Verkehrsfläche hat; bei Wohnwegen kann auf die Befahrbarkeit verzichtet werden, wenn wegen des Brandschutzes Bedenken nicht bestehen.

(2) Die Errichtung eines Gebäudes auf mehreren Grundstücken ist nur zulässig, wenn durch Baulast gesichert ist, dass keine Verhältnisse eintreten können, die den Vorschriften dieses Gesetzes oder den aufgrund dieses Gesetzes erlassenen Vorschriften zuwiderlaufen.

(3) Bei der Errichtung oder Änderung baulicher Anlagen sollen gesunde Bäume und Sträucher erhalten bleiben. Bei Anordnung und Gestaltung der Baukörper sollen die Möglichkeiten rationeller Verwendung von Energie und Wasser berücksichtigt werden.

§ 5
Zugänge und Zufahrten auf den Grundstücken

(1) Von öffentlichen Verkehrsflächen ist insbesondere für die Feuerwehr ein geradliniger Zu- oder Durchgang zu rückwärtigen Gebäuden zu schaffen; zu anderen Gebäuden ist er zu schaffen, wenn der zweite Rettungsweg dieser Gebäude über Rettungsgeräte der Feuerwehr führt. Zu Gebäuden, bei denen die Oberkante der Brüstung von

zum Anleitern bestimmter Fenster oder Stellen mehr als 8 m über Gelände liegt, ist in den Fällen des Satzes 1 anstelle eines Zu- oder Durchganges eine Zu- oder Durchfahrt zu schaffen. Ist für die Personenrettung der Einsatz von Feuerwehrfahrzeugen erforderlich, so sind die dafür erforderlichen Aufstell- und Bewegungsflächen vorzusehen. Bei Gebäuden, die ganz oder mit Teilen mehr als 50 m von einer öffentlichen Verkehrsfläche entfernt sind, können Zu- oder Durchfahrten nach Satz 2 zu den vor und hinter dem Gebäude gelegenen Grundstücksteilen verlangt werden.

(2) Zu- und Durchfahrten, Aufstell- und Bewegungsflächen müssen für Feuerwehrfahrzeuge ausreichend befestigt und tragfähig sein. Sie sind zu kennzeichnen und ständig freizuhalten; Fahrzeuge dürfen auf diesen Flächen nicht abgestellt werden.

§ 6
Abstandflächen

(1) Vor Außenwänden von Gebäuden sind Flächen von oberirdischen Gebäuden freizuhalten (Abstandflächen). Innerhalb der überbaubaren Grundstücksfläche ist eine Abstandfläche nicht erforderlich vor Außenwänden, die an Nachbargrenzen errichtet werden, wenn nach planungsrechtlichen Vorschriften

1. das Gebäude ohne Grenzabstand gebaut werden muss oder
2. das Gebäude ohne Grenzabstand gebaut werden darf und öffentlich-rechtlich gesichert ist, dass auf dem Nachbargrundstück ebenfalls ohne Grenzabstand gebaut wird.

Muss nach planungsrechtlichen Vorschriften mit Grenzabstand gebaut werden, ist aber auf dem Nachbargrundstück innerhalb der überbaubaren Grundstücksfläche ein Gebäude ohne Grenzabstand vorhanden, so kann gestattet oder verlangt werden, dass ebenfalls ohne Grenzabstand gebaut wird. Muss nach planungsrechtlichen Vorschriften ohne Grenzabstand gebaut werden, ist aber auf dem Nachbargrundstück innerhalb der überbaubaren Grundstücksfläche ein Gebäude mit Grenzabstand vorhanden, so kann gestattet oder verlangt werden, dass eine Abstandfläche eingehalten wird.

(2) Die Abstandflächen müssen auf dem Grundstück selbst liegen. Die Abstandflächen dürfen auch auf öffentlichen Verkehrsflächen, öffentlichen Grünflächen und öffentlichen Wasserflächen liegen, jedoch nur bis zu deren Mitte.

II/1 § 6 BauO LSA

(3) Die Abstandflächen dürfen sich nicht überdecken; dies gilt nicht für
1. Außenwände, die in einem Winkel von mehr als 75 Grad zueinander stehen,
2. Außenwände, zu einem fremder Sicht entzogenen Gartenhof bei Wohngebäuden mit nicht mehr als zwei Wohnungen und
3. Gebäude und andere bauliche Anlagen, die in den Abstandflächen zulässig sind oder gestattet werden können.

(4) Die Tiefe der Abstandflächen bemisst sich nach der Wandhöhe; sie wird senkrecht zur Wand gemessen. Als Wandhöhe gilt das Maß von der Geländeoberfläche bis zum Schnittpunkt der Wand mit der Dachhaut oder bis zum oberen Abschluss der Wand. Bei geneigter Geländeoberfläche ist die im Mittel gemessene Wandhöhe maßgebend; bei gestaffelten Wänden gilt dies für den jeweiligen Wandabschnitt. Zur Wandhöhe werden hinzugerechnet
1. voll die Höhe von
   a) Dächern und Dachteilen mit einer Dachneigung von mehr als 70 Grad,
   b) Giebelflächen im Bereich dieser Dächer und Dachteile, wenn beide Seiten eine Dachneigung von mehr als 70 Grad haben,
2. zu einem Drittel die Höhe von
   a) Dächern und Dachteilen mit einer Dachneigung von mehr als 45 Grad,
   b) Dächern mit einer Dachneigung bis 45 Grad mit Dachgauben oder Dachaufbauten, deren Gesamtbreite je Dachfläche mehr als die Hälfte der darunter liegenden Gebäudewand beträgt,
   c) Giebelflächen im Bereich von Dächern und Dachteilen, wenn nicht beide Seiten eine Dachneigung von mehr als 70 Grad haben.

Das sich danach ergebende Maß ist H.

(5) Die Tiefe der Abstandflächen beträgt 0,8 H, mindestens 3 m. In Kerngebieten genügt eine Tiefe von 0,5 H, mindestens 3 m, in Gewerbe- und Industriegebieten eine Tiefe von 0,25 H, mindestens 3 m. In Sondergebieten können geringere Tiefen als nach Satz 1, jedoch nicht weniger als 3 m, gestattet werden, wenn die Nutzung des Sondergebietes dies rechtfertigt. Die Sätze 2 und 3 gelten nicht für die Tiefe der Abstandflächen von den Grenzen solcher Nachbargrundstücke, die ganz oder überwiegend außerhalb der genannten Baugebiete liegen.

(6) Vor zwei Außenwänden von nicht mehr als je 16 m Länge genügt als Tiefe der Abstandfläche die Hälfte der nach Absatz 5 Satz 1 und 2 erforderlichen Tiefe, mindestens 3 m. Satz 1 gilt auch für Außenwände von mehr als 16 m Länge, jedoch nur für einen Außenwandabschnitt bis zu 16 m. Wird ein Gebäude mit einer Außenwand an ein anderes Gebäude oder an eine Grundstücksgrenze gebaut, gilt Satz 1 nur noch für eine Außenwand; wird ein Gebäude mit zwei Außenwänden an andere Gebäude oder an Grundstücksgrenzen gebaut, so ist Satz 1 nicht anzuwenden; Grundstücksgrenzen zu öffentlichen Verkehrsflächen, öffentlichen Grünflächen und öffentlichen Wasserflächen bleiben hierbei unberührt.

(7) Vor die Außenwand vortretende Bauteile wie Gesimse, Dachvorsprünge, Blumenfenster, Hauseingangstreppen und deren Überdachungen und Vorbauten, wie Erker und Balkone, bleiben bei der Bemessung der Abstandflächen außer Betracht, wenn sie nicht mehr als 1,50 m vortreten. Von gegenüberliegenden Nachbargrenzen müssen sie mindestens 2 m entfernt bleiben.

(8) Unbeschadet der Absätze 5 und 6 darf die Tiefe der Abstandfläche 5 m nicht unterschreiten
1. bei Außenwänden aus brennbaren Baustoffen, die nicht mindestens feuerhemmend sind, sowie
2. bei feuerhemmenden Außenwänden, deren Oberflächen aus normal entflammbaren Baustoffen bestehen oder die überwiegend eine Verkleidung aus normal entflammbaren Baustoffen haben.

Dies gilt nicht für eingeschossige Wohngebäude mit Außenwänden, die Satz 1 Nr. 2 entsprechen.

(9) Abweichend von Absatz 5 genügt in Gewerbe- und Industriegebieten bei Außenwänden ohne Öffnungen als Tiefe der Abstandfläche
1. 1,50 m, wenn die Außenwände mindestens feuerhemmend sind und einschließlich ihrer Verkleidung aus nichtbrennbaren Baustoffen bestehen,
2. 3 m, wenn die Außenwände mindestens feuerhemmend sind oder einschließlich ihrer Verkleidung aus nichtbrennbaren Baustoffen bestehen.

Dies gilt nicht für Abstandflächen gegenüber Grundstücksgrenzen.

(10) Für bauliche Anlagen sowie für andere Anlagen und Einrichtungen im Sinne von § 1 Abs. 1 Satz 2, von denen Wirkungen wie von Gebäuden ausgehen, gelten die Absätze 1 bis 9 gegenüber Gebäuden und Nachbargrenzen sinngemäß. Für Windenergieanlagen gelten die

Absätze 4 bis 9 nicht. Bei diesen Anlagen bemisst sich die Tiefe der Abstandfläche nach der Hälfte ihrer größten Höhe. Die größte Höhe errechnet sich bei Anlagen mit Horizontalachse aus der Höhe der Rotorachse über der geometrischen Mitte des Mastes zuzüglich des Rotorradius. Die Abstandfläche ist ein Kreis um den geometrischen Mittelpunkt des Mastes.

(11) In den Abstandflächen eines Gebäudes sowie ohne eigene Abstandflächen sind zulässig

1. eine Garage oder eine Anlage, die aus mehreren aneinander gebauten Garagen besteht, und ein sonstiges Gebäude ohne Aufenthaltsräume und Feuerstätte mit höchstens 15 m² Grundfläche, wenn an die Nachbargrenze oder in einer Entfernung von 1 m bis zu 3 m zur Nachbargrenze gebaut wird. Dabei darf das Maß H nicht mehr als 3 m betragen und die Grenzbebauung mit diesen Gebäuden entlang einer Nachbargrenze 9 m und insgesamt 15 m nicht überschreiten,
2. Stützmauern und geschlossene Einfriedungen bis zu einer Höhe von 2,0 m, in Gewerbe- und Industriegebieten ohne Begrenzung der Höhe.

(12) In den Abstandflächen eines Gebäudes und zu diesem ohne eigene Abstandflächen können, wenn die Beleuchtung der Räume des Gebäudes nicht wesentlich beeinträchtigt wird, gestattet werden

1. Garagen, soweit es sich nicht um Gemeinschaftsanlagen nach § 11 Abs. 1 handelt,
2. eingeschossige Gebäude ohne Fenster zu dem Gebäude,
3. bauliche Anlagen sowie andere Anlagen und Einrichtungen im Sinne von § 1 Abs. 1 Satz 2, von denen Wirkungen wie von Gebäuden ausgehen.

(13) Liegen sich Wände desselben Gebäudes gegenüber, so können geringere Tiefen der Abstandflächen als nach Absatz 5 gestattet werden, wenn die Beleuchtung der Räume des Gebäudes nicht wesentlich beeinträchtigt wird.

(14) In überwiegend bebauten Gebieten können geringere Tiefen der Abstandflächen gestattet werden, wenn die Gestaltung des Straßenbildes oder besondere städtebauliche Verhältnisse dies erfordern und Gründe des Brandschutzes nicht entgegenstehen.

(15) Ergeben sich durch zwingende Festsetzungen eines Bebauungsplanes geringere Tiefen der Abstandflächen, so gelten diese Tiefen. Anforderungen aus Gründen des Brandschutzes bleiben unberührt.

§ 7
Übernahme von Abständen und Abstandflächen auf Nachbargrundstücke

(1) Soweit nach diesem Gesetz oder aufgrund dieses Gesetzes erlassener Vorschriften Abstände und Abstandflächen auf dem Grundstück selbst liegen müssen, kann gestattet werden, dass sie sich ganz oder teilweise auf andere Grundstücke erstrecken, wenn öffentlich-rechtlich gesichert ist, dass die Abstände und Abstandflächen nicht überbaut und auf die auf diesen Grundstücken erforderlichen Abstände und Abstandflächen nicht angerechnet werden. Vorschriften, nach denen eine Überbauung zulässig ist oder ausnahmsweise gestattet werden kann, bleiben unberührt. Als öffentlich-rechtliche Sicherung gelten die Eintragung einer Baulast, Festsetzungen eines Bebauungsplanes oder sonstige öffentlich-rechtliche Vorschriften, nach denen eine Grundstücksfläche von baulichen Anlagen freigehalten werden muss.

(2) Die bei der Errichtung eines Gebäudes vorgeschriebenen Abstände und Abstandflächen dürfen auch bei nachträglichen Grenzänderungen und Grundstücksteilungen nicht unterschritten oder überbaut werden. Absatz 1 und § 6 Abs. 10 gelten entsprechend.

§ 8
Teilung von Grundstücken

Die Teilung eines Grundstückes, das bebaut oder dessen Bebauung genehmigt ist, bedarf keiner Genehmigung. Durch die Teilung eines Grundstückes dürfen keine Verhältnisse geschaffen werden, die den Vorschriften dieses Gesetzes oder den aufgrund dieses Gesetzes erlassenen Vorschriften zuwiderlaufen. Soll bei einer Teilung von diesen Vorschriften abgewichen werden, ist § 75 Abs. 2 Satz 1 entsprechend anzuwenden.

§ 9
Nicht überbaute Flächen der bebauten Grundstücke, Kinderspiel- und Freizeitflächen

(1) Die nicht überbauten Flächen der bebauten Grundstücke sind gärtnerisch oder naturnah anzulegen und zu unterhalten, soweit diese Flächen nicht für eine andere zulässige Verwendung benötigt werden. Die Bauaufsichtsbehörde kann verlangen, dass auf diesen Flächen Bäume und Sträucher gepflanzt und unterhalten werden. Nicht überbaute Flächen der bebauten Grundstücke, die nicht gärtnerisch oder

naturnah gestaltet sind, sind so anzulegen, dass eine Versiegelung des Bodens unter Berücksichtigung der sonstigen Verwendung dieser Flächen minimiert wird.

(2) Bei der Errichtung oder Änderung baulicher Anlagen kann verlangt werden, dass die Geländeoberfläche des Grundstücks erhalten oder verändert wird, um eine Störung des Straßenbildes, Ortsbildes oder Landschaftsbildes zu vermeiden oder zu beseitigen oder um die Geländeoberfläche der Höhe der Verkehrsflächen oder der Nachbargrundstücke anzugleichen.

(3) Bei der Errichtung von Gebäuden mit mehr als drei bis zu fünf Wohnungen ist auf dem Baugrundstück eine Spielfläche für Kleinkinder, bei Gebäuden mit mehr als fünf Wohnungen eine Kinderspiel- und Freizeitfläche bereitzustellen und zu unterhalten. Eine Teilfläche der Kinderspiel- und Freizeitfläche ist als Spielfläche für Kleinkinder in unmittelbarer Nähe des Gebäudes anzulegen.

(4) Die Größe der Kinderspiel- und Freizeitflächen richtet sich nach Zahl und Art der Wohnungen auf dem Grundstück. Auf ihre Bereitstellung kann verzichtet werden, wenn
1. in unmittelbarer Nähe eine Gemeinschaftsanlage nach § 11 geschaffen wird oder vorhanden ist und diese gefahrlos erreichbar ist oder
2. die Art und die Lage der Wohnungen dies nicht erfordert.

(5) Bei bestehenden Gebäuden nach Absatz 3 Satz 1 kann die Bereitstellung von Kinderspiel- und Freizeitflächen verlangt werden, wenn dies die Gesundheit und der Schutz der Kinder erfordern.

§ 10
Einfriedung von Baugrundstücken und baulichen Anlagen

Es kann verlangt werden, dass Baugrundstücke entlang der öffentlichen Verkehrsfläche eingefriedet oder abgegrenzt werden, wenn die öffentliche Sicherheit und Ordnung dies erfordert. Das Gleiche gilt für Aufschüttungen, Abgrabungen, Lager-, Ausstellungs- und Abstellplätze sowie für Camping-, Wochenend-, Zelt-, Sport- und Spielplätze sowie für Sport-, Kinderspiel- und Freizeitflächen.

§ 11
Gemeinschaftsanlagen

(1) Die Herstellung, die Instandhaltung und der Betrieb von Gemeinschaftsanlagen, insbesondere für Kinderspiel- und Freizeitflächen (§ 9 Abs. 3 bis 5), für feste Abfälle und Wertstoffe (§ 48) und für

Stellplätze und Garagen (§ 53), für die in einem Bebauungsplan Flächen festgesetzt sind, obliegen den Eigentümern und Eigentümerinnen der Grundstücke, für die diese Anlagen bestimmt sind. Ein Erbbauberechtigter oder eine Erbbauberechtigte tritt an die Stelle des Eigentümers oder der Eigentümerin. Ist der Bauherr oder die Bauherrin nicht Eigentümer, Eigentümerin, Erbbauberechtigter oder Erbbauberechtigte, so obliegt ihm oder ihr die Beteiligung an der Herstellung, Instandhaltung und dem Betrieb der Gemeinschaftsanlage. Die Verpflichtung nach Satz 1 gilt auch für die Rechtsnachfolger oder Rechtsnachfolgerinnen.

(2) Die Gemeinschaftsanlage muss hergestellt werden, sobald und soweit sie zur Erfüllung ihres Zweckes erforderlich ist. Die Bauaufsichtsbehörde kann durch schriftliche Anordnung den Zeitpunkt für die Herstellung bestimmen.

(3) Die Baugenehmigung kann davon abhängig gemacht werden, dass der Antragsteller oder die Antragstellerin bis zur Höhe des voraussichtlich auf ihn oder sie entfallenden Anteils der Herstellungskosten Sicherheit leistet.

TEIL 3
Bauliche Anlagen

ABSCHNITT 1
Gestaltung

§ 12
Baugestaltung

(1) Bauliche Anlagen müssen nach Form, Maßstab, Verhältnis der Baumassen und Bauteile zueinander, Werkstoff und Farbe so gestaltet sein, dass sie nicht verunstaltet wirken.

(2) Bauliche Anlagen sind mit ihrer Umgebung derartig in Einklang zu bringen, dass sie das Straßenbild, Ortsbild oder Landschaftsbild nicht verunstalten oder deren beabsichtigte Gestaltung nicht stören. Auf die erhaltenswerten Eigenarten der Umgebung ist Rücksicht zu nehmen.

§ 13
Anlagen der Außenwerbung und Warenautomaten

(1) Anlagen der Außenwerbung (Werbeanlagen) sind alle ortsfesten Einrichtungen, die der Ankündigung oder Anpreisung oder als Hinweis auf Gewerbe oder Beruf dienen und vom öffentlichen Verkehrsraum aus sichtbar sind. Hierzu zählen insbesondere Bilder, Beschriftungen, Bemalungen, Lichtwerbungen, Schaukästen sowie für Zettel- und Bogenanschläge oder Lichtwerbung bestimmte Säulen, Tafeln und Flächen.

(2) Werbeanlagen dürfen weder bauliche Anlagen noch das Straßenbild, Ortsbild oder Landschaftsbild verunstalten, noch die Sicherheit und Leichtigkeit des Verkehrs gefährden. Sie dürfen nicht den Ausblick auf begrünte Flächen verdecken oder die einheitliche Gestaltung und die architektonische Gliederung baulicher Anlagen stören. Die störende Häufung von Werbeanlagen ist unzulässig.

(3) Im Außenbereich sind Werbeanlagen unzulässig. Ausgenommen sind, soweit in anderen Vorschriften nichts anderes bestimmt ist,
1. Werbeanlagen an der Stätte der Leistung,
2. Schilder, die Inhaber und Art gewerblicher Betriebe kennzeichnen (Hinweisschilder), wenn sie vor Ortsdurchfahrten auf einer Tafel zusammengefasst sind,
3. Werbeanlagen an und auf Flugplätzen, Sportanlagen und Versammlungsstätten, soweit sie nicht in die freie Landschaft wirken,
4. Werbeanlagen auf Ausstellungs- und Messegeländen.

(4) Die Absätze 1 bis 3 gelten für Warenautomaten entsprechend.

(5) In Kleinsiedlungsgebieten, Dorfgebieten, reinen und allgemeinen Wohngebieten und Wochenendhausgebieten sind Werbeanlagen nur zulässig an der Stätte der Leistung. Zulässig in diesen Gebieten sind auch Anlagen für amtliche Mitteilungen und zur Unterrichtung der Bevölkerung über kirchliche, kulturelle, politische, sportliche und vergleichbare Veranstaltungen; die jeweils freie Fläche dieser Anlagen darf auch für andere Werbung verwendet werden. In reinen Wohngebieten darf an der Stätte der Leistung nur mit Hinweisschildern geworben werden.

(6) Abweichend von den Absätzen 3 und 5 sind an Gebäuden, die nach ihrer Zweckbestimmung auf Verkehrsflächen öffentlicher Straßen errichtet werden, auch untergeordnete andere Werbeanlagen zulässig, soweit sie das Ortsbild nicht beeinträchtigen.

(7) Die Vorschriften dieses Gesetzes sind nicht anzuwenden auf
1. Anschläge und Lichtwerbung an dafür genehmigten Säulen, Tafeln und Flächen,
2. Werbemittel an Zeitungsverkaufsstellen und Zeitschriftenverkaufsstellen,
3. Auslagen und Dekorationen in Fenstern und Schaukästen,
4. Werbung, die vorübergehend für öffentliche Wahlen oder Verfahren nach Artikel 80 oder 81 der Verfassung des Landes Sachsen-Anhalt angebracht oder aufgestellt wird.

ABSCHNITT 2
Allgemeine Anforderungen an die Bauausführung

§ 14
Baustelle

(1) Baustellen sind so einzurichten und zu betreiben, dass bauliche Anlagen ordnungsgemäß errichtet, geändert, instand gehalten oder abgebrochen werden können und Gefahren oder vermeidbare Belästigungen nicht entstehen.

(2) Bei Bauarbeiten, durch die unbeteiligte Personen gefährdet werden können, ist die Gefahrenzone abzugrenzen oder durch Warnzeichen zu kennzeichnen. Soweit erforderlich, sind Baustellen mit einem Bauzaun abzugrenzen, mit Schutzvorrichtungen gegen herabfallende Gegenstände zu versehen und zu beleuchten.

(3) Bäume, Hecken und sonstige Bepflanzungen, die aufgrund anderer Rechtsvorschriften zu erhalten sind, sowie der Mutterboden und angrenzende Gewässer müssen während der Bauausführung geschützt werden.

(4) Bei der Ausführung genehmigungsbedürftiger Bauvorhaben hat der Bauherr oder die Bauherrin an der Baustelle ein Schild, das die Bezeichnung des Bauvorhabens, Namen und Anschrift des Entwurfsverfassers oder der Entwurfsverfasserin, des Bauleiters oder der Bauleiterin und des Unternehmers oder der Unternehmerin für den Rohbau enthalten muss, dauerhaft und von der öffentlichen Verkehrsfläche aus sichtbar anzubringen.

§ 15
Standsicherheit

(1) Jede bauliche Anlage sowie andere Anlagen und Einrichtungen im Sinne von § 1 Abs. 1 Satz 2 müssen im Ganzen und in ihren einzelnen Teilen für sich allein standsicher sein. Die Standsicherheit anderer baulicher Anlagen sowie anderer Anlagen und Einrichtungen und die Tragfähigkeit des Baugrundes des Nachbargrundstückes dürfen nicht gefährdet werden.

(2) Die Verwendung gemeinsamer Bauteile für mehrere bauliche Anlagen ist zulässig, wenn öffentlich-rechtlich gesichert ist, dass die gemeinsamen Bauteile beim Abbruch einer der baulichen Anlagen bestehen bleiben.

§ 16
Schutz gegen schädliche Einflüsse

Bauliche Anlagen sowie andere Anlagen und Einrichtungen im Sinne von § 1 Abs. 1 Satz 2 müssen so angeordnet, beschaffen und gebrauchstauglich sein, dass durch Wasser, Feuchtigkeit, pflanzliche oder tierische Schädlinge sowie andere chemische, physikalische oder biologische Einflüsse, Gefahren oder unzumutbare Belästigungen nicht entstehen. Baugrundstücke müssen für bauliche Anlagen entsprechend geeignet sein.

§ 17
Brandschutz

(1) Bauliche Anlagen müssen so angeordnet und beschaffen sein, dass der Entstehung eines Brandes und der Ausbreitung von Feuer und Rauch vorgebeugt wird und bei einem Brand die Rettung von Menschen und Tieren sowie wirksame Löscharbeiten möglich sind.

(2) Leicht entflammbare Baustoffe dürfen nicht verwendet werden; dies gilt nicht für Baustoffe, wenn sie in Verbindung mit anderen Baustoffen nicht leicht entflammbar sind.

(3) Feuerbeständige Bauteile müssen in den wesentlichen Teilen aus nichtbrennbaren Baustoffen bestehen; dies gilt nicht für feuerbeständige Abschlüsse von Öffnungen.

(4) Jede Nutzungseinheit mit Aufenthaltsräumen muss in jedem Geschoss über mindestens zwei voneinander unabhängige Rettungswege erreichbar sein. Der erste Rettungsweg muss in Nutzungseinheiten, die nicht zu ebener Erde liegen, über mindestens eine notwendige

Treppe führen; der zweite Rettungsweg kann eine mit Rettungsgeräten der Feuerwehr erreichbare Stelle oder eine weitere notwendige Treppe sein. Ein zweiter Rettungsweg ist nicht erforderlich, wenn die Rettung über einen Treppenraum möglich ist, in den Feuer und Rauch nicht eindringen können (Sicherheitstreppenraum). Gebäude, deren zweiter Rettungsweg über Rettungsgeräte der Feuerwehr führt und bei denen die Oberkante der Brüstungen notwendiger Fenster oder sonstiger zum Anleitern bestimmter Stellen mehr als 8 m über der Geländeoberfläche liegt, dürfen nur errichtet werden, wenn die erforderlichen Rettungsgeräte der Feuerwehr vorgehalten werden.

(5) Bauliche Anlagen, bei denen nach Lage, Bauart oder Nutzung Blitzschlag leicht eintreten oder zu schweren Folgen führen kann, sind mit dauernd wirksamen Blitzschutzanlagen zu versehen.

§ 18
Wärmeschutz, Schallschutz und Erschütterungsschutz

(1) Gebäude müssen einen ihrer Nutzung und den klimatischen Verhältnissen entsprechenden Wärmeschutz haben.

(2) Bauliche Anlagen müssen einen ihrer Nutzung und Lage entsprechenden Schallschutz haben. Geräusche, die von ortsfesten Einrichtungen in baulichen Anlagen oder auf Baugrundstücken ausgehen, sind so zu dämmen, dass Gefahren oder unzumutbare Belästigungen nicht entstehen.

(3) Erschütterungen oder Schwingungen, die von ortsfesten Einrichtungen in baulichen Anlagen oder auf Baugrundstücken ausgehen, sind so zu dämmen, dass Gefahren oder unzumutbare Belästigungen nicht entstehen.

§ 19
Verkehrssicherheit

(1) Bauliche Anlagen und die dem Verkehr dienenden nicht überbauten Flächen von bebauten Grundstücken müssen verkehrssicher sein.

(2) Die Sicherheit und Leichtigkeit des öffentlichen Verkehrs darf durch bauliche Anlagen oder ihre Nutzung nicht gefährdet werden.

ABSCHNITT 3
Bauprodukte und Bauarten

§ 20
Bauprodukte

(1) Bauprodukte dürfen für die Errichtung, Änderung und Instandhaltung baulicher Anlagen nur verwendet werden, wenn sie für den Verwendungszweck

1. von den nach Absatz 2 bekannt gemachten technischen Regeln nicht oder nicht wesentlich abweichen (geregelte Bauprodukte) oder nach Absatz 3 zulässig sind und wenn sie aufgrund des Übereinstimmungsnachweises nach § 25 das Übereinstimmungszeichen (Ü-Zeichen) tragen oder
2. nach den Vorschriften
   a) des Bauproduktengesetzes in der Fassung der Bekanntmachung vom 28. April 1998 (BGBl. I S. 812) in der jeweils geltenden Fassung,
   b) zur Umsetzung der Richtlinie 89/106/EWG des Rates zur Angleichung der Rechts- und Verwaltungsvorschriften der Mitgliedstaaten über Bauprodukte (Bauproduktenrichtlinie) vom 21. Dezember 1988 (ABl. EG 1989 Nr. L 40 S. 12) durch andere Mitgliedstaaten der Europäischen Gemeinschaften und andere Vertragsstaaten des Abkommens über den Europäischen Wirtschaftsraum oder
   c) zur Umsetzung sonstiger Richtlinien der Europäischen Gemeinschaften, soweit diese die wesentlichen Anforderungen nach § 5 Abs. 1 des Bauproduktengesetzes berücksichtigen,

in den Verkehr gebracht und gehandelt werden dürfen, insbesondere das Zeichen der Europäischen Gemeinschaften (CE-Zeichen) tragen und dieses Zeichen die nach Absatz 7 Nr. 1 festgelegten Klassen und Leistungsstufen ausweist. Sonstige Bauprodukte, die von allgemein anerkannten Regeln der Technik nicht abweichen, dürfen auch verwendet werden, wenn diese Regeln nicht in der Bauregelliste A bekannt gemacht sind. Sonstige Bauprodukte, die von allgemein anerkannten Regeln der Technik abweichen, bedürfen keines Nachweises ihrer Verwendbarkeit nach Absatz 3.

(2) Das Deutsche Institut für Bautechnik macht im Einvernehmen mit der obersten Bauaufsichtsbehörde für Bauprodukte, für die nicht nur die Vorschriften nach Absatz 1 Satz 1 Nr. 2 maßgebend sind, in der Bauregelliste A die technischen Regeln bekannt, die zur Erfüllung der

in diesem Gesetz und aufgrund dieses Gesetzes erlassener Vorschriften an bauliche Anlagen gestellten Anforderungen erforderlich sind. Diese technischen Regeln gelten als Technische Baubestimmungen im Sinne des § 3 Abs. 4 Satz 1.

(3) Bauprodukte, für die technische Regeln in der Bauregelliste A nach Absatz 2 bekannt gemacht worden sind und die von diesen wesentlich abweichen oder für die es Technische Baubestimmungen oder allgemein anerkannte Regeln der Technik nicht gibt (nicht geregelte Bauprodukte), müssen

1. eine allgemeine bauaufsichtliche Zulassung (§ 21),
2. ein allgemeines bauaufsichtliches Prüfungszeugnis (§ 22) oder
3. eine Zustimmung im Einzelfall (§ 23)

haben. Ausgenommen sind Bauprodukte, die für die Erfüllung der Anforderungen dieses Gesetzes oder aufgrund dieses Gesetzes erlassener Vorschriften nur eine untergeordnete Bedeutung haben und die das Deutsche Institut für Bautechnik im Einvernehmen mit der obersten Bauaufsichtsbehörde in einer Liste C öffentlich bekannt gemacht hat.

(4) Die oberste Bauaufsichtsbehörde wird ermächtigt, durch Verordnung vorzuschreiben, dass für bestimmte Bauprodukte, auch soweit sie Anforderungen nach anderen Rechtsvorschriften unterliegen, hinsichtlich dieser Anforderungen bestimmte Nachweise der Verwendbarkeit und bestimmte Übereinstimmungsnachweise nach Maßgabe der Absätze 1 bis 3 sowie 5 bis 7 und der §§ 21 bis 23 sowie 25 bis 28 zu führen sind, wenn die anderen Rechtsvorschriften diese Nachweise verlangen oder zulassen.

(5) Bei Bauprodukten nach Absatz 1 Satz 1 Nr. 1, deren Herstellung in außergewöhnlichem Maß von der Sachkunde und Erfahrung der damit betrauten Personen oder von einer Ausstattung mit besonderen Vorrichtungen abhängt, kann in der allgemeinen bauaufsichtlichen Zulassung, in der Zustimmung im Einzelfall oder durch Verordnung der obersten Bauaufsichtsbehörde vorgeschrieben werden, dass der Hersteller über solche Fachkräfte und Vorrichtungen verfügt und den Nachweis hierüber gegenüber einer Prüfstelle nach § 28 zu erbringen hat. In der Verordnung können Mindestanforderungen an die Ausbildung, die durch Prüfung nachzuweisende Befähigung und die Ausbildungsstätten einschließlich der Anerkennungsvoraussetzungen gestellt werden.

(6) Die oberste Bauaufsichtsbehörde wird ermächtigt, durch Verordnung für Bauprodukte, die wegen ihrer besonderen Eigenschaften

oder ihres besonderen Verwendungszweckes einer außergewöhnlichen Sorgfalt bei Einbau, Transport, Instandhaltung oder Reinigung bedürfen, die Überwachung dieser Tätigkeiten durch eine Überwachungsstelle nach § 28 vorzuschreiben. Die Regelungen nach Satz 1 können auch in der allgemeinen bauaufsichtlichen Zulassung oder in der Zustimmung im Einzelfall getroffen werden.

(7) Das Deutsche Institut für Bautechnik kann im Einvernehmen mit der obersten Bauaufsichtsbehörde in der Bauregelliste B

1. festlegen, welche der Klassen und Leistungsstufen, die in Normen, Leitlinien oder europäischen technischen Zulassungen nach dem Bauproduktengesetz oder in anderen Vorschriften zur Umsetzung von Richtlinien der Europäischen Gemeinschaften enthalten sind, Bauprodukte nach Absatz 1 Satz 1 Nr. 2 erfüllen müssen, und

2. bekannt machen, inwieweit andere Vorschriften zur Umsetzung von Richtlinien der Europäischen Gemeinschaften die wesentlichen Anforderungen nach § 5 Abs. 1 Bauproduktengesetz nicht berücksichtigen.

§ 21
Allgemeine bauaufsichtliche Zulassung

(1) Das Deutsche Institut für Bautechnik erteilt auf Antrag eine allgemeine bauaufsichtliche Zulassung für nicht geregelte Bauprodukte, wenn deren Verwendbarkeit im Sinne des § 3 Abs. 2 nachgewiesen ist.

(2) Die zur Begründung des Antrags erforderlichen Unterlagen sind beizufügen. Soweit erforderlich, sind Probestücke vom Antragsteller zur Verfügung zu stellen oder durch Sachverständige, die das Deutsche Institut für Bautechnik bestimmen kann, zu entnehmen oder Probeausführungen unter Aufsicht der Sachverständigen herzustellen. § 73 Abs. 1 Satz 4 gilt entsprechend.

(3) Das Deutsche Institut für Bautechnik kann für die Durchführung der Prüfung die sachverständige Stelle und für Probeausführungen die Ausführungsstelle und Ausführungszeit vorschreiben.

(4) Die allgemeine bauaufsichtliche Zulassung wird widerruflich und für eine bestimmte Frist erteilt, die in der Regel fünf Jahre beträgt. Die Zulassung kann mit Nebenbestimmungen erteilt werden. Sie kann auf schriftlichen Antrag in der Regel um fünf Jahre verlängert werden; § 79 Abs. 2 Satz 2 gilt entsprechend.

(5) Die Zulassung wird unbeschadet der Rechte Dritter erteilt.

(6) Das Deutsche Institut für Bautechnik macht die von ihm erteilten allgemeinen bauaufsichtlichen Zulassungen nach Gegenstand und wesentlichem Inhalt öffentlich bekannt.

(7) Allgemeine bauaufsichtliche Zulassungen nach dem Recht anderer Länder gelten auch im Land Sachsen-Anhalt.

§ 22
Allgemeines bauaufsichtliches Prüfzeugnis

(1) Bauprodukte,
1. deren Verwendung nicht der Erfüllung erheblicher Anforderungen an die Sicherheit baulicher Anlagen dient oder
2. die nach allgemein anerkannten Prüfverfahren beurteilt werden,

bedürfen anstelle einer allgemeinen bauaufsichtlichen Zulassung nur eines allgemeinen bauaufsichtlichen Prüfzeugnisses. Das Deutsche Institut für Bautechnik macht dies mit der Angabe der maßgebenden technischen Regeln und, soweit es keine allgemein anerkannten Regeln der Technik gibt, mit der Bezeichnung der Bauprodukte im Einvernehmen mit der obersten Bauaufsichtsbehörde in der Bauregelliste A bekannt.

(2) Ein allgemeines bauaufsichtliches Prüfzeugnis wird von einer Prüfstelle nach § 28 Abs. 1 Satz 1 Nr. 1 für nicht geregelte Bauprodukte nach Absatz 1 erteilt, wenn deren Verwendbarkeit im Sinne des § 3 Abs. 2 nachgewiesen ist. § 21 Abs. 2 bis 7 gilt entsprechend.

§ 23
Nachweis der Verwendbarkeit von Bauprodukten im Einzelfall

(1) Mit Zustimmung der obersten Bauaufsichtsbehörde dürfen im Einzelfall
1. Bauprodukte, die ausschließlich nach dem Bauproduktengesetz oder nach sonstigen Vorschriften zur Umsetzung von Richtlinien der Europäischen Gemeinschaften in Verkehr gebracht und gehandelt werden dürfen, jedoch deren Anforderungen nicht erfüllen, und
2. nicht geregelte Bauprodukte

verwendet werden, wenn deren Verwendbarkeit im Sinne des § 3 Abs. 2 nachgewiesen ist. Wenn Gefahren im Sinne des § 3 Abs. 1 nicht zu erwarten sind, kann die oberste Bauaufsichtsbehörde im Einzelfall erklären, dass ihre Zustimmung nicht erforderlich ist.

(2) Die Zustimmung für Bauprodukte nach Absatz 1, die in Baudenkmalen nach dem Denkmalschutzgesetz des Landes Sachsen-Anhalt verwendet werden sollen, erteilt die untere Bauaufsichtsbehörde.

§ 24
Bauarten

(1) Bauarten, die von Technischen Baubestimmungen wesentlich abweichen oder für die es allgemein anerkannte Regeln der Technik nicht gibt (nicht geregelte Bauarten), dürfen bei der Errichtung, Änderung und Instandhaltung baulicher Anlagen nur angewendet werden, wenn für sie
1. eine allgemeine bauaufsichtliche Zulassung oder
2. eine Zustimmung im Einzelfall

erteilt worden ist. Anstelle einer allgemeinen bauaufsichtlichen Zulassung genügt ein allgemeines bauaufsichtliches Prüfzeugnis, wenn die Bauart nicht der Erfüllung erheblicher Anforderungen an die Sicherheit baulicher Anlagen dient oder nach allgemein anerkannten Prüfverfahren beurteilt wird. Das Deutsche Institut für Bautechnik macht diese Bauarten mit der Angabe der maßgebenden technischen Regeln und, soweit es keine allgemein anerkannten Regeln der Technik gibt, mit der Bezeichnung der Bauarten im Einvernehmen mit der obersten Bauaufsichtsbehörde in der Bauregelliste A bekannt. § 20 Abs. 5 und 6 sowie §§ 21, 22 Abs. 2 und § 23 gelten entsprechend. Wenn Gefahren im Sinne des § 3 Abs. 1 nicht zu erwarten sind, kann die oberste Bauaufsichtsbehörde im Einzelfall oder für genau begrenzte Fälle allgemein festlegen, dass eine allgemeine bauaufsichtliche Zulassung, ein allgemeines bauaufsichtliches Prüfzeugnis oder eine Zustimmung im Einzelfall nicht erforderlich ist.

(2) Die oberste Bauaufsichtsbehörde wird ermächtigt, durch Verordnung vorzuschreiben, dass für bestimmte Bauarten, auch soweit sie Anforderungen nach anderen Rechtsvorschriften unterliegen, Absatz 1 ganz oder teilweise anwendbar ist, wenn die anderen Rechtsvorschriften dies verlangen oder zulassen.

§ 25
Übereinstimmungsnachweis

(1) Bauprodukte bedürfen einer Bestätigung ihrer Übereinstimmung mit den technischen Regeln nach § 20 Abs. 2, den allgemeinen bauaufsichtlichen Zulassungen, den allgemeinen bauaufsichtlichen Prüf-

zeugnissen oder den Zustimmungen im Einzelfall; als Übereinstimmung gilt auch eine Abweichung, die nicht wesentlich ist.

(2) Die Bestätigung der Übereinstimmung erfolgt durch
1. Übereinstimmungserklärung des Herstellers (§ 26) oder
2. Übereinstimmungszertifikat (§ 27).

Die Bestätigung durch Übereinstimmungszertifikat kann in der allgemeinen bauaufsichtlichen Zulassung, in der Zustimmung im Einzelfall oder in der Bauregelliste A vorgeschrieben werden, wenn dies zum Nachweis einer ordnungsgemäßen Herstellung erforderlich ist. Bauprodukte, die nicht in Serie hergestellt werden, bedürfen nur der Übereinstimmungserklärung des Herstellers nach § 26 Abs. 1, sofern nichts anderes bestimmt ist. Die oberste Bauaufsichtsbehörde kann im Einzelfall die Verwendung von Bauprodukten ohne das erforderliche Übereinstimmungszertifikat gestatten, wenn nachgewiesen ist, dass diese Bauprodukte den technischen Regeln, Zulassungen, Prüfzeugnissen oder Zustimmungen nach Absatz 1 entsprechen.

(3) Für Bauarten gelten die Absätze 1 und 2 entsprechend.

(4) Die Übereinstimmungserklärung und die Erklärung, dass ein Übereinstimmungszertifikat erteilt ist, hat der Hersteller durch Kennzeichnung der Bauprodukte mit dem Übereinstimmungszeichen (Ü-Zeichen) unter Hinweis auf den Verwendungszweck abzugeben.

(5) Das Ü-Zeichen ist auf dem Bauprodukt, auf einem Beipackzettel oder auf seiner Verpackung oder, wenn dies Schwierigkeiten bereitet, auf dem Lieferschein oder auf einer Anlage zum Lieferschein anzubringen.

(6) Ü-Zeichen aus anderen Ländern und aus anderen Staaten gelten auch im Land Sachsen-Anhalt.

§ 26
Übereinstimmungserklärung des Herstellers

(1) Der Hersteller darf eine Übereinstimmungserklärung nur abgeben, wenn er durch werkseigene Produktionskontrolle sichergestellt hat, dass das von ihm hergestellte Bauprodukt den maßgebenden technischen Regeln, der allgemeinen bauaufsichtlichen Zulassung, dem allgemeinen bauaufsichtlichen Prüfzeugnis oder der Zustimmung im Einzelfall entspricht.

(2) In den technischen Regeln nach § 20 Abs. 2, in der Bauregelliste A, in den allgemeinen bauaufsichtlichen Zulassungen, in den allge-

meinen bauaufsichtlichen Prüfzeugnissen oder in den Zustimmungen im Einzelfall kann eine Prüfung der Bauprodukte durch eine Prüfstelle vor Abgabe der Übereinstimmungserklärung vorgeschrieben werden, wenn dies zur Sicherung einer ordnungsgemäßen Herstellung erforderlich ist. In diesen Fällen hat die Prüfstelle das Bauprodukt daraufhin zu überprüfen, ob es den maßgebenden technischen Regeln, der allgemeinen bauaufsichtlichen Zulassung, dem allgemeinen bauaufsichtlichen Prüfzeugnis oder der Zustimmung im Einzelfall entspricht.

§ 27
Übereinstimmungszertifikat

(1) Ein Übereinstimmungszertifikat ist von einer Zertifizierungsstelle nach § 28 zu erteilen, wenn das Bauprodukt
1. den maßgebenden technischen Regeln, der allgemeinen bauaufsichtlichen Zulassung, dem allgemeinen bauaufsichtlichen Prüfzeugnis oder der Zustimmung im Einzelfall entspricht und
2. einer werkseigenen Produktionskontrolle sowie einer Fremdüberwachung nach Maßgabe des Absatzes 2 unterliegt.

(2) Die Fremdüberwachung ist von Überwachungsstellen nach § 28 durchzuführen. Die Fremdüberwachung hat regelmäßig zu überprüfen, ob das Bauprodukt den maßgebenden technischen Regeln, der allgemeinen bauaufsichtlichen Zulassung, dem allgemeinen bauaufsichtlichen Prüfzeugnis oder der Zustimmung im Einzelfall entspricht.

§ 28
Prüf-, Zertifizierungs- und Überwachungsstellen

(1) Die oberste Bauaufsichtsbehörde kann eine Person, Stelle oder Überwachungsgemeinschaft als
1. Prüfstelle für die Erteilung allgemeiner bauaufsichtlicher Prüfzeugnisse nach § 22 Abs. 2,
2. Prüfstelle für die Überprüfung von Bauprodukten vor Bestätigung der Übereinstimmung nach § 26 Abs. 2,
3. Zertifizierungsstelle nach § 27 Abs. 1,
4. Überwachungsstelle für die Fremdüberwachung nach § 27 Abs. 2,
5. Überwachungsstelle für die Überwachung nach § 20 Abs. 6 oder
6. Prüfstelle für die Überprüfung nach § 20 Abs. 5

anerkennen, wenn sie oder die bei ihr Beschäftigten nach ihrer Ausbildung, Fachkenntnis, persönlichen Zuverlässigkeit, ihrer Unparteilichkeit und ihren Leistungen die Gewähr dafür bieten, dass diese Aufgaben den öffentlich-rechtlichen Vorschriften entsprechend wahrgenommen werden und wenn sie über die erforderlichen Vorrichtungen verfügen. Satz 1 ist entsprechend auf Behörden anzuwenden, wenn sie ausreichend mit geeigneten Fachkräften besetzt und mit den erforderlichen Vorrichtungen ausgestattet sind.

(2) Die Anerkennung von Prüf-, Zertifizierungs- und Überwachungsstellen anderer Länder gilt auch im Land Sachsen-Anhalt. Prüf-, Zertifizierungs- und Überwachungsergebnisse von Stellen, die nach Artikel 16 Abs. 2 der Bauproduktenrichtlinie von einem anderen Mitgliedstaat der Europäischen Gemeinschaften oder von einem anderen Vertragsstaat des Abkommens über den Europäischen Wirtschaftsraum anerkannt worden sind, stehen den Ergebnissen der in Absatz 1 genannten Stellen gleich. Dies gilt auch für Prüf-, Zertifizierungs- und Überwachungsergebnisse von Stellen anderer Staaten, wenn sie in einem Artikel 16 Abs. 2 der Bauproduktenrichtlinie entsprechenden Verfahren anerkannt worden sind.

(3) Die oberste Bauaufsichtsbehörde erkennt auf Antrag eine Person, Stelle, Überwachungsgemeinschaft oder Behörde als Stelle nach Artikel 16 Abs. 2 der Bauproduktenrichtlinie an, wenn in dem in Artikel 16 Abs. 2 der Bauproduktenrichtlinie vorgesehenen Verfahren nachgewiesen ist, dass die Person, Stelle, Überwachungsgemeinschaft oder Behörde die Voraussetzungen erfüllt, nach den Vorschriften eines anderen Mitgliedstaates der Europäischen Gemeinschaften oder eines anderen Vertragsstaates des Abkommens über den Europäischen Wirtschaftsraum zu prüfen, zu zertifizieren oder zu überwachen. Dies gilt auch für die Anerkennung von Personen, Stellen, Überwachungsgemeinschaften oder Behörden, die nach den Vorschriften eines anderen Staates zu prüfen, zu zertifizieren oder zu überwachen beabsichtigen, wenn der erforderliche Nachweis in einem Artikel 16 Abs. 2 der Bauproduktenrichtlinie entsprechenden Verfahren geführt wird.

ABSCHNITT 4
Wände, Decken und Dächer

§ 29
Tragende Wände, Pfeiler und Stützen

(1) Tragende Wände, Pfeiler und Stützen sind feuerbeständig, in Gebäuden geringer Höhe mindestens feuerhemmend herzustellen. Dies gilt nicht für oberste Geschosse von Dachräumen.

(2) Im Keller sind tragende Wände, Pfeiler und Stützen feuerbeständig, bei Wohngebäuden geringer Höhe mit nicht mehr als zwei Wohnungen mindestens feuerhemmend und in den wesentlichen Teilen aus nichtbrennbaren Baustoffen herzustellen.

(3) Die Absätze 1 und 2 gelten nicht für frei stehende Wohngebäude mit nicht mehr als einer Wohnung, deren Aufenthaltsräume in nicht mehr als zwei Geschossen liegen, sowie für andere frei stehende Gebäude ähnlicher Größe und frei stehende landwirtschaftliche Betriebsgebäude.

§ 30
Außenwände

(1) Nichttragende Außenwände und nichttragende Teile tragender Außenwände sind, außer bei Gebäuden geringer Höhe, aus nichtbrennbaren Baustoffen oder mindestens feuerhemmend herzustellen.

(2) Oberflächen von Außenwänden sowie Außenwandverkleidungen einschließlich der Dämmstoffe und Unterkonstruktionen sind aus schwer entflammbaren Baustoffen herzustellen; Unterkonstruktionen aus normal entflammbaren Baustoffen können gestattet werden, wenn Bedenken wegen des Brandschutzes nicht bestehen. Bei Gebäuden geringer Höhe sind, unbeschadet § 6 Abs. 8, Außenwandverkleidungen einschließlich der Dämmstoffe und Unterkonstruktionen aus normal entflammbaren Baustoffen zulässig, wenn durch geeignete Maßnahmen eine Brandausbreitung auf angrenzende Gebäude verhindert wird.

§ 31
Trennwände

(1) Zwischen Wohnungen sowie zwischen Wohnungen und anders genutzten Räumen sind feuerbeständige, in obersten Geschossen von Dachräumen und in Gebäuden geringer Höhe mindestens feuerhemmende Trennwände herzustellen. Bei Gebäuden mit mehr als zwei Wohnungen sind die Trennwände bis zur Rohdecke oder bis unter die Dachhaut zu führen; dies gilt auch für Trennwände zwischen Wohngebäuden und landwirtschaftlichen Betriebsgebäuden sowie zwischen dem landwirtschaftlichen Betriebsteil und dem Wohnteil eines Gebäudes.

(2) Außer bei Wohngebäuden geringer Höhe mit nicht mehr als zwei Wohnungen sind Öffnungen in Trennwänden zwischen Wohnungen sowie zwischen Wohnungen und anders genutzten Räumen

unzulässig. Sie können gestattet werden, wenn die Nutzung des Gebäudes dies erfordert und die Öffnungen mit mindestens feuerhemmenden, selbstschließenden Abschlüssen versehen sind oder der Brandschutz auf andere Weise sichergestellt ist.

§ 32
Brandwände

(1) Brandwände sind herzustellen

1. zum Abschluss von Gebäuden, bei denen die Abschlusswand bis zu 2,50 m von der Nachbargrenze errichtet wird, es sei denn, dass ein Abstand von mindestens 5 m zu bestehenden oder nach den baurechtlichen Vorschriften zulässigen Gebäuden gesichert ist,
2. zwischen aneinander gereihten Gebäuden auf demselben Grundstück,
3. zur Unterteilung ausgedehnter Gebäude in Abständen von höchstens 40 m; größere Abstände können gestattet werden, wenn die Nutzung des Gebäudes es erfordert und wenn wegen des Brandschutzes Bedenken nicht bestehen,
4. zwischen Wohngebäuden und angebauten landwirtschaftlichen Betriebsgebäuden auf demselben Grundstück sowie zwischen dem Wohnteil und dem landwirtschaftlichen Betriebsteil eines Gebäudes, wenn der umbaute Raum des Betriebsgebäudes oder des Betriebsteiles größer als 2000 m^3 ist.

Für Wohngebäude geringer Höhe mit nicht mehr als zwei Wohnungen sind abweichend von Satz 1 Nrn. 1 bis 3 anstelle von Brandwänden feuerbeständige Wände zulässig; Wände mit brennbaren Baustoffen können gestattet werden, wenn wegen des Brandschutzes Bedenken nicht bestehen.

(2) Absatz 1 sowie § 6 Abs. 8 gelten nicht für seitliche Wände von Vorbauten wie Erker, die nicht mehr als 1,50 m vor der Flucht der vorderen oder hinteren Außenwand des Nachbargebäudes vortreten, wenn sie von dem Nachbargebäude oder der Nachbargrenze einen Abstand einhalten, der ihrer eigenen Ausladung entspricht, mindestens jedoch 1 m beträgt.

(3) Brandwände müssen feuerbeständig sein und aus nichtbrennbaren Baustoffen bestehen. Sie dürfen bei einem Brand ihre Standsicherheit nicht verlieren und müssen die Verbreitung von Feuer auf andere Gebäude oder Gebäudeabschnitte verhindern.

(4) Brandwände müssen in einer Ebene durchgehend sein. Es kann zugelassen werden, dass anstelle von Brandwänden, Wände zur Unterteilung eines Gebäudes geschossweise versetzt angeordnet werden, wenn
1. die Nutzung des Gebäudes dies erfordert,
2. die Wände in der Bauart von Brandwänden hergestellt sind,
3. die Decken, soweit sie in Verbindung mit diesen Wänden stehen, feuerbeständig sind, aus nichtbrennbaren Baustoffen bestehen und keine Öffnungen haben,
4. die Bauteile, die diese Wände und Decken unterstützen, feuerbeständig sind und aus nichtbrennbaren Baustoffen bestehen,
5. die Außenwände innerhalb des Gebäudeabschnitts, in dem diese Wände angeordnet sind, in allen Geschossen feuerbeständig sind und
6. Öffnungen in den Außenwänden so angeordnet sind oder andere Vorkehrungen so getroffen sind, dass eine Brandübertragung in andere Brandabschnitte nicht zu befürchten ist.

(5) Müssen auf einem Grundstück Gebäude oder Gebäudeteile, die über Eck zusammenstoßen, durch eine Brandwand getrennt werden, so muss der Abstand der Brandwand von der inneren Ecke mindestens 5 m betragen. Dies gilt nicht, wenn die Gebäude oder Gebäudeteile in einem Winkel von mehr als 120 Grad über Eck zusammenstoßen.

(6) Brandwände sind 0,30 m über Dach zu führen oder in Höhe der Dachhaut mit einer beiderseits 0,50 m auskragenden feuerbeständigen Platte aus nichtbrennbaren Baustoffen abzuschließen; darüber dürfen brennbare Teile des Daches nicht hinweggeführt werden. Bei Gebäuden mit Bedachungen, die die Anforderungen des § 34 Abs. 1 nicht erfüllen, sind die Brandwände 0,50 m über Dach zu führen. Bei Gebäuden geringer Höhe sind Brandwände sowie Wände, die anstelle von Brandwänden zulässig sind, mindestens bis unmittelbar unter die Dachhaut zu führen.

(7) Bauteile mit brennbaren Baustoffen dürfen Brandwände nicht überbrücken. Bauteile dürfen in Brandwände nur so weit eingreifen, dass der verbleibende Wandquerschnitt feuerbeständig bleibt; für Leitungen, Leitungsschlitze und Schornsteine gilt dies entsprechend.

(8) Öffnungen in Brandwänden und in Wänden, die anstelle von Brandwänden zulässig sind, sind unzulässig; sie können in inneren Brandwänden gestattet werden, wenn die Nutzung des Gebäudes

dies erfordert. Die Öffnungen sind mit feuerbeständigen, selbstschließenden Abschlüssen zu versehen; Abweichungen können gestattet werden, wenn der Brandschutz auf andere Weise gesichert ist.

(9) In inneren Brandwänden können Teilflächen aus lichtdurchlässigen nichtbrennbaren Baustoffen gestattet werden, wenn diese Flächen feuerbeständig sind.

§ 33
Decken

(1) Decken und ihre Unterstützungen sind feuerbeständig, in Gebäuden geringer Höhe mindestens feuerhemmend herzustellen. Dies gilt nicht für oberste Geschosse von Dachräumen.

(2) Kellerdecken sind feuerbeständig, in Wohngebäuden geringer Höhe mit nicht mehr als zwei Wohnungen mindestens feuerhemmend herzustellen.

(3) Decken und ihre Unterstützungen zwischen dem landwirtschaftlichen Betriebsteil und dem Wohnteil eines Gebäudes sind feuerbeständig herzustellen.

(4) Die Absätze 1 und 2 gelten nicht für frei stehende Wohngebäude mit nicht mehr als einer Wohnung, deren Aufenthaltsräume in nicht mehr als zwei Geschossen liegen, für andere frei stehende Gebäude ähnlicher Größe sowie für frei stehende landwirtschaftliche Betriebsgebäude.

(5) Decken über und unter Wohnungen und Aufenthaltsräumen sowie Böden nicht unterkellerter Aufenthaltsräume müssen wärmedämmend sein.

(6) Decken über und unter Wohnungen, Aufenthaltsräumen und Nebenräumen müssen schalldämmend sein. Dies gilt nicht für Decken von Wohngebäuden mit nur einer Wohnung sowie für Decken zwischen Räumen derselben Wohnung und gegen nicht nutzbare Dachräume, wenn die Weiterleitung von Schall in Räume anderer Wohnungen vermieden wird.

(7) Die Absätze 5 und 6 Satz 1 gelten nicht für Decken über und unter Arbeitsräumen einschließlich Nebenräumen, die nicht an Wohnräume oder fremde Arbeitsräume grenzen, wenn wegen der Benutzung der Arbeitsräume ein Wärmeschutz oder Schallschutz unmöglich oder unnötig ist.

(8) Öffnungen in begehbaren Decken sind sicher abzudecken oder zu umwehren.

(9) Öffnungen in Decken, für die eine mindestens feuerhemmende Bauart vorgeschrieben ist, sind, außer bei Wohngebäuden geringer Höhe mit nicht mehr als zwei Wohnungen, unzulässig; dies gilt nicht für den Abschluss von Öffnungen innerhalb von Wohnungen. Öffnungen können gestattet werden, wenn die Nutzung des Gebäudes dies erfordert und die Öffnungen mit Abschlüssen versehen werden, deren Feuerwiderstandsdauer der der Decken entspricht. Abweichungen können gestattet werden, wenn der Brandschutz auf andere Weise sichergestellt ist.

§ 34
Dächer

(1) Bedachungen müssen gegen Flugfeuer und strahlende Wärme widerstandsfähig sein (harte Bedachung).

(2) Bedachungen, die die Anforderungen nach Absatz 1 nicht erfüllen, sind zulässig bei Gebäuden geringer Höhe, wenn die Gebäude

1. einen Abstand von der Grundstücksgrenze von mindestens 12 m,
2. von Gebäuden auf demselben Grundstück mit harter Bedachung einen Abstand von mindestens 15 m,
3. von Gebäuden auf demselben Grundstück mit Bedachungen, die die Anforderungen nach Absatz 1 nicht erfüllen, einen Abstand von mindestens 24 m,
4. von kleinen, nur Nebenzwecken dienenden Gebäuden ohne Feuerstätten auf demselben Grundstück einen Abstand von mindestens 5 m einhalten.

In den Fällen des Satzes 1 Nr. 1 werden angrenzende öffentliche Verkehrsflächen, öffentliche Grünflächen und öffentliche Wasserflächen zur Hälfte angerechnet.

(3) Die Absätze 1 und 2 gelten nicht für

1. lichtdurchlässige Bedachungen aus nichtbrennbaren Baustoffen,
2. Lichtkuppeln von Wohngebäuden,
3. Eingangsüberdachungen und Vordächer aus nichtbrennbaren Baustoffen,
4. Eingangsüberdachungen aus brennbaren Baustoffen, wenn die Eingänge nur zu Wohnungen führen.

(4) Abweichend von den Absätzen 1 und 2 können
1. lichtdurchlässige Teilflächen aus brennbaren Baustoffen in Bedachungen nach Absatz 1 und
2. begrünte Bedachungen

gestattet werden, wenn Bedenken wegen des Brandschutzes nicht bestehen.

(5) Bei aneinander gebauten giebelständigen Gebäuden ist das Dach für eine Brandbeanspruchung von innen nach außen mindestens feuerhemmend auszubilden; seine Unterstützungen müssen mindestens feuerhemmend sein. Öffnungen in den Dachflächen müssen, waagerecht gemessen, mindestens 2 m von der Gebäudetrennwand entfernt sein.

(6) An Dächer, die Aufenthaltsräume abschließen, können wegen des Brandschutzes besondere Anforderungen gestellt werden.

(7) Dachvorsprünge, Dachgesimse und Dachaufbauten, lichtdurchlässige Bedachungen und Lichtkuppeln sind so anzuordnen und herzustellen, dass Feuer nicht auf andere Gebäudeteile und Nachbargrundstücke übertragen werden kann. Von Brandwänden und von Wänden, die anstelle von Brandwänden zulässig sind, müssen mindestens 1,25 m entfernt sein
1. Oberlichter, Lichtkuppeln und Öffnungen in der Dachhaut, wenn diese Wände nicht mindestens 0,30 m über Dach geführt sind,
2. Dachgauben und ähnliche Dachaufbauten aus brennbaren Baustoffen, wenn sie nicht durch diese Wände gegen Brandübertragung geschützt sind.

(8) Dächer, die zum auch nur zeitweiligen Aufenthalt von Menschen bestimmt sind, müssen umwehrt werden. Öffnungen und nichtbegehbare Glasflächen dieser Dächer sind gegen Betreten zu sichern.

(9) Die Dächer von Anbauten, die an Wände mit Öffnungen oder an Wände, die nicht mindestens feuerhemmend sind, anschließen, sind innerhalb eines Abstands von 5 m von diesen Wänden so widerstandsfähig gegen Feuer herzustellen wie die Decken des anschließenden Gebäudes. Dies gilt nicht für Anbauten an Wohngebäude geringer Höhe.

(10) Bei Dächern an Verkehrsflächen und über Eingängen können Vorrichtungen zum Schutz gegen das Herabfallen von Schnee und Eis verlangt werden.

(11) Für die vom Dach aus vorzunehmenden Arbeiten sind sicher benutzbare Vorrichtungen anzubringen.

§ 35
Vorbauten

Für Balkone, Erker und andere Vorbauten sowie für Loggien gelten die Anforderungen an Wände, Decken und Dächer sinngemäß. Die Verwendung brennbarer Baustoffe oder die Verwendung nichtbrennbarer Baustoffe anstelle einer Bauart mit Feuerwiderstandsdauer ist zulässig, wenn keine Bedenken wegen des Brandschutzes bestehen.

ABSCHNITT 5
Treppen, Rettungswege, Aufzüge und Öffnungen

§ 36
Treppen

(1) Jedes nicht zu ebener Erde liegende Geschoss und der benutzbare Dachraum eines Gebäudes müssen über mindestens eine Treppe zugänglich sein (notwendige Treppe); weitere Treppen können gefordert werden, wenn die Rettung von Menschen im Brandfall nicht auf andere Weise möglich ist. Statt notwendiger Treppen können Rampen mit flacher Neigung gestattet werden.

(2) Einschiebbare Treppen und Rolltreppen sind als notwendige Treppen unzulässig. Einschiebbare Treppen und Leitern sind bei Wohngebäuden mit nicht mehr als zwei Wohnungen als Zugang zu einem Dachraum ohne Aufenthaltsräume zulässig; sie können als Zugang zu sonstigen Räumen, die keine Aufenthaltsräume sind, gestattet werden, wenn wegen des Brandschutzes Bedenken nicht bestehen.

(3) Notwendige Treppen sind in einem Zuge zu allen angeschlossenen Geschossen zu führen; sie müssen mit den Treppen zum Dachraum unmittelbar verbunden sein. Dies gilt nicht für Gebäude geringer Höhe.

(4) Die tragenden Teile notwendiger Treppen müssen feuerbeständig sein. Bei Gebäuden geringer Höhe müssen sie aus nichtbrennbaren Baustoffen bestehen oder mindestens feuerhemmend sein; dies gilt nicht für Wohngebäude geringer Höhe mit nicht mehr als zwei Wohnungen.

(5) Die nutzbare Breite der Treppen und Treppenabsätze notwendiger Treppen muss mindestens 1 m betragen. In Wohngebäuden mit nicht mehr als zwei Wohnungen und innerhalb von Wohnungen genügt eine Breite von 0,80 m. Für Treppen mit geringer Benutzung können geringere Breiten gestattet werden.

(6) Treppen müssen mindestens einen festen und griffsicheren Handlauf haben. Bei großer nutzbarer Breite der Treppen ab 1,60 m sind Handläufe auf beiden Seiten erforderlich und es können Zwischenhandläufe gefordert werden.

(7) Die freien Seiten der Treppen, Treppenabsätze und Treppenöffnungen müssen durch Geländer gesichert werden. Fenster, die unmittelbar an Treppen liegen und deren Brüstungen unter der notwendigen Geländerhöhe liegen, sind zu sichern.

(8) Treppengeländer müssen mindestens 0,90 m, bei Treppen mit mehr als 12 m Absturzhöhe mindestens 1,10 m hoch sein.

(9) Eine Treppe darf nicht unmittelbar hinter einer Tür beginnen, die in Richtung der Treppe aufschlägt; zwischen Treppe und Tür ist ein Treppenabsatz anzuordnen, der mindestens so tief sein soll, wie die Tür breit ist. Größere Tiefen des Treppenabsatzes können in Abhängigkeit vom Richtungsverlauf der Treppe gefordert werden.

§ 37
Treppenräume und Ausgänge

(1) Jede notwendige Treppe muss in einem eigenen Treppenraum (notwendiger Treppenraum) liegen. Für die Verbindung von Geschossen innerhalb derselben Wohnung sind notwendige Treppen ohne Treppenraum zulässig, wenn in jedem Geschoss ein anderer Rettungsweg erreicht werden kann.

(2) Von jeder Stelle eines Aufenthaltsraumes sowie eines Kellergeschosses muss mindestens ein notwendiger Treppenraum oder ein Ausgang ins Freie in höchstens 35 m Entfernung erreichbar sein. Sind mehrere notwendige Treppenräume erforderlich, müssen sie so verteilt sein, dass die Rettungswege möglichst kurz sind.

(3) Übereinander liegende Kellergeschosse müssen jeweils mindestens zwei Ausgänge zu notwendigen Treppenräumen oder ins Freie haben.

(4) Notwendige Treppenräume müssen durchgehend sein und an einer Außenwand liegen. Notwendige Treppenräume, die nicht an einer Außenwand liegen (innen liegende notwendige Treppenräume),

können gestattet werden, wenn ihre Benutzung durch Raucheintritt nicht gefährdet werden kann.

(5) Jeder notwendige Treppenraum muss einen sicheren Ausgang ins Freie haben. Sofern der Ausgang eines notwendigen Treppenraumes nicht unmittelbar ins Freie führt, muss der Raum zwischen dem notwendigen Treppenraum und dem Ausgang ins Freie
1. mindestens so breit sein wie die dazugehörigen Treppen,
2. Wände haben, die die Anforderungen an die Wände des Treppenraumes erfüllen,
3. rauchdichte und selbstschließende Türen zu notwendigen Fluren haben und
4. ohne Öffnungen zu anderen Räumen, ausgenommen zu notwendigen Fluren, sein.

Abweichungen von Satz 2 Nrn. 2 und 4 können gestattet werden, wenn Bedenken wegen des Brandschutzes nicht bestehen.

(6) In Geschossen mit mehr als vier Wohnungen oder Nutzungseinheiten vergleichbarer Größe müssen notwendige Flure angeordnet sein.

(7) Die Wände notwendiger Treppenräume müssen in der Bauart von Brandwänden (§ 32 Abs. 4) hergestellt sein; bei Gebäuden geringer Höhe müssen sie feuerbeständig sein. Dies gilt nicht, soweit diese Wände Außenwände sind, aus nichtbrennbaren Baustoffen bestehen und durch andere an diese Außenwände anschließende Gebäudeteile im Brandfall nicht gefährdet werden können.

(8) In notwendigen Treppenräumen und in Räumen nach Absatz 5 Satz 2 müssen
1. Verkleidungen, Putze, Dämmstoffe, Unterdecken und Einbauten aus nichtbrennbaren Baustoffen und
2. Bodenbeläge, ausgenommen Gleitschutzprofile, aus mindestens schwer entflammbaren Baustoffen

bestehen. Leitungsanlagen sind nur zulässig, wenn Bedenken wegen des Brandschutzes nicht bestehen.

(9) Der obere Abschluss eines notwendigen Treppenraumes muss feuerbeständig, bei Gebäuden geringer Höhe mindestens feuerhemmend sein. Dies gilt nicht, wenn der obere Abschluss das Dach ist.

(10) In notwendigen Treppenräumen müssen Öffnungen
1. zu Kellergeschossen, zu nicht ausgebauten Dachräumen, Werkstätten, Läden, Lagerräumen und ähnlichen Räumen sowie zu sonsti-

gen Räumen und Nutzungseinheiten mit einer Fläche von mehr als 200 m², ausgenommen Wohnungen, mindestens feuerhemmende, rauchdichte und selbstschließende Türen,
2. zu notwendigen Fluren rauchdichte und selbstschließende Türen,
3. zu sonstigen Räumen und sonstigen Nutzungseinheiten mindestens dicht schließende Türen
haben.

(11) Notwendige Treppenräume müssen zu lüften und zu beleuchten sein. Notwendige Treppenräume, die an einer Außenwand liegen, müssen in jedem Geschoss Fenster mit einer Größe von mindestens 0,60 m × 0,90 m haben, die geöffnet werden können. Innen liegende notwendige Treppenräume müssen in Gebäuden mit mehr als fünf oberirdischen Geschossen eine Sicherheitsbeleuchtung haben.

(12) In Gebäuden mit mehr als fünf oberirdischen Geschossen sowie bei innen liegenden notwendigen Treppenräumen muss an der obersten Stelle eines notwendigen Treppenraumes ein Rauchabzug vorhanden sein. Der Rauchabzug muss eine Rauchabzugsöffnung mit einem freien Querschnitt von mindestens 5 v. H. der Grundfläche, mindestens jedoch von 1 m² haben. Der Rauchabzug muss vom Erdgeschoss und vom obersten Treppenabsatz aus bedient werden können. Abweichungen können gestattet werden, wenn der Rauch auf andere Weise abgeführt werden kann.

(13) Die Absätze 1 bis 5 und 7 bis 11 gelten nicht für Wohngebäude geringer Höhe mit nicht mehr als zwei Wohnungen. Absatz 6 gilt nicht für Wohngebäude geringer Höhe.

§ 38
Notwendige Flure und Gänge

(1) Notwendige Flure sind Flure, über die Rettungswege von Aufenthaltsräumen zu Treppenräumen notwendiger Treppen oder zu Ausgängen ins Freie führen. Als notwendige Flure gelten nicht
1. Flure innerhalb von Wohnungen oder Nutzungseinheiten vergleichbarer Größe,
2. Flure innerhalb von Nutzungseinheiten, die einer Büro- oder Verwaltungsnutzung dienen und deren Nutzfläche in einem Geschoss nicht mehr als 400 m² beträgt.

(2) Notwendige Flure müssen so breit sein, dass sie für den größten zu erwartenden Verkehr ausreichen. Notwendige Flure von mehr als 30 m Länge sollen durch nichtabschließbare, rauchdichte und selbst-

schließende Türen unterteilt werden. In den Fluren ist eine Folge von weniger als drei Stufen unzulässig.

(3) Wände notwendiger Flure sind mindestens feuerhemmend und in den wesentlichen Teilen aus nichtbrennbaren Baustoffen, in Gebäuden geringer Höhe mindestens feuerhemmend herzustellen. Türen müssen dicht schließen. Abweichungen von den Sätzen 1 und 2 können gestattet werden, wenn wegen des Brandschutzes Bedenken nicht bestehen.

(4) Wände, Decken und Brüstungen von offenen Gängen vor den Außenwänden, die die einzige Verbindung zwischen Aufenthaltsräumen und Treppenräumen herstellen, sind mindestens feuerhemmend und in den wesentlichen Teilen aus nichtbrennbaren Baustoffen, in Gebäuden geringer Höhe mindestens feuerhemmend herzustellen.

(5) In notwendigen Fluren und offenen Gängen sind
1. Verkleidungen, Unterdecken und Dämmstoffe aus brennbaren Baustoffen unzulässig; dies gilt nicht in Gebäuden geringer Höhe,
2. Leitungsanlagen nur zulässig, wenn Bedenken wegen des Brandschutzes nicht bestehen.

Fußbodenbeläge müssen mindestens schwer entflammbar sein.

§ 39
Aufzüge

(1) Aufzüge im Inneren von Gebäuden müssen eigene Schächte haben. In einem Aufzugsschacht dürfen bis zu drei Aufzüge liegen. In Gebäuden bis zu sechs Geschossen dürfen Aufzüge ohne eigene Schächte innerhalb der Umfassungswände des Treppenraumes liegen. Sie müssen sicher umkleidet sein.

(2) Fahrschachtwände müssen feuerbeständig sein. Fahrschachttüren und andere Öffnungen in feuerbeständigen Schachtwänden sind so herzustellen, dass Feuer und Rauch nicht in andere Geschosse übertragen werden können.

(3) Fahrschächte müssen zu lüften sein und Rauchabzugsvorrichtungen haben. Die Rauchabzugsöffnungen in Fahrschächten müssen einen freien Querschnitt von mindestens 2,5 v. H. der Grundfläche des Fahrschachtes, mindestens jedoch 0,10 m² haben.

(4) Bei Aufzügen, die außerhalb von Gebäuden liegen oder die nicht mehr als drei übereinander liegende Geschosse verbinden, sowie bei vereinfachten Güteraufzügen, Kleingüteraufzügen, Mühlenaufzügen,

Lagerhausaufzügen und Behindertenaufzügen können Abweichungen von den Absätzen 1 bis 3 gestattet werden, wenn wegen der Betriebssicherheit und des Brandschutzes Bedenken nicht bestehen.

(5) Gebäude mit mehr als fünf oberirdischen Geschossen müssen Aufzüge in ausreichender Zahl haben. Von diesen Aufzügen muss mindestens ein Aufzug Kinderwagen, Rollstühle, Krankentragen und Lasten aufnehmen können und Haltestellen in allen Geschossen haben. Dieser Aufzug muss von allen Wohnungen in dem Gebäude und von der öffentlichen Verkehrsfläche aus stufenlos erreichbar sein. § 57 Abs. 3 Satz 2 bis 6 gilt entsprechend. Für die Anordnung von Haltestellen im obersten Geschoss, im Erdgeschoss und in den Kellergeschossen können Abweichungen zugelassen werden, wenn diese Haltestellen nur unter besonderen Schwierigkeiten hergestellt werden können.

(6) Fahrkörbe zur Aufnahme einer Krankentrage müssen eine nutzbare Grundfläche von mindestens 1,10 m × 2,10 m, zur Aufnahme eines Rollstuhles von mindestens 1,10 m × 1,40 m haben; Türen müssen eine lichte Durchgangsbreite von mindestens 0,90 m haben. In einem Aufzug für Rollstühle und Krankentragen darf der für Rollstühle nicht erforderliche Teil der Fahrkorbgrundfläche durch eine verschließbare Tür abgesperrt werden. Vor den Aufzügen muss eine ausreichende Bewegungsfläche vorhanden sein.

§ 40
Fenster, Türen, Kellerlichtschächte

(1) Können die Fensterflächen nicht gefahrlos vom Erdboden, vom Innern des Gebäudes oder von Loggien und Balkonen aus gereinigt werden, so sind Vorrichtungen, wie Aufzüge, Halterungen oder Stangen, anzubringen, die eine Reinigung von außen ermöglichen.

(2) Glastüren und andere Glasflächen, die bis zum Fußboden allgemein zugänglicher Verkehrsflächen herabreichen, sind so zu kennzeichnen, dass sie leicht erkannt werden können. Für größere Glasflächen können Schutzmaßnahmen zur Sicherung des Verkehrs verlangt werden.

(3) Gemeinsame Kellerlichtschächte für übereinander liegende Kellergeschosse sind unzulässig.

(4) Eingangstüren von Wohnungen, die über Aufzüge erreichbar sein müssen, müssen eine lichte Durchgangsbreite von mindestens 0,90 m haben.

(5) Fenster und andere Öffnungen, die über Rettungsgeräte der Feuerwehr gemäß § 17 Abs. 4 als zweiter Rettungsweg dienen, müssen im Lichten mindestens 0,90 m × 1,20 m groß und dürfen nicht höher als 1,20 m über der Fußbodenoberkante angeordnet sein. Liegen diese Öffnungen in Dachschrägen oder Dachaufbauten, so darf ihre Unterkante oder ein davor liegender Austritt von der Traufkante nur so weit entfernt sein, dass Personen sich bemerkbar machen und von der Feuerwehr gerettet werden können.

§ 41
Umwehrungen und Abdeckungen

(1) In, an und auf baulichen Anlagen sind Flächen, die im Allgemeinen zum Begehen bestimmt sind, zu umwehren, wenn unmittelbar anschließende Höhenunterschiede von mehr als 1 m Tiefe durch Abböschungen oder Abtreppungen von mehr als 45 Grad Neigung überwunden werden. Dies gilt nicht, wenn die Umwehrung dem Zweck der Flächen widerspricht, wie bei Verladerampen, Kais und Schwimmbecken.

(2) Nicht begehbare Oberlichter und Glasabdeckungen in Flächen, die im Allgemeinen zum Begehen bestimmt sind, sind zu umwehren, wenn sie weniger als 0,50 m aus diesen Flächen herausragen.

(3) Kellerlichtschächte und Betriebsschächte, die an Verkehrsflächen liegen, sind zu umwehren oder verkehrssicher abzudecken; liegen sie in Verkehrsflächen, so sind sie in Höhe der Verkehrsfläche verkehrssicher abzudecken. Abdeckungen an und in öffentlichen Verkehrsflächen müssen gegen unbefugtes Abheben gesichert sein.

(4) Fensterbrüstungen müssen bis zum fünften oberirdischen Geschoss mindestens 0,80, über dem fünften oberirdischen Geschoss mindestens 0,90 m hoch sein. Geringere Brüstungshöhen sind zulässig, wenn durch andere Vorrichtungen, wie Geländer, die nach Absatz 5 vorgeschriebenen Mindesthöhen eingehalten werden. Im Erdgeschoss können geringere Brüstungshöhen gestattet werden.

(5) Andere notwendige Umwehrungen müssen folgende Mindesthöhen haben
1. Umwehrungen zur Sicherung von Öffnungen in begehbaren Decken, Dächern sowie Umwehrungen von Flächen mit einer Absturzhöhe von 1 m bis 12 m   0,90 m,
2. Umwehrungen von Flächen mit mehr als 12 m Absturzhöhe   1,10 m.

ABSCHNITT 6
Haustechnische Anlagen und Feuerungsanlagen

§ 42
Leitungen, Lüftungsanlagen, Installationsschächte, Installationskanäle

(1) Leitungen dürfen durch Brandwände, Wände nach § 32 Abs. 1 Satz 2 und Abs. 4 Satz 2, Treppenraumwände, Wände von Räumen nach § 37 Abs. 5 Satz 2 sowie durch Trennwände und Decken, die feuerbeständig sein müssen, nur hindurchgeführt werden, wenn eine Übertragung von Feuer und Rauch nicht zu befürchten ist oder Vorkehrungen hiergegen getroffen sind; dies gilt nicht für Decken innerhalb von Wohnungen. Die Weiterleitung von Schall in fremde Räume muss ausreichend begrenzt werden.

(2) Lüftungsanlagen müssen betriebssicher und brandsicher sein; sie dürfen den ordnungsgemäßen Betrieb von Feuerungsanlagen nicht beeinträchtigen. Sie müssen leicht und sicher zu reinigen sein.

(3) Lüftungsleitungen sowie deren Verkleidungen und Dämmstoffe müssen aus nichtbrennbaren Baustoffen bestehen; Abweichungen können gestattet werden, wenn Bedenken wegen des Brandschutzes nicht bestehen. Lüftungsanlagen, außer in Gebäuden geringer Höhe, und Lüftungsanlagen, die Brandwände überbrücken, sind so herzustellen, dass Feuer und Rauch nicht in Treppenräume, notwendige Flure, andere Geschosse oder Brandabschnitte übertragen werden können.

(4) Lüftungsanlagen sind so herzustellen, dass sie Gerüche und Staub nicht in andere Räume übertragen. Die Weiterleitung von Schall in fremde Räume muss ausreichend gedämmt sein.

(5) Lüftungsanlagen dürfen nicht in Schornsteine eingeführt werden. In Lüftungsleitungen dürfen Abgase von Feuerstätten eingeleitet werden, wenn Bedenken wegen der Betriebssicherheit und des Brandschutzes nicht bestehen. Die Abluft ist ins Freie zu führen. Nicht zur Lüftungsanlage gehörende Einrichtungen sind in Lüftungsleitungen unzulässig.

(6) Lüftungsschächte, die aus Mauersteinen oder aus Formstücken für Schornsteine hergestellt sind, müssen den Anforderungen an Schornsteine entsprechen und gekennzeichnet werden.

(7) Für raumlufttechnische Anlagen und Warmluftheizungen gelten die Absätze 2 bis 6 sinngemäß.

(8) Für Installationsschächte und Installationskanäle gelten die Absätze 3 und 4 sinngemäß.

(9) Die Absätze 3, 4, 7 und 8 gelten nicht für Lüftungsanlagen innerhalb einer Wohnung.

§ 43
Feuerungsanlagen, Wärme- und Brennstoffversorgungsanlagen

(1) Feuerungsanlagen sind Anlagen, die aus Feuerstätten und Abgasanlagen, wie Verbindungsstücken, Schornsteinen und Abgasleitungen, bestehen. Feuerungsanlagen, Anlagen zur Abführung von Verbrennungsgasen ortsfester Verbrennungsmotoren sowie Behälter und Rohrleitungen für brennbare Gase und Flüssigkeiten müssen betriebssicher und brandsicher sein und dürfen auch sonst nicht zu Gefahren und unzumutbaren Belästigungen führen. Die Weiterleitung von Schall in fremde Räume muss ausreichend gedämmt sein. Abgasanlagen müssen leicht und sicher zu reinigen sein. Die Feuerungsanlagen sollen einen rationellen und schadstoffarmen Energieeinsatz ermöglichen.

(2) Für die Anlagen zur Verteilung von Wärme und zur Warmwasserversorgung gilt Absatz 1 Satz 2 bis 4 sinngemäß.

(3) Feuerstätten, ortsfeste Verbrennungsmotoren und Verdichter sowie Behälter für brennbare Gase und Flüssigkeiten dürfen nur in Räumen aufgestellt werden, bei denen nach Lage, Größe, baulicher Beschaffenheit und Benutzungsart Gefahren nicht entstehen.

(4) Die Abgase der Feuerstätten sind durch Abgasanlagen über Dach, die Verbrennungsgase ortsfester Verbrennungsmotoren sind durch Anlagen zur Abführung dieser Gase über Dach abzuleiten. Abgasanlagen sind in solcher Zahl und Lage und so herzustellen, dass die Feuerstätten des Gebäudes ordnungsgemäß angeschlossen werden können. Abweichungen von Satz 1 können gestattet werden, wenn Gefahren oder unzumutbare Belästigungen nicht entstehen.

(5) Die Abgase von Gasfeuerstätten mit abgeschlossenem Verbrennungsraum, denen die Verbrennungsluft durch dichte Leitungen vom Freien zuströmt (raumluftunabhängige Gasfeuerstätten), dürfen abweichend von Absatz 4 durch die Außenwand ins Freie geleitet werden, wenn

1. eine Ableitung des Abgases über Dach nicht oder nur mit unverhältnismäßig hohem Aufwand möglich ist und

2. die Nennwärmeleistung der Feuerstätte 11 kW zur Beheizung und 28 kW zur Warmwasserbereitung nicht überschreitet

und Gefahren oder unzumutbare Belästigungen nicht entstehen.

(6) Ohne Abgasanlage sind zulässig:
1. Gasfeuerstätten, wenn durch einen sicheren Luftwechsel im Aufstellraum gewährleistet ist, dass Gefahren oder unzumutbare Belästigungen nicht entstehen,
2. Gas-Haushalt-Kochgeräte mit einer Nennwärmeleistung von nicht mehr als 11 kW, wenn der Aufstellraum einen Rauminhalt von mehr als 20 m³ aufweist und mindestens eine Tür ins Freie oder ein Fenster, das geöffnet werden kann, hat,
3. nicht leitungsgebundene Gasfeuerstätten zur Beheizung von Räumen, die nicht gewerblichen Zwecken dienen, sowie Gas-Durchlauferhitzer, wenn diese Gasfeuerstätten besondere Sicherheitseinrichtungen haben, die die Kohlenmonoxidkonzentration im Aufstellraum so begrenzen, dass Gefahren oder unzumutbare Belästigungen nicht entstehen.

(7) Gasfeuerstätten dürfen in Räumen nur aufgestellt werden, wenn durch besondere Vorrichtungen an den Feuerstätten oder durch Lüftungsanlagen sichergestellt ist, dass gefährliche Ansammlungen von unverbranntem Gas in den Räumen nicht entstehen.

(8) Feuerungsanlagen dürfen, auch wenn sie geändert worden sind, erst in Betrieb genommen werden, wenn der Bezirksschornsteinfegermeister oder die Bezirksschornsteinfegermeisterin die Tauglichkeit der Abgasanlagen und die sichere Benutzbarkeit der Feuerungsanlagen bescheinigt hat. Der Bauherr oder die Bauherrin hat die technischen Angaben über die Feuerungsanlagen dem Bezirksschornsteinfegermeister oder der Bezirksschornsteinfegermeisterin vor Baubeginn mitzuteilen.

(9) Brennstoffe sind so zu lagern, dass Gefahren oder unzumutbare Belästigungen nicht entstehen.

§ 44
Wasserversorgungsanlagen

(1) Gebäude mit Aufenthaltsräumen dürfen nur errichtet werden, wenn die Versorgung mit Trinkwasser dauernd gesichert ist. Zur Brandbekämpfung muss eine ausreichende Wassermenge zur Verfügung stehen; Abweichungen können für Einzelgehöfte in der freien Feldflur gestattet werden.

(2) Wasserversorgungsanlagen müssen betriebssicher und so angeordnet und beschaffen sein, dass Gefahren oder unzumutbare Belästigungen nicht entstehen.

(3) Jede Wohnung muss einen eigenen Wasserzähler haben. Dies gilt nicht bei Nutzungsänderungen, wenn die Anforderung nach Satz 1 nur mit unverhältnismäßigem Mehraufwand erfüllt werden kann.

§ 45
Anlagen für Abwasser

Bauliche Anlagen dürfen nur errichtet werden, wenn die einwandfreie Beseitigung des Abwassers (§ 150 Abs. 1 Wassergesetz für das Land Sachsen-Anhalt) dauernd gesichert ist. Die Anlagen dafür sind so anzuordnen, zu errichten und instand zu halten, dass sie betriebssicher sind und Gefahren oder unzumutbare Belästigungen nicht entstehen.

§ 46
Kleinkläranlagen, Gruben und Sickeranlagen

(1) Kleinkläranlagen, Gruben und Sickeranlagen dürfen nur hergestellt werden, wenn das Abwasser in eine Sammelkanalisation nicht eingeleitet werden kann.

(2) Die Errichtung von Kleinkläranlagen und Gruben zur Einleitung des Abwassers ist nur zulässig, wenn die ordnungsgemäße weitere Beseitigung innerhalb und außerhalb des Grundstücks dauernd gesichert ist. Bei Neubauten für Wohnzwecke ist die Errichtung von Gruben zur Einleitung des Abwassers grundsätzlich unzulässig. Niederschlagswasser darf nicht in dieselbe Grube wie das sonstige Abwasser und nicht in Kleinkläranlagen geleitet werden.

(3) Gruben und Kleinkläranlagen müssen wasserdicht und ausreichend groß sein. Sie müssen eine dichte und sichere Abdeckung sowie Reinigungs- und Entleerungsöffnungen haben. Diese Öffnungen dürfen nur vom Freien aus zugänglich sein. Die Anlagen sind so zu entlüften, dass Gesundheitsschäden oder unzumutbare Belästigungen nicht entstehen. Die Zuleitungen zu Abwasserbeseitigungsanlagen müssen geschlossen, dicht, und, soweit erforderlich, zum Reinigen eingerichtet sein.

(4) Für Stalldung sind Dungstätten mit wasserdichten Böden anzulegen. Die Wände müssen bis in ausreichender Höhe wasserdicht sein.

Flüssige Abgänge aus Ställen und Dungstätten sind in Jauchebehälter zu leiten, die keine Verbindung zu Abwasserbeseitigungsanlagen haben dürfen.

(5) Sickeranlagen und Dungstätten sollen von Öffnungen zu Aufenthaltsräumen mindestens 5 m entfernt sein; sie müssen von der Nachbargrenze mindestens 2 m entfernt sein.

(6) Offene Dungstätten müssen von öffentlichen Verkehrsflächen mindestens 10 m entfernt sein.

§ 47
Abfallschächte

(1) Abfallschächte, ihre Einfüllöffnungen und die zugehörigen Sammelräume sind außerhalb von Aufenthaltsräumen sowie nicht an Wänden von Wohn- und Schlafräumen anzulegen. Abfallschächte und Sammelräume müssen aus feuerbeständigen Bauteilen bestehen. Verkleidungen, Dämmstoffe und innere Wandschalen und Einrichtungen innerhalb des Schachtes und des Sammelraumes müssen aus nichtbrennbaren Baustoffen bestehen. Der Einbau einer Feuerlöscheinrichtung kann verlangt werden.

(2) Abfallschächte sind bis zur obersten Einfüllöffnung ohne Querschnittsänderungen senkrecht zu führen. Eine ständig wirkende Lüftung muss gesichert sein. Abfallschächte müssen so beschaffen sein, dass sie die Abfälle sicher abführen, dass Feuer, Rauch, Gerüche und Staub nicht in das Gebäude dringen können und dass die Weiterleitung von Schall gedämmt wird.

(3) Die Einfüllöffnungen müssen so beschaffen sein, dass Staubbelästigungen nicht auftreten und sperrige Abfälle nicht eingebracht werden können. Am oberen Ende des Abfallschachtes ist eine Reinigungsöffnung vorzusehen. Alle Öffnungen sind mit Verschlüssen aus nichtbrennbaren Baustoffen zu versehen.

(4) Der Abfallschacht muss in einen ausreichend großen Sammelraum münden. Die inneren Zugänge des Sammelraumes sind mit selbstschließenden, feuerbeständigen Türen zu versehen. Der Sammelraum muss vom Freien aus zugänglich und entleerbar sein. Die Abfallstoffe sind in beweglichen Abfallbehältern zu sammeln. Der Sammelraum muss eine ständig wirksame Lüftung und einen Bodenablauf mit Geruchverschluss haben.

§ 48
Anlagen für feste Abfälle und Wertstoffe

(1) Für die vorübergehende Aufbewahrung fester Abfälle sind dichte Abfallbehälter außerhalb der Gebäude herzustellen oder aufzustellen. Sie sollen von Öffnungen von Aufenthaltsräumen mindestens 5 m, von den Nachbargrenzen mindestens 2 m entfernt sein.

(2) Für bewegliche Abfall- oder Wertstoffbehälter ist ein befestigter Platz an nicht störender Stelle auf dem Grundstück vorzusehen. Ihre Aufstellung innerhalb von Gebäuden in besonderen Räumen kann gestattet werden.

(3) Plätze für Abfall- oder Wertstoffbehälter müssen sicher und leicht erreichbar sein.

ABSCHNITT 7
Aufenthaltsräume und Wohnungen

§ 49
Aufenthaltsräume

(1) Aufenthaltsräume müssen, unbeschadet § 51 Abs. 4, eine für ihre Benutzung ausreichende Grundfläche und lichte Höhe von mindestens 2,40 m über mindestens zwei Drittel ihrer Grundfläche haben. Für Aufenthaltsräume in Wohngebäuden mit nicht mehr als zwei Wohnungen, im Übrigen für einzelne Aufenthaltsräume und Teile von Aufenthaltsräumen kann eine geringere lichte Höhe gestattet werden, wenn wegen der Benutzung Bedenken nicht bestehen.

(2) Aufenthaltsräume müssen, unbeschadet § 51 Abs. 3, unmittelbar ins Freie führende und senkrecht stehende Fenster von solcher Zahl und Beschaffenheit haben, dass die Räume ausreichend belüftet und mit Tageslicht beleuchtet werden können (notwendige Fenster). Das Rohbaumaß der Fensteröffnungen muss mindestens ein Achtel der Grundfläche des Raumes betragen; ein geringeres Maß, jedoch mindestens 1 m², kann gestattet werden, wenn wegen der Lichtverhältnisse Bedenken nicht bestehen. Geneigte Fenster sowie Oberlichter anstelle von Fenstern können gestattet werden, wenn wegen des Brandschutzes Bedenken nicht bestehen.

(3) Verglaste Vorbauten und Loggien sind vor notwendigen Fenstern zulässig, wenn eine ausreichende Lüftung und Beleuchtung mit Tageslicht sichergestellt ist.

(4) Aufenthaltsräume, deren Benutzung eine Beleuchtung mit Tageslicht verbietet, sind ohne notwendige Fenster zulässig, wenn dies durch besondere Maßnahmen, wie den Einbau von raumlufttechnischen Anlagen und Beleuchtungsanlagen ausgeglichen wird und wenn wegen des Brandschutzes und der Gesundheit Bedenken nicht bestehen. Für Aufenthaltsräume, die nicht dem Wohnen dienen, kann anstelle einer Lüftung und Beleuchtung mit Tageslicht nach Absatz 2 eine Ausführung nach Satz 1 gestattet werden, wenn wegen des Brandschutzes und der Gesundheit Bedenken nicht bestehen.

§ 50
Wohnungen

(1) Jede Wohnung muss von anderen Wohnungen und fremden Räumen baulich abgeschlossen sein und einen eigenen, abschließbaren Zugang unmittelbar vom Freien, von einem Treppenraum, einem Flur oder einem anderen Vorraum haben. Wohnungen in Wohngebäuden mit nicht mehr als zwei Wohnungen brauchen nicht abgeschlossen zu sein. Wohnungen in Gebäuden, die nicht nur zum Wohnen dienen, müssen einen besonderen Zugang haben; gemeinsame Zugänge können gestattet werden, wenn Gefahren oder unzumutbare Belästigungen für die die Wohnungen nutzenden Personen nicht entstehen.

(2) In Gebäuden mit mehr als zwei Wohnungen müssen die Wohnungen eines Geschosses barrierefrei erreichbar sein. In diesen Wohnungen müssen die Wohn- und Schlafräume, eine Toilette, ein Bad und die Küche oder Kochnische mit dem Rollstuhl zugänglich sein. Die Sätze 1 und 2 gelten nicht, soweit die Anforderungen insbesondere wegen schwieriger Geländeverhältnisse, wegen des Einbaus eines sonst nicht erforderlichen Aufzugs oder wegen ungünstiger vorhandener Bebauung nur mit unverhältnismäßigem Mehraufwand erfüllt werden können.

(3) Wohnungen müssen durchlüftet werden können.

(4) Jede Wohnung muss eine Küche oder Kochnische haben sowie über einen Abstellraum verfügen. Fensterlose Küchen oder Kochnischen sind zulässig, wenn sie für sich lüftbar sind. Der Abstellraum soll mindestens 6 m² für jede Wohnung groß sein; davon soll eine Abstellfläche von mindestens 1 m² innerhalb der Wohnung liegen.

(5) Für Wohngebäude mit mehr als vier Wohnungen sollen leicht erreichbare und gut zugängliche Abstellräume für Kinderwagen und Fahrräder hergestellt werden.

(6) Für Gebäude mit mehr als zwei Wohnungen sollen ausreichend große Trockenräume zur gemeinschaftlichen Benutzung eingerichtet werden.

§ 51
Aufenthaltsräume und Wohnungen in Kellergeschossen und Dachräumen

(1) In Kellergeschossen sind Aufenthaltsräume und Wohnungen zulässig, wenn das Gelände, das an ihre Außenwände mit notwendigen Fenstern anschließt, in einer für die Beleuchtung mit Tageslicht ausreichenden Entfernung und Breite vor den notwendigen Fenstern nicht mehr als 0,70 m über dem Fußboden der Aufenthaltsräume liegt.

(2) Aufenthaltsräume, deren Benutzung eine Beleuchtung mit Tageslicht verbietet, ferner Verkaufsräume, Gaststätten, ärztliche Behandlungsräume, Swerträume, Spielräume und Werkräume sowie ähnliche Räume können in Kellergeschossen gestattet werden. § 49 Abs. 4 gilt sinngemäß.

(3) Räume nach Absatz 2 müssen unmittelbar mit Rettungswegen in Verbindung stehen, die ins Freie führen. Die Räume und Rettungswege müssen von anderen Räumen im Kellergeschoss feuerbeständig abgetrennt sein. Dies gilt nicht für Wohngebäude mit nicht mehr als zwei Wohnungen.

(4) Aufenthaltsräume im Dachraum müssen eine lichte Raumhöhe von mindestens 2,20 m über mindestens die Hälfte ihrer Grundfläche haben; Raumteile mit einer lichten Höhe bis 1,50 m bleiben außer Betracht.

(5) Aufenthaltsräume und Wohnungen im Dachraum müssen einschließlich ihrer Zugänge mit mindestens feuerhemmenden Wänden und Decken gegen den nicht ausgebauten Dachraum abgeschlossen sein; dies gilt nicht für frei stehende Wohngebäude mit nur einer Wohnung.

§ 52
Bäder und Toilettenräume

(1) Jede Wohnung muss ein Bad mit Badewanne oder Dusche haben, wenn eine ausreichende Wasserversorgung und Abwasserbeseitigung möglich ist.

(2) Jede Wohnung und jede selbständige Betriebsstätte oder Arbeitsstätte muss mindestens eine Toilette haben. Diese muss eine Toilette

mit Wasserspülung sein, wenn sie an eine dafür geeignete Sammelkanalisation oder an eine Kleinkläranlage angeschlossen werden kann. Abweichungen können zugelassen werden, wenn gesundheitliche Bedenken und Bedenken wegen des Grundwassers nicht bestehen. Toilettenräume für Wohnungen müssen innerhalb der Wohnung liegen. In Bädern von Wohnungen dürfen nur Toiletten mit Wasserspülung angeordnet werden. Toiletten mit Wasserspülung dürfen nicht an Gruben (§ 46) angeschlossen werden. Für Gebäude, die für einen größeren Personenkreis bestimmt sind, ist eine ausreichende Zahl von Toiletten herzustellen.

(3) Toilettenanlagen, die für zahlreiche Personen oder für die Öffentlichkeit bestimmt sind, müssen nach Geschlechtern getrennte Toilettenräume haben. Diese müssen einen eigenen Vorraum mit Waschbecken haben.

(4) Fensterlose Bäder und Toilettenräume sind nur zulässig, wenn eine wirksame Lüftung gewährleistet ist.

ABSCHNITT 8
Besondere Anlagen

§ 53
Stellplätze und Garagen

(1) Bauliche Anlagen, bei denen ein Zugangs- oder Abgangsverkehr zu erwarten ist, dürfen nur errichtet werden, wenn Stellplätze oder Garagen in ausreichender Größe sowie in geeigneter Beschaffenheit hergestellt werden (notwendige Stellplätze oder Garagen). Ihre Zahl und Größe richtet sich nach Art und Zahl der vorhandenen und zu erwartenden Kraftfahrzeuge der ständigen Benutzer oder Benutzerinnen und Besucher oder Besucherinnen der Anlagen. Es kann gestattet werden, dass die notwendigen Stellplätze oder Garagen innerhalb einer angemessenen Frist nach Fertigstellung der Anlage hergestellt werden.

(2) Wesentliche Änderungen von Anlagen nach Absatz 1 oder wesentliche Änderungen ihrer Benutzung stehen der Errichtung im Sinne des Absatzes 1 gleich. Sonstige Änderungen sind nur zulässig, wenn Stellplätze oder Garagen in solcher Zahl und Größe hergestellt werden, dass sie die infolge der Änderung zusätzlich zu erwartenden Kraftfahrzeuge aufnehmen können.

(3) Die Gemeinde kann durch Satzung für genau abgegrenzte Teile des Gemeindegebietes oder für bestimmte Nutzungen in genau abgegrenzten Teilen des Gemeindegebietes bestimmen, dass auf die Herstellung notwendiger Stellplätze oder Garagen verzichtet wird.

(4) Für bestehende bauliche Anlagen kann im Einzelfall die Herstellung von Stellplätzen und Garagen gefordert werden, wenn dies im Hinblick auf die Art und Zahl der Kraftfahrzeuge der ständigen Benutzer, Benutzerinnen, Besucher und Besucherinnen der Anlage aus Gründen der Sicherheit und Leichtigkeit des Verkehrs geboten ist. Die Gemeinde kann durch Satzung bestimmen, dass in genau abgegrenzten Teilen des Gemeindegebietes Stellplätze oder Garagen für bestehende bauliche Anlagen herzustellen sind, wenn die Bedürfnisse des ruhenden oder fließenden Verkehrs dies erfordern.

(5) Die Herstellung von Garagen anstelle von Stellplätzen oder von Stellplätzen anstelle von Garagen kann im Einzelfall gefordert werden, wenn die öffentliche Sicherheit oder Ordnung oder die in Absatz 9 genannten Erfordernisse dies gebieten.

(6) Die Stellplätze und Garagen sind auf dem Baugrundstück oder in zumutbarer Entfernung davon auf einem geeigneten Grundstück herzustellen, dessen Benutzung für diesen Zweck öffentlich-rechtlich gesichert wird. Die Bauaufsichtsbehörde kann, wenn die Sicherheit und Leichtigkeit des Verkehrs dies erfordern, im Einzelfall bestimmen, dass die Stellplätze oder Garagen auf dem Baugrundstück oder auf einem anderen Grundstück herzustellen sind. Die Gemeinde kann durch Satzung für genau abgegrenzte Teile des Gemeindegebietes oder für bestimmte Nutzungen in genau abgegrenzten Teilen des Gemeindegebietes die Herstellung von Stellplätzen und Garagen untersagen oder einschränken, wenn die Sicherheit und Leichtigkeit des Verkehrs oder städtebauliche Gründe dies rechtfertigen.

(7) Ist die Herstellung von Stellplätzen und Garagen nach Absatz 6 Satz 1 nicht oder nur unter großen Schwierigkeiten möglich, so kann die Gemeinde verlangen, dass der oder die zur Herstellung Verpflichtete stattdessen an die Gemeinde einen Geldbetrag zahlt. Ein Geldbetrag ist auch zu zahlen, soweit die Herstellung notwendiger Stellplätze und Garagen nach Absatz 6 Satz 3 oder durch Bebauungsplan untersagt oder eingeschränkt ist oder in der Satzung bestimmt ist. Der Geldbetrag darf 60 v. H. der durchschnittlichen Herstellungskosten von Parkeinrichtungen nach Absatz 8 Nr. 1 einschließlich der Kosten des Grunderwerbs im Gemeindegebiet oder in bestimmten Teilen des Gemeindegebietes nicht übersteigen. Die Höhe des Geldbetrages je Stellplatz ist durch Satzung festzulegen.

(8) Die Gemeinde hat den Geldbetrag nach Absatz 7 zu verwenden für
1. die Herstellung zusätzlicher öffentlicher Parkeinrichtungen oder zusätzlicher privater Stellplätze zur Entlastung der öffentlichen Verkehrsflächen,
2. die Modernisierung und Instandhaltung öffentlicher Parkeinrichtungen,
3. bauliche Anlagen sowie andere Anlagen und Einrichtungen im Sinne von § 1 Abs. 1 Satz 2, die den Bedarf an Parkeinrichtungen verringern,
4. bauliche und andere Maßnahmen zur Herstellung oder Verbesserung der Verbindungen zwischen Parkeinrichtungen und Haltestellen sowie investive Maßnahmen des öffentlichen Personennahverkehrs.

(9) Stellplätze und Garagen müssen so angeordnet und ausgeführt werden, dass ihre Benutzung die Gesundheit nicht schädigt und das Arbeiten und Wohnen, die Ruhe und die Erholung in der Umgebung durch Lärm oder Gerüche nicht über das zumutbare Maß hinaus stört.

(10) Notwendige Stellplätze und Garagen dürfen nicht zweckentfremdet benutzt werden.

§ 54
Ställe

(1) Ställe sind so anzuordnen, zu errichten und instand zu halten, dass eine gesunde Tierhaltung sichergestellt ist und die Umgebung nicht unzumutbar belästigt wird. Ställe müssen eine für ihre Benutzung ausreichende Grundfläche und lichte Höhe haben. Ställe sind ausreichend zu be- und entlüften.

(2) Über oder neben Ställen und Futterküchen dürfen Wohnungen oder Wohnräume nur dann angeordnet werden, wenn Gefahren oder unzumutbare Belästigungen nicht entstehen.

(3) Die ins Freie führenden Stalltüren müssen nach außen aufschlagen. Ihre Zahl, Höhe und Breite muss so groß sein, dass die Tiere bei Gefahr ohne Schwierigkeiten ins Freie gelangen können.

(4) Wände, Decken und Fußböden sind gegen schädliche Einflüsse der Stallluft, der Jauche und des Flüssigmistes zu schützen.

(5) Der Fußboden des Stalles oder darunter liegende Auffangräume für Abgänge müssen wasserdicht sein.

(6) Für Schafställe, Ziegenställe und Kleintierställe sowie für Offenställe und Laufställe und für Räume, in denen Tiere nur vorübergehend untergebracht werden, können Abweichungen von den Absätzen 2 bis 5 gestattet werden.

§ 55
Behelfsbauten und untergeordnete Gebäude

(1) Für bauliche Anlagen, die nach ihrer Ausführung für eine dauernde Nutzung nicht geeignet sind oder die für eine begrenzte Zeit aufgestellt werden sollen (Behelfsbauten), können Abweichungen von den §§ 29 bis 54 gestattet werden, wenn keine Gründe nach § 3 Abs. 1 entgegenstehen.

(2) Absatz 1 gilt auch für kleine, Nebenzwecken dienende Gebäude ohne Feuerstätten und für frei stehende andere Gebäude, die eingeschossig und nicht für einen Aufenthalt oder nur für einen vorübergehenden Aufenthalt bestimmt sind, wie Lauben und Unterkunftshütten.

(3) Gebäude nach Absatz 1, die überwiegend aus brennbaren Baustoffen bestehen, dürfen nur erdgeschossig hergestellt werden. Ihre Dachräume dürfen nicht ausgebaut werden können und müssen von den Giebelseiten oder vom Flur aus für die Brandbekämpfung erreichbar sein. Brandwände (§ 32) sind mindestens alle 30 m anzuordnen und stets 0,30 m über Dach und vor die Seitenwände zu führen.

§ 56
Bauliche Anlagen und Räume besonderer Art oder Nutzung

(1) Können durch die besondere Art oder Nutzung baulicher Anlagen und Räume ihre Benutzer oder Benutzerinnen oder die Allgemeinheit gefährdet oder in unzumutbarer Weise belästigt werden, so können im Einzelfall zur Verwirklichung der allgemeinen Anforderungen nach § 3 Abs. 1 besondere Anforderungen gestellt werden. Erleichterungen können gestattet werden, soweit es der Einhaltung von Vorschriften wegen der besonderen Art oder Nutzung baulicher Anlagen oder Räume oder wegen besonderer Anforderungen nicht bedarf. Die Anforderungen nach Satz 1 und die Erleichterungen nach Satz 2 können sich insbesondere erstrecken auf

1. die Abstände von Nachbargrenzen, von anderen baulichen Anlagen auf dem Grundstück und von öffentlichen Verkehrsflächen sowie auf die Größe der freizuhaltenden Flächen der Baugrundstücke,

2. die Anordnung der baulichen Anlagen auf dem Grundstück,
3. die Öffnungen nach öffentlichen Verkehrsflächen und nach angrenzenden Grundstücken,
4. die Bauart und Anordnung aller für die Standsicherheit, Verkehrssicherheit, den Brandschutz, den Wärme- und Schallschutz, den Erschütterungsschutz oder Gesundheitsschutz wesentlichen Bauteile,
5. Brandschutzeinrichtungen und Brandschutzvorkehrungen,
6. die Feuerungsanlagen, Aufstell- und Heizräume,
7. die Anordnung und Herstellung der Aufzüge sowie der Treppen, Treppenräume, Flure, Ausgänge und Rettungswege und ihre Kennzeichnung,
8. die zulässige Zahl der benutzenden Personen, Anordnung und Zahl der zulässigen Sitzplätze und Stehplätze bei Versammlungsstätten, Gaststätten, Tribünen und Fliegenden Bauten,
9. die Lüftung,
10. die Beleuchtung und Energieversorgung,
11. die Wasserversorgung,
12. die Aufbewahrung und Beseitigung von Abwasser und von festen Abfall- und Wertstoffen,
13. die Stellplätze und Garagen,
14. die Anlage der Zu- und Abfahrten,
15. die Anlage von Grünstreifen, Baumpflanzungen und anderen Pflanzungen sowie die Begrünung oder Beseitigung von Halden und Gruben,
16. die Bestellung eines oder einer Brandschutzbeauftragten für den Betrieb eines Gebäudes,
17. die Pflicht, ein Brandschutzkonzept vorzulegen und dessen Inhalt,
18. weitere Bescheinigungen, die zum Zeitpunkt der Bauzustandsbesichtigungen zu erbringen sind,
19. Nachweise über die Nutzbarkeit der Rettungswege im Brandfall,
20. Nachprüfungen, die von Zeit zu Zeit zu wiederholen sind, und die Bescheinigungen, die hierfür zu erbringen sind,
21. den Betrieb und die Benutzung.

(2) Die Vorschriften des Absatzes 1 gelten insbesondere für
1. Hochhäuser,
2. Verkaufsstätten,

3. Versammlungsstätten,
4. Bürogebäude und Verwaltungsgebäude,
5. Krankenhäuser, Altenpflegeheime, Entbindungsheime und Säuglingsheime,
6. Kinderheime und Kindertagesstätten,
7. Schulen und Sportstätten,
8. bauliche Anlagen und Räume von großer Ausdehnung oder mit erhöhter Brand-, Explosions- oder Verkehrsgefahr,
9. bauliche Anlagen und Räume, die für gewerbliche Betriebe bestimmt sind,
10. bauliche Anlagen und Räume, die für landwirtschaftliche Betriebe bestimmt sind,
11. bauliche Anlagen und Räume, deren Nutzung mit einer starken Emission schädlicher Stoffe verbunden ist,
12. Fliegende Bauten,
13. Zelte, soweit sie nicht Fliegende Bauten sind,
14. Camping- und Wochenendplätze.

§ 57
Barrierefreies Bauen

(1) Bauliche Anlagen sowie andere Anlagen und Einrichtungen im Sinne von § 1 Abs. 1 Satz 2, die überwiegend oder ausschließlich von Kranken, Menschen mit Behinderung, Kindern, älteren Menschen oder Personen mit Kleinkindern genutzt werden, wie

1. Krankenhäuser, Einrichtungen der ambulanten medizinischen Betreuung, Sanatorien, Kureinrichtungen,
2. Tagesstätten, Werkstätten und Heime für Menschen mit Behinderung,
3. Altenheime, Altenwohnheime und Altenpflegeheime

sind so herzustellen und instand zu halten, dass sie von diesen Personen ohne fremde Hilfe erreicht und zweckentsprechend genutzt werden können. § 50 Abs. 2 und § 56 bleiben unberührt.

(2) Darüber hinaus sind
1. Verkaufsstätten,
2. Versammlungsstätten einschließlich der für den Gottesdienst bestimmten Anlagen,
3. Gaststätten und Beherbergungsbetriebe,

4. Büro- und Verwaltungsgebäude, Gerichte,
5. Schalterräume und Abfertigungsräume der Verkehrseinrichtungen, Postämter und Kreditinstitute,
6. Museen, öffentliche Bibliotheken, Kultureinrichtungen, Messebauten und Ausstellungsbauten,
7. Kindertagesstätten und Schulen,
8. Sportstätten, Kinderspiel- und Freizeitflächen und ähnliche Anlagen,
9. öffentliche Bedürfnisanstalten,
10. allgemein zugängliche Stellplätze und Garagen mit mehr als 1000 m² Nutzfläche sowie Stellplätze und Garagen, die zu den Anlagen und Einrichtungen nach den Nummern 1 bis 9 gehören,

so herzustellen und instand zu halten, dass sie von Menschen mit Behinderung, Kindern, älteren Menschen oder Personen mit Kleinkindern ohne fremde Hilfe erreicht und zweckentsprechend genutzt werden können. § 56 bleibt unberührt.

(3) Bauliche Anlagen und andere Anlagen und Einrichtungen nach den Absätzen 1 und 2 müssen mindestens durch einen Eingang stufenlos erreichbar sein. Der Eingang muss eine lichte Durchgangsbreite von mindestens 0,90 m haben. Vor Türen muss eine ausreichende Bewegungsfläche vorhanden sein. Rampen dürfen nicht mehr als 6 v. H. geneigt sein; sie müssen mindestens 1,20 m breit sein und beidseitig einen festen und griffsicheren Handlauf haben. Am Anfang und am Ende jeder Rampe ist ein Podest, alle 6 m ein Zwischenpodest anzuordnen. Podeste müssen eine Länge von mindestens 1,20 m haben. Treppen müssen an beiden Seiten Handläufe erhalten, die über Treppenabsätze und Fensteröffnungen sowie über die letzten Stufen zu führen sind. Die Treppen müssen Setzstufen haben. Flure müssen mindestens 1,40 m breit sein. Ein Toilettenraum muss auch für Benutzer oder Benutzerinnen von Rollstühlen geeignet sein; er ist zu kennzeichnen.

(4) § 39 Abs. 5 und 6 gilt auch für Gebäude mit weniger als sechs oberirdischen Geschossen, soweit Geschosse von Menschen mit Behinderung mit Rollstühlen stufenlos erreichbar sein müssen.

(5) Abweichungen von den Absätzen 2 bis 4 können auf Antrag gestattet werden, soweit wegen schwieriger Geländeverhältnisse oder ungünstiger vorhandener Bebauung die Anforderungen nur mit unverhältnismäßigem Mehraufwand erfüllt werden können. Die Si-

cherheit von Menschen mit Behinderung, älteren Menschen, Kindern und Personen mit Kleinkindern darf dabei nicht beeinträchtigt werden.

TEIL 4
Die am Bau Beteiligten

§ 58
Grundsatz

Bei der Errichtung, Änderung, Nutzungsänderung oder dem Abbruch baulicher Anlagen sowie anderer Anlagen und Einrichtungen im Sinne von § 1 Abs. 1 Satz 2 sind der Bauherr oder die Bauherrin und im Rahmen ihres Wirkungskreises die anderen am Bau Beteiligten dafür verantwortlich, dass die öffentlich-rechtlichen Vorschriften eingehalten werden.

§ 59
Bauherr oder Bauherrin

(1) Der Bauherr oder die Bauherrin hat zur Vorbereitung, Überwachung und Ausführung eines genehmigungsbedürftigen Bauvorhabens einen Entwurfsverfasser oder eine Entwurfsverfasserin (§ 60), Unternehmer oder Unternehmerinnen (§ 61) und einen Bauleiter oder eine Bauleiterin (§ 62) zu bestellen. Dem Bauherrn oder der Bauherrin obliegen die nach den öffentlich-rechtlichen Vorschriften erforderlichen Anzeigen und Nachweise an die Bauaufsichtsbehörde.

(2) Bei geringfügigen oder bei technisch einfachen baulichen Anlagen kann die Bauaufsichtsbehörde darauf verzichten, dass ein Entwurfsverfasser oder eine Entwurfsverfasserin und ein Bauleiter oder eine Bauleiterin nach Absatz 1 bestellt werden. Die Bauaufsichtsbehörde kann hierauf auch dann verzichten, wenn der Bauherr oder die Bauherrin selbst die notwendige Sachkunde und Erfahrung besitzt. Bei Bauarbeiten, die in Selbsthilfe oder Nachbarschaftshilfe ausgeführt werden, ist die Bestellung von Unternehmern oder Unternehmerinnen nach Absatz 1 nicht erforderlich, wenn dabei genügend Fachkräfte mit der nötigen Sachkunde, Erfahrung und Zuverlässigkeit mitwirken. Genehmigungsbedürftige Abbrucharbeiten dürfen nicht in Selbsthilfe oder Nachbarschaftshilfe ausgeführt werden.

(3) Sind die vom Bauherrn oder der Bauherrin bestellten Personen für ihre Aufgabe nach Sachkunde und Erfahrung nicht geeignet, so

kann die Bauaufsichtsbehörde vor und während der Bauausführung verlangen, dass ungeeignete Beauftragte durch geeignete ersetzt oder geeignete Sachverständige herangezogen werden. Die Bauaufsichtsbehörde kann die Bauarbeiten einstellen lassen, bis geeignete Beauftragte oder Sachverständige bestellt sind.

(4) Wechselt der Bauherr oder die Bauherrin, so hat der neue Bauherr oder die neue Bauherrin dies der Bauaufsichtsbehörde unverzüglich schriftlich mitzuteilen.

§ 60
Entwurfsverfasser oder Entwurfsverfasserin

(1) Der Entwurfsverfasser oder die Entwurfsverfasserin muss nach Sachkunde und Erfahrung zur Vorbereitung des jeweiligen Bauvorhabens geeignet sein. Er oder sie ist für die Vollständigkeit und Brauchbarkeit seines oder ihres Entwurfs verantwortlich. Er oder sie hat dafür zu sorgen, dass die für die Ausführung notwendigen Einzelzeichnungen, Einzelberechnungen und Anweisungen geliefert werden und dem genehmigten Entwurf und den öffentlich-rechtlichen Vorschriften entsprechen.

(2) Hat der Entwurfsverfasser oder die Entwurfsverfasserin auf einzelnen Fachgebieten nicht die erforderliche Sachkunde und Erfahrung, so sind geeignete Fachplaner oder Fachplanerinnen heranzuziehen. Diese sind für die von ihnen gefertigten Unterlagen verantwortlich. Für das ordnungsgemäße Ineinandergreifen aller Fachentwürfe bleibt der Entwurfsverfasser oder die Entwurfsverfasserin verantwortlich.

§ 61
Unternehmer oder Unternehmerin

(1) Jeder Unternehmer und jede Unternehmerin ist für die ordnungsgemäße, den Technischen Baubestimmungen und den genehmigten Bauvorlagen entsprechende Ausführung der von ihm oder ihr übernommenen Arbeiten und insoweit für die ordnungsgemäße Einrichtung und den sicheren Betrieb der Baustelle verantwortlich. Er oder sie hat die erforderlichen Nachweise über die Brauchbarkeit der verwendeten Bauprodukte und Bauarten zu erbringen und auf der Baustelle bereitzuhalten. Er oder sie darf, unbeschadet der Vorschrift des § 77, Arbeiten nicht ausführen oder ausführen lassen, bevor nicht die dafür notwendigen Unterlagen und Anweisungen an der Baustelle vorliegen.

(2) Die Unternehmer und Unternehmerinnen haben auf Verlangen der Bauaufsichtsbehörde für Bauarbeiten, bei denen die Sicherheit der baulichen Anlagen in außergewöhnlichem Maße von der besonderen Sachkenntnis und Erfahrung des Unternehmers oder der Unternehmerin oder von einer Ausstattung des Unternehmens mit besonderen Vorrichtungen abhängt, nachzuweisen, dass sie für diese Bauarbeiten geeignet sind und über die erforderlichen Vorrichtungen verfügen.

(3) Hat der Unternehmer oder die Unternehmerin für einzelne Arbeiten nicht die erforderliche Sachkunde und Erfahrung, so sind geeignete Fachunternehmer, Fachunternehmerinnen oder Fachleute heranzuziehen. Diese sind für ihre Arbeiten verantwortlich.

§ 62
Bauleiter oder Bauleiterin

(1) Der Bauleiter oder die Bauleiterin hat darüber zu wachen, dass die Baumaßnahme dem öffentlichen Baurecht, den Technischen Baubestimmungen und den genehmigten Bauvorlagen entsprechend durchgeführt wird, und die dafür erforderlichen Weisungen zu erteilen. Er oder sie hat im Rahmen dieser Aufgabe auf den sicheren bautechnischen Betrieb der Baustelle, insbesondere auf das gefahrlose Ineinandergreifen der Arbeiten der Unternehmer oder Unternehmerinnen zu achten. Die Verantwortlichkeit der Unternehmer und Unternehmerinnen bleibt unberührt.

(2) Der Bauleiter oder die Bauleiterin muss über die für seine oder ihre Aufgabe erforderliche Sachkunde und Erfahrung verfügen. Verfügt er oder sie auf Teilgebieten nicht über die erforderliche Sachkunde, so sind geeignete Fachbauleiter oder Fachbauleiterinnen heranzuziehen. Diese treten insoweit an die Stelle des Bauleiters oder der Bauleiterin. Der Bauleiter oder die Bauleiterin hat die Tätigkeit der Fachbauleiter oder Fachbauleiterinnen und deren Tätigkeit aufeinander abzustimmen.

TEIL 5
Bauaufsichtsbehörden und Verwaltungsverfahren

§ 63
Aufbau der Bauaufsichtsbehörden

(1) Bauaufsichtsbehörden sind
1. das für die Bauaufsicht zuständige Ministerium als oberste Bauaufsichtsbehörde,
2. die Regierungspräsidien als obere Bauaufsichtsbehörden,

3. die Landkreise und kreisfreien Städte als untere Bauaufsichtsbehörden.

Die oberste Bauaufsichtsbehörde kann auf Antrag die Aufgaben der unteren Bauaufsichtsbehörde ganz oder teilweise einer Gemeinde widerruflich übertragen, wenn sie mindestens 25 000 Einwohner hat, die Voraussetzungen des Absatzes 2 erfüllt sind und die Leistungsfähigkeit des zuständigen Landkreises als untere Bauaufsichtsbehörde gewährleistet bleibt.

(2) Die Bauaufsichtsbehörden sind zur Durchführung ihrer Aufgaben ausreichend mit geeigneten Fachkräften zu besetzen und mit den erforderlichen Vorrichtungen auszustatten. Den Bauaufsichtsbehörden müssen insbesondere Bedienstete, die die Befähigung zum höheren technischen Verwaltungsdienst und die erforderlichen Kenntnisse der Bautechnik, der Baugestaltung und des öffentlichen Baurechts haben, und Bedienstete, die die Befähigung zum Richteramt oder zum höheren Verwaltungsdienst haben oder Diplomjuristen sind, angehören. Den Bediensteten mit der Befähigung zum höheren technischen Verwaltungsdienst können Personen mit gleichwertiger Vorbildung gleichgestellt werden.

§ 64
Aufgaben und Befugnisse der Bauaufsichtsbehörden

(1) Die unteren Bauaufsichtsbehörden werden im übertragenen Wirkungskreis tätig.

(2) Die Bauaufsichtsbehörden haben bei der Errichtung, der Änderung, dem Abbruch, der Nutzung, der Nutzungsänderung und der Instandhaltung baulicher Anlagen sowie anderer Anlagen und Einrichtungen im Sinne des § 1 Abs. 1 Satz 2 darüber zu wachen, dass die öffentlich-rechtlichen Vorschriften und die aufgrund dieser Vorschriften erlassenen Anordnungen eingehalten werden. Sie haben in Wahrnehmung dieser Aufgaben nach pflichtgemäßem Ermessen die erforderlichen Maßnahmen zu treffen. Hierzu gehört auch die Beratung der Betroffenen.

(3) Die Bauaufsichtsbehörden können zur Erfüllung ihrer Aufgaben Sachverständige und sachverständige Stellen heranziehen.

(4) Die mit dem Vollzug dieses Gesetzes beauftragten Personen dürfen in Ausübung ihres Amtes Grundstücke und bauliche Anlagen einschließlich der Wohnungen auch gegen den Willen der Betroffenen betreten. Sind die Wohnungen in Gebrauch genommen, so dürfen sie gegen den Willen der Betroffenen nur betreten werden, wenn dies zur

Abwehr einer erheblichen Gefahr für die öffentliche Sicherheit oder Ordnung erforderlich ist. Das Grundrecht der Unverletzlichkeit der Wohnung (Artikel 13 des Grundgesetzes und Artikel 17 der Verfassung des Landes Sachsen-Anhalt) wird insoweit eingeschränkt.

(5) Die oberste Bauaufsichtsbehörde übt die Fachaufsicht über die oberen und unteren Bauaufsichtsbehörden aus; sie kann einzelne Befugnisse, die ihr nach diesem Gesetz zustehen, auf andere Behörden des Landes übertragen. Die oberen Bauaufsichtsbehörden üben die Fachaufsicht über die unteren Bauaufsichtsbehörden aus.

(6) Eine Fachaufsichtsbehörde kann anstelle einer nachgeordneten Behörde tätig werden, wenn diese eine Weisung der Fachaufsichtsbehörde innerhalb einer bestimmten Frist nicht befolgt oder wenn Gefahr im Verzuge ist.

§ 65
Sachliche Zuständigkeit

Für den Vollzug dieses Gesetzes sowie anderer öffentlich-rechtlicher Vorschriften für die Errichtung, Änderung, Instandhaltung, Nutzung, Nutzungsänderung oder den Abbruch baulicher Anlagen sowie anderer Anlagen und Einrichtungen im Sinne des § 1 Abs. 1 Satz 2 ist die untere Bauaufsichtsbehörde zuständig, soweit nichts anderes bestimmt ist.

§ 66
Genehmigungsbedürftige Vorhaben

(1) Die Errichtung, die Änderung, die Nutzungsänderung und der Abbruch baulicher Anlagen sowie anderer Anlagen und Einrichtungen, an die in diesem Gesetz oder aufgrund dieses Gesetzes erlassener Vorschriften Anforderungen gestellt sind, bedürfen einer Baugenehmigung nach § 77, soweit in Absatz 2 und den §§ 68, 69, 81 und 82 nichts anderes bestimmt ist.

(2) Die Erlaubnis nach den aufgrund des § 11 des Gerätesicherheitsgesetzes in der Fassung der Bekanntmachung vom 23. Oktober 1992 (BGBl. I S. 1793), zuletzt geändert durch Artikel 3 Nr. 1 des Gesetzes vom 24. April 1998 (BGBl. I S. 730), in der jeweils geltenden Fassung erlassenen Vorschriften schließt eine Baugenehmigung oder eine Zustimmung nach § 82 ein. Darüber hinaus bleiben Vorschriften des Bundes- und Landesrechts unberührt, nach denen weitere behördliche Entscheidungen eine Baugenehmigung einschließen.

§ 67
Vereinfachtes Baugenehmigungsverfahren

(1) Das vereinfachte Baugenehmigungsverfahren wird durchgeführt
1. für die Errichtung und Änderung baulicher Anlagen sowie anderer Anlagen und Einrichtungen im Sinne von § 1 Abs. 1 Satz 2, soweit sie nicht nach den §§ 68 und 69 genehmigungsfrei sind,
2. für die Nutzungsänderung baulicher Anlagen, wenn durch eine Nutzungsänderung eine bauliche Anlage im Sinne des Satzes 2 nicht entsteht, oder
3. wenn dies gemäß § 68 Abs. 1 Satz 2 Nr. 3 oder Satz 4 verlangt wird.

Das vereinfachte Genehmigungsverfahren gilt nicht für die Errichtung und Änderung von
1. Hochhäusern,
2. baulichen Anlagen mit mehr als 30 m Höhe,
3. baulichen Anlagen und Räumen mit mehr als 1600 m² Grundfläche, mit Ausnahme von Wohngebäuden,
4. Verkaufsstätten mit mehr als 700 m² Verkaufsfläche,
5. Messe- und Ausstellungsbauten,
6. Büro- und Verwaltungsgebäuden mit mehr als 3000 m² Geschossfläche,
7. Versammlungsstätten einschließlich Kirchen für mehr als 100 Personen,
8. Sportstätten mit mehr als 1600 m² Grundfläche oder mehr als 200 Zuschauerplätzen, Freisportanlagen mit mehr als 400 Tribünenplätzen,
9. Sanatorien und Krankenhäusern, Entbindungs-, Säuglings-, Kinder- und Pflegeheimen,
10. Kindertagesstätten mit mehr als zwei Gruppen oder mit dem Aufenthalt für Kinder dienenden Räumen außerhalb des Erdgeschosses sowie Tageseinrichtungen für Menschen mit Behinderung und ältere Menschen,
11. Gaststätten mit mehr als 40 Gastplätzen oder Beherbergungsbetrieben mit mehr als 30 Betten und Vergnügungsstätten,
12. Schulen, Hochschulen und ähnlichen Einrichtungen,
13. Abfertigungsgebäuden von Flughäfen und Bahnhöfen,
14. Justizvollzugsanstalten und baulichen Anlagen für den Maßregelvollzug,

15. baulichen Anlagen und Räumen, deren Nutzung mit Explosionsgefahr oder erhöhter Brand-, Gesundheits- oder Verkehrsgefahr verbunden ist, sowie Anlagen, die am 31. Januar 1997 in der Verordnung über genehmigungsbedürftige Anlagen vom 24. Juli 1985 (BGBl. I S. 1586), zuletzt geändert durch Artikel 3 der Verordnung vom 26. Oktober 1993 (BGBl. I S. 1782, 1808, 2049), enthalten waren,
16. Garagen mit mehr als 1000 m² Nutzfläche,
17. Camping- und Wochenendplätzen,
18. Regalen mit mehr als 9 m Lagerhöhe (Oberkante Lagergut),
19. Zelten, soweit sie nicht Fliegende Bauten sind, und
20. Gebäuden nach § 57 Abs. 1, soweit nicht bereits genannt.

(2) Im vereinfachten Baugenehmigungsverfahren beschränkt sich die Prüfung der Bauvorlagen auf
1. die Zulässigkeit des Vorhabens
    a) nach den Vorschriften der §§ 29 bis 38 des Baugesetzbuches,
    b) nach anderen öffentlich-rechtlichen Vorschriften, deren Einhaltung nicht in einem anderen Genehmigungs-, Erlaubnis-, Bewilligungs- oder sonstigen Zulassungsverfahren geprüft wird,
2. die Bebaubarkeit des Grundstücks, die Zugänge auf dem Grundstück, die Abstandflächen sowie Kinderspiel- und Freizeitflächen (§§ 4 bis 7 und 9 Abs. 3),
3. die Zahl und Anordnung der notwendigen Stellplätze und Garagen (§ 53),
4. die Übereinstimmung mit den örtlichen Bauvorschriften (§ 90).

(3) Soweit im vereinfachten Baugenehmigungsverfahren eine Prüfung durch die Bauaufsichtsbehörde entfällt, ist für die Zulassung einer Abweichung nach § 75 Abs. 2 Satz 1 ein Antrag erforderlich, über den die Bauaufsichtsbehörde entscheidet.

(4) Die Bauvorlagen sind vollständig einzureichen, auch soweit eine Prüfung entfällt.

(5) Vor Beginn der jeweiligen Bauarbeiten sind bei der Bauaufsichtsbehörde einzureichen
1. die Nachweise über den Schall- und Wärmeschutz, die von einem oder einer Bauvorlageberechtigten nach § 71 Abs. 2 Nrn. 1 oder 2 erstellt sein müssen,
2. der Nachweis über die Standsicherheit einschließlich der Feuerwiderstandsdauer der Bauteile, der von einem oder einer Sachver-

ständigen im Sinne des § 89 Abs. 2 Satz 1 Nr. 4 geprüft und dessen Richtigkeit bescheinigt sein muss,
3. die Bescheinigung eines oder einer Sachverständigen im Sinne des § 89 Abs. 2 Satz 1 Nr. 4, dass das Vorhaben den Anforderungen an den Brandschutz entspricht; dies gilt nicht für Wohngebäude geringer Höhe,
4. die Bescheinigung eines oder einer Sachverständigen im Sinne des § 89 Abs. 2 Satz 1 Nr. 4 über die Unbedenklichkeit in dem Falle, dass bei der Errichtung geschlossener Garagen mit einer Nutzfläche über 100 m² bis 1000 m² eine natürliche Lüftung vorgesehen wird; die Bescheinigung ist aufgrund durchgeführter Messungen innerhalb eines Monats nach Inbetriebnahme der Garage von dem oder der Sachverständigen im Sinne des § 89 Abs. 2 Satz 1 Nr. 4 zu bestätigen.

(6) Für die folgenden Vorhaben muss der Nachweis gemäß Absatz 5 Nr. 2 nicht von einem oder einer Sachverständigen im Sinne des § 89 Abs. 2 Satz 1 Nr. 4 geprüft und deren Richtigkeit bescheinigt sein; eine Bescheinigung gemäß Absatz 5 Nr. 3 ist nicht erforderlich für:

1. Wohngebäude geringer Höhe mit bis zu zwei Wohnungen einschließlich ihrer Nebengebäude und Nebenanlagen,
2. Gebäude, auch mit Aufenthaltsräumen, bis 200 m² Grundfläche und mit nicht mehr als zwei oberirdischen Geschossen; dies gilt nicht für Gebäude im Sinne des § 56 Abs. 2 Nrn. 3, 5 bis 8 und 11,
3. landwirtschaftliche Betriebsgebäude, auch mit Wohnteil, bis 250 m² Grundfläche und mit nicht mehr als zwei oberirdischen Geschossen; ausgenommen Anlagen zum Lagern von Jauche und Gülle,
4. landwirtschaftlich, forstwirtschaftlich oder erwerbsgärtnerisch genutzte Gebäude bis 5 m Firsthöhe, wenn sie nur zum vorübergehenden Schutz von Tieren und Pflanzen oder zur Unterbringung von Ernteerzeugnissen oder Geräten bestimmt sind,
5. Gewächshäuser einschließlich untergeordneter Nebenanlagen bis zu 5 m Firsthöhe,
6. oberirdische Garagen bis zu 100 m² Nutzfläche,
7. Behelfsbauten und untergeordnete Gebäude (§ 55),
8. Wasserbecken bis zu 100 m² einschließlich ihrer Überdachungen,
9. Verkaufs- und Ausstellungsstände,
10. Ausstellungs-, Abstell- und Lagerplätze,
11. Einfriedungen, die nicht an öffentlichen Verkehrsflächen liegen,
12. Aufschüttungen und Abgrabungen.

Die Bauaufsichtsbehörde kann die Prüfung des Standsicherheitsnachweises für Vorhaben nach Satz 1 anordnen, wenn wegen des Baugrundes besondere statisch-konstruktive Maßnahmen erforderlich sind.

(7) Auf Antrag des Bauherrn oder der Bauherrin hat die Bauaufsichtsbehörde die Nachweise nach Absatz 5 Nr. 2 zu prüfen. Dies gilt auch für Anforderungen an den Brandschutz, soweit hierüber eine Bescheinigung eines oder einer staatlich anerkannten Sachverständigen im Sinne des § 89 Abs. 2 Satz 1 Nr. 4 vorzulegen ist.

(8) Soweit eine Prüfung durch die Bauaufsichtsbehörde entfällt und keine Bescheinigung eines oder einer Sachverständigen im Sinne des § 89 Abs. 2 Satz 1 Nr. 4 erforderlich ist, haben der Entwurfsverfasser oder die Entwurfsverfasserin und die Fachplaner oder Fachplanerinnen im Sinne des § 60 mit den Bauvorlagen die Erklärung abzugeben, dass die von ihnen gefertigten Bauvorlagen den öffentlich-rechtlichen Vorschriften entsprechen.

(9) Die Bauaufsichtsbehörde hat über den Bauantrag innerhalb einer Frist von drei Monaten nach Eingang des Antrags bei ihr zu entscheiden.

(10) Bauüberwachung (§ 85) und Bauzustandsbesichtigungen (§ 86) beschränken sich auf den geprüften Umfang. Unberührt bleiben § 43 Abs. 8, §§ 83 und 84. Soweit nach Absatz 5 Sachverständige Bescheinigungen auszustellen haben, ist mit der Anzeige der abschließenden Fertigstellung (§ 86 Abs. 1 Satz 1) eine Bescheinigung des oder der jeweiligen Sachverständigen einzureichen, dass die baulichen Anlagen entsprechend den Nachweisen oder den Bauvorlagen errichtet oder geändert worden sind. Die Bauaufsichtsbehörde bleibt verpflichtet, bei Bekanntwerden von Verstößen gegen öffentlich-rechtliche Vorschriften nach pflichtgemäßem Ermessen die erforderlichen Maßnahmen zu treffen (§ 64 Abs. 2).

§ 68
Genehmigungsfreistellung

(1) Keiner Baugenehmigung nach § 77 Abs. 1 bedarf im Geltungsbereich eines Bebauungsplans nach § 30 Abs. 1 und 2 des Baugesetzbuches die Errichtung von
1. Wohngebäuden geringer und mittlerer Höhe einschließlich ihrer Nebengebäude und Nebenanlagen,
2. Gebäuden, auch mit Aufenthaltsräumen, bis 200 m² Grundfläche und mit nicht mehr als zwei oberirdischen Geschossen; dies gilt nicht für Gebäude im Sinne des § 56 Abs. 2 Nrn. 3, 5 bis 8 und 11,

3. landwirtschaftlichen Betriebsgebäuden, auch mit Wohnteil, bis 250 m² Grundfläche und mit nicht mehr als zwei oberirdischen Geschossen; ausgenommen Anlagen zum Lagern von Jauche und Gülle,
4. landwirtschaftlich, forstwirtschaftlich oder erwerbsgärtnerisch genutzten Gebäuden bis 5 m Firsthöhe, wenn sie nur zum vorübergehenden Schutz von Tieren oder Pflanzen oder zur Unterbringung von Ernteerzeugnissen oder Geräten bestimmt sind,
5. Gewächshäusern einschließlich untergeordneter Nebenanlagen bis zu 5 m Firsthöhe und
6. Ausstellungs-, Abstell- und Lagerplätzen,

sofern die Voraussetzungen des Satzes 2 erfüllt sind. In den Fällen des Satzes 1 ist erforderlich, dass

1. das Vorhaben den Festsetzungen des Bebauungsplans im Sinne des Satzes 1 nicht widerspricht oder dass notwendige Ausnahmen oder Befreiungen bereits erteilt sind,
2. die Erschließung gesichert ist und
3. die Gemeinde nicht innerhalb eines Monats nach Eingang der Bauvorlagen gegenüber dem Bauherrn oder der Bauherrin erklärt, dass das Baugenehmigungsverfahren durchgeführt werden soll.

Dies gilt auch für die Änderung und Nutzungsänderung von baulichen Anlagen, wenn diese nach der Änderung oder Nutzungsänderung Vorhaben nach Satz 1 sind. Der Bauherr oder die Bauherrin kann durch Einreichung eines Bauantrages bestimmen, dass für die genannten Vorhaben das Baugenehmigungsverfahren durchgeführt wird.

(2) Die Rechtmäßigkeit eines Vorhabens nach Absatz 1 wird durch die spätere Feststellung der Nichtigkeit des Bebauungsplans nicht berührt.

(3) Die Bauvorlagen sind bei der Gemeinde einzureichen. Mit dem Bauvorhaben darf einen Monat nach Eingang der erforderlichen Bauvorlagen bei der Gemeinde begonnen werden. Teilt die Gemeinde dem Bauherrn oder der Bauherrin vor Ablauf dieser Frist schriftlich mit, dass kein Baugenehmigungsverfahren durchgeführt werden soll, darf sofort mit dem Bauvorhaben begonnen werden. Ein Rechtsanspruch auf eine solche Mitteilung besteht nicht.

(4) Die Gemeinde kann die Erklärung nach Absatz 1 Satz 2 Nr. 3 abgeben, weil sie beabsichtigt, eine Veränderungssperre nach § 14 des Baugesetzbuches zu beschließen oder eine Zurückstellung nach § 15 des Baugesetzbuches zu beantragen, oder wenn sie unter Angabe von

anderen wichtigen Gründen die Durchführung eines Baugenehmigungsverfahrens für erforderlich hält. Mit der Erklärung hat die Gemeinde die Bauvorlagen dem Bauherrn oder der Bauherrin zurückzureichen; dies gilt nicht, soweit der Bauherr oder die Bauherrin bei der Vorlage seiner oder ihrer Bauvorlagen schriftlich bestimmt hat, dass diese im Falle der Erklärung der Gemeinde nach Absatz 1 Satz 2 Nr. 3 als Bauantrag zu behandeln sind. Die Gemeinde leitet dann, soweit sie nicht selbst Bauaufsichtsbehörde ist, die Bauvorlagen zusammen mit ihrer Stellungnahme an die untere Bauaufsichtsbehörde weiter.

(5) Darf nach Absatz 3 mit dem Bauvorhaben begonnen werden, reicht die Gemeinde eine Ausfertigung der Bauvorlagen an die Bauaufsichtsbehörde weiter.

(6) Vor Beginn der jeweiligen Bauarbeiten muss der Bauherr oder die Bauherrin

1. Nachweise über den Schall- und Wärmeschutz, die von einem oder einer Bauvorlageberechtigten nach §71 Abs. 2 Nrn. 1 oder 2 erstellt sein müssen,
2. einen Nachweis über die Standsicherheit einschließlich der Feuerwiderstandsdauer der Bauteile, der bei Wohngebäuden geringer Höhe mit mehr als zwei Wohnungen und bei Wohngebäuden mittlerer Höhe von einem oder einer Sachverständigen im Sinne des §89 Abs. 2 Satz 1 Nr. 4 geprüft und dessen Richtigkeit bescheinigt sein muss, und
3. bei Wohngebäuden mittlerer Höhe auch die Bescheinigung eines oder einer Sachverständigen im Sinne des §89 Abs. 2 Satz 1 Nr. 4, dass das Vorhaben den Anforderungen an den Brandschutz entspricht,

vorhalten und der Bauaufsichtsbehörde auf Verlangen vorlegen.

(7) §14 Abs. 4, §43 Abs. 8, §69 Abs. 5 und 6, §70 Abs. 4 Satz 1 und 2, §§71, 77 Abs. 7 Satz 1 und Abs. 8 sowie §86 Abs. 1 Satz 1 gelten entsprechend.

(8) Bauliche Anlagen nach den Absätzen 1 und 9 dürfen erst benutzt werden, wenn sie ordnungsgemäß fertig gestellt und sicher benutzbar sind. Soweit nach den Absätzen 6 und 9 Sachverständige Bescheinigungen auszustellen haben, muss der Bauaufsichtsbehörde mit der Anzeige der Fertigstellung eine Bescheinigung des oder der jeweiligen Sachverständigen vorgelegt werden, dass die baulichen Anlagen entsprechend den Nachweisen oder den Bauvorlagen errich-

tet oder geändert worden sind. Die Bauaufsichtsbehörde bleibt verpflichtet, bei Bekanntwerden von Verstößen gegen öffentlich-rechtliche Vorschriften nach pflichtgemäßem Ermessen die erforderlichen Maßnahmen zu treffen (§ 64 Abs. 2).

(9) Die Absätze 1 bis 5 und 7 gelten auch für Garagen bis 1000 m² Nutzfläche, wenn sie einem Wohngebäude im Sinne des Absatzes 1 Satz 1 Nr. 1 dienen. Vor Beginn der jeweiligen Bauarbeiten muss der Bauherr oder die Bauherrin bei Garagen mit einer Nutzfläche über 100 m² bis 1000 m² vorhalten und der Bauaufsichtsbehörde auf Verlangen vorlegen

1. den Nachweis über die Standsicherheit einschließlich der Feuerwiderstandsdauer der Bauteile, der von einem oder einer Sachverständigen im Sinne des § 89 Abs. 2 Satz 1 Nr. 4 geprüft und dessen Richtigkeit bescheinigt sein muss,

2. die Bescheinigung eines oder einer Sachverständigen im Sinne des § 89 Abs. 2 Satz 1 Nr. 4, dass die Garage den Anforderungen an den Brandschutz entspricht und

3. die Bescheinigung eines oder einer Sachverständigen im Sinne des § 89 Abs. 2 Satz 1 Nr. 4 über die Unbedenklichkeit in dem Falle, dass bei der Errichtung geschlossener Garagen eine natürliche Lüftung vorgesehen wird; die Bescheinigung ist aufgrund durchgeführter Messungen innerhalb eines Monats nach Inbetriebnahme der Garage von dem oder der Sachverständigen im Sinne des § 89 Abs. 2 Satz 1 Nr. 4 zu bestätigen.

(10) Der Bauherr oder die Bauherrin hat den Eigentümern oder Eigentümerinnen der unmittelbar angrenzenden Grundstücke vor Baubeginn mitzuteilen, dass ein genehmigungsfreies Bauvorhaben nach Absatz 1 oder 9 durchgeführt werden soll, zu dem die Gemeinde keine Erklärung nach Absatz 1 Satz 2 Nr. 3 abgegeben hat. § 76 Abs. 3 gilt sinngemäß.

§ 69
Genehmigungsfreie Vorhaben

(1) Keiner Genehmigung nach § 77 oder § 81 bedarf die Errichtung, Änderung oder Aufstellung folgender baulicher Anlagen, anderer Anlagen und Einrichtungen:

1. Gebäude

    a) Gebäude bis zu 30 m³ Brutto-Rauminhalt ohne Aufenthaltsräume, Toiletten und Feuerstätten, im Außenbereich nur für

landwirtschaftliche, forstwirtschaftliche oder erwerbsgärtnerische Nutzung; das gilt nicht für Garagen, Verkaufsstände und Ausstellungsstände,
- b) landwirtschaftlich, forstwirtschaftlich oder erwerbsgärtnerisch genutzte Gebäude bis 70 m² Grundfläche und 5 m Firsthöhe, wenn sie nur zum vorübergehenden Schutz von Tieren oder Pflanzen oder zur Unterbringung von Ernteerzeugnissen oder Geräten bestimmt sind,
- c) Gewächshäuser im Außenbereich bis 15 m³ Brutto-Rauminhalt als Nebenanlage eines höchstens 50 m entfernten Gebäudes mit Aufenthaltsräumen,
- d) Gewächshäuser bis 70 m² Grundfläche und 5 m Firsthöhe, die einem landwirtschaftlichen Betrieb dienen,
- e) Wochenendhäuser auf genehmigten Wochenendplätzen,
- f) Gartenlauben in einer Kleingartenanlage nach dem Bundeskleingartengesetz, wenn für die Kleingartenanlage eine Baugenehmigung erteilt ist sowie Gartenlauben in einer Dauerkleingartenanlage nach dem Bundeskleingartengesetz,
- g) Fahrgastunterstände, die dem öffentlichen Personenverkehr oder dem Schülertransport dienen,
- h) Schutzhütten, wenn die Hütten jedermann zugänglich sind und keine Aufenthaltsräume haben,
- i) Gebäude bis 6 m³ Brutto-Rauminhalt im Außenbereich ohne Aufenthaltsräume, Toiletten und Feuerstätten, wenn sie weder Verkaufs- noch Ausstellungszwecken dienen;
2. Feuerungs- und andere Energieerzeugungsanlagen
    - a) Feuerungsanlagen, ausgenommen Schornsteine, sowie Schornsteine in vorhandenen Gebäuden; § 43 Abs. 8 bleibt unberührt,
    - b) Blockheizkraftwerke in Gebäuden und Wärmepumpen,
    - c) Solarenergieanlagen und Sonnenkollektoren in und an Dach- oder Außenwandflächen,
    - d) Windenergieanlagen bis 10 m Nabenhöhe;
3. Leitungen und Anlagen für Lüftung, Niederschlagswasser, Wasser- und Energieversorgung, Abwasserbeseitigung und Telekommunikation
    - a) Lüftungsleitungen, Leitungen von Klimaanlagen und Warmluftheizungen, raumlufttechnische Anlagen, Installationsschächte und -kanäle, die nicht durch Brandwände oder feuerbeständige Decken oder Wände geführt werden,

b) Leitungen für Wasser, Abwasser, Gas, Elektrizität oder Wärme,
c) Brunnen,
d) Wasserversorgungsanlagen nach § 44, einschließlich der Warmwasserversorgungsanlagen, der Einrichtungsgegenstände und der Armaturen,
e) Abwasserbehandlungsanlagen für höchstens täglich 8 m³ häusliches Abwasser,
f) Anlagen zur Verteilung von Wärme bei Warmwasser- und Niederdruckdampfheizungen,
g) bauliche Anlagen, die ausschließlich der Telekommunikation, der öffentlichen Versorgung mit Elektrizität, Gas, Öl, Wärme und Wasser oder der Wasserwirtschaft dienen, wie Transformatoren-, Schalt-, Regler- oder Pumpstationen, wenn sie eine Grundfläche von höchstens 20 m² und eine Höhe von nicht mehr als 4 m haben,
h) Sanitärinstallationen, wie Toiletten, Waschbecken oder Badewannen;
4. Masten, Antennen und ähnliche bauliche Anlagen
   a) Masten und Unterstützungen der Freileitungen für die Versorgung mit elektrischer Energie und für Fernsprechleitungen,
   b) Antennenanlagen bis zu 10 m Antennenhöhe, ausgenommen Parabolantennenanlagen mit einem Durchmesser der Reflektorenschalen von mehr als 1,20 m und Sendeanlagen von mehr als 10 W,
   c) ortsveränderliche Antennenträger, die nur vorübergehend aufgestellt werden,
   d) Sirenen und deren Masten,
   e) Signalhochbauten der Landesvermessung,
   f) Fahnenmasten,
   g) Blitzschutzanlagen;
5. Behälter, Silos und Wasserbecken
   a) Behälter für verflüssigte Gase mit einem Fassungsvermögen von weniger als 3 Tonnen; unberührt bleiben Vorschriften, nach denen vor Inbetriebnahme solcher Behälter deren ordnungsgemäße Aufstellung bescheinigt werden muss,
   b) Behälter für nicht verflüssigte Gase bis 6 m³ Behälterinhalt,
   c) Gärfutterbehälter bis 10 m Höhe und Flachsilos bis 3 m Wandhöhe für landwirtschaftliche Zwecke,

d) Behälter zur Lagerung brennbarer Flüssigkeiten oder wassergefährdender Stoffe – ausgenommen Jauche und Gülle – bis 1 m³ Behälterinhalt, in Gebäuden oder im Erdreich auch mit mehr als 1 m³ Behälterinhalt; dies gilt auch für die Rohrleitungen, Auffangräume und Auffangvorrichtungen sowie die Betriebs- und Sicherheitseinrichtungen und Schutzvorkehrungen,

e) sonstige drucklose Behälter bis zu 50 m³ Behälterinhalt und bis zu 3 m Höhe, ausgenommen Behälter für Jauche und Gülle,

f) Wasserbecken bis 100 m³ Beckeninhalt, im Außenbereich nur als Nebenanlage eines höchstens 50 m entfernten Gebäudes mit Aufenthaltsräumen,

g) transportable Behälter für feste Stoffe;

6. Einfriedungen, Stützmauern, Brücken und Durchlässe

    a) Einfriedungen bis 2 m Höhe, im Außenbereich nur als Nebenanlage eines höchstens 50 m entfernten Gebäudes mit Aufenthaltsräumen,

    b) offene Einfriedungen für landwirtschaftlich, forstwirtschaftlich oder erwerbsgärtnerisch genutzte Grundstücke im Außenbereich,

    c) Stützmauern bis zu 2 m Höhe,

    d) Durchlässe und Brücken bis 5 m lichte Weite;

7. bauliche Anlagen auf genehmigten Camping- und Wochenendplätzen

    a) Wohnwagen, Zelte sowie bauliche Anlagen, die keine Gebäude sind, auf Campingplätzen,

    b) bauliche Anlagen, die keine Gebäude sind, auf Wochenendplätzen;

8. bauliche Anlagen in Gärten und zur Freizeitgestaltung

    a) bauliche Anlagen, die der Gartennutzung, der Gartengestaltung oder der zweckentsprechenden Einrichtung von Gärten dienen, wie Bänke, Sitzgruppen oder Pergolen, ausgenommen Gebäude,

    b) bauliche Anlagen, die der zweckentsprechenden Einrichtung von genehmigten Sport- und Kinderspielplätzen dienen, wie Tore für Ballspiele, Schaukeln und Klettergerüste, ausgenommen Gebäude, Tribünen, Flutlichtanlagen und Ballfangzäune,

    c) bauliche Anlagen ohne Aufenthaltsräume auf genehmigten Abenteuerspielplätzen,

d) Sprungschanzen, Sprungtürme und Rutschbahnen bis 3 m Höhe sowie Skipisten,
e) bauliche Anlagen für Trimmpfade,
f) Stege ohne Aufbauten in und an Gewässern,
g) luftgetragene Schwimmbeckenüberdachungen bis 100 m² Grundfläche für Schwimmbecken, die nach Nummer 5 Buchst. f genehmigungsfrei sind,
h) Wildfütterungsstände,
i) Hochsitze;

9. Werbeanlagen, Warenautomaten und Hinweisschilder
   a) Werbeanlagen bis zu einer Ansichtsfläche von 0,50 m²,
   b) Werbeanlagen, die an der Stätte der Leistung vorübergehend angebracht oder aufgestellt sind, soweit sie nicht fest mit dem Boden oder einer baulichen Anlage verbunden sind,
   c) vorübergehend angebrachte oder aufgestellte Werbeanlagen für zeitlich begrenzte Veranstaltungen,
   d) Warenautomaten,
   e) Hinweisschilder an öffentlichen Straßen über das Fahrverhalten,
   f) Orientierungs- und Bildtafeln über Wanderwege, Forst- und Fischereilehrpfade und über die nach dem Naturschutzgesetz des Landes Sachsen-Anhalt geschützten Teile von Natur und Landschaft;

10. Fliegende Bauten und sonstige vorübergehend aufgestellte oder genutzte Anlagen
    a) Fliegende Bauten bis 5 m Höhe, die nicht dazu bestimmt sind, von Besuchern oder Besucherinnen betreten zu werden,
    b) Fliegende Bauten bis 5 m Höhe, die für Kinder betrieben werden und eine Geschwindigkeit von höchstens 1 m/s haben,
    c) Bühnen, die Fliegende Bauten sind, einschließlich Überdachungen und sonstiger Aufbauten bis 5 m Höhe, mit einer Grundfläche bis 100 m² und einer Fußbodenhöhe bis 1,50 m,
    d) Zelte, die Fliegende Bauten sind, mit einer Grundfläche bis 75 m²,
    e) Toilettenwagen,
    f) Gerüste,
    g) Baustelleneinrichtungen einschließlich der Lagerhallen und Schutzhallen sowie der zum vorübergehenden Aufenthalt dienenden Unterkünfte (Baubuden),

h) vorübergehend genutzte, unbefestigte Lagerplätze für landwirtschaftliche und erwerbsgärtnerische Erzeugnisse,

i) Zelte und Behelfsbauten, die der Landesverteidigung, dem Katastrophenschutz oder der Unfallhilfe dienen und nur vorübergehend aufgestellt werden,

j) bauliche Anlagen, die nur zu einer vorübergehenden Nutzung für Straßenfeste oder ähnliche Veranstaltungen errichtet werden,

k) bauliche Anlagen, die für höchstens drei Monate auf genehmigtem Messe- oder Ausstellungsgelände errichtet werden,

l) Zelte, die dem Wohnen dienen und nur gelegentlich für höchstens drei Tage auf demselben Grundstück aufgestellt werden, es sei denn, dass auf dem Grundstück und in dessen Nähe gleichzeitig mehr als zehn Personen zelten,

m) Ausstellungs-, Abstell- und Lagerplätze bis zu 200 m² Fläche, außer im Außenbereich;

11. tragende und nichttragende Bauteile

a) die geringfügige, eine die Standsicherheit nicht beeinträchtigende Änderung tragender oder aussteifender Bauteile innerhalb von Gebäuden; die nicht geringfügige Änderung dieser Bauteile, wenn eine sachkundige Person dem Bauherrn oder der Bauherrin die Ungefährlichkeit der Baumaßnahme schriftlich bescheinigt,

b) nichttragende oder nichtaussteifende Bauteile, an die keine Brandschutzanforderungen gestellt werden, in fertig gestellten Gebäuden,

c) Öffnungen für Fenster und Türen in Außenwänden fertig gestellter Wohngebäude und fertig gestellter Wohnungen, wenn eine sachkundige Person dem Bauherrn oder der Bauherrin die Ungefährlichkeit der Baumaßnahme schriftlich bescheinigt,

d) Wärmedämm-Verbundsysteme, sonstige Außenwandverkleidungen, Verblendungen und Verputz baulicher Anlagen, die keine Hochhäuser sind, wenn eine sachkundige Person dem Bauherrn oder der Bauherrin die Ungefährlichkeit der vorgesehenen Baumaßnahme schriftlich bescheinigt,

e) Dächer von fertig gestellten Wohngebäuden einschließlich der Dachkonstruktion ohne Änderung der bisherigen äußeren Abmessungen und der Konstruktion,

f) Ausbau der Dachgeschosse in vorhandenen, überwiegend Wohnzwecken dienenden Gebäuden geringer Höhe zu Wohnungen oder einzelnen Aufenthaltsräumen, die Wohnzwecken dienen, wenn durch eine sachkundige Person dem Bauherrn oder der Bauherrin schriftlich bescheinigt wird, dass keine Bedenken hinsichtlich der Standsicherheit, des Brandschutzes und der bauphysikalischen Anforderungen bestehen;

12. sonstige bauliche Anlagen und Teile baulicher Anlagen

   a) selbständige Aufschüttungen und Abgrabungen bis 3 m Höhe oder Tiefe, im Außenbereich nur, wenn die Aufschüttungen und Abgrabungen nicht mehr als 300 m² Fläche haben,

   b) Denkmale und Skulpturen bis 4 m Höhe sowie Grabdenkmale auf Friedhöfen,

   c) nicht notwendige Stellplätze für Personen-Kraftfahrzeuge bis 50 m² Nutzfläche je Grundstück sowie deren Zufahrten und Fahrgassen,

   d) Fahrradabstellanlagen,

   e) künstliche Hohlräume unter der Erdoberfläche bis 100 m³ Rauminhalt,

   f) Erkundungsbohrungen,

   g) Regale bis 9 m Lagerhöhe (Oberkante Lagergut),

   h) bewegliche Sonnendächer (Markisen), die keine Werbeträger sind,

   i) Fahrzeugwaagen,

   j) nichtöffentliche Verkehrsflächen,

   k) Fütterungs- und Melkstände außerhalb von Gebäuden,

   l) Fenster und Türen innerhalb vorhandener Öffnungen,

   m) Fenster- und Rollläden,

   n) Dacheindeckungen, wenn sie nur gegen vorhandene gleicher Art ausgewechselt werden,

   o) Vorrichtungen zum Teppichklopfen und Wäschetrocknen,

   p) unbedeutende bauliche Anlagen und Einrichtungen, die in den vorstehenden Nummern nicht erfasst sind.

(2) Die Nutzungsänderung baulicher Anlagen sowie anderer Anlagen und Einrichtungen im Sinne von § 1 Abs. 1 Satz 2 bedarf keiner Genehmigung nach § 77 oder § 81, wenn diese nach der Nutzungsänderung Anlagen oder Einrichtungen nach Absatz 1 sind. Keine Baugenehmigung ist ferner erforderlich, wenn

1. nach öffentlich-rechtlichen Vorschriften für die neue Nutzung keine anderen oder weitergehenden Anforderungen gelten als für die bisherige Nutzung,
2. Räume eines Wohngebäudes mit nicht mehr als zwei Wohnungen in Aufenthaltsräume, die zu diesen Wohnungen gehören, umgenutzt werden,
3. Räume in vorhandenen Wohngebäuden und Wohnungen in Räume für Bäder oder Toiletten umgenutzt werden.

(3) Der Abbruch von
1. baulichen Anlagen, anderen Anlagen und Einrichtungen, die in Absatz 1 genannt sind,
2. Gebäuden bis zu 300 m³ Brutto-Rauminhalt,
3. Gebäuden, die einem land- oder forstwirtschaftlichen Betrieb dienen, bis zu 150 m² Grundfläche,
4. baulichen Anlagen, die keine Gebäude sind,

bedarf keiner Baugenehmigung.

(4) Instandhaltungsarbeiten bedürfen keiner Baugenehmigung.

(5) Genehmigungsfreie Baumaßnahmen müssen ebenso wie genehmigungsbedürftige Maßnahmen den öffentlich-rechtlichen Vorschriften entsprechen.

(6) Die Genehmigungsfreiheit lässt § 90 und andere öffentlich-rechtliche Vorschriften, nach denen eine Genehmigung, Erlaubnis oder Bewilligung erforderlich ist, unberührt.

§ 70
Bauantrag und Bauvorlagen

(1) Der Bauantrag ist schriftlich bei der unteren Bauaufsichtsbehörde einzureichen.

(2) Mit dem Bauantrag sind alle für die Beurteilung des Bauvorhabens und die Bearbeitung des Bauantrages erforderlichen Unterlagen (Bauvorlagen) einzureichen. Es kann gestattet werden, dass einzelne Bauvorlagen nachgereicht werden.

(3) In besonderen Fällen kann zur Beurteilung der Einwirkung der baulichen Anlagen auf die Umgebung verlangt werden, dass die bauliche Anlage in geeigneter Weise auf dem Baugrundstück dargestellt wird.

(4) Der Bauherr oder die Bauherrin und der Entwurfsverfasser oder die Entwurfsverfasserin haben den Bauantrag, der Entwurfsverfasser oder die Entwurfsverfasserin die Bauvorlagen zu unterschreiben. Die von den Fachplanern oder Fachplanerinnen nach § 60 Abs. 2 bearbeiteten Unterlagen müssen auch von diesen unterschrieben sein. Ist der Bauherr oder die Bauherrin nicht Grundstückseigentümer oder Grundstückseigentümerin, so kann die Zustimmung des Grundstückseigentümers oder der Grundstückseigentümerin zu dem Bauvorhaben gefordert werden.

(5) Treten bei einem Bauvorhaben mehrere Personen als Bauherren oder Bauherrinnen auf, so kann die Bauaufsichtsbehörde verlangen, dass ihr gegenüber ein Vertreter oder eine Vertreterin bestellt wird, der oder die die dem Bauherrn oder der Bauherrin nach den öffentlich-rechtlichen Vorschriften obliegenden Verpflichtungen zu erfüllen hat.

§ 71
Bauvorlageberechtigung

(1) Bauvorlagen für die Errichtung und Änderung von Gebäuden müssen von einem Entwurfsverfasser oder einer Entwurfsverfasserin unterschrieben sein, der oder die bauvorlageberechtigt ist.

(2) Bauvorlageberechtigt ist, wer

1. die Berufsbezeichnung „Architekt" oder „Architektin" führen darf,
2. in die von der Ingenieurkammer Sachsen-Anhalt geführte Liste der Bauvorlageberechtigten eingetragen ist,
3. die Berufsbezeichnung „Innenarchitekt" oder „Innenarchitektin" führen darf, für die mit der Berufsaufgabe des Innenarchitekten oder der Innenarchitektin verbundenen baulichen Änderungen von Gebäuden, oder
4. die Berufsbezeichnung „Ingenieur" oder „Ingenieurin" in den Fachrichtungen Architektur, Hochbau oder Bauingenieurwesen führen darf, mindestens zwei Jahre als Ingenieur oder Ingenieurin tätig war und Bediensteter oder Bedienstete einer juristischen Person des öffentlichen Rechts ist, für die dienstliche Tätigkeit.

(3) Absatz 1 gilt nicht für

1. frei stehende Gebäude bis 50 m² Grundfläche und mit nicht mehr als zwei Geschossen,
2. Gebäude ohne Aufenthaltsräume bis 100 m² Grundfläche und mit nicht mehr als zwei Geschossen,

3. Behelfsbauten (§ 55 Abs. 1) und
4. Bauvorlagen, die üblicherweise von Fachkräften mit anderer Ausbildung als nach Absatz 2 verfasst werden.

(4) In die Liste der Bauvorlageberechtigten nach Absatz 2 Nr. 2 ist auf Antrag von der Ingenieurkammer Sachsen-Anhalt einzutragen, wer aufgrund einer Ausbildung im Bauingenieurwesen die Berufsbezeichnung „Ingenieur" oder „Ingenieurin" führen darf und in der Planung von Gebäuden mindestens zwei Jahre als Ingenieur oder Ingenieurin tätig war. Die Anforderungen nach Satz 1 braucht ein Antragsteller oder eine Antragstellerin nicht nachzuweisen, wenn er oder sie bereits in einem anderen Land in eine entsprechende Liste eingetragen ist und für die Eintragung mindestens diese Anforderungen zu erfüllen hatte.

§ 72
Vorbescheid

(1) Vor Einreichung des Bauantrages kann auf schriftlichen Antrag des Bauherrn oder der Bauherrin zu einzelnen Fragen des Bauvorhabens ein schriftlicher Bescheid (Vorbescheid) erteilt werden. Der Vorbescheid gilt drei Jahre. Die Frist kann auf schriftlichen Antrag jeweils bis zu einem Jahr verlängert werden. Die Sätze 1 bis 3 gelten entsprechend für Vorhaben nach § 68 Abs. 1 oder 9.

(2) § 70 Abs. 1 bis 4, § 71 Abs. 1, §§ 73, 75 Abs. 1 und Abs. 2 Satz 1, §§ 76, 77 Abs. 1 bis 4, § 79 Abs. 2 Satz 2 und § 80 Abs. 9 gelten entsprechend. Wenn mit dem Antrag auf Vorbescheid nur über die Vereinbarkeit des Vorhabens mit den planungsrechtlichen Vorschriften über die Art der baulichen Nutzung, die Bauweise und die überbaubare Grundstücksfläche entschieden werden soll, ist die Unterschrift des Bauherrn oder der Bauherrin ausreichend.

§ 73
Behandlung des Bauantrages

(1) Die Bauaufsichtsbehörde hat nach Eingang des Bauantrages innerhalb von fünf Arbeitstagen zu prüfen, ob der Bauantrag und die Bauvorlagen vollständig sind. Zur Beseitigung geringfügiger Mängel soll die Bauaufsichtsbehörde zunächst eine Frist setzen. Werden die Mängel innerhalb dieser Frist nicht behoben, gilt der Antrag als zurückgenommen; die Bauvorlagen sind zurückzugeben. Die Anträge und Bauvorlagen können zurückgewiesen werden, wenn sie so unvollständig sind, dass sie nicht bearbeitet werden können.

(2) Die Bauaufsichtsbehörde beteiligt diejenigen Behörden oder Dienststellen, deren Belange durch das Bauvorhaben betroffen sind, soweit dies zur Beurteilung der Einhaltung öffentlich-rechtlicher Vorschriften entsprechend § 77 Abs. 1 Satz 1 erforderlich ist.

(3) Bedarf die Erteilung der Baugenehmigung nach landesrechtlichen Vorschriften der Zustimmung oder des Einvernehmens einer anderen Körperschaft, Behörde oder Dienststelle, so gilt diese als erteilt, wenn sie nicht innerhalb eines Monats nach Eingang des Ersuchens unter Angabe der Gründe verweigert wird. Stellungnahmen anderer Behörden oder Dienststellen können im bauaufsichtlichen Verfahren unberücksichtigt bleiben, wenn sie nicht innerhalb eines Monats nach Aufforderung zur Stellungnahme bei der Bauaufsichtsbehörde eingehen.

§ 74
Ersetzung des gemeindlichen Einvernehmens

(1) Hat eine Gemeinde ihr nach den Vorschriften des Baugesetzbuches erforderliches Einvernehmen rechtswidrig versagt, hat die zuständige Genehmigungsbehörde das fehlende Einvernehmen der Gemeinde zu ersetzen. Sofern die Genehmigungsbehörde nicht die zuständige Bauaufsichtsbehörde ist, hat sie diese zu beteiligen.

(2) Die Gemeinde ist vor Ersetzung des Einvernehmens anzuhören. Dabei ist ihr Gelegenheit zu geben, binnen einer Frist von einem Monat erneut über das gemeindliche Einvernehmen zu entscheiden.

(3) Die Genehmigung, mit der die Zulässigkeit des Vorhabens festgestellt wird, gilt zugleich als Ersatzvornahme im Sinne des § 138 der Gemeindeordnung. Sie ist insoweit zu begründen und auch gegenüber der Gemeinde bekannt zu geben. Widerspruch und Anfechtungsklage der Gemeinde haben auch insoweit keine aufschiebende Wirkung, wie die Genehmigung als Ersatzvornahme gilt.

(4) § 136 der Gemeindeordnung findet keine Anwendung.

(5) Die Absätze 1 bis 3 gelten entsprechend für das Widerspruchsverfahren.

§ 75
Abweichungen, Ausnahmen und Befreiungen

(1) Die Bauaufsichtsbehörde kann Abweichungen von bauaufsichtlichen Anforderungen dieses Gesetzes und aufgrund dieses Gesetzes erlassener Vorschriften zulassen, wenn sie unter Berücksichtigung des Zwecks der jeweiligen Anforderung und unter Würdigung der nach-

barlichen mit den öffentlichen Belangen vereinbar sind, soweit in diesem Gesetz oder in aufgrund dieses Gesetzes erlassenen Vorschriften nichts anderes geregelt ist. §3 Abs. 4 Satz 3 bleibt unberührt.

(2) Die Zulassung von Abweichungen nach Absatz 1, von Ausnahmen und Befreiungen von den Festsetzungen eines Bebauungsplanes, einer sonstigen städtebaulichen Satzung oder nach §§ 31, 34 Abs. 2 Halbsatz 2 des Baugesetzbuches von Regelungen der Baunutzungsverordnung in der Fassung der Bekanntmachung vom 23. Januar 1990 (BGBl. I S. 132), zuletzt geändert durch Artikel 3 des Gesetzes vom 22. April 1993 (BGBl. I S. 466), über die zulässige Art der baulichen Nutzung ist gesondert schriftlich zu beantragen; der Antrag ist zu begründen. Für bauliche Anlagen oder andere Anlagen und Einrichtungen im Sinne von § 1 Abs. 1 Satz 2, die keiner Genehmigung bedürfen, gilt Satz 1 entsprechend.

§ 76
Beteiligung der Nachbarn

(1) Die Eigentümer oder Eigentümerinnen benachbarter Grundstücke (Nachbarn) sind nach den Absätzen 2 bis 4 zu beteiligen.

(2) Die Bauaufsichtsbehörde soll die Nachbarn vor Zulassung von Abweichungen und Befreiungen benachrichtigen, wenn zu erwarten ist, dass öffentlich-rechtlich geschützte nachbarliche Belange berührt werden. Einwendungen sind innerhalb von zwei Wochen nach Zugang der Benachrichtigung schriftlich oder zur Niederschrift bei der Bauaufsichtsbehörde vorzubringen.

(3) Die Benachrichtigung entfällt, wenn die zu benachrichtigenden Nachbarn die Lagepläne und Bauzeichnungen unterschrieben oder der Zulassung von Abweichungen und Befreiungen schriftlich zugestimmt haben.

(4) Wird den Einwendungen nicht entsprochen, so ist die Entscheidung über die Abweichung oder Befreiung dem Nachbarn oder der Nachbarin zuzustellen. Wird den Einwendungen entsprochen, kann auf die Zustellung der Entscheidung verzichtet werden.

§ 77
Baugenehmigung und Baubeginn

(1) Die Baugenehmigung ist zu erteilen, wenn dem Vorhaben keine öffentlich-rechtlichen Vorschriften entgegenstehen. Die Baugenehmigung bedarf der Schriftform; sie ist nur insoweit zu begründen, als

Abweichungen oder Befreiungen von nachbarschützenden Vorschriften zugelassen werden und der Nachbar oder die Nachbarin nicht nach § 76 Abs. 3 zugestimmt hat.

(2) Die Baugenehmigung gilt auch für und gegen den Rechtsnachfolger oder die Rechtsnachfolgerin des Bauherrn oder der Bauherrin.

(3) Die Baugenehmigung kann unter Auflagen, Bedingungen und dem Vorbehalt der nachträglichen Aufnahme, Änderung oder Ergänzung einer Auflage sowie befristet erteilt werden.

(4) Die Baugenehmigung wird unbeschadet der privaten Rechte Dritter erteilt.

(5) Die Gemeinde ist, wenn sie nicht Bauaufsichtsbehörde ist, von der Erteilung, Verlängerung, Ablehnung, Rücknahme und dem Widerruf einer Baugenehmigung, Teilbaugenehmigung, eines Vorbescheides, einer Zustimmung, einer Abweichung, einer Ausnahme oder einer Befreiung zu unterrichten. Eine Ausfertigung des Bescheides ist beizufügen.

(6) Vor Bekanntgabe der Baugenehmigung darf mit der Bauausführung baugenehmigungsbedürftiger Vorhaben nicht begonnen werden.

(7) Vor Baubeginn muss die Grundrissfläche des Gebäudes abgesteckt und seine Höhenlage festgelegt sein. Die Baugenehmigung und die Bauvorlagen sowie die erforderlichen Bescheinigungen müssen an der Baustelle von Baubeginn an vorliegen.

(8) Der Bauherr oder die Bauherrin hat den Ausführungsbeginn genehmigungsbedürftiger Vorhaben und die Wiederaufnahme der Bauarbeiten nach einer Unterbrechung von mehr als drei Monaten mindestens eine Woche vorher der Bauaufsichtsbehörde schriftlich mitzuteilen.

(9) Auch nach Erteilung der Baugenehmigung können Anforderungen gestellt werden, um bei der Genehmigung nicht voraussehbar gewesene Gefahren oder unzumutbare Belästigungen von der Allgemeinheit oder den Benutzern oder Benutzerinnen der baulichen Anlage abzuwenden.

§ 78
Teilbaugenehmigung

(1) Ist ein Bauantrag eingereicht, so kann der Beginn der Bauarbeiten für die Baugrube und für einzelne Bauteile oder Bauabschnitte auf

schriftlichen Antrag schon vor Erteilung der Baugenehmigung schriftlich gestattet werden (Teilbaugenehmigung). § 77 gilt entsprechend.

(2) In der Baugenehmigung können für die bereits begonnenen Teile des Bauvorhabens zusätzliche Anforderungen gestellt werden, wenn sich bei der weiteren Prüfung der Bauvorlagen ergibt, dass die zusätzlichen Anforderungen wegen der öffentlichen Sicherheit oder Ordnung erforderlich sind.

§ 79
Geltungsdauer der Baugenehmigung

(1) Die Baugenehmigung und die Teilbaugenehmigung erlöschen, wenn innerhalb von drei Jahren nach Erteilung der Genehmigung mit der Ausführung des Bauvorhabens nicht begonnen oder die Bauausführung ein Jahr unterbrochen worden ist.

(2) Die Frist nach Absatz 1 kann auf schriftlichen Antrag jeweils bis zu einem Jahr verlängert werden. Die Frist kann auch rückwirkend verlängert werden, wenn der Antrag vor Fristablauf bei der Bauaufsichtsbehörde eingegangen ist.

§ 80
Typengenehmigung und Typenprüfung

(1) Für bauliche Anlagen sowie andere Anlagen und Einrichtungen im Sinne von § 1 Abs. 1 Satz 2, die in derselben Ausführung an mehreren Stellen errichtet oder verwendet werden sollen, kann die oberste Bauaufsichtsbehörde eine allgemeine Genehmigung (Typengenehmigung) erteilen, wenn diese Anlagen und Einrichtungen den bauaufsichtlichen Vorschriften entsprechen, ihre Brauchbarkeit für den jeweiligen Verwendungszweck nachgewiesen ist und ein öffentliches Interesse vorliegt. Eine Typengenehmigung kann auch erteilt werden für bauliche Anlagen sowie andere Anlagen und Einrichtungen im Sinne von § 1 Abs. 1 Satz 2, die in unterschiedlicher Ausführung, aber nach einem bestimmten System und aus bestimmten Bauteilen an mehreren Stellen errichtet oder verwendet werden sollen; in der Typengenehmigung ist die zulässige Veränderbarkeit festzulegen. Für Fliegende Bauten wird eine Typengenehmigung nicht erteilt.

(2) Die Typengenehmigung bedarf der Schriftform. Sie darf unter dem Vorbehalt des Widerrufs nur für eine bestimmte Frist erteilt werden, die fünf Jahre nicht überschreiten soll. Sie kann auf schriftlichen Antrag jeweils bis zu fünf Jahre verlängert werden. § 79 Abs. 2 Satz 2 gilt entsprechend. Eine Ausfertigung der mit einem Genehmigungs-

vermerk zu versehenden Bauvorlagen ist dem Antragsteller oder der Antragstellerin mit der Typengenehmigung zuzustellen.

(3) Die Typengenehmigung kann unter Auflagen und Bedingungen erteilt werden, die sich insbesondere auf die Herstellung, Baustoffeigenschaften, Kennzeichnung oder Verwendung beziehen.

(4) Für bauliche Anlagen sowie andere Anlagen und Einrichtungen im Sinne von § 1 Abs. 1 Satz 2 sowie Teile dieser Anlagen und Einrichtungen, die in derselben Ausführung an mehreren Stellen errichtet oder verwendet werden sollen, können die Nachweise der Standsicherheit, des Wärme- und Schallschutzes oder der Feuerwiderstandsdauer der Bauteile allgemein geprüft werden (Typenprüfung). Absatz 1 Satz 2 und 3 sowie die Absätze 2 und 3 gelten sinngemäß.

(5) Die Typenprüfung wird auf schriftlichen Antrag von der obersten Bauaufsichtsbehörde oder durch eine von ihr zu bestimmende Stelle durchgeführt. Soweit die Typenprüfung ergibt, dass die Ausführung und Verwendung dem öffentlichen Baurecht entsprechen, ist dies durch Bescheid festzustellen.

(6) Typengenehmigungen und Bescheide über Typenprüfungen anderer Länder gelten auch im Land Sachsen-Anhalt.

(7) § 70 Abs. 2 und 4, § 73 Abs. 1 sowie § 75 gelten entsprechend.

(8) Typengenehmigungen oder Bescheide über Typenprüfungen entbinden nicht von der Verpflichtung, eine Baugenehmigung (§ 77) oder eine Zustimmung (§ 82) einzuholen.

(9) Die in der Typengenehmigung oder in dem Bescheid über Typenprüfungen entschiedenen Fragen brauchen von der Bauaufsichtsbehörde nicht geprüft zu werden. Soweit es aufgrund örtlicher Verhältnisse im Einzelfall erforderlich ist, kann die Bauaufsichtsbehörde weitere Auflagen machen oder genehmigte Typen ausschließen.

§ 81
Genehmigung Fliegender Bauten

(1) Fliegende Bauten sind bauliche Anlagen, die geeignet und bestimmt sind, an verschiedenen Orten wiederholt aufgestellt und zerlegt zu werden. Baustelleneinrichtungen und Baugerüste gelten nicht als Fliegende Bauten.

(2) Fliegende Bauten bedürfen, bevor sie erstmals aufgestellt und in Gebrauch genommen werden, einer Ausführungsgenehmigung. Dies

gilt nicht für die in § 69 Abs. 1 Nr. 10 Buchst. a bis e genannten Fliegenden Bauten.

(3) Die Ausführungsgenehmigung wird von der oberen Bauaufsichtsbehörde erteilt, in deren Bereich der Antragsteller oder die Antragstellerin die Hauptwohnung hat. Hat der Antragsteller oder die Antragstellerin die Hauptwohnung nicht in Deutschland, so ist die obere Bauaufsichtsbehörde zuständig, in deren Bereich der Fliegende Bau erstmals aufgestellt und in Gebrauch genommen werden soll.

(4) Die oberste Bauaufsichtsbehörde kann bestimmen, dass Ausführungsgenehmigungen für Fliegende Bauten nur durch bestimmte Bauaufsichtsbehörden erteilt werden dürfen.

(5) Die Genehmigung wird für eine bestimmte Frist erteilt, die höchstens fünf Jahre betragen soll; sie kann auf schriftlichen Antrag von der für die Erteilung der Ausführungsgenehmigung zuständigen Behörde jeweils bis zu fünf Jahre verlängert werden; § 79 Abs. 2 Satz 2 gilt entsprechend. Die Genehmigungen werden in ein Prüfbuch eingetragen, dem eine Ausfertigung der mit einem Genehmigungsvermerk zu versehenden Bauvorlagen beizufügen ist. Ausführungsgenehmigungen anderer Länder gelten auch im Land Sachsen-Anhalt.

(6) Der Inhaber oder die Inhaberin der Ausführungsgenehmigung hat den Wechsel der Hauptwohnung oder der gewerblichen Niederlassung oder die Übertragung eines Fliegenden Baues an Dritte der Bauaufsichtsbehörde anzuzeigen, die die Ausführungsgenehmigung erteilt hat. Die Behörde hat die Änderungen in das Prüfbuch einzutragen und sie, wenn mit den Änderungen ein Wechsel der Zuständigkeit verbunden ist, der nunmehr zuständigen Behörde mitzuteilen.

(7) Fliegende Bauten, die nach Absatz 2 Satz 1 einer Ausführungsgenehmigung bedürfen, dürfen unbeschadet anderer Vorschriften nur in Gebrauch genommen werden, wenn ihre Aufstellung der Bauaufsichtsbehörde des Aufstellungsortes unter Vorlage des Prüfbuchs angezeigt ist. Die Bauaufsichtsbehörde kann die Inbetriebnahme dieser Fliegenden Bauten von einer Gebrauchsabnahme abhängig machen. Das Ergebnis der Abnahme ist in das Prüfbuch einzutragen. In der Ausführungsgenehmigung kann bestimmt werden, dass Anzeigen nach Satz 1 nicht erforderlich sind, wenn eine Gefährdung im Sinne des § 3 Abs. 1 nicht zu erwarten ist.

(8) Die für die Durchführung der Gebrauchsabnahme zuständige Bauaufsichtsbehörde kann Auflagen erteilen oder die Aufstellung oder den Gebrauch Fliegender Bauten untersagen, soweit dies nach den ört-

lichen Verhältnissen oder zur Abwehr von Gefahren erforderlich ist, insbesondere weil die Betriebssicherheit oder Standsicherheit nicht oder nicht mehr gewährleistet ist oder weil von der Ausführungsgenehmigung abgewichen wird. Wird die Aufstellung oder der Gebrauch aufgrund von Mängeln am Fliegenden Bau untersagt, so ist dies in das Prüfbuch einzutragen. Die für die Erteilung der Ausführungsgenehmigung zuständige Behörde ist zu benachrichtigen. Das Prüfbuch ist einzuziehen und der für die Erteilung der Ausführungsgenehmigung zuständigen Behörde zuzuleiten, wenn die Herstellung ordnungsgemäßer Zustände innerhalb angemessener Frist nicht zu erwarten ist.

(9) Bei Fliegenden Bauten, die von Besuchern und Besucherinnen betreten und längere Zeit an einem Aufstellungsort betrieben werden, kann die für die Gebrauchsabnahme zuständige Bauaufsichtsbehörde aus Gründen der Sicherheit Nachabnahmen durchführen. Das Ergebnis der Nachabnahme ist in das Prüfbuch einzutragen.

(10) § 70 Abs. 2 und 4 und § 85 Abs. 1, 3 und 4 gelten entsprechend.

§ 82
Zustimmung zu Vorhaben öffentlicher Bauherren

(1) Nach § 66 genehmigungsbedürftige Vorhaben öffentlicher Bauherren bedürfen keiner Genehmigung, Überwachung und Bauzustandsbesichtigung, wenn

1. die Leitung der Entwurfsarbeiten und die Bauüberwachung einer Baudienststelle des Bundes oder der Länder übertragen ist und
2. die Baudienststelle mindestens mit einem oder einer Bediensteten mit der Befähigung zum höheren technischen Verwaltungsdienst der Fachrichtung Hochbau, Städtebau oder Bauingenieurwesen und mit sonstigen geeigneten Fachkräften ausreichend besetzt ist. Den Bediensteten mit der Befähigung zum höheren technischen Verwaltungsdienst der Fachrichtung Hochbau, Städtebau oder Bauingenieurwesen können Personen mit gleichwertiger Vorbildung gleichgestellt werden.

Solche baulichen Anlagen bedürfen jedoch der Zustimmung der oberen Bauaufsichtsbehörde.

(2) Über Abweichungen, Ausnahmen und Befreiungen entscheidet die obere Bauaufsichtsbehörde im Zustimmungsverfahren.

(3) Der Antrag auf Zustimmung ist bei der oberen Bauaufsichtsbehörde einzureichen. § 70 Abs. 2 bis 4 gilt entsprechend; eine Prüfung bautechnischer Nachweise findet nicht statt.

(4) Für das Zustimmungsverfahren gelten die §§ 72 bis 79 sinngemäß. Die Gemeinde ist zu dem Vorhaben zu hören.

(5) Bauliche Anlagen, die der Landesverteidigung dienen, sind abweichend von den Absätzen 1 bis 4 der oberen Bauaufsichtsbehörde vor Baubeginn in geeigneter Weise zur Kenntnis zu bringen. Im Übrigen wirken die Bauaufsichtsbehörden nicht mit. § 81 Abs. 2 bis 10 findet auf Fliegende Bauten, die der Landesverteidigung dienen, keine Anwendung.

(6) Der öffentliche Bauherr trägt die Verantwortung, dass Entwurf, Ausführung und Zustand der baulichen Anlagen sowie anderer Anlagen und Einrichtungen im Sinne von § 1 Abs. 1 Satz 2 den öffentlich-rechtlichen Vorschriften entsprechen.

§ 83
Verwendungsverbot unrechtmäßig gekennzeichneter Bauprodukte

Sind Bauprodukte entgegen § 25 mit dem Ü-Zeichen gekennzeichnet, so kann die Bauaufsichtsbehörde die Verwendung dieser Bauprodukte untersagen und deren Kennzeichnung entwerten oder beseitigen lassen.

§ 84
Baueinstellung sowie Beseitigung und Nutzungsuntersagung baulicher Anlagen sowie anderer Anlagen und Einrichtungen

(1) Die Einstellung der Bauarbeiten kann angeordnet werden, wenn

1. die Ausführung eines genehmigungsbedürftigen oder nach § 82 zustimmungsbedürftigen Bauvorhabens entgegen der Vorschrift des § 77 Abs. 6 und 8 begonnen wurde,
2. bei der Ausführung eines Bauvorhabens von den genehmigten Bauvorlagen abgewichen oder gegen baurechtliche Vorschriften verstoßen wird oder
3. Bauprodukte verwendet werden, die unberechtigt mit dem CE-Zeichen (§ 20 Abs. 1 Satz 1 Nr. 2) oder dem Ü-Zeichen (§ 25 Abs. 4) gekennzeichnet sind.

(2) Werden unzulässige Bauarbeiten trotz einer schriftlich oder mündlich verfügten Einstellung fortgesetzt, so kann die Bauaufsichtsbehörde die Baustelle versiegeln oder die an der Baustelle vorhandenen Baustoffe, Bauteile, Geräte, Maschinen und Bauhilfsmittel in amtlichen Gewahrsam bringen.

(3) Werden bauliche Anlagen sowie andere Anlagen und Einrichtungen im Sinne von § 1 Abs. 1 Satz 2 im Widerspruch zu öffentlich-rechtlichen Vorschriften errichtet oder geändert, so kann die Bauaufsichtsbehörde die teilweise oder vollständige Beseitigung der Anlagen und Einrichtungen anordnen, wenn nicht auf andere Weise rechtmäßige Zustände hergestellt werden können. Werden bauliche Anlagen sowie andere Anlagen und Einrichtungen im Sinne von § 1 Abs. 1 Satz 2 im Widerspruch zu öffentlich-rechtlichen Vorschriften genutzt, so kann diese Nutzung untersagt werden.

§ 85
Bauüberwachung

(1) Die Bauaufsichtsbehörde kann die Einhaltung der öffentlich-rechtlichen Vorschriften und Anforderungen und die ordnungsgemäße Erfüllung der Pflichten der am Bau Beteiligten überprüfen. Sie kann einen Nachweis darüber verlangen, dass die Grundrissflächen und die festgelegten Höhenlagen der Gebäude (§ 77 Abs. 7) eingehalten sind.

(2) Die Bauaufsichtsbehörde und die von ihr Beauftragten können auch aus fertigen Bauteilen Proben von Bauprodukten entnehmen und prüfen lassen.

(3) Den mit der Überwachung beauftragten Personen ist jederzeit Einblick in die Genehmigungen, Zulassungen, Prüfzeugnisse, Übereinstimmungserklärungen, Übereinstimmungszertifikate, Überwachungsnachweise, Zeugnisse und Aufzeichnungen über die Prüfungen von Bauprodukten, in die Bautagebücher und andere vorgeschriebene Aufzeichnungen zu gewähren.

(4) Die Kosten für die Überwachung nach Absatz 1, für die Probeentnahmen und Prüfungen nach Absatz 2 sowie für solche Maßnahmen aufgrund von Verordnungen nach § 89 Abs. 1 Nr. 3 und Abs. 2 Satz 1 Nr. 4 trägt der Bauherr oder die Bauherrin.

§ 86
Bauzustandsbesichtigung

(1) Die Fertigstellung des Rohbaus und die abschließende Fertigstellung genehmigungspflichtiger baulicher Anlagen sind der Bauaufsichtsbehörde vom Bauherrn oder der Bauherrin jeweils zwei Wochen vorher anzuzeigen, um der Bauaufsichtsbehörde eine Besichtigung des Bauzustandes zu ermöglichen. Der Rohbau ist fertig gestellt, wenn die tragenden Teile, Schornsteine, Brandwände, notwendige

Treppen und die Dachkonstruktion vollendet sind. Zur Besichtigung des Rohbaus sind die Bauteile, die für die Standsicherheit und, soweit möglich, die Bauteile, die für den Brand-, Wärme- und den Schallschutz sowie für die Abwasserbeseitigung wesentlich sind, derart offen zu halten, dass Maße und Ausführungsart geprüft werden können. Die abschließende Fertigstellung umfasst auch die Fertigstellung der Wasserversorgungs- und Abwasserbeseitigungsanlagen. Der Bauherr oder die Bauherrin hat für die Besichtigung und die damit verbundenen möglichen Prüfungen die erforderlichen Arbeitskräfte und Geräte bereitzustellen.

(2) Ob und in welchem Umfang eine Besichtigung nach Absatz 1 durchgeführt wird, bleibt dem Ermessen der Bauaufsichtsbehörden überlassen. Über das Ergebnis der Besichtigung ist auf Verlangen des Bauherrn oder der Bauherrin eine Bescheinigung auszustellen.

(3) Bei der Errichtung oder Änderung von Feuerstätten und Abgasanlagen hat der Bauherr oder die Bauherrin eine Bescheinigung des Bezirksschornsteinfegermeisters oder der Bezirksschornsteinfegermeisterin vorzulegen, dass die Abgasanlage sich in einem ordnungsgemäßen Zustand befindet und für die angeschlossenen Feuerstätten geeignet ist.

(4) Die Bauaufsichtsbehörde kann über Absatz 1 hinaus verlangen, dass ihr oder einem oder einer Beauftragten Beginn und Beendigung bestimmter Bauarbeiten angezeigt werden.

(5) Mit dem Innenausbau darf erst einen Tag nach dem in der Anzeige nach Absatz 1 genannten Zeitpunkt der Fertigstellung des Rohbaus begonnen werden, soweit die Bauaufsichtsbehörde nicht einem früheren Beginn des Innenausbaues zugestimmt hat.

(6) Die Bauaufsichtsbehörde kann verlangen, dass bei Bauausführungen die Arbeiten erst fortgesetzt oder die Anlagen erst benutzt werden, wenn sie von ihr oder einem oder einer beauftragten Sachverständigen geprüft worden sind.

(7) Eine bauliche Anlage darf erst benutzt werden, wenn sie ordnungsgemäß fertig gestellt und sicher benutzbar ist, frühestens jedoch eine Woche nach dem in der Anzeige nach Absatz 1 genannten Zeitpunkt der Fertigstellung. Die Bauaufsichtsbehörde soll gestatten, dass die bauliche Anlage ganz oder teilweise schon früher benutzt wird, wenn wegen der öffentlichen Sicherheit oder Ordnung Bedenken nicht bestehen.

§ 87
Baulasten und Baulastenverzeichnis

(1) Durch Erklärung gegenüber der Bauaufsichtsbehörde können Grundstückseigentümer oder Grundstückseigentümerinnen öffentlich-rechtliche Verpflichtungen zu einem ihre Grundstücke betreffenden Tun, Dulden oder Unterlassen übernehmen, die sich nicht schon aus öffentlich-rechtlichen Vorschriften ergeben. Baulasten werden unbeschadet der Rechte Dritter mit der Eintragung in das Baulastenverzeichnis wirksam und wirken auch gegenüber dem Rechtsnachfolger oder der Rechtsnachfolgerin.

(2) Die Erklärung nach Absatz 1 bedarf der Schriftform; die Unterschrift muss öffentlich beglaubigt oder vor der Bauaufsichtsbehörde geleistet oder von ihr anerkannt werden.

(3) Die Baulast geht durch schriftlichen Verzicht der Bauaufsichtsbehörde unter. Der Verzicht ist zu erklären, wenn ein öffentliches Interesse an der Baulast nicht mehr besteht. Vor dem Verzicht sollen der oder die Verpflichtete und die durch die Baulast Begünstigten angehört werden. Der Verzicht wird mit der Löschung der Baulast im Baulastenverzeichnis wirksam.

(4) Das Baulastenverzeichnis wird von der Bauaufsichtsbehörde geführt. In das Baulastenverzeichnis können auch eingetragen werden
1. andere baurechtliche Verpflichtungen des Grundstückseigentümers oder der Grundstückseigentümerin zu einem sein oder ihr Grundstück betreffenden Tun, Dulden und Unterlassen,
2. Auflagen, Bedingungen, Befristungen und Widerrufsvorbehalte.

(5) Wer ein berechtigtes Interesse darlegt, kann in das Baulastenverzeichnis Einsicht nehmen oder sich Abschriften erteilen lassen.

TEIL 6
Ordnungswidrigkeiten, Rechtsvorschriften und Übergangsvorschriften

§ 88
Ordnungswidrigkeiten

(1) Ordnungswidrig handelt, wer vorsätzlich oder fahrlässig
1. einer nach § 20 Abs. 4 bis 6 und § 89 Abs. 1 bis 4 und 6 ergangenen Verordnung zuwiderhandelt, sofern die Verordnung für einen bestimmten Tatbestand auf diese Bußgeldvorschrift verweist,

2. einer vollziehbaren schriftlichen Anordnung der Bauaufsichtsbehörde zuwiderhandelt, die nach diesem Gesetz oder nach Vorschriften aufgrund dieses Gesetzes erlassen worden ist, sofern die Anordnung auf die Bußgeldvorschrift verweist,

3. ohne erforderliche Genehmigung (§ 66 Abs. 1), Zulassung einer Abweichung (§ 75 Abs. 1) oder Teilbaugenehmigung (§ 78) oder abweichend davon bauliche Anlagen errichtet, ändert, benutzt oder abbricht,

4. Fliegende Bauten entgegen § 81 Abs. 2 Satz 1 oder entgegen § 81 Abs. 7 in Gebrauch nimmt,

5. entgegen § 77 Abs. 6 ohne die erforderliche Baugenehmigung Bauarbeiten beginnt, entgegen § 86 Abs. 1 und 4 vorgeschriebene oder verlangte Anzeigen nicht erstattet, entgegen § 86 Abs. 5 mit dem Innenausbau beginnt oder entgegen § 43 Abs. 8 oder § 86 Abs. 6 und 7 Satz 1 die Arbeiten fortsetzt oder bauliche Anlagen benutzt,

6. entgegen § 67 Abs. 5 oder Abs. 10 Satz 3 die dort genannten Nachweise oder Bescheinigungen nicht einreicht,

7. entgegen § 68 Abs. 7 und § 77 Abs. 8 den Ausführungsbeginn nicht oder nicht rechtzeitig mitteilt,

8. Bauprodukte mit dem Ü-Zeichen kennzeichnet, ohne dass dafür die Voraussetzungen nach § 25 Abs. 4 vorliegen,

9. Bauprodukte entgegen § 20 Abs. 1 Satz 1 Nr. 1 ohne das Ü-Zeichen verwendet,

10. Bauarten entgegen § 24 ohne allgemeine bauaufsichtliche Zulassung, allgemeines bauaufsichtliches Prüfzeugnis oder Zustimmung im Einzelfall anwendet,

11. als Bauherr oder Bauherrin dem § 59 Abs. 1, 2 oder 4, als Entwurfsverfasser oder Entwurfsverfasserin dem § 60 Abs. 1 Satz 3, als Unternehmer oder Unternehmerin dem § 61 Abs. 1 oder als Bauleiter oder Bauleiterin dem § 62 Abs. 1 zuwiderhandelt,

12. entgegen § 5 Abs. 2 Zu- oder Durchfahrten sowie Aufstell- und Bewegungsflächen nicht ständig freihält oder Fahrzeuge dort abstellt,

13. entgegen § 68 Abs. 6 die erforderlichen Unterlagen nicht vorhält oder vorlegt oder bauliche Anlagen nach § 68 Abs. 1 und 9 entgegen § 68 Abs. 8 nutzt oder

14. entgegen § 77 Abs. 7 Satz 2 Baugenehmigungen und Bauvorlagen sowie Bescheinigungen an der Baustelle nicht vorliegen hat.

(2) Ordnungswidrig handelt auch, wer wider besseres Wissen unrichtige Angaben macht oder unrichtige Pläne oder Unterlagen vorlegt, um einen nach diesem Gesetz vorgesehenen Verwaltungsakt zu erwirken oder zu verhindern.

(3) Die Ordnungswidrigkeit kann mit einer Geldbuße bis zu 500 000 Euro geahndet werden.

(4) Ist eine Ordnungswidrigkeit nach Absatz 1 Nrn. 8 bis 10 begangen worden, so können Gegenstände, auf die sich die Ordnungswidrigkeit bezieht, unter den Voraussetzungen der §§ 22 bis 29 und 87 des Gesetzes über Ordnungswidrigkeiten eingezogen werden.

§ 89
Erlass von Verordnungen

(1) Zur Verwirklichung der in § 3 Abs. 1 bis 3 bezeichneten Anforderungen wird die oberste Bauaufsichtsbehörde ermächtigt, durch Verordnung Vorschriften zu erlassen über

1. die nähere Bestimmung allgemeiner Anforderungen in den §§ 4 bis 57,

2. die nähere Bestimmung allgemeiner Anforderungen in § 43, insbesondere über Feuerungsanlagen und Anlagen zur Verteilung von Wärme oder zur Warmwasserversorgung sowie über deren Betrieb, über Brennstoffleitungsanlagen, über Aufstellräume für Feuerstätten, Verbrennungsmotoren und Verdichter sowie über die Lagerung von Brennstoffen,

3. besondere Anforderungen oder Erleichterungen, die sich aus der besonderen Art oder Nutzung der baulichen Anlagen für Errichtung, Änderung, Instandhaltung, Betrieb und Benutzung ergeben (§§ 56 und 57), sowie über die Anwendung solcher Anforderungen auf bestehende bauliche Anlagen dieser Art,

4. eine von Zeit zu Zeit zu wiederholende Nachprüfung von Anlagen, die zur Verhütung erheblicher Gefahren oder Nachteile ständig ordnungsgemäß instand gehalten werden müssen, und die Erstreckung dieser Nachprüfungspflicht auf bestehende Anlagen,

5. die Vergütung der Sachverständigen, denen nach diesem Gesetz oder aufgrund dieses Gesetzes erlassener Vorschriften Aufgaben übertragen werden; die Vergütung ist nach den Grundsätzen des Verwaltungskostengesetzes des Landes Sachsen-Anhalt festzusetzen,

6. die Anwesenheit fachkundiger Personen beim Betrieb technisch schwieriger baulicher Anlagen und Einrichtungen, wie Bühnenbetriebe und technisch schwierige Fliegende Bauten,
7. den Nachweis der Befähigung der in Nummer 6 genannten Personen,
8. besondere Anforderungen oder Erleichterungen, die sich aus der Art der Konstruktion von Gebäuden in Blockbau-, Streifenbau- und Tafelbauart ergeben.

(2) Die oberste Bauaufsichtsbehörde wird ermächtigt, zur Vereinfachung, Erleichterung oder Beschleunigung des bauaufsichtlichen Verfahrens oder zur Entlastung der Bauaufsichtsbehörden durch Verordnung Vorschriften zu erlassen über

1. weitere und weitergehende Ausnahmen von der Genehmigungspflicht,
2. den vollständigen oder teilweisen Wegfall der bautechnischen Prüfung bei bestimmten Arten von Bauvorhaben,
3. die Übertragung von Prüfaufgaben der Bauaufsichtsbehörde im Rahmen des bauaufsichtlichen Verfahrens einschließlich der Bauüberwachung und Bauzustandsbesichtigung auf Sachverständige oder sachverständige Stellen,
4. die staatliche Anerkennung von Sachverständigen und sachverständigen Stellen, die nach diesem Gesetz oder aufgrund dieses Gesetzes erlassener Vorschriften herangezogen werden können,
5. die Verpflichtung der Betreiber und Betreiberinnen, mit der wiederkehrenden Prüfung bestimmter Anlagen und Einrichtungen nach Absatz 1 Nr. 4 Sachverständige, Sachkundige oder sachverständige Stellen zu beauftragen.

Sie kann dafür bestimmte Voraussetzungen festlegen, die die Verantwortlichen nach den §§ 59 bis 62 oder die Sachverständigen oder sachverständigen Stellen zu erfüllen haben; sie muss dies in den Fällen des Satzes 1 Nrn. 2 bis 5 tun. Dabei können die Fachbereiche, in denen Sachverständige oder sachverständige Stellen tätig werden, bestimmt und insbesondere Mindestanforderungen an die Fachkenntnis sowie in zeitlicher und sachlicher Hinsicht an die Berufserfahrung festgelegt, eine laufende Fortbildung vorgeschrieben, durch Prüfungen nachzuweisende Befähigungen bestimmt, der Nachweis der persönlichen Zuverlässigkeit und einer ausreichenden Haftpflichtversicherung gefordert und Altersgrenzen festgesetzt werden. Sie kann darüber hinaus auch eine besondere Anerkennung der Sachverständigen und sachverständigen Stellen vorschreiben, das Verfahren und die Voraussetzungen für die Anerkennung, ihren Widerruf, ihre Rücknahme und ihr Erlöschen und die Vergütung der Sachverständigen und sachverständigen Stellen sowie für Prüfungen die Bestellung und Zusammensetzung der Prüfungsorgane und das Prüfungsverfahren regeln. Die Befugnis zur Anerkennung kann auf Dritte übertragen werden.

(3) Die oberste Bauaufsichtsbehörde wird ermächtigt, zu bauaufsichtlichen Verfahren durch Verordnung Vorschriften zu erlassen über

1. Umfang, Inhalt und Zahl der Bauvorlagen,
2. die erforderlichen Anträge, Anzeigen, Nachweise und Bescheinigungen,
3. soweit erforderlich, das Verfahren im Einzelnen.

Sie kann dabei für verschiedene Arten von Bauvorhaben unterschiedliche Anforderungen und Verfahren festlegen.

(4) Die oberste Bauaufsichtsbehörde wird ermächtigt, durch Verordnung vorzuschreiben, dass die am Bau Beteiligten (§§ 59 bis 62) zum Nachweis der ordnungsgemäßen Bauausführung Bescheinigungen, Bestätigungen oder Nachweise des Entwurfsverfassers oder der Entwurfsverfasserin, der Unternehmer und Unternehmerinnen, des Bauleiters oder der Bauleiterin, von Sachverständigen, sachverständigen Stellen oder Behörden über die Einhaltung bauaufsichtlicher Anforderungen vorzulegen haben.

(5) Die oberste Bauaufsichtsbehörde wird ermächtigt, durch Verordnung die Befugnisse auf andere als in diesen Vorschriften aufgeführte Behörden zu übertragen für

1. die Anerkennung von Prüf-, Zertifizierungs- und Überwachungsstellen (§ 28 Abs. 1 und 3),
2. die Erteilung von Typengenehmigungen (§ 80),
3. die Erteilung von Zustimmungen im Einzelfall oder den Verzicht auf Verwendbarkeitsnachweise (§§ 23 und 24),
4. die Entscheidung über die Verwendbarkeit von Bauprodukten und Bauarten nach § 25 Abs. 2 Satz 4 und Abs. 3.

Die Befugnis nach Satz 1 Nrn. 1 und 2 kann auch auf eine Behörde eines anderen Landes übertragen werden, die der Aufsicht einer obersten Bauaufsichtsbehörde untersteht oder an deren Willensbildung die oberste Bauaufsichtsbehörde mitwirkt.

(6) Die oberste Bauaufsichtsbehörde wird ermächtigt, durch Verordnung

1. das Ü-Zeichen festzulegen und zu diesem Zeichen zusätzliche Angaben zu verlangen,
2. das Anerkennungsverfahren nach § 28 Abs. 1, die Voraussetzungen für die Anerkennung, ihren Widerruf und ihr Erlöschen zu regeln, insbesondere auch Altersgrenzen festzulegen, sowie eine ausreichende Haftpflichtversicherung zu fordern.

(7) Die oberste Bauaufsichtsbehörde wird ermächtigt, durch Verordnung zu bestimmen, dass die Anforderungen der aufgrund des § 11 des Gerätesicherheitsgesetzes und des § 13 Abs. 2 des Energiewirtschaftsgesetzes vom 24. April 1998 (BGBl. I S. 730), zuletzt geändert durch Artikel 2 des Gesetzes vom 29. März 2000 (BGBl. I S. 305), in der jeweils geltenden Fassung erlassenen Verordnungen entsprechend für Anlagen gelten, die weder gewerblichen noch wirtschaftlichen Zwecken dienen und in deren Gefahrenbereich auch keine Arbeitnehmer beschäftigt werden. Sie kann auch die Verfahrensvorschriften dieser Verordnungen für anwendbar erklären oder selbst das Verfahren bestimmen sowie Zuständigkeiten und Gebühren regeln. Dabei kann sie auch vorschreiben, dass danach zu erteilende Erlaubnisse die Baugenehmigung oder die Zustimmung nach § 82 einschließlich der zugehörigen Abweichungen (§ 75) einschließen sowie dass § 12 Abs. 2 des Gerätesicherheitsgesetzes insoweit Anwendung findet.

(8) Die oberste Bauaufsichtsbehörde wird als zuständige Behörde im Sinne von § 11 Abs. 1, 2 Satz 2, Abs. 3 und 7 und § 13 des Bauproduktengesetzes ermächtigt, die Zuständigkeit im Einvernehmen mit den fachlich zuständigen Ministerien durch Verordnung ganz oder teilweise auf andere Stellen auch außerhalb des Landes Sachsen-Anhalt zu übertragen.

§ 90
Örtliche Bauvorschriften

(1) Die Gemeinden können örtliche Bauvorschriften erlassen über

1. die äußere Gestaltung baulicher Anlagen sowie von Werbeanlagen und Warenautomaten zur Durchführung besonderer baugestalterischer Absichten in bestimmten, genau abgegrenzten bebauten oder unbebauten Teilen des Gemeindegebietes; dabei können sich die Vorschriften über Werbeanlagen auch auf deren Art, Größe und Anbringungsort erstrecken,

2. besondere Anforderungen an bauliche Anlagen, Werbeanlagen und Warenautomaten zum Schutz bestimmter Bauten, Straßen, Plätze oder Ortsteile von geschichtlicher, künstlerischer oder städtebaulicher Bedeutung sowie von Baudenkmalen und Naturdenkmalen; dabei können nach den örtlichen Gegebenheiten insbesondere bestimmte Arten von Werbeanlagen und Warenautomaten ausgeschlossen oder auf Teile baulicher Anlagen und auf bestimmte Farben beschränkt werden,
3. die Lage, Größe, Beschaffenheit, Ausstattung und Unterhaltung von Kinderspiel- und Freizeitflächen (§ 9 Abs. 3 bis 5),
4. die Gestaltung der Gemeinschaftsanlagen, der Lagerplätze, der Camping- und Zeltplätze, der Wochenendplätze, der Stellplätze für Kraftfahrzeuge, der Abstellanlagen für Fahrräder, der Plätze für bewegliche Abfall- und Wertstoffbehälter und der unbebauten Flächen der bebauten Grundstücke sowie über die Notwendigkeit, Art, Gestaltung und Höhe von Einfriedungen; dabei kann abweichend von § 9 Abs. 1 bestimmt werden, dass Vorgärten nicht als Arbeits- oder Lagerflächen benutzt werden dürfen und diese Flächen gärtnerisch gestaltet werden müssen,
5. geringere als die in § 6 Abs. 5 und 6 vorgeschriebenen Maße zur Wahrung der bauhistorischen Bedeutung oder der sonstigen erhaltenswerten Eigenart eines Ortsteils; dabei sind die Ortsteile in der Satzung genau zu bezeichnen,
6. die Begrünung baulicher Anlagen,
7. die Verpflichtung, Abstellplätze für Fahrräder in ausreichender Zahl und geeigneter Beschaffenheit auf dem Grundstück herzustellen.

(2) Durch örtliche Bauvorschriften kann ferner bestimmt werden, dass im Gemeindegebiet oder in Teilen davon bei bestehenden baulichen Anlagen die Herstellung von Kinderspielflächen nach § 9 Abs. 5 zu fordern ist.

(3) Die Gemeinde erlässt die örtlichen Bauvorschriften als Satzung im eigenen Wirkungskreis. Die Gemeinde kann in den örtlichen Bauvorschriften bestimmen, dass die Errichtung und die Änderung von baulichen Anlagen oder anderen Anlagen und Einrichtungen, an die die örtliche Bauvorschrift Anforderungen stellt, einer schriftlichen Genehmigung der Gemeinde bedürfen. Über Abweichungen von den örtlichen Bauvorschriften entscheidet die Gemeinde.

(4) Örtliche Bauvorschriften können in Bebauungspläne und in Satzungen nach § 34 Abs. 4 Satz 1 Nrn. 2 und 3 des Baugesetzbuches als

Festsetzungen aufgenommen werden. In diesem Fall gelten die Vorschriften des Baugesetzbuches für das Verfahren bei der Aufstellung von Bebauungsplänen einschließlich der Vorschriften über die Planerhaltung in der jeweils geltenden Fassung entsprechend.

(5) Bei der Aufstellung und Änderung örtlicher Bauvorschriften finden die §1 Abs. 6, §3 Abs. 2 und 3, §4, §9 Abs. 8 und §33 des Baugesetzbuches und die Vorschriften des Baugesetzbuches über die Sicherung der Bauleitplanung entsprechende Anwendung.

(6) Anforderungen nach den Absätzen 1 und 2 können innerhalb der örtlichen Bauvorschriften auch in Form zeichnerischer Darstellungen gestellt werden. Ihre Bekanntgabe kann dadurch ersetzt werden, dass dieser Teil der örtlichen Bauvorschriften bei der Gemeinde zur Einsicht ausgelegt wird; hierauf ist in den örtlichen Bauvorschriften hinzuweisen.

§ 91
Bestehende bauliche Anlagen

(1) Werden in diesem Gesetz oder aufgrund dieses Gesetzes erlassener Vorschriften andere Anforderungen als nach früherem Recht gestellt, so kann verlangt werden, dass bestehende oder nach genehmigten Bauvorlagen bereits begonnene bauliche Anlagen angepasst werden, wenn dies wegen der Sicherheit oder Gesundheit erforderlich ist.

(2) Sollen bauliche Anlagen wesentlich geändert werden, so kann gefordert werden, dass auch die nicht unmittelbar berührten Teile der baulichen Anlage mit diesem Gesetz oder den aufgrund dieses Gesetzes erlassenen Vorschriften in Einklang gebracht werden, wenn

1. die Bauteile, die diesen Vorschriften nicht mehr entsprechen, mit den beabsichtigten Arbeiten in einem konstruktiven Zusammenhang stehen und
2. die Durchführung dieser Vorschriften bei den von den Arbeiten nicht berührten Teilen der baulichen Anlage keine unzumutbaren Mehrkosten verursacht.

§ 92
Übergangsvorschriften für Bauprodukte und Bauarten

(1) Die für nicht geregelte Bauprodukte nach bisherigem Recht erteilten allgemeinen bauaufsichtlichen Zulassungen und Prüfzeichen gelten als allgemeine bauaufsichtliche Zulassungen nach §21.

(2) Personen, Stellen, Überwachungsgemeinschaften oder Behörden, die bisher zu Prüfstellen bestimmt oder als Überwachungsstellen anerkannt waren, gelten für ihren bisherigen Aufgabenbereich weiterhin als Prüf- oder Überwachungsstellen nach § 28 Abs. 1 Satz 1 Nrn. 2 oder 4.

(3) Überwachungszeichen, mit denen Bauprodukte vor In-Kraft-Treten dieses Gesetzes gekennzeichnet wurden, gelten als Ü-Zeichen nach § 25 Abs. 4.

(4) Prüfzeichen und Überwachungszeichen aus anderen Ländern, in denen die Prüfzeichen- und Überwachungspflichten nach bisherigem Recht noch bestehen, gelten als Ü-Zeichen nach § 25 Abs. 4.

§ 93
Ergänzende Übergangsvorschriften

(1) Auf die vor dem Zeitpunkt des In-Kraft-Tretens nach Artikel 7 Abs. 1 Satz 1 des Gesetzes zur Vereinfachung des Baurechts in Sachsen-Anhalt eingeleiteten Verfahren sind die Vorschriften dieses Gesetzes nur insoweit anzuwenden, als sie für den Antragsteller oder die Antragstellerin eine günstigere Regelung enthalten als das bisher geltende Recht.

(2) Wird nach der Verkündung des Gesetzes zur Vereinfachung des Baurechts in Sachsen-Anhalt, jedoch vor dem Zeitpunkt seines In-Kraft-Tretens nach Artikel 7 Abs. 1 Satz 1 über einen Bauantrag entschieden, so kann der Bauherr oder die Bauherrin verlangen, dass der Entscheidung die Vorschriften dieses Gesetzes zugrunde gelegt werden.

(3) Örtliche Bauvorschriften, die bis zum In-Kraft-Treten nach Artikel 7 Abs. 1 Satz 1 des Gesetzes zur Vereinfachung des Baurechts in Sachsen-Anhalt erlassen wurden, gelten mit In-Kraft-Treten dieses Gesetzes als Satzungen im eigenen Wirkungskreis. Soll eine solche Satzung um die Bestimmung der Genehmigungspflicht nach § 90 Abs. 3 Satz 2 ergänzt werden, ist § 90 Abs. 5 insoweit nicht anzuwenden.

2.
Bauvorlagenverordnung (BauVorlVO)

vom 13.12.2001 (GVBl. LSA S.614)

Auf Grund des §89 Abs.3 in Verbindung mit §63 Abs.1 Satz 1 Nr.1 der Bauordnung Sachsen-Anhalt (BauO LSA) vom 9. Februar 2001 (GVBl. LSA S.50) und in Verbindung mit Abschnitt II Nr.9 des Beschlusses der Landesregierung über den Aufbau der Landesregierung Sachsen-Anhalt und die Abgrenzung der Geschäftsbereiche vom 21.Juli 1998 (MBl. LSA S.1570), zuletzt geändert durch Beschluss der Landesregierung vom 20. Februar 2001 (MBl. LSA S.159), wird verordnet:

§ 1
Allgemeines

(1) Bauvorlagen sind, soweit in anderen Vorschriften nichts anderes geregelt ist, insbesondere

1. der Übersichtsplan (§2),
2. der Lageplan (§3) mit den Auszügen oder Auskünften aus dem Liegenschaftskataster,
3. die Bauzeichnungen (§4),
4. die Bau- und Betriebsbeschreibung (§5),
5. der Standsicherheitsnachweis, die Konstruktionszeichnungen und die anderen bautechnischen Nachweise (§6),
6. das Brandschutzkonzept (§7),
7. eine nachprüfbare Berechnung
   a) des umbauten Raumes nach DIN 277 Teil 1 bei Gebäuden, die in Anlage 2 der Baugebührenordnung vom 15. August 1991 (GVBl. LSA S.269), zuletzt geändert durch § 1 der Verordnung vom 24. Januar 1995 (GVBl. LSA S.47), aufgeführt sind,
   b) der Rohbau- oder Herstellungskosten bei den übrigen baulichen Anlagen sowie anderen Anlagen und Einrichtungen im Sinne von §1 Abs.1 Satz 2 BauO LSA

und

8. die Unterlagen und Nachweise nach anderen öffentlich-rechtlichen Vorschriften, die im bauaufsichtlichen Verfahren geprüft werden.

§1 BauVorlVO

Die DIN-Norm 277 Teil 1 ist im Beuth-Verlag GmbH, Berlin und Köln, erschienen und beim Deutschen Patentamt in München archivmäßig gesichert niedergelegt.

(2) Bauvorlagen nach Absatz 1 Satz 1 sind auch mit den Anträgen auf eine behördliche Entscheidung nach anderen Vorschriften des Bundes- und Landesrechts bei der zuständigen Behörde einzureichen, soweit die Entscheidung die Beteiligung der Gemeinde, einer Zulassung von Abweichungen, Ausnahmen und Befreiungen nach § 75 BauO LSA, eine Baugenehmigung nach § 77 Abs. 1 BauO LSA oder eine Zustimmung nach § 82 BauO LSA der Bauaufsichtsbehörde einschließt.

(3) Umfang und Inhalt der Bauvorlagen beschränken sich auf das zur Beurteilung der Bauvorhaben Erforderliche. Die Anforderungen der §§ 3 bis 7 gelten nicht für baugenehmigungsfreie Anlagen, Einrichtungen und ihre Teile, soweit sie nicht für die Beurteilung eines Bauvorhabens von Bedeutung sind.

(4) Die Bauvorlagen müssen aus dauerhaftem Papier lichtbeständig hergestellt, in ihrer Größe dem Format DIN A4 entsprechen oder auf diese Größe gefaltet und in Planmappen geordnet sein.

(5) Für die Darstellung in den Bauvorlagen sind die Zeichen der **Anlage** zu dieser Verordnung zu verwenden. Die sonstigen Darstellungen sind durch Beschriftung zu kennzeichnen.

(6) Zur Durchführung des bauaufsichtlichen Verfahrens können nach Maßgabe der Absätze 3 bis 5 in zu begründenden Einzelfällen weitere Unterlagen gefordert werden, wenn diese zur Beurteilung des Bauvorhabens und Bearbeitung des Antrages erforderlich sind; die Bauaufsichtsbehörde kann auf Bauvorlagen verzichten. Auf die Vorlage des Brandschutzkonzeptes bei Bauvorhaben nach § 67 Abs. 1 Satz 2 BauO LSA darf nicht verzichtet werden.

(7) Ist im bauaufsichtlichen Verfahren die Beteiligung anderer Behörden oder Dienststellen erforderlich, so kann die Einreichung weiterer Ausfertigungen verlangt werden.

(8) Mit den Bauvorlagen für die Errichtung und Änderung von Gebäuden ist der Nachweis über die Bauvorlageberechtigung nach § 71 BauO LSA und mit den Bescheinigungen nach § 67 Abs. 5 BauO LSA sind die Nachweise über die Anerkennung als Sachverständiger oder Sachverständige im Sinne des § 89 Abs. 2 Satz 1 Nr. 4 BauO LSA einzureichen.

(9) Hat die oberste Bauaufsichtsbehörde Muster oder Vordrucke für die bauaufsichtlichen Verfahren, für die Baubeschreibung sowie Betriebsbeschreibung bekannt gemacht, so sind diese zu verwenden.

§ 2
Übersichtsplan

Als Übersichtsplan ist ein Ausschnitt aus der neuesten Ausgabe der Topographischen Karte im Maßstab 1 : 10000 beizufügen. In ihm muss das betreffende Baugrundstück farblich (gelb) gekennzeichnet und die Umgebung im Umkreis von mindestens 500 m dargestellt sein.

§ 3
Lageplan

(1) Der Lageplan ist auf der Grundlage des Liegenschaftskatasters in der Regel im Maßstab 1 : 1000 anzufertigen. Die Bauaufsichtsbehörde kann einen größeren Maßstab fordern oder zulassen.

(2) Wenn es die besonderen Grundstücks-, Gebäude- oder Grenzverhältnisse erfordern, oder es sonst für die Beurteilung des Vorhabens erforderlich ist, kann die Bauaufsichtsbehörde die Vorlage der Auszüge aus der Liegenschaftskarte und dem Liegenschaftsbuch oder Auskünfte über Liegenschaften aus dem Liegenschaftskataster mit den in Absatz 3 Nrn. 1 bis 4 geforderten Angaben fordern; für die Angaben nach Absatz 3 Nr. 4 reicht die Darstellung der Grundrisse der vorhandenen Gebäude nach dem Liegenschaftskataster aus. Die Auszüge und Auskünfte sollen nicht älter als sechs Monate sein.

(3) Der Lageplan muss, soweit für die Beurteilung des Vorhabens erforderlich, enthalten:
1. seinen Maßstab und die Lage des Baugrundstückes zur Nordrichtung,
2. die Bezeichnung nach dem Liegenschaftskataster (Gemarkungsname, Flur- und Flurstücksnummer) des Baugrundstückes und der angrenzenden Grundstücke mit Angabe der Eigentümer und, soweit vorhanden, der Straße und der Hausnummer,
3. die Flurstücksgrenzen und die Grenzmaße des Baugrundstückes sowie die Flurstücksgrenzen der angrenzenden Grundstücke,
4. die vorhandenen und geplanten baulichen Anlagen auf dem Baugrundstück und den angrenzenden Grundstücken,
5. die Höhen der Geländeoberflächen im Bereich der geplanten Baumaßnahme über Normalhöhe (NHN),

6. die Angaben der bei Festsetzung der Höhe der Baumaßnahmen festgeschriebenen Höhenbezugspunkte und ihrer Höhenlage über NHN,
7. die angrenzenden öffentlichen Grün-, Wasser- und Verkehrsflächen mit Angabe ihrer Breite und Höhenlage über NHN sowie der Straßengruppe,
8. die Angaben über Nutzung, Geschosszahl, Wand- und Firsthöhen, Dachform sowie Bauart der Außenwände und Bedachung der vorhandenen und geplanten baulichen Anlagen auf dem Baugrundstück und den angrenzenden Grundstücken,
9. die Kulturdenkmale im Sinne des Denkmalschutzgesetzes des Landes Sachsen-Anhalt vom 21. Oktober 1991 (GVBl. LSA S. 368), zuletzt geändert durch Artikel 2 des Gesetzes zur Vereinfachung des Baurechts in Sachsen-Anhalt vom 9. Februar 2001 (GVBl. LSA S. 50), und die geschützten Teile von Natur und Landschaft im Sinne des Naturschutzgesetzes des Landes Sachsen-Anhalt vom 11. Februar 1992 (GVBl. LSA S. 108), zuletzt geändert durch Gesetz vom 27. Januar 1998 (GVBl. LSA S. 28), auf dem Baugrundstück und dessen engerer Umgebung,
10. die Flächen, die in einem Sanierungsgebiet nach § 142 des Baugesetzbuches (BauGB) in der Fassung der Bekanntmachung vom 27. August 1997 (BGBl. I S. 2141), zuletzt geändert durch Artikel 62 der Siebenten Zuständigkeitsanpassungs-Verordnung vom 29. Oktober 2001 (BGBl. I S. 2785), oder einem städtebaulichen Entwicklungsbereich nach § 165 BauGB oder im Geltungsbereich einer Erhaltungssatzung nach § 172 BauGB liegen,
11. die altlastverdächtigen Flächen oder Altlasten im Sinne des Abfallgesetzes des Landes Sachsen-Anhalt vom 10. März 1998 (GVBl. LSA S. 112), auf dem Baugrundstück und auf den angrenzenden Grundstücken,
12. die Flächen auf dem Baugrundstück, die von Grunddienstbarkeiten oder Baulasten betroffen sind, sowie die Flächen auf den angrenzenden Grundstücken, die von Grunddienstbarkeiten oder Baulasten zu Gunsten des Baugrundstückes betroffen sind,
13. die Lage vorhandener oder geplanter Hochspannungsleitungen, Hydranten und anderer Wasserentnahmestellen für Löschwasser,
14. die Lage des öffentlichen Entwässerungskanals, die Höhe seiner Sohle sowie der Rückstauebene bezogen auf NHN,
15. die Lage der Entwässerungsgrundleitung bis zum öffentlichen Kanal einschließlich des Anschlusskanals und deren Nennweiten,

die Lage der Reinigungsöffnungen und Schächte sowie die Lage von Kleinkläranlagen, Gruben, Abscheidern oder Sickeranlagen mit deren Abwassereinleitung,

16. die Lage vorhandener oder geplanter Brunnen, Abfallgruben, Dungstätten, Jauche-, Flüssigmist- und Gärfutterbehälter,

17. die Lage der Leitungen für die Telekommunikation und die Versorgung mit Elektrizität, Gas, Wärme und Wasser,

18. die Lage ortsfester Behälter für Gase, Öl und schädliche oder brennbare Flüssigkeiten und deren Leitungen,

19. die Bezeichnung des Bebauungsplanes oder anderer Satzungen nach dem Baugesetzbuch mit den Festsetzungen über Art und Maß der baulichen Nutzung, Gestaltung, Bauweisen, Baulinien, Baugrenzen, Bautiefen, Bauhöhen und Flächen auf dem Baugrundstück, für die besondere Festsetzungen getroffen sind, sowie die Bezeichnung der örtlichen Bauvorschriften,

20. die geplanten baulichen Anlagen unter Angabe der Außenmaße, der Dachform, der Wand- und Firsthöhen, der Höhenlage des Erdgeschossfußbodens über NHN, der Grenzabstände, der Tiefe und Breite der Abstandflächen, der Abstände zu anderen baulichen Anlagen sowie zu anderen Anlagen und Einrichtungen auf dem Baugrundstück und dem Baugrundstück und den angrenzenden Grundstücken,

21. die Abstände der geplanten Bauvorhaben zu öffentlichen Verkehrs-, Grün- und Wasserflächen, zu Eisenbahnanlagen, Deichen und zu Wäldern,

22. die Lage, Größe und Befestigung der erforderlichen Zu- und Durchgänge, der Zu- und Durchfahrten und der Aufstell- und Bewegungsflächen für die Feuerwehr,

23. die Lage, Anzahl und Größe der Einstellplätze, Stellplätze, Frauenparkplätze und Garagen für Kraftfahrzeuge sowie die Befestigung der Stellplatzflächen,

24. die Lage, Größe und Befestigung der Plätze für Abfall- und Wertstoffbehälter,

25. die Aufteilung der nicht überbauten Flächen unter Angabe der Lage, Größe und Gestaltung der Kinderspiel- und Freizeitflächen sowie der Spielfläche für Kleinkinder und der Flächen, die gärtnerisch oder naturnah angelegt oder mit Bäumen und Sträuchern bepflanzt werden sollen,

26. vorgesehene Ausgleichs- und Ersatzmaßnahmen, soweit erforderlich, auf gesonderten Plänen.

(4) Bei Vorhaben im Geltungsbereich eines Bebauungsplanes oder anderer Satzungen nach dem Baugesetzbuch ist für vorhandene und geplante bauliche Anlagen auf dem Baugrundstück eine prüffähige Berechnung aufzustellen über:
1. die vorhandene und geplante Grundfläche,
2. die vorhandene und die geplante Geschossfläche und, soweit erforderlich, die Baumasse,
3. die vorhandene und geplante Grundflächenzahl, Geschossflächenzahl und, soweit erforderlich, die Baumassenzahl und
4. die Anzahl der Vollgeschosse.

(5) Angaben nach Absatz 3 sowie die Berechnung nach Absatz 4 sind auf besonderen Blättern darzustellen, wenn der Lageplan sonst unübersichtlich würde.

(6) Für die Änderung baulicher Anlagen, bei der die Außenwände und Dächer sowie die Nutzung nicht geändert werden, ist ein Lageplan nicht erforderlich.

§ 4
Bauzeichnungen

(1) Für die Bauzeichnungen ist der Maßstab 1:100 zu verwenden. Die Bauaufsichtsbehörde kann einen anderen Maßstab verlangen oder zulassen, wenn ein solcher zur Darstellung der erforderlichen Eintragungen notwendig oder ausreichend ist.

(2) In den Bauzeichnungen sind insbesondere darzustellen:
1. die Gründung der geplanten Bauvorhaben und, soweit erforderlich, die Gründung benachbarter baulicher Anlagen,
2. die Grundrisse aller Geschosse und des nutzbaren Dachraumes mit Angabe der vorgesehenen Nutzung der Räume und mit Einzeichnung der
   a) Nordrichtung,
   b) Treppen, deren Verlauf, Steigungsverhältnis und nutzbaren Breite,
   c) lichten Durchgangsmaße sowie Art, Anordnung und Aufschlagsrichtung der Türen, Abschlüsse, notwendigen Fenster und anderen Öffnungen an und in Rettungswegen,
   d) Abgasanlagen und Anlagen zur Abführung von Verbrennungsgasen ortsfester Verbrennungsmotoren und ihre lichten Querschnitte,

e) Feuerstätten, Warmwasseraufbereiter und Verbrennungsmotoren sowie ihre Art und Nennwärmeleistung,

f) Räume für die Aufstellung von Feuerstätten und Verbrennungsmotoren und die Lagerung von Brennstoffen unter Angabe der vorgesehenen Lagermenge,

g) ortsfesten Behälter für brennbare Flüssigkeiten, verflüssigte und nicht verflüssigte Gase sowie für wassergefährdende Stoffe und ihre Leitungen unter Angabe des Fassungsvermögens,

h) Aufzugsschächte unter Angabe der nutzbaren Grundfläche der Fahrkörbe von Personenaufzügen,

i) Leitungen, Lüftungsleitungen, Installationsschächte und -kanäle sowie Licht- und Abfallschächte,

j) Be- und Entlüftungsöffnungen,

k) Toiletten, Badewannen, Duschen, Wasserzapfstellen, Bodeneinläufe, Entwässerungsgrundleitungen sowie Entwässerungseinrichtungen unterhalb der Rückstauebene,

l) Feuermelde- und Feuerlöscheinrichtungen mit Angabe ihrer Art,

m) Rauch- und Wärmeabzugsvorrichtungen;

3. die Schnitte, aus denen auch ersichtlich sind:

a) die Höhenlage der Geländeoberfläche, des höchsten Grundwasserstandes, des Erdgeschossfußbodens, des Fußbodens von Aufenthaltsräumen unter der Geländeoberfläche und des höchstgelegenen möglichen Aufenthaltsraumes, der Oberkante der Brüstung notwendiger Fenster sowie andere Öffnungen oder sonstiger zum Anleitern bestimmter Stellen bezogen auf NHN,

b) die Geschosshöhen und lichten Raumhöhen,

c) die Treppen und Rampen mit ihrem Steigungsverhältnis und ihrer nutzbaren Breite,

d) der Anschnitt der gewachsenen, vorhandenen und der geplanten Geländeoberfläche,

e) das Maß H je Außenwand in dem zur Bestimmung der Abstandflächen erforderlichen Umfang mit Angabe der Höhe über der jeweils maßgebenden Geländeoberfläche,

f) die Dachhöhen und Dachneigungen,

g) die Umwehrungen und Abdeckungen,

h) die Lüftungs- und Abgasanlagen sowie die Anlagen zur Abführung von Verbrennungsgasen ortsfester Verbrennungsmotoren mit Angabe der Abstände zu brennbaren Bauteilen, Öffnungen zu Räumen, Dachaufbauten und der Höhe der Mündung über Dach auch in Bezug zur Nachbarbebauung;

4. die Ansichten der geplanten Anlagen mit dem Anschluss an die künftige Geländeoberfläche unter Angabe von Bauprodukten, Farben sowie des Straßengefälles und, soweit erforderlich, die Ansichten der anschließenden Gebäude.

(3) In den Bauzeichnungen sind besonders anzugeben:
1. der Maßstab,
2. die Höhenlagen über NHN,
3. die Maße und die wesentlichen Bauprodukte und Bauarten,
4. das Brandverhalten der Bauprodukte und die Feuerwiderstandsdauer der Bauteile, soweit aus Gründen des Brandschutzes an diese Forderungen gestellt werden,
5. die Brandabschnitte,
6. die Rohbaumaße der Öffnungen notwendiger Fenster, Türen und sonstiger Öffnungen,
7. die Lage der Hausanschlüsse der Versorgungsleitungen,
8. bei Änderungen baulicher Anlagen die zu beseitigenden und die neuen Bauteile.

(4) Die Bauaufsichtsbehörde kann verlangen, dass einzelne Bauzeichnungen oder Teile davon durch besondere Zeichnungen, Zeichen und Farben erläutert werden.

§ 5
Bau- und Betriebsbeschreibung

(1) In der Baubeschreibung sind das Bauvorhaben, die geplante Nutzung sowie die haustechnischen Anlagen und Feuerungsanlagen zu erläutern, soweit dies zur Beurteilung erforderlich ist und die notwendigen Angaben nicht in den Lageplan und die Bauzeichnungen aufgenommen werden können.

(2) Wird das Vorhaben nicht an eine Sammelkanalisationsleitung angeschlossen, ist vor Erteilung der Baugenehmigung die ordnungsgemäße Abwasserbeseitigung nachzuweisen.

(3) Für Arbeitsstätten, insbesondere gewerbliche Anlagen, muss die Baubeschreibung zusätzliche Angaben enthalten über:

1. die Art der Tätigkeiten unter Angabe der Art, der Zahl und des Aufstellungsortes der Maschinen oder Apparate, das Arbeitsverfahren, die zu verwendenden Rohstoffe und herzustellenden Erzeugnisse, die Art ihrer Lagerung, soweit sie feuer-, explosions- oder gesundheitsgefährlich oder wassergefährdend sind,
2. die Art, die Menge und den Verbleib der Abfälle, der Wertstoffe und des besonders zu behandelnden Abwassers,
3. die Art und das Ausmaß der entstehenden Einwirkungen auf die Beschäftigten oder die Nachbarschaft durch Geräusche, Erschütterungen, Schwingungen, Lichtstrahlen, Gerüche, Gas, Staub, Dämpfe, Rauch, Ruß, Flüssigkeiten, Abwasser und Abfälle unter Angabe von Maßnahmen zu deren Vermeidung, Verminderung oder Beseitigung und
4. die Zahl der weiblichen und männlichen Arbeitskräfte.

(4) Für landwirtschaftliche Betriebe muss die Baubeschreibung insbesondere zusätzliche Angaben enthalten über:
1. die Größe der Betriebsflächen, ihre Eigentumsverhältnisse und Nutzungsarten,
2. Art und Umfang der Viehhaltung,
3. Art, Lagerung und Verbleib der tierischen Abgänge und
4. Art und Lagerung der Stoffe, die feuer-, explosions-, gesundheitsgefährlich oder wassergefährdend sind.

§ 6
Standsicherheitsnachweis, Konstruktionszeichnungen und andere bautechnische Nachweise

(1) Der Nachweis der Standsicherheit muss eine Darstellung des gesamten statischen Systems und die erforderlichen Berechnungen enthalten. Berechnungen und Zeichnungen müssen übereinstimmen und gleiche Positionsangaben haben. Der Nachweis der Standsicherheit umfasst auch den Nachweis der Feuerwiderstandsdauer der tragenden Bauteile.

(2) Die statischen Berechnungen müssen die Standsicherheit des Bauvorhabens und seiner Teile nachweisen. Die Beschaffenheit und die zu Grunde gelegte Tragfähigkeit des Baugrundes sind anzugeben. Es kann gestattet oder verlangt werden, dass die Standsicherheit auf andere Weise als durch statische Berechnungen nachgewiesen wird. Auf die Vorlage eines besonderen Nachweises der Standsicherheit kann verzichtet werden, wenn das Bauvorhaben oder seine Teile nach Bauart,

statischem System, baulicher Durchbildung und Abmessungen sowie hinsichtlich ihrer Beanspruchung einer bewährten, insbesondere durch Technische Baubestimmungen im Einzelnen festgelegten Ausführung entsprechen; soweit erforderlich, sind Verwendbarkeitsnachweise für Bauprodukte und Bauarten vorzulegen.

(3) Die statisch-konstruktiven Einzelheiten für schwierige Baumaßnahmen oder Bauteile sind in Konstruktionszeichnungen (Ausführungszeichnungen, Werkstattzeichnungen und Elementepläne) darzustellen.

(4) Die bautechnischen Nachweise über den Wärme-, Schall- und Erschütterungsschutz sowie über das Brandverhalten der Bauprodukte und die Feuerwiderstandsdauer der Bauteile müssen, soweit erforderlich, durch Einzelnachweise in Form von Zeichnungen, Beschreibungen, Berechnungen, allgemeinen bauaufsichtlichen Zulassungen, allgemeinen bauaufsichtlichen Prüfzeugnissen oder Gutachten erbracht werden.

§ 7
Brandschutzkonzept

(1) Das Brandschutzkonzept ist eine zielorientierte Gesamtbewertung des baulichen und abwehrenden Brandschutzes bei baulichen Anlagen und Räumen besonderer Art und Nutzung, insbesondere für Vorhaben nach § 56 Abs. 2 und § 67 Abs. 1 Satz 2 BauO LSA.

(2) Das Brandschutzkonzept muss insbesondere folgende Angaben enthalten:

1. die Zu- und Durchfahrten, Zu- und Durchgänge sowie Aufstell- und Bewegungsflächen für die Feuerwehr,
2. die Lage der zum Anleitern bestimmter Fenster, Öffnungen oder Stellen,
3. den Nachweis der erforderlichen Löschwassermenge und der Löschwasserversorgung,
4. die Bemessung, Lage und Anordnung der Löschwasser-Rückhalteanlagen,
5. das System der äußeren und inneren Abschottungen in Brandabschnitte oder Brandbekämpfungsabschnitte sowie das System der Rauchabschnitte mit Angaben über die Lage und Anordnung und zum Abschluss von Öffnungen in abschottenden Bauteilen,

6. die Lage, Anordnung, Bemessung und Kennzeichnung der Rettungswege auf dem Baugrundstück und in Gebäuden mit Angaben zur Sicherheitsbeleuchtung, zu automatischen Schiebetüren und zu elektrischen Verriegelungen von Türen,
7. die höchstzulässige Zahl der Nutzer der baulichen Anlage,
8. die Lage und Anordnung haustechnischer Anlagen, insbesondere der Hausanschlüsse mit der Hauptabsperreinrichtung und der Leitungsanlagen, gegebenenfalls mit Angaben zum Brandverhalten im Bereich von Rettungswegen,
9. die Lage und Anordnung der Lüftungsanlagen mit Angaben zur brandschutztechnischen Ausbildung,
10. die Lage, Anordnung und Bemessung der Rauch- und Wärmeabzugsvorrichtungen mit Eintragung der Querschnitte oder der Luftwechselraten sowie der Überdruckanlagen zur Rauchfreihaltung von Rettungswegen,
11. die Alarmierungseinrichtungen und die Darstellung der elektroakustischen Alarmierungsanlage,
12. die Lage, Anordnung und Bemessung von Anlagen, Einrichtungen und Geräten zur Brandbekämpfung, wie Feuerlöschanlagen, Steigleitungen, Wandhydranten, Schlauchanschlussleitungen, Feuerlöschgeräte, mit Angaben zu Schutzbereichen und zur Bevorratung von Sonderlöschmitteln,
13. die Sicherheitsstromversorgung mit Angaben zur Bemessung und zur Lage und brandschutztechnischen Ausbildung des Aufstellraumes, der Ersatzstromanlagen (Batterien, Stromerzeugungsaggregate) und zum Funktionserhalt der elektrischen Leitungsanlagen,
14. die Hydrantenpläne mit Darstellung der Schutzbereiche,
15. die Lage und Anordnung von Brandmeldeanlagen mit Unterzentralen und Feuerwehrtableaus sowie der Auslösestellen,
16. die Feuerwehrpläne,
17. die betrieblichen Maßnahmen zur Brandverhütung und Brandbekämpfung sowie zur Rettung von Personen, wie Werks-, Betriebs- und Hausfeuerwehren, Brandschutzordnungen, Maßnahmen zur Räumung, Räumungssignale,
18. die Angaben darüber, welchen materiellen Anforderungen der Bauordnung Sachsen-Anhalt oder auf Grund der Bauordnung

Sachsen-Anhalt erlassener Vorschriften nicht entsprochen wird und welche ausgleichenden Maßnahmen stattdessen vorgesehen werden,

19. verwendete Rechenverfahren zur Ermittlung von Brandschutzklassen bei Industriebauten nach Methoden des Brandschutzingenieurwesens.

§ 8
Bauvorlagen zum Bauantrag

(1) Mit dem Bauantrag gemäß § 70 Abs. 1 BauO LSA oder dem Antrag auf eine behördliche Entscheidung nach anderen Vorschriften des Bundes- oder Landesrechts sind für die Errichtung, Änderung und Nutzungsänderung baulicher Anlagen sowie andere Anlagen und Einrichtungen die in § 1 Abs. 1 Satz 1 Nrn. 1 bis 4 und 8 genannten Bauvorlagen in dreifacher Ausführung und die in § 1 Abs. 1 Satz 1 Nrn. 5 bis 7 genannten Bauvorlagen in zweifacher Ausführung bei der zuständigen Behörde einzureichen.

(2) Dem Bauantrag für die Änderung oder die Nutzungsänderung braucht der Lageplan nach § 3, soweit mit den Baumaßnahmen keine Änderung der Außenwände und Dächer erfolgt, und der Übersichtsplan nach § 2 nicht beigefügt zu werden.

§ 9
Bauvorlagen zum Bauantrag im vereinfachten Baugenehmigungsverfahren

(1) Abweichend von § 8 Abs. 1 sind im vereinfachten Baugenehmigungsverfahren nach § 67 BauO LSA die Bauvorlagen nach § 1 Abs. 1 Satz 1 Nrn. 5 und 6 in einfacher Ausführung spätestens vor Beginn der jeweiligen Bauarbeiten bei der Bauaufsichtsbehörde einzureichen, soweit eine Prüfung durch die Bauaufsichtsbehörde nicht erforderlich ist.

(2) Den Bauvorlagen ist die Erklärung des Entwurfsverfassers oder der Entwurfsverfasserin und der Fachplaner und der Fachplanerinnen nach § 67 Abs. 8 BauO LSA beizufügen.

(3) Beantragt der Bauherr oder die Bauherrin die Prüfung des Standsicherheitsnachweises oder der Anforderungen an den Brandschutz nach § 67 Abs. 7 BauO LSA, ist der Antrag auf Prüfung mit dem Bauantrag einzureichen.

§ 10
Bauvorlagen für Bauvorhaben nach § 68 BauO LSA

(1) Vor der Errichtung, Änderung und Nutzungsänderung von Bauvorhaben nach § 68 Abs. 1 und 9 BauO LSA sind bei der Gemeinde Bauvorlagen nach § 1 Abs. 1 Satz 1 Nrn. 2 bis 4 in zweifacher Ausfertigung einzureichen.

(2) Die Bauvorlagen gemäß § 1 Abs. 1 Satz 1 Nrn. 5 und 6 müssen zusammen mit den erforderlichen Bescheinigungen nach § 68 Abs. 6 und 9 BauO LSA vor Beginn der jeweiligen Bauarbeiten auf der Baustelle vorliegen.

(3) Hat der Bauherr oder die Bauherrin gemäß § 68 Abs. 4 Satz 2 BauO LSA gegenüber der Gemeinde schriftlich bestimmt, dass die Bauvorlagen im Falle einer Erklärung der Gemeinde nach § 68 Abs. 1 Satz 2 Nr. 3 BauO LSA als Bauantrag zu behandeln sind, sind die Bauvorlagen entsprechend § 9 Abs. 1 und 2 bei der Gemeinde einzureichen.

§ 11
Bauvorlagen für den Abbruch von Gebäuden

(1) Dem Bauantrag gemäß § 70 Abs. 1 BauO LSA für den Abbruch von Gebäuden sind Bauvorlagen gemäß § 1 Abs. 1 Satz 1 Nrn. 2 und 4, insbesondere mit folgenden Angaben, in dreifacher Ausfertigung beizufügen:

1. Darstellung des Abbruchvorhabens und Angabe der Abstände zu benachbarten baulichen Anlagen und öffentlichen Verkehrsflächen,
2. Name und Anschrift des Abbruchunternehmers oder der Abbruchunternehmerin,
3. Bezeichnung des Abbruchvorhabens,
4. Beschreibung des Gebäudes nach dessen wesentlichen Konstruktion und des Abbruchvorganges unter Angabe der Art, Menge und getrennten Erfassung des Abbruchmaterials sowie über dessen vorgesehene Wiederverwendung oder ordnungsgemäßen Entsorgung,
5. Angaben zur Art, Beschaffenheit, Menge und räumlichen Verteilung vorhandener Abfälle, umwelt- und gesundheitsgefährdender Stoffe und ihrer Entsorgung,
6. Beschreibung der geplanten Sicherungsmaßnahmen und Maßnahmen zum Schutz vor Gefahren und zur Abwendung unzumutbarer Belästigungen und sonstiger Umwelteinwirkungen.

(2) Bauvorlagen gemäß § 1 Abs. 1 Satz 1 Nrn. 3 und 5 sind insbesondere für Sicherungsmaßnahmen, einzelne Zwischenzustände des Abbruchs oder zur Gewährleistung der Standsicherheit anderer baulicher Anlagen in zweifacher Ausfertigung einzureichen.

(3) Als Nachweis nach § 3 Abs. 2 genügt ein Auszug aus der Liegenschaftskarte.

§ 12
Bauvorlagen für den Vorbescheid

(1) Dem Antrag auf Erteilung eines Vorbescheides nach § 72 BauO LSA sind die Bauvorlagen (§ 1 Abs. 1 Satz 1) und sonstigen Nachweise in dreifacher Ausfertigung beizufügen, die zur Beurteilung der zu entscheidenden Fragen zum Bauvorhaben erforderlich sind.

(2) Die zu entscheidenden Fragen sind mit Bezug auf die Bauvorlagen zu benennen.

§ 13
Bauvorlagen für den Antrag auf Zulassung einer Abweichung, Ausnahme und Befreiung

(1) Mit dem Antrag auf Zulassung einer Abweichung, Ausnahme und Befreiung nach § 75 BauO LSA sind die Begründung des Antrages und die zur Beurteilung der Abweichung, Ausnahme oder Befreiung erforderlichen Bauvorlagen (§ 1 Abs. 1 Satz 1) in dreifacher Ausfertigung einzureichen.

(2) Auf den Bauvorlagen nach § 1 Abs. 1 Satz 1 Nrn. 2 und 3 können die Nachbarn, deren öffentlich-rechtlich geschützte nachbarliche Belange von der Abweichung, Ausnahme und Befreiung berührt sind, gemäß § 76 Abs. 3 BauO LSA durch Unterschrift ihre Zustimmungserklärung abgeben.

§ 14
Bauvorlagen für Typengenehmigungen/Typenprüfungen

(1) Dem Antrag auf Erteilung der Typengenehmigung oder auf Typenprüfung nach § 80 BauO LSA sind die in § 1 Abs. 1 Satz 1 Nr. 3 bis 7 genannten Bauvorlagen beizufügen.

(2) Die Bauvorlagen sind in dreifacher Ausfertigung bei der obersten Bauaufsichtsbehörde oder der von ihr bestimmten Stelle einzureichen.

§ 15
Bauvorlagen für die Ausführungsgenehmigung Fliegender Bauten

(1) Dem Antrag auf Erteilung der Ausführungsgenehmigung für Fliegende Bauten nach § 81 BauO LSA sind die in § 1 Abs. 1 Satz 1 Nrn. 3 bis 5 und 7 genannten Bauvorlagen beizufügen. Die Bau- und Betriebsbeschreibung muss die Beurteilung der Konstruktion, des Aufbaues, des Abbaues und des Betriebes der Fliegenden Bauten ermöglichen und Angaben über die Wartung enthalten.

(2) Die Bauvorlagen sind, soweit erforderlich, zu ergänzen durch die

1. Prinzip-Schaltpläne für elektrische, hydraulische oder pneumatische Anlagenteile oder Einrichtungen,
2. Darstellung der Rettungswege (Rettungswegplan) und
3. rechnerischen Nachweise über Rettungswegabmessungen.

(3) Die Bauvorlagen sind in zweifacher Ausfertigung bei der für die Erteilung der Ausführungsgenehmigung zuständigen oberen Bauaufsichtsbehörde einzureichen.

(4) Abweichend von § 1 Abs. 4 müssen die Bauzeichnungen aus Papier auf Gewebe oder gleichwertige Materialien bestehen.

§ 16
Bauvorlagen für Werbeanlagen

(1) Mit dem Bauantrag gemäß § 70 BauO LSA für die Errichtung, Aufstellung, Anbringung oder Änderung von Werbeanlagen sind Bauvorlagen nach § 1 Abs. 1 Satz 1 Nrn. 1 bis 5 einzureichen. Als Nachweis nach § 3 Abs. 2 genügt ein Auszug aus der Liegenschaftskarte.

(2) Der Lageplan nach § 3 muss insbesondere enthalten:

1. die Bezeichnung nach dem Liegenschaftskataster (Gemarkungsname, Flur- und Flurstücksnummer) des Baugrundstücks mit Angabe der Eigentumsverhältnisse und, soweit vorhanden, der Straße und Hausnummer,
2. die Flurstücksgrenzen des Baugrundstücks,
3. die Festsetzungen in Satzungen über Baulinien, Baugrenzen, Bautiefen, Art des Baugebietes und Gestaltung,
4. die vorhandenen baulichen Anlagen auf dem Baugrundstück und auf den angrenzenden Grundstücken,

5. den Aufstellungs- und Anbringungsort der geplanten Werbeanlagen,
6. die Abstände der geplanten Werbeanlagen zu benachbarten Anlagen und öffentlichen Verkehrs- und Grünflächen unter Angabe der Straßengruppe.

(3) Die Bauzeichnungen, für die ein Maßstab nicht kleiner als 1 : 50 zu verwenden ist, müssen insbesondere enthalten:
1. die Ausführung der geplanten Werbeanlagen,
2. die farbgetreue Wiedergabe aller sichtbaren Teile der geplanten Werbeanlagen,
3. die Darstellung der geplanten Werbeanlagen in Verbindung mit der Anlage, vor der oder in deren Nähe sie aufgestellt oder errichtet oder an der sie angebracht werden sollen unter Angabe der Art und Nutzung der vorhandenen Anlage.

(4) In der Baubeschreibung sind, soweit dies zur Beurteilung erforderlich ist und die notwendigen Angaben nicht in den Lageplan und die Bauzeichnungen aufgenommen werden können, insbesondere anzugeben:
1. der Anbringungs- oder Aufstellungsort unter Angabe der Höhe über der Geländeoberfläche,
2. die Art und Größe der geplanten Anlagen,
3. die Bauprodukte und Farben der geplanten Anlagen,
4. die Art des Baugebietes,
5. die benachbarten Werbeanlagen, Signalanlagen und Verkehrszeichen.

(5) Vorhandene Werbeanlagen auf dem Baugrundstück und den angrenzenden Grundstücken sind zeichnerisch in demselben Maßstab wie die geplanten Werbeanlagen oder durch Lichtbilder in Verbindung mit dem Standort der geplanten Werbeanlagen darzustellen.

§ 17
In-Kraft-Treten, Außer-Kraft-Treten

(1) Diese Verordnung tritt am Tage nach ihrer Verkündung in Kraft.

(2) Gleichzeitig tritt die Bauvorlagenverordnung vom 30. November 1995 (GVBl. LSA S. 396) außer Kraft.

BauVorlVO Anlage **II/2**

Anlage
(zu § 1 Abs. 5)

Zeichen für Bauvorlagen

1. Lageplan

Farben

1.1	Vorhandene öffentliche Verkehrsflächen		goldocker
1.2	Festgesetzte, aber noch nicht vorhandene Verkehrsflächen		lichtocker
1.3	Vorhandene bauliche Anlagen		dunkelgrau
1.4	Geplante bauliche Anlagen		rot
1.5	Zu beseitigende bauliche Anlagen		gelb, dunkel
1.6	Öffentliche Grünflächen		grün

Zweckbestimmung

Parkanlage		Dauerkleingärten	
Camping- und Wochenendplatz		Sportplatz	
Badeplatz		Kinderspielfläche	
Friedhof			

II/2 Anlage BauVorlVO

1.7 Besondere Anlagen
Zweckbestimmung:

Stellplätze	St	Gemeinschafts-stellplätze	GSt
Garagen	Ga	Gemeinschaftsgaragen	GGa
Plätze für Abfallbehälter	Pa	Gemeinschaftsplätze für Abfallbehälter	GPa
Plätze für Wertstoffbehälter	Pw	Gemeinschaftsplätze für Wertstoffbehälter	GPw
Kinderspiel- und Freizeitflächen	Kf	Gemeinschaftskinderspiel- und Freizeitflächen	GKf
Aufstellfläche für die Feuerwehr	Af		

1.8 Grenzen des Baugrundstücks — — — — — — -

1.9 Begrenzung von Abstandflächen — - — - — - — - -

1.10 Flächen, die von Baulasten betroffen sind — hellgrau

1.11 altlastverdächtige oder durch Altlasten belastete Flächen — hellrot

1.12 Flächen, die in einem Sanierungsgebiet (SAN), einem städtebaulichen Entwicklungsbereich (EWB) oder im Geltungsbereich einer Erhaltungssatzung (ES) liegen — (...) gelb

1.13 Gewässer — blau

2. Bauzeichnungen

2.1 Vorhandene Bauteile — dunkelgrau

2.2 Vorgesehene Bauteile — rot

2.3 Zu beseitigende Bauteile — gelb

2.4 Grenzen der Brandabschnitte

3. Grundstücksentwässerung

3.1 Vorhandene Anlagen

    Abwasserleitungen

    Regenwasserleitungen

3.2 Geplante Anlagen

    Abwasserleitung

    Regenwasserleitung

3.
Bautechnische Prüfungsverordnung (BauPrüfVO)

vom 5.9.1996 (GVBl. LSA S. 315),
zuletzt geändert durch Art. I des Gesetzes vom 19.3.2002 (GVBl. LSA S.130) in Verbindung mit Nr. 171 der Anlage

Auf Grund des § 86 Abs. 2 Satz 1 Nr. 4 und Abs. 3 Satz 1 Nrn. 2 und 3 in Verbindung mit § 62 Abs. 1 Satz 1 Nr. 1 des Gesetzes über die Bauordnung des Landes Sachsen-Anhalt (BauO LSA) vom 23. Juni 1994 (GVBl. LSA S. 723), zuletzt geändert durch § 17 des Gesetzes zur Gestaltung des öffentlichen Personennahverkehrs im Land Sachsen-Anhalt vom 24. November 1995 (GVBl. LSA S. 339), und in Verbindung mit Abschnitt II Nr. 9 des Beschlusses der Landesregierung über den Aufbau der Landesregierung Sachsen-Anhalt und die Abgrenzung der Geschäftsbereiche vom 21. November 1995 (MBl. LSA S. 2355), geändert durch Beschluss vom 11. Juni 1996 (MBl. LSA S. 1410), wird verordnet:

§ 1
Prüfungen im bauaufsichtlichen Verfahren

(1) Die Bauaufsichtsbehörde kann im bauaufsichtlichen Verfahren

1. die Prüfung der Standsicherheitsnachweise,

2. die Prüfung der Feuerwiderstandsdauer der Bauteile,

3. die Prüfung des Schall- und Wärmeschutzes,

4. die Bauüberwachung nach § 85 der Bauordnung Sachsen-Anhalt (BauO LSA) vom 9. Februar 2001 (GVBl. LSA S. 50),

5. die angeordneten Bauzustandsbesichtigungen nach § 86 BauO LSA

einer nach § 2 anerkannten Prüfungsingenieurin für Baustatik (Prüfingenieurin) oder einem nach § 2 anerkannten Prüfingenieur für Baustatik (Prüfingenieur) übertragen. Die oberste Bauaufsichtsbehörde kann anordnen, dass Prüfungen nach Satz 1 für bestimmte bauliche Anlagen nur von bestimmten Prüfingenieurinnen, Prüfingenieuren oder Prüfstellen für Baustatik ausgeführt werden dürfen.

(2) Die Standsicherheit Fliegender Bauten ist von einer nach § 8 anerkannten Prüfstelle für Baustatik zu prüfen.

§ 2
Anerkennung als Prüfingenieurin oder Prüfingenieur

(1) Prüfingenieurinnen oder Prüfingenieure bedürfen der Anerkennung durch die oberste Bauaufsichtsbehörde. Durch die Anerkennung wird das Recht verliehen, die Bezeichnung „Prüfingenieurin für Baustatik" oder „Prüfingenieur für Baustatik" zu führen. Auf die Anerkennung besteht kein Rechtsanspruch.

(2) Die Anerkennung kann für folgende Fachrichtungen erteilt werden:
1. Massivbau (Stein-, Beton- und Stahlbetonbau),
2. Metallbau,
3. Holzbau.

Sie kann für eine oder mehrere Fachrichtungen erteilt werden.

(3) Die Anerkennung für eine Fachrichtung schließt die Berechtigung zur Prüfung der Standsicherheit von Tragwerken mit geringem Schwierigkeitsgrad der anderen Fachrichtungen nicht aus.

(4) Die Anerkennung ist für eine bestimmte Niederlassung zu erteilen. Die Prüfingenieurin oder der Prüfingenieur darf nicht an verschiedenen Orten Niederlassungen für diese Tätigkeit haben. Ein Wechsel der Niederlassung ist der obersten Bauaufsichtsbehörde unverzüglich mitzuteilen.

(5) Die Anerkennung wird für eine bestimmte Frist, höchstens jedoch für fünf Jahre erteilt. Sie kann auf Antrag jeweils um höchstens fünf Jahre verlängert werden.

(6) Anerkennungen durch andere Länder gelten auch in Sachsen-Anhalt.

§ 3
Voraussetzungen der Anerkennung

(1) Als Prüfingenieurin oder als Prüfingenieur kann auf Antrag anerkannt werden, wer nachweist, dass er
1. das 35. Lebensjahr vollendet und das 65. Lebensjahr zur Zeit der Antragstellung noch nicht vollendet hat,
2. berechtigt ist, im Lande Sachsen-Anhalt die Berufsbezeichnung „Ingenieurin" oder „Ingenieur" in der Fachrichtung Bauingenieurwesen zu führen,
3. im Land Sachsen-Anhalt selbständig tätig ist,

4. mindestens zehn Jahre lang mit der Anfertigung von Standsicherheitsnachweisen, der bautechnischen Prüfung von Baumaßnahmen und den Aufgaben einer Bauleiterin oder eines Bauleiters bei Ingenieurbauten betraut war; davon müssen mindestens ein Jahr auf die Tätigkeit als Bauleiterin oder Bauleiter, zwei Jahre auf bautechnische Prüfungen und fünf Jahre auf die Anfertigung von Standsicherheitsnachweisen entfallen; die Standsicherheitsnachweise müssen in erheblicher Anzahl und für eine ausreichende Vielfalt von Bauarten auch für statisch-konstruktive Baumaßnahmen mit mindestens überdurchschnittlichem Schwierigkeitsgrad angefertigt worden sein,

5. die Gewähr dafür bietet, dass sie oder er die Aufgaben einer Prüfingenieurin oder eines Prüfingenieurs gewissenhaft und unparteiisch erfüllen wird,

6. die erforderlichen Kenntnisse auf dem Gebiet der Baustatik und Baukonstruktion, der Bodenmechanik, der Technologie der Baustoffe, des Schall- und Wärmeschutzes, einschließlich der Technischen Baubestimmungen, sowie der bauaufsichtlichen Vorschriften besitzt,

7. für den Fall der Anerkennung eine Haftpflichtversicherung mit einer Mindestdeckungssumme von 500 000 Euro für Personenschäden, 250 000 Euro für Sachschäden und 50 000 Euro für Vermögensschäden abgeschlossen hat.

(2) Die oberste Bauaufsichtsbehörde kann im Einzelfall Ausnahmen von den Voraussetzungen nach Absatz 1 Nrn. 2 bis 4 zulassen.

(3) Die Anerkennung ist zu versagen, wenn die Antragstellerin oder der Antragsteller

1. die Anerkennungsvoraussetzungen nach Absatz 1 nicht nachgewiesen hat,

2. die Fähigkeit, öffentliche Ämter zu bekleiden, verloren hat,

3. als Unternehmerin oder Unternehmer auf dem Gebiet der Bauwirtschaft tätig ist,

4. in einem beruflichen, finanziellen oder sonstigen Abhängigkeitsverhältnis insbesondere zu Unternehmen auf dem Gebiet der Bauwirtschaft steht, das die unparteiische Erfüllung der Aufgaben einer Prüfingenieurin oder eines Prüfingenieurs beeinflussen kann,

5. durch gerichtliche Anordnung in der Verfügung über ihr oder sein Vermögen beschränkt ist.

§ 4
Anerkennungsverfahren

(1) Der Antrag auf Anerkennung ist an die oberste Bauaufsichtsbehörde des Landes Sachsen-Anhalt zu richten.

(2) Dem Antrag sind die erforderlichen Angaben und Nachweise beizufügen, insbesondere

1. ein Lebenslauf mit lückenloser Angabe des fachlichen Werdeganges bis zum Zeitpunkt der Antragstellung und Angaben zur Person,
2. die Nachweise nach § 3 Abs. 1 Nrn. 1 bis 4, insbesondere
   a) beglaubigte Abschriften des Abschlusszeugnisses der Ingenieurausbildung und aller Zeugnisse über die bisherige fachliche Tätigkeit,
   b) ein Nachweis, dass die Antragstellerin oder der Antragsteller die nach § 3 Abs. 1 Nrn. 4 bis 7 geforderten Voraussetzungen erfüllt hat; dabei sind Ort, Zeit, Ausführungsart, Bauherrin oder Bauherr, die Art der von der Antragstellerin oder dem Antragsteller geleisteten Arbeiten bei statisch-konstruktiven Baumaßnahmen mit überdurchschnittlichem und sehr hohem Schwierigkeitsgrad und die Stellen oder Personen anzugeben, die die von der Antragstellerin oder dem Antragsteller aufgestellten technischen Vorlagen geprüft haben,
   c) ein Verzeichnis von Personen, die über die fachliche Eignung der Antragstellerin oder des Antragstellers Auskunft geben können; hierbei ist anzugeben, bei welchen Vorhaben und zu welcher Zeit die Antragstellerin oder der Antragsteller mit diesen Personen zusammengearbeitet hat,
3. ein Führungszeugnis,
4. die Erklärung, dass Versagungsgründe nach § 3 Abs. 3 nicht vorliegen,
5. Angaben über etwaige Niederlassungen,
6. Angaben über eine etwaige Beteiligung an einer Ingenieurgesellschaft,
7. der Nachweis, dass im Falle der Anerkennung eine ausreichende Haftpflichtversicherung für Personen-, Sach- und Vermögensschäden mit den Mindestdeckungssummen nach § 3 Abs. 1 Nr. 7 besteht.

(3) In dem Antrag ist ferner anzugeben, für welche Fachrichtungen (§ 2 Abs. 2) die Zulassung beantragt wird und in welcher Gemeinde die Antragstellerin oder der Antragsteller sich als Prüfingenieurin oder als Prüfingenieur niederzulassen beabsichtigt.

(4) Die oberste Bauaufsichtsbehörde kann weitere Unterlagen verlangen.

(5) Über die fachliche Eignung der Antragstellerin oder des Antragstellers zur Prüfung von Standsicherheitsnachweisen und der Feuerwiderstandsdauer der Bauteile holt die oberste Bauaufsichtsbehörde vor der Anerkennung ein schriftliches Gutachten bei dem nach § 11 der Verordnung über staatlich anerkannte Sachverständige nach der Bauordnung Sachsen-Anhalt (BauO-SV-VO) vom 28. September 2001 (GVBl. LSA S. 410) bei der Ingenieurkammer eingerichteten Prüfungsausschuss ein. Die fachliche Eignung wird durch den Prüfungsausschuss in einem Prüfverfahren entsprechend der Prüfungsordnung nach § 10 Abs. 5 BauO-SV-VO festgestellt. Die Kosten für die Erstellung des Gutachtens trägt die Antragstellerin oder der Antragsteller.

§ 5
Erlöschen, Rücknahme und Widerruf der Anerkennung

(1) Die Anerkennung erlischt
1. durch schriftlichen Verzicht gegenüber der obersten Bauaufsichtsbehörde,
2. wenn die Prüfingenieurin oder der Prüfingenieur das 68. Lebensjahr vollendet hat.

(2) Die Anerkennung ist zurückzunehmen, wenn Gründe nach § 3 Abs. 1 und 3 bekannt werden, die eine Versagung der Anerkennung gerechtfertigt hätten.

(3) Die Anerkennung kann widerrufen werden, wenn die Prüfingenieurin oder der Prüfingenieur ihre oder seine Tätigkeit länger als zwei Jahre nicht oder nur in geringem Umfang ausgeübt hat oder wenn die Prüfingenieurin oder der Prüfingenieur ihre oder seine Pflichten als Ingenieurin oder Ingenieur gröblich verletzt hat.

(4) Die Anerkennung ist zu widerrufen, wenn
1. nachträgliche Gründe nach § 3 Abs. 1 oder 3 eintreten, die eine Versagung der Anerkennung rechtfertigen würden,
2. die Prüfingenieurin oder der Prüfingenieur infolge geistiger oder körperlicher Gebrechen nicht mehr in der Lage ist, ihre oder seine Tätigkeit ordnungsgemäß auszuüben,

3. die Prüfingenieurin oder der Prüfingenieur an verschiedenen Orten Niederlassungen als Prüfingenieurin oder Prüfingenieur einrichtet,
4. die Prüfingenieurin oder der Prüfingenieur gegen die ihr oder ihm obliegenden Pflichten als Prüfingenieurin oder Prüfingenieur wiederholt oder gröblich verstoßen hat,
5. der nach §3 Abs.1 Nr.7 geforderte Versicherungsschutz nicht mehr besteht.

§ 6
Prüfaufträge

(1) Der Prüfauftrag gemäß §1 Abs.1 wird im Baugenehmigungsverfahren von der unteren Bauaufsichtsbehörde erteilt. Sie darf den Antrag einer Prüfingenieurin oder einem Prüfingenieur nur in den Fachrichtungen erteilen, für die sie oder er zugelassen ist. Die Bauaufsichtsbehörde soll Prüfaufträge nach §1 Abs.1 Satz 1 Nrn.4 und 5 nur der Prüfingenieurin oder dem Prüfingenieur erteilen, die oder der die Prüfungen nach §1 Abs.1 Satz 1 Nrn.1 bis 3 durchgeführt hat. Auf die Erteilung von Prüfaufträgen besteht kein Rechtsanspruch. Prüfaufträge dürfen nur aus zwingenden Gründen abgelehnt werden.

(2) Die untere Bauaufsichtsbehörde kann in begründeten Fällen, insbesondere wenn Prüfaufträge nicht rechtzeitig erledigt werden, den Prüfauftrag zurückziehen und die Unterlagen zurückfordern.

(3) Die Prüfingenieurin oder der Prüfingenieur darf einen Prüfauftrag nicht übernehmen, wenn sie oder er oder eine ihrer oder seiner Mitarbeiterinnen oder Mitarbeiter den Entwurf oder die Berechnung aufgestellt, dabei mitgewirkt hat oder aus einem sonstigen Grunde befangen ist.

(4) Die Prüfingenieurin oder der Prüfingenieur kann fehlende Berechnungen und Zeichnungen unmittelbar bei der Entwurfsverfasserin oder dem Entwurfsverfasser bzw. bei der Erstellerin oder dem Ersteller der Berechnung anfordern; die Bauherrin oder der Bauherr ist zu verständigen. Die Prüfingenieurin oder der Prüfingenieur hat der Bauherrin oder dem Bauherrn, der Entwurfsverfasserin oder dem Entwurfsverfasser bzw. der Erstellerin oder dem Ersteller der Berechnung Gelegenheit zu geben, etwaige Beanstandungen auszuräumen.

(5) Die Prüfingenieurin oder der Prüfingenieur hat die Vollständigkeit und Richtigkeit der Standsicherheitsnachweise, der Ausführungszeichnungen und der übrigen bautechnischen Nachweise in einem

Prüfbericht zu bescheinigen. In dem Prüfbericht hat sie oder er auch auf Besonderheiten hinzuweisen, die bei der Erteilung der Baugenehmigung sowie bei der Bauüberwachung und den Bauzustandsbesichtigungen (§§ 85 und 86 BauO LSA) zu beachten sind. Liegen den Standsicherheitsnachweisen und den übrigen bautechnischen Nachweisen Abweichungen von den nach § 3 Abs. 4 BauO LSA eingeführten Technischen Baubestimmungen zu Grunde, so ist in dem Prüfbericht darzulegen, aus welchen Gründen die Abweichungen für gerechtfertigt gehalten werden.

(6) Prüfaufträge nach § 1 Abs. 1 Satz 1 Nrn. 4 und 5 dürfen nur von den Prüfingenieurinnen oder Prüfingenieuren selbst ausgeführt werden. Umfang und Ergebnisse der Prüfungen sind in einem Bericht niederzulegen, der der unteren Bauaufsichtsbehörde zuzuleiten ist. Werden bei den Prüfungen festgestellte Mängel trotz Aufforderung durch die Prüfingenieurin oder den Prüfingenieur nicht beseitigt, hat sie oder er hiervon die untere Bauaufsichtsbehörde unverzüglich zu unterrichten. Dabei soll sie oder er auch Maßnahmen vorschlagen, die sie oder er für die Beseitigung der Mängel als geeignet ansieht.

(7) Ergibt sich, dass die Prüfung wichtiger oder statisch schwieriger Teile einer baulichen Anlage zu einer Fachrichtung gehört, für die die mit der Prüfung beauftragte Prüfingenieurin oder der mit der Prüfung beauftragte Prüfingenieur nicht anerkannt ist (§ 2 Abs. 2), so ist sie oder er verpflichtet, bei der unteren Bauaufsichtsbehörde, die ihr oder ihm den Auftrag erteilt hat, die Hinzuziehung einer Prüfingenieurin oder eines Prüfingenieurs zu veranlassen, die oder der für diese Fachrichtung anerkannt ist.

(8) Die Prüfingenieurin oder der Prüfingenieur darf sich bei der Erfüllung ihrer oder seiner Aufgaben der Mithilfe befähigter und zuverlässiger Mitarbeiterinnen oder Mitarbeiter bedienen; ihre Zahl muss so begrenzt sein, dass sie oder er ihre Tätigkeit voll überwachen kann. Sie oder er kann sich nur durch eine andere Prüfingenieurin oder einen anderen Prüfingenieur vertreten lassen.

§ 7
Aufsicht, Prüfverzeichnis

(1) Die Prüfingenieurinnen oder Prüfingenieure unterstehen der Fachaufsicht der obersten Baubehörde oder der von ihr bestimmten Stelle.

(2) Die Prüfingenieurinnen oder Prüfingenieure haben ein Verzeichnis über alle Prüfaufträge zu führen. Sie haben bis zum 31. Januar

eines jeden Jahres das Verzeichnis für das vorangegangene Jahr der obersten Bauaufsichtsbehörde vorzulegen. Das Verzeichnis beinhaltet die Objektbezeichnung, den Rohbauwert, die zugehörige Bauwerksklasse und die Prüfgebühren.

§ 8
Anerkennung als Prüfstelle für Baustatik

(1) Die oberste Bauaufsichtsbehörde kann technische Überwachungsorganisationen, die auf Grund anderer Rechtsvorschriften bereits Aufgaben der amtlichen Prüfung oder Überwachung wahrnehmen, als Prüfstelle für Baustatik anerkennen, wenn diesen geeignete Ingenieurinnen oder Ingenieure angehören.

(2) Hinsichtlich des Anerkennungsverfahrens gilt § 4 entsprechend; im Übrigen sind für die Prüfstellen für Baustatik § 2 Abs. 6, § 3 Abs. 1 Nrn. 5 bis 7, §§ 5, 6 Abs. 3 bis 8 sowie § 7 entsprechend anzuwenden.

§ 9
Ordnungswidrigkeiten

Ordnungswidrig handelt nach § 88 Abs. 1 Nr. 1 BauO LSA, wer entgegen § 2 Abs. 1 Satz 1 und 2 die Bezeichnung „Prüfingenieurin für Baustatik" oder „Prüfingenieur für Baustatik" führt. Die Ordnungswidrigkeit kann mit einer Geldbuße bis zu 50 000 Euro geahndet werden.

§ 10
Übergangsvorschrift

Vor dem In-Kraft-Treten der Verordnung zur Änderung bauordnungsrechtlicher Vorschriften vom 7. Dezember 2001 (GVBl. LSA S. 565) begonnene Anerkennungsverfahren werden nach bisherigem Recht abgeschlossen.

§ 11
In-Kraft-Treten

Diese Verordnung tritt am Tage nach ihrer Verkündung in Kraft.

4.
Garagenverordnung (GaVO)

vom 15.5.1997 (GVBl. LSA S. 528),
zuletzt geändert durch Art. I des Gesetzes vom 19.3.2002 (GVBl. LSA S. 130) in Verbindung mit Nr. 173 der Anlage

Auf Grund des § 86 Abs. 1 Nrn. 1, 3 und 4, Abs. 2 Satz 1 und Abs. 3 Satz 1 in Verbindung mit § 62 Abs. 1 Satz 1 Nr. 1 des Gesetzes über die Bauordnung des Landes Sachsen-Anhalt (BauO LSA) vom 23. Juni 1994 (GVBl. LSA S. 723), zuletzt geändert durch § 17 des Gesetzes zur Gestaltung des öffentlichen Personennahverkehrs im Land Sachsen-Anhalt vom 24. November 1995 (GVBl. LSA S. 339), und in Verbindung mit Abschnitt II Nr. 9 des Beschlusses der Landesregierung über den Aufbau der Landesregierung Sachsen-Anhalt und die Abgrenzung der Geschäftsbereiche vom 21. November 1995 (MBl. LSA S. 2355), zuletzt geändert durch Abschnitt II Nr. 1 des Beschlusses über die Übertragung der Rechtsförmlichkeitsprüfung auf das Ministerium der Justiz vom 10. Dezember 1996 (MBl. LSA S. 2408), und § 5 Satz 1 des Rechtsbereinigungsgesetzes vom 26. Juni 1996 (GVBl. LSA S. 210) wird verordnet:

Inhaltsübersicht

TEIL 1
Allgemeine Vorschriften

§ 1	Begriffe

TEIL 2
Bauvorschriften

§ 2	Zu- und Abfahrten
§ 3	Rampen
§ 4	Einstellplätze und Fahrgassen
§ 5	Lichte Höhe
§ 6	Tragende Wände, Decken, Dächer
§ 7	Außenwände
§ 8	Trennwände
§ 9	Brandwände
§ 10	Pfeiler und Stützen

§ 11	Rauchabschnitte, Brandabschnitte
§ 12	Verbindungen zu Garagen und zwischen Garagengeschossen
§ 13	Rettungswege
§ 14	Beleuchtung, Sicherheitsbeleuchtung
§ 15	Lüftung
§ 16	Feuerlöschanlagen, Rauch- und Wärmeabzug
§ 17	Brandmeldeanlagen

TEIL 3
Betriebsvorschriften

| § 18 | Betriebsvorschriften für Garagen |
| § 19 | Abstellen von kraftfahrzeugen in anderen Räumen |

TEIL 4
Bauvorlagen, Prüfungen

| § 20 | Bauvorlagen |
| § 21 | Prüfungen |

TEIL 5
Übergangs- und Schlussvorschriften

§ 22	Weitergehende Anforderungen
§ 23	Ordnungswidrigkeiten
§ 24	Übergangsvorschriften
§ 25	In-Kraft-Treten, Außer-Kraft-Treten

TEIL 1
Allgemeine Vorschriften

§ 1
Begriffe

(1) Garagen sind Gebäude oder Gebäudeteile, die dem Abstellen von Kraftfahrzeugen dienen.

(2) Ein Einstellplatz ist eine Fläche, die dem Abstellen eines Kraftfahrzeuges in einer Garage oder auf einem Stellplatz dient. Ein notwendiger Einstellplatz ist ein Einstellplatz, dessen Notwendigkeit zur Herstellung sich aus § 53 Abs. 1 der Bauordnung Sachsen-Anhalt (BauO LSA) vom 9. Februar 2001 (GVBl. LSA S. 50) ergibt.

(3) Die Nutzfläche einer Garage ist die Summe aller miteinander verbundenen Flächen der Einstellplätze in Garagen (Garageneinstellplätze) und der Verkehrsflächen. Die Nutzfläche einer automatischen Garage ist die Summe der Flächen aller Garageneinstellplätze. Einstellplätze auf Dächern (Dacheinstellplätze) und die dazugehörigen Verkehrsflächen werden der Nutzfläche nicht zugerechnet, soweit nichts anderes bestimmt ist.

(4) Es sind Garagen mit einer Nutzfläche

1. bis 100 m²   Kleingaragen,
2. über 100 m² bis 1000 m²   Mittelgaragen,
3. über 1000 m²   Großgaragen.

(5) Oberirdische Garagen sind Garagen, deren Fußboden im Mittel nicht mehr als 1,50 m unter der Geländeoberfläche liegt.

(6) Offene Mittel- und Großgaragen sind Garagen, die unmittelbar ins Freie führende unverschließbare Öffnungen in einer Größe von insgesamt mindestens einem Drittel der Gesamtfläche der Umfassungswände haben, bei denen mindestens zwei sich gegenüberliegende Umfassungswände mit den ins Freie führenden Öffnungen nicht mehr als 70 m voneinander entfernt sind und bei denen eine ständige Querlüftung vorhanden ist.

(7) Offene Kleingaragen sind Kleingaragen, die unmittelbar ins Freie führende unverschließbare Öffnungen in einer Größe von insgesamt mindestens einem Drittel der Gesamtfläche der Umfassungswände haben.

(8) Geschlossene Garagen sind Garagen, die die Voraussetzungen nach den Absätzen 6 und 7 nicht erfüllen.

(9) Automatische Garagen sind Garagen ohne Personen- und Fahrverkehr, in denen die Kraftfahrzeuge mit mechanischen Förderanlagen von der Garagenzufahrt zu den Garageneinstellplätzen befördert und ebenso zum Abholen an die Garagenausfahrt zurückbefördert werden.

TEIL 2

Bauvorschriften

§ 2
Zu- und Abfahrten

(1) Zwischen Garagen und öffentlichen Verkehrsflächen müssen Zu- und Abfahrten von mindestens 3 m Länge vorhanden sein. Abwei-

chungen können gestattet werden, wenn wegen der Sicht auf die öffentlichen Verkehrsflächen Bedenken nicht bestehen.

(2) Vor den die freie Zufahrt zur Garage zeitweilig hindernden Anlagen, wie Schranken oder Tore, kann ein Stauraum für wartende Kraftfahrzeuge gefordert werden, wenn dies wegen der Sicherheit oder Leichtigkeit des Verkehrs erforderlich ist.

(3) Die Fahrbahnen von Zu- und Abfahrten vor Mittel- und Großgaragen müssen mindestens 2,75 m breit sein; der Halbmesser des inneren Fahrbahnrandes muss mindestens 5 m betragen. Für Fahrbahnen im Bereich von Zu- und Abfahrtsperren genügt eine Breite von 2,30 m. Breitere Fahrbahnen können in Kurven mit Innenradien von weniger als 10 m verlangt werden, wenn dies wegen der Verkehrssicherheit erforderlich ist.

(4) Großgaragen müssen getrennte Fahrbahnen für Zu- und Abfahrten haben.

(5) Bei Großgaragen ist neben den Fahrbahnen der Zu- und Abfahrten ein mindestens 0,80 m breiter Gehweg erforderlich, sofern nicht für Fußgänger besondere Gehwege vorhanden sind. Der Gehweg muss gegenüber der Fahrbahn erhöht oder verkehrssicher abgegrenzt werden.

(6) In den Fällen der Absätze 3 bis 5 sind die Dacheinstellplätze und die dazugehörigen Verkehrsflächen der Nutzfläche zuzurechnen.

(7) Für Zu- und Abfahrten von Stellplätzen gelten die Absätze 2 bis 5 sinngemäß.

§ 3
Rampen

(1) Rampen von Mittel- und Großgaragen dürfen nicht mehr als 15 v. H. geneigt sein. Die Breite der Fahrbahnen auf diesen Rampen muss mindestens 2,75 m, in gewendelten Rampenbereichen mindestens 3,50 m betragen. Gewendelte Rampenteile müssen eine Querneigung von 3 v. H. haben. Der Halbmesser des inneren Fahrbahnrandes muss mindestens 5 m betragen.

(2) Zwischen öffentlicher Verkehrsfläche und einer Rampe mit mehr als 10 v. H. Neigung muss eine geringer geneigte Fläche von mindestens 3 m Länge liegen.

(3) In Großgaragen müssen Rampen, die von Fußgängern benutzt werden, einen mindestens 0,80 m breiten Gehweg haben, der gegen-

über der Fahrbahn erhöht oder verkehrssicher abgegrenzt ist. An Rampen, die von Fußgängern nicht benutzt werden dürfen, ist auf das Verbot hinzuweisen.

(4) Für Rampen von Stellplätzen gelten die Absätze 1 bis 3 sinngemäß.

(5) Kraftbetriebene geneigte Hebebühnen sind keine Rampen.

§ 4
Einstellplätze, Fahrgassen und Frauenparkplätze

(1) Ein notwendiger Einstellplatz muss mindestens 5 m lang sein. Die Breite eines Einstellplatzes muss mindestens betragen

1. 2,30 m, wenn keine Längsseite,
2. 2,40 m, wenn eine Längsseite,
3. 2,50 m, wenn jede Längsseite

des Einstellplatzes im Abstand bis zu 0,10 m durch Wände, Stützen, andere Bauteile oder Einrichtungen begrenzt ist;

4. 3,50 m, wenn der Einstellplatz für Behinderte bestimmt ist.

Einstellplätze auf kraftbetriebenen Hebebühnen brauchen in den Fällen des Satzes 2 Nrn. 1 bis 3 nur 2,30 m breit zu sein. Die Sätze 1 und 2 gelten nicht für Einstellplätze auf horizontal verschiebbaren Plattformen und für diese Plattformen.

(2) Fahrgassen müssen, soweit sie unmittelbar der Zu- oder Abfahrt von Einstellplätzen dienen, hinsichtlich ihrer Breite mindestens folgende Anforderungen erfüllen; Zwischenwerte sind linear zu interpolieren:

Anordnung der Einstellplätze zur Fahrgasse	Erforderliche Fahrgassenbreite (in m) bei einer Einstellplatzbreite von		
	2,30 m	2,40 m	2,50 m
90°	6,50	6,00	5,50
bis 45°	3,50	3,25	3,00

Vor kraftbetriebenen Hebebühnen müssen die Fahrgassen mindestens 8 m breit sein, wenn die Hebebühnen Fahrspuren haben oder beim Absenken in die Fahrgasse hineinragen.

(3) Fahrgassen müssen, soweit sie nicht unmittelbar der Zu- oder Abfahrt von Einstellplätzen dienen, mindestens 2,75 m breit sein. Fahrgassen mit Gegenverkehr müssen in Mittel- und Großgaragen mindestens 5 m breit sein.

(4) Einstellplätze auf horizontal verschiebbaren Plattformen sind in Fahrgassen zulässig, wenn
1. eine Breite der Fahrgassen von mindestens 2,75 m erhalten bleibt,
2. die Plattformen nicht vor kraftbetriebenen Hebebühnen angeordnet werden und
3. in Fahrgassen im Gegenverkehr kein Durchgangsverkehr stattfindet.

(5) Die einzelnen Einstellplätze und die Fahrgassen sind mindestens durch Markierungen am Boden leicht erkennbar und dauerhaft gegeneinander abzugrenzen. Dies gilt nicht für
1. Kleingaragen ohne Fahrgassen,
2. Einstellplätze auf kraftbetriebenen Hebebühnen,
3. Einstellplätze auf horizontal verschiebbaren Plattformen.
Mittel- und Großgaragen müssen in jedem Geschoss leicht erkennbare und dauerhafte Hinweise auf Fahrtrichtungen und Ausfahrten haben.

(6) In allgemein zugänglichen Großgaragen und auf allgemein zugänglichen Stellplätzen entsprechender Größe müssen mindestens 5 v. H. der notwendigen Einstellplatze der ausschließlichen Benutzung durch Frauen vorbehalten sein (Frauenparkplätze). Frauenparkplätze sind als solche kenntlich zu machen. Sie sollen in der Nähe der Zufahrten oder von notwendigen Treppenräumen angeordnet sein.

(7) Die Absätze 1 bis 6 gelten nicht für automatische Garagen.

(8) Absatz 3 Satz 2 und Absatz 5 Satz 2 Nr. 1 sowie Satz 3 gelten auch für Stellplätze entsprechender Größe.

§ 5
Lichte Höhe

Mittel- und Großgaragen müssen in zum Begehen bestimmten Bereichen, auch unter Unterzügen, Lüftungsleitungen und sonstigen Bauteilen eine lichte Höhe von mindestens 2 m haben. Dies gilt nicht für kraftbetriebene Hebebühnen.

§ 6
Tragende Wände, Decken, Dächer

(1) Tragende Wände von Garagen sowie Decken über und unter Garagen und zwischen Garagengeschossen müssen feuerbeständig sein.

(2) Liegen Einstellplätze nicht mehr als 22 m über der Geländeoberfläche, so brauchen Wände und Decken nach Absatz 1

1. bei oberirdischen Mittel- und Großgaragen nur feuerhemmend und aus nicht brennbaren Baustoffen zu sein, soweit sich aus den §§ 29 und 33 BauO LSA keine weitergehenden Anforderungen ergeben,
2. bei offenen Mittel- und Großgaragen in Gebäuden, die allein der Garagennutzung dienen, nur aus nichtbrennbaren Baustoffen zu bestehen.

(3) Wände und Decken nach Absatz 1 brauchen nur feuerhemmend zu sein oder aus nichtbrennbaren Baustoffen zu bestehen
1. bei eingeschossigen oberirdischen Mittel- und Großgaragen auch mit Dacheinstellplätzen, wenn das Gebäude allein der Garagennutzung dient,
2. bei Kleingaragen, soweit sich aus den §§ 29 und 33 BauO LSA keine weitergehenden Anforderungen ergeben.

(4) Wände und Decken nach Absatz 1 brauchen bei automatischen Garagen nur aus nichtbrennbaren Baustoffen zu bestehen, wenn das Gebäude allein als automatische Garage genutzt wird.

(5) Die Anforderungen nach den Absätzen 1 und 3 Nr. 2 gelten nicht für Kleingaragen, wenn
1. die Gebäude allein der Garagennutzung dienen,
2. die Garagen offene Kleingaragen sind oder
3. die Kleingaragen in Gebäuden liegen, an deren tragende oder aussteifende Wände und Decken keine Anforderungen hinsichtlich des Brandschutzes gestellt werden.

In den Fällen des Satzes 1 Nr. 1 bleiben Abstellräume mit nicht mehr als 20 m² Grundfläche unberücksichtigt.

(6) Für befahrbare Dächer von Garagen gelten die Anforderungen an Decken.

(7) Verkleidungen und Dämmschichten unter Decken und Dächern müssen
1. bei Großgaragen aus nichtbrennbaren,
2. bei Mittelgaragen aus mindestens schwer entflammbaren

Baustoffen bestehen. Bei Großgaragen dürfen Verkleidungen aus mindestens schwer entflammbaren Baustoffen bestehen, wenn deren Bestandteile volumenmäßig überwiegend nichtbrennbar sind und deren Abstand zur Decke oder zum Dach höchstens 0,02 m beträgt. Dies muss aus einem Verwendbarkeitsnachweis für Bauprodukte und Bauarten ersichtlich sein.

§ 7
Außenwände

(1) Nichttragende Außenwände und nichttragende Teile tragender Außenwände von Garagen müssen aus nichtbrennbaren Baustoffen bestehen.

(2) Absatz 1 gilt nicht für Außenwände von
1. eingeschossigen oberirdischen Mittel- und Großgaragen, wenn das Gebäude allein der Garagennutzung dient,
2. Kleingaragen einschließlich Abstellräumen mit nicht mehr als 20 m² Grundfläche, soweit sich aus § 30 BauO LSA nichts anderes ergibt.

(3) Auf Außenwände von offenen Kleingaragen findet § 6 Abs. 8 BauO LSA keine Anwendung.

§ 8
Trennwände

(1) Trennwände und Tore im Inneren von Mittel- und Großgaragen müssen aus nichtbrennbaren Baustoffen bestehen.

(2) Trennwände zwischen Garagen und nicht zu Garagen gehörenden Räumen sowie Trennwände zwischen Garagen und anderen Gebäuden müssen
1. bei Mittel- und Großgaragen feuerbeständig sein,
2. bei Kleingaragen mindestens feuerhemmend sein, soweit sich aus § 31 BauO LSA keine weitergehenden Anforderungen ergeben.

(3) Absatz 2 gilt nicht für Trennwände
1. zwischen Kleingaragen und Räumen oder Gebäuden, die nur Abstellzwecken dienen und nicht mehr als 20 m² Grundfläche haben,
2. zwischen offenen Kleingaragen und anders genutzten Räumen oder Gebäuden.

§ 9
Brandwände

(1) Anstelle von Brandwänden nach § 32 Abs. 1 Satz 1 Nr. 1 BauO LSA genügen
1. bei eingeschossigen oberirdischen Mittel- und Großgaragen feuerbeständige Abschlusswände ohne Öffnungen, wenn das Gebäude allein der Garagennutzung dient,

2. bei geschlossenen Kleingaragen einschließlich Abstellräumen mit nicht mehr als 20 m² Grundfläche mindestens feuerhemmende oder aus nichtbrennbaren Baustoffen bestehende Abschlusswände ohne Öffnungen.

(2) § 32 Abs. 1 Satz 1 Nr. 1 BauO LSA gilt nicht für Abschlusswände von offenen Kleingaragen.

§ 10
Pfeiler und Stützen

Für Pfeiler und Stützen gelten die §§ 6 bis 9 sinngemäß.

§ 11
Rauchabschnitte, Brandabschnitte

(1) Geschlossene Garagen, ausgenommen automatische Garagen, müssen durch mindestens feuerhemmende, aus nichtbrennbaren Baustoffen bestehende Wände in Rauchabschnitte unterteilt sein. Die Nutzfläche eines Rauchabschnittes darf
1. in oberirdischen geschlossenen Garagen höchstens 5000 m²,
2. in sonstigen geschlossenen Garagen höchstens 2500 m²

betragen; sie darf höchstens doppelt so groß sein, wenn die Garagen Sprinkleranlagen haben. Ein Rauchabschnitt darf sich auch über mehrere Geschosse erstrecken.

(2) Öffnungen in den Wänden nach Absatz 1 müssen mit selbstschließenden und mindestens dichtschließenden Abschlüssen aus nichtbrennbaren Baustoffen versehen sein. Die Abschlüsse dürfen Feststellanlagen haben, die bei Raucheinwirkung ein selbsttätiges Schließen bewirken; sie müssen auch von Hand geschlossen werden können.

(3) Automatische Garagen müssen durch Brandwände in Brandabschnitte von höchstens 6000 m³ Brutto-Rauminhalt unterteilt sein.

(4) § 32 Abs. 1 Satz 1 Nrn. 2 und 3 BauO LSA gilt nicht für Garagen.

§ 12
Verbindungen zu Garagen und zwischen Garagengeschossen

(1) Flure, Treppenräume und Aufzüge, die nicht nur den Benutzern der Garage dienen, dürfen verbunden sein
1. mit geschlossenen Mittel- und Großgaragen nur durch Räume mit feuerbeständigen Wänden und Decken sowie mindestens selbst-

schließenden und feuerhemmenden, in Fluchtrichtung aufschlagenden Türen (Sicherheitsschleusen); zwischen Sicherheitsschleusen und Fluren sowie Sicherheitsschleusen und Treppenräumen oder Räumen nach § 37 Abs. 5 Satz 2 BauO LSA genügen selbstschließende und rauchdichte Türen, zwischen Sicherheitsschleusen und Aufzügen in Fahrschächten genügen Fahrschachttüren,

2. mit anderen Garagen unmittelbar nur durch Öffnungen mit selbstschließenden und mindestens feuerhemmenden Türen.

(2) Garagen dürfen mit sonstigen nicht zur Garage gehörenden Räumen sowie mit anderen Gebäuden unmittelbar nur durch Öffnungen mit selbstschließenden und mindestens feuerhemmenden Türen verbunden sein. Automatische Garagen dürfen mit nicht zur Garage gehörenden Räumen sowie mit anderen Gebäuden nicht verbunden sein.

(3) Die Absätze 1 und 2 gelten nicht für Verbindungen

1. zu offenen Kleingaragen,
2. zwischen Kleingaragen und Räumen oder Gebäuden, die nur Abstellzwecken dienen, und nicht mehr als 20 m² Grundfläche haben.

(4) Türen zu Treppenräumen, die Garagengeschosse miteinander verbinden, müssen selbstschließend, mindestens feuerhemmend und aus nichtbrennbaren Baustoffen sein.

§ 13
Rettungswege

(1) Jede Mittel- und Großgarage muss in jedem Geschoss mindestens zwei voneinander unabhängige Rettungswege haben, die unmittelbar ins Freie oder in Treppenräume von notwendigen Treppen führen. In oberirdischen Mittel- und Großgaragen genügt ein Rettungsweg, wenn ein Ausgang ins Freie in höchstens 10 m Entfernung erreichbar ist. Der zweite Rettungsweg darf auch über eine Rampe führen. Bei oberirdischen Mittel- und Großgaragen, deren Einstellplätze im Mittel nicht mehr als 3 m über der Geländeoberfläche liegen, sind Treppenräume für notwendige Treppen nicht erforderlich.

(2) Von jeder Stelle einer Mittel- und Großgarage muss in demselben Geschoss mindestens ein Treppenraum einer notwendigen Treppe oder, wenn ein Treppenraum nicht erforderlich ist, mindestens eine notwendige Treppe oder ein Ausgang ins Freie

1. bei offenen Mittel- und Großgaragen in einer Entfernung von höchstens 50 m,
2. bei geschlossenen Mittel- und Großgaragen in einer Entfernung von höchstens 30 m

erreichbar sein. Die Entfernung ist in der Luftlinie, jedoch nicht durch Bauteile zu messen.

(3) In Mittel- und Großgaragen müssen dauerhafte und leicht erkennbare Hinweise auf die Ausgänge vorhanden sein. In Großgaragen müssen die zu den notwendigen Treppen oder zu den Ausgängen ins Freie führenden Wege auf dem Fußboden durch dauerhafte und leicht erkennbare Markierungen sowie an den Wänden durch beleuchtete Hinweise gekennzeichnet sein.

(4) Für Dacheinstellplätze gelten die Absätze 1 bis 3 sinngemäß.

(5) Die Absätze 1 bis 3 gelten nicht für automatische Garagen.

§ 14
Beleuchtung, Sicherheitsbeleuchtung

(1) In Mittel- und Großgaragen muss eine allgemeine elektrische Beleuchtung vorhanden sein. Sie muss so beschaffen und mindestens in zwei Stufen derartig schaltbar sein, dass an allen Stellen der Nutzflächen und Rettungswege in der ersten Stufe eine Beleuchtungsstärke von mindestens 1 lx und in der zweiten Stufe von mindestens 20 lx erreicht wird.

(2) In geschlossenen Großgaragen, ausgenommen eingeschossigen Großgaragen mit festem Benutzerkreis, muss zur Beleuchtung der Rettungswege eine Sicherheitsbeleuchtung mit mindestens 1 lx Beleuchtungsstärke vorhanden sein.

(3) Die Absätze 1 und 2 gelten nicht für automatische Garagen.

§ 15
Lüftung

(1) Geschlossene Mittel- und Großgaragen müssen maschinelle Abluftanlagen und so große und so verteilte Zuluftöffnungen haben, dass alle Teile der Garage ausreichend gelüftet werden. Bei nicht ausreichenden Zuluftöffnungen muss eine maschinelle Zuluftanlage vorhanden sein.

(2) Für geschlossene Mittel- und Großgaragen mit geringem Zu- und Abgangsverkehr, wie Wohnhausgaragen, genügt eine natürliche

II/4 § 15 GaVO

Lüftung durch Lüftungsöffnungen oder über Lüftungsschächte. Die Lüftungsöffnungen müssen

1. einen freien Gesamtquerschnitt von mindestens 1500 cm² je Garageneinstellplatz haben,
2. in den Außenwänden oberhalb der Geländeoberfläche in einer Entfernung von höchstens 35 m einander gegenüberliegen,
3. unverschließbar sein und
4. so über die Garage verteilt sein, dass eine ständige Querlüftung gesichert ist.

Die Lüftungsschächte müssen

1. untereinander in einem Abstand von höchstens 20 m angeordnet sein und
2. bei einer Höhe bis zu 2 m einen freien Gesamtquerschnitt von mindestens 1500 cm² je Garageneinstellplatz und bei einer Höhe von mehr als 2 m einen freien Gesamtquerschnitt von mindestens 3000 cm² je Garageneinstellplatz haben.

(3) Für geschlossene Mittel- und Großgaragen genügt abweichend von den Absätzen 1 und 2 eine natürliche Lüftung, wenn im Einzelfall nach dem Gutachten einer oder eines nach Bauordnungsrecht anerkannten Sachverständigen zu erwarten ist, dass der Mittelwert des Volumengehalts an Kohlenmonoxid in der Luft, gemessen über jeweils eine halbe Stunde und in einer Höhe von 1,50 m über dem Fußboden (CO-Halbstundenmittelwert), auch während der regelmäßigen Verkehrsspitzen im Mittel nicht mehr als 100 ppm (= 100 cm³/m³) betragen wird und wenn dies auf der Grundlage von Messungen, die nach Inbetriebnahme der Garage über einen Zeitraum von mindestens einem Monat durchzuführen sind, von einer oder einem nach Bauordnungsrecht anerkannten Sachverständigen bestätigt wird.

(4) Die maschinellen Abluftanlagen sind so zu bemessen und zu betreiben, dass der CO-Halbstundenmittelwert unter Berücksichtigung der regelmäßig zu erwartenden Verkehrsspitzen nicht mehr als 100 ppm beträgt. Diese Anforderungen gelten als erfüllt, wenn die Abluftanlage in Garagen mit geringem Zu- und Abgangsverkehr mindestens 6 m³, bei anderen Garagen mindestens 12 m³ Abluft in der Stunde je m² Garagennutzfläche abführen kann; für Garagen mit regelmäßig besonders hohen Verkehrsspitzen kann im Einzelfall ein Nachweis der nach Satz 1 erforderlichen Leistung der Abluftanlage verlangt werden.

(5) Maschinelle Abluftanlagen müssen in jedem Lüftungssystem mindestens zwei gleich große Ventilatoren haben, die bei gleichzeitigem Betrieb zusammen den erforderlichen Gesamtvolumenstrom erbringen. Jeder Ventilator einer maschinellen Zu- oder Abluftanlage muss aus einem eigenen Stromkreis gespeist werden, an dem andere elektrische Anlagen nicht angeschlossen werden können. Soll das Lüftungssystem zeitweise nur mit einem Ventilator betrieben werden, müssen die Ventilatoren so geschaltet sein, dass sich bei Ausfall eines Ventilators der andere selbsttätig einschaltet.

(6) Geschlossene Großgaragen mit nicht nur geringem Zu- und Abgangsverkehr müssen CO-Anlagen zur Messung und Warnung (CO-Warnanlagen) haben. Die CO-Warnanlagen müssen so beschaffen sein, dass die Benutzer der Garagen bei einem CO-Gehalt der Luft von mehr als 250 ppm über Lautsprecher oder durch Blinkzeichen dazu aufgefordert werden, die Garage zügig zu verlassen oder im Stand die Motoren abzustellen. Während dieses Zeitraumes müssen die Garagenausfahrten ständig offen gehalten werden. Die CO-Warnanlagen müssen an eine Sicherheitsstromversorgung angeschlossen sein.

(7) Die Absätze 1 bis 6 gelten nicht für automatische Garagen.

§ 16
Feuerlöschanlagen, Rauch- und Wärmeabzug

(1) Nichtselbsttätige Feuerlöschanlagen, wie halbstationäre Sprühwasser-Löschanlagen oder Leichtschaum-Löschanlagen, müssen vorhanden sein

1. in geschlossenen Garagen mit mehr als 20 Einstellplätzen auf kraftbetriebenen Hebebühnen, wenn jeweils mehr als zwei Kraftfahrzeuge übereinander angeordnet werden können,
2. in automatischen Garagen mit nicht mehr als 20 Einstellplätzen.

Die Art der Feuerlöschanlage ist im Einzelfall im Benehmen mit der für den Brandschutz zuständigen Behörde festzulegen.

(2) Sprinkleranlagen müssen vorhanden sein

1. in Geschossen von Großgaragen, wenn der Fußboden der Geschosse mehr als 4 m unter der Geländeoberfläche liegt und das Gebäude nicht allein der Garagennutzung dient; dies gilt nicht, wenn die Großgarage zu Geschossen mit anderer Nutzung in keiner Verbindung steht,
2. in automatischen Garagen mit mehr als 20 Garageneinstellplätzen.

(3) Geschlossene Großgaragen müssen für den erforderlichen Rauch- und Wärmeabzug

1. Öffnungen ins Freie haben, die insgesamt mindestens 1000 cm² je Einstellplatz groß, von keinem Einstellplatz mehr als 20 m entfernt und im Decken- oder oberen Drittel des Wandbereichs angeordnet sind oder
2. maschinelle Rauch- und Wärmeabzugsanlagen haben, die sich bei Raucheinwirkung selbsttätig einschalten, mindestens für eine Stunde einer Temperatur von 300 °C standhalten, deren elektrische Leitungsanlagen bei äußerer Brandeinwirkung für mindestens die gleiche Zeit funktionsfähig bleiben und die in der Stunde einen mindestens zehnfachen Luftwechsel gewährleisten; eine ausreichende Versorgung mit Zuluft muss vorhanden sein.

(4) Absatz 3 gilt nicht für Garagen mit Sprinkleranlagen nach Absatz 2 und mit maschinellen Abluftanlagen nach § 15 Abs. 1, die mindestens 12 m³ Abluft in der Stunde je m² Garagennutzfläche abführen können.

§ 17
Brandmeldeanlagen

Geschlossene Groß- und Mittelgaragen müssen Brandmeldeanlagen haben, wenn sie mit baulichen Anlagen oder Räumen in Verbindung stehen, für die Brandmeldeanlagen erforderlich sind.

TEIL 3
Betriebsvorschriften

§ 18
Betriebsvorschriften für Garagen

(1) In Mittel- und Großgaragen muss die allgemeine elektrische Beleuchtung nach § 14 Absatz 1 während der Benutzungszeit ständig mit einer Beleuchtungsstärke von mindestens 20 lx eingeschaltet sein, soweit nicht Tageslicht mit einer entsprechenden Beleuchtungsstärke vorhanden ist.

(2) Maschinelle Lüftungsanlagen und CO-Warnanlagen müssen so gewartet werden, dass sie ständig betriebsbereit sind. CO-Warnanlagen müssen ständig eingeschaltet sein.

(3) In Mittel- und Großgaragen dürfen brennbare Stoffe außerhalb von Kraftfahrzeugen nicht aufbewahrt werden. In Kleingaragen dürfen bis zu 200 l Dieselkraftstoff und bis zu 20 l Benzin in dicht verschlossenen, bruchsicheren Behältern aufbewahrt werden.

(4) In geschlossenen Mittel- und Großgaragen ist es verboten, zu rauchen und offenes Feuer zu verwenden; auf das Verbot ist durch deutlich sichtbare und dauerhafte Beschilderung mit den Worten „Feuer und Rauchen verboten!" hinzuweisen.

(5) Die Rettungswege und die Zu- und Abfahrten bis zur öffentlichen Verkehrsfläche sind verkehrssicher und frei zu halten.

§ 19
Abstellen von Kraftfahrzeugen in anderen Räumen als Garagen

(1) Kraftfahrzeuge dürfen in Treppenräumen oder Räumen nach § 37 Abs. 5 Satz 2 BauO LSA, Fluren und Kellergängen nicht abgestellt werden.

(2) Kraftfahrzeuge dürfen in sonstigen Räumen, die keine Garagen sind, nur abgestellt werden, wenn
1. das Gesamtfassungsvermögen der Kraftstoffbehälter aller abgestellten Kraftfahrzeuge nicht mehr als 12 l beträgt,
2. Kraftstoff außer dem Inhalt der Kraftstoffbehälter abgestellter Kraftfahrzeuge in diesen Räumen nicht aufbewahrt wird und
3. diese Räume keine Zündquellen oder leicht entzündlichen Stoffe enthalten und von Räumen mit Feuerstätten oder leicht entzündlichen Stoffen durch Türen abgetrennt sind.

(3) Absatz 2 gilt nicht für Kraftfahrzeuge, die Arbeitsmaschinen sind und für Ausstellungs-, Verkaufs-, Werkstatt- und Lagerräume für Kraftfahrzeuge.

TEIL 4
Bauvorlagen, Prüfungen

§ 20
Bauvorlagen

Die Bauvorlagen müssen zusätzliche Angaben enthalten über:
1. die Zahl, Abmessung und Kennzeichnung der Einstellplätze und Fahrgassen,

2. die Rettungswege,
3. die Brandmelde- und Feuerlöschanlagen,
4. die CO-Warnanlagen,
5. die maschinellen Lüftungsanlagen,
6. die Sicherheitsbeleuchtung und Sicherheitsstromversorgungsanlagen,
7. die Rauch- und Wärmeabzugsanlagen.

§ 21
Prüfungen

(1) Folgende Anlagen müssen vor der ersten Inbetriebnahme der Garage, nach einer wesentlichen Änderung sowie mindestens alle drei Jahre durch nach Bauordnungsrecht anerkannte Sachverständige auf ihre Wirksamkeit und Betriebssicherheit geprüft werden:

1. Sicherheitsbeleuchtung (§ 14 Abs. 2), Sicherheitsstromversorgungsanlagen (§ 15 Abs. 6 Satz 4),
2. Maschinelle Lüftungsanlagen (§ 15 Abs. 1),
3. CO-Warnanlagen (§ 15 Abs. 6 Satz 1),
4. Sprinkleranlagen (§ 16 Abs. 2),
5. Rauch- und Wärmeabzugsanlagen (§ 16 Abs. 3),
6. Brandmeldeanlagen (§ 17).

Vor der ersten Inbetriebnahme ist der Bauaufsichtsbehörde ein Bericht über die Prüfung vorzulegen. Die Prüfungen der Anlagen und Einrichtungen hat der Betreiber zu veranlassen und die Kosten hierfür zu tragen.

(2) Für die Prüfungen sind die nötigen Vorrichtungen und fachlich geeignete Arbeitskräfte bereitzustellen und die erforderlichen Unterlagen bereitzuhalten.

(3) Der Betreiber hat die von den Sachverständigen bei den Prüfungen festgestellten Mängel unverzüglich beseitigen zu lassen und den Sachverständigen die Beseitigung mitzuteilen. Werden die Mängel nicht unverzüglich beseitigt, haben die Sachverständigen dies der Bauaufsichtsbehörde mitzuteilen, welche die erforderlichen Maßnahmen zu treffen hat.

(4) Der Betreiber hat die Berichte über die Prüfungen mindestens fünf Jahre aufzubewahren und der Bauaufsichtsbehörde auf Verlangen vorzulegen.

TEIL 5
Übergangs- und Schlussvorschriften

§ 22
Weitergehende Anforderungen

Weitergehende Anforderungen als nach dieser Verordnung können zur Erfüllung des § 3 BauO LSA gestellt werden, soweit Garagen oder Stellplätze für Kraftfahrzeuge bestimmt sind, deren Länge mehr als 5 m und deren Breite mehr als 2 m beträgt oder wenn dies zur Gefahrenabwehr notwendig ist.

§ 23
Ordnungswidrigkeiten

Ordnungswidrig im Sinne des § 88 Abs. 1 Nr. 1 BauO LSA handelt, wer vorsätzlich oder fahrlässig entgegen

1. § 15 Abs. 4 Satz 1 maschinelle Abluftanlagen so betreibt, dass der dort genannte Wert CO-Halbstundenmittelwert überschritten wird,
2. § 18 Abs. 1 in Mittel- und Großgaragen die elektrische Beleuchtung nicht einschaltet,
3. § 18 Abs. 5 die Rettungswege und die Zu- und Abfahrten nicht verkehrssicher und freihält,
4. § 21 Abs. 1 die vorgeschriebenen Prüfungen nicht oder nicht rechtzeitig durchführen lässt.

§ 24
Übergangsvorschriften

(1) Auf die zum Zeitpunkt des In-Kraft-Tretens dieser Verordnung bestehenden Garagen sind die Betriebsvorschriften (§ 18) und die Vorschriften über Prüfungen (§ 21) entsprechend anzuwenden.

(2) Auf die vor dem In-Kraft-Treten dieser Verordnung eingeleiteten Verfahren sind die Vorschriften dieser Verordnung nur insoweit anzuwenden, als sie für den Antragsteller eine günstigere Regelung enthalten als die bisher geltenden Vorschriften; dies gilt nicht für § 4 Abs. 6.

(3) Auf die zum Zeitpunkt des In-Kraft-Tretens der Verordnung zur Änderung bauordnungsrechtlicher Vorschriften vom 7. Dezember 2001 (GVBl. LSA S. 565) bestehenden oder genehmigten baulichen Anlagen sind die Vorschriften des § 4 Abs. 6 innerhalb einer Frist von sechs Monaten nach In-Kraft-Treten der Verordnung zur Änderung bauordnungsrechtlicher Vorschriften anzuwenden.

§ 25
In-Kraft-Treten, Außer-Kraft-Treten

(1) Diese Verordnung tritt am Tage nach ihrer Verkündung in Kraft.

(2) – *aufgehoben* –

5.
Feuerungsverordnung (FeuVO)

vom 22.11.1996 (GVBl. LSA S. 362),
zuletzt geändert durch Art. I des Gesetzes vom 19.3.2002 (GVBl. LSA S. 130) in Verbindung mit Nr. 172 der Anlage

Auf Grund des § 86 Abs. 1 Nrn. 1, 2 und 4 sowie Abs. 7 in Verbindung mit § 62 Abs. 1 Satz 1 Nr. 1 des Gesetzes über die Bauordnung des Landes Sachsen-Anhalt (BauO LSA) vom 23. Juni 1994 (GVBl. LSA S. 723), zuletzt geändert durch § 17 des Gesetzes zur Gestaltung des öffentlichen Personennahverkehrs im Land Sachsen-Anhalt vom 24. November 1995 (GVBl. LSA S. 339), und in Verbindung mit Abschnitt II Nr. 9 des Beschlusses der Landesregierung über den Aufbau der Landesregierung Sachsen-Anhalt und die Abgrenzung der Geschäftsbereiche vom 21. November 1995 (MBl. LSA S. 2355), zuletzt geändert durch Beschluss vom 24. September 1996 (MBl. LSA S. 2012), im Einvernehmen mit dem Ministerium für Arbeit, Soziales und Gesundheit und § 5 Satz 1 des Rechtsbereinigungsgesetzes vom 26. Juni 1996 (GVBl. LSA S. 210) wird verordnet:

§ 1
Anwendungsbereich

Diese Verordnung gilt für Feuerungsanlagen, Wärme- und Brennstoffversorgungsanlagen. Für Feuerstätten, die keine Gas-Haushalts-Kochgeräte sind, Wärmepumpen und Blockheizkraftwerke gilt die Verordnung nur, soweit diese Anlagen der Beheizung von Räumen oder der Warmwasserversorgung dienen. Die Verordnung gilt nicht für Brennstoffzellen.

§ 2
Begriffe

(1) Als Nennwärmeleistung gilt

1. die in den Grenzen des auf dem Typenschild angegebenen Wärmeleistungsbereiches fest eingestellte und auf einem Zusatzschild angegebene höchste Leistung der Feuerstätte,
2. bei Feuerstätten ohne Zusatzschild die höchste auf dem Typenschild angegebene Wärmeleistung,
3. bei Feuerstätten ohne Typenschild die nach der aus dem Brennstoffdurchsatz mit einem Wirkungsgrad von 80 v. H. ermittelte Wärmeleistung oder

II/5 § 3 FeuVO

4. der in der EG-Konformitätserklärung als „Nennwärmeleistung in kW" angegebene Wert.

(2) Gesamtnennwärmeleistung ist die Summe der Nennwärmeleistungen der in einem Raum, einer Wohnung oder einer sonstigen Nutzungseinheit aufgestellten Feuerstätten, die gleichzeitig betrieben werden können.

(3) Eine Feuerungsanlage im Sinne dieser Verordnung ist die Funktionseinheit aus Verbrennungsluftzuführung, Feuerstätte und Abgasanlage.

(4) Schornsteine sind rußbrandbeständige Schächte, durch die ausschließlich Abgase aus Feuerstätten über das Dach ins Freie geleitet werden.

(5) Verbindungsstücke sind Abgaskanäle oder Abgasrohre, die Abgase aus Feuerstätten für feste Brennstoffe in Schornsteine leiten.

(6) Abgasleitungen sind Leitungen, die Abgase aus Feuerstätten für flüssige oder gasförmige Brennstoffe ins Freie leiten.

§ 3
Verbrennungsluftversorgung von Feuerstätten

(1) Für raumluftabhängige Feuerstätten mit einer Gesamtnennwärmeleistung bis zu 35 kW gilt die Verbrennungsluftversorgung als nachgewiesen, wenn die Feuerstätten in einem Raum aufgestellt sind, der

1. mindestens eine Tür ins Freie oder ein Fenster, das geöffnet werden kann (Räume mit Verbindung zum Freien), und einen Rauminhalt von mindestens 4 m³ je 1 kW Gesamtnennwärmeleistung hat,
2. mit anderen Räumen mit Verbindung zum Freien nach Maßgabe des Absatzes 2 verbunden ist (Verbrennungsluftverbund),
3. eine ins Freie führende Öffnung mit einem lichten Querschnitt von mindestens 150 cm², zwei Öffnungen mit einem lichten Querschnitt von je 75 cm² oder
4. Leitungen ins Freie mit strömungstechnisch äquivalenten lichten Querschnitten hat.

(2) Der Verbrennungsluftverbund im Sinne des Absatzes 1 Nr. 2 zwischen dem Aufstellraum und Räumen mit Verbindung zum Freien muss durch Verbrennungsluftöffnungen mit einem lichten Querschnitt von mindestens 150 cm² zwischen den Räumen hergestellt sein. Bei der Aufstellung von Feuerstätten in Nutzungseinheiten, wie

Wohnungen, dürfen zum Verbrennungsluftverbund nur Räume derselben Wohnung oder Nutzungseinheit gehören. Der Gesamtrauminhalt der Räume, die zum Verbrennungsluftverbund gehören, muss mindestens 4 m³ je 1 kW Gesamtnennwärmeleistung der Feuerstätten betragen. Räume ohne Verbindung zum Freien sind auf den Gesamtrauminhalt nicht anzurechnen.

(3) Für raumluftabhängige Feuerstätten mit einer Gesamtnennwärmeleistung von mehr als 35 kW und nicht mehr als 50 kW gilt die Verbrennungsluftversorgung als nachgewiesen, wenn die Feuerstätten in Räumen aufgestellt sind, die die Anforderungen nach Absatz 1 Nr. 3 erfüllen.

(4) Für raumluftabhängige Feuerstätten mit einer Gesamtnennwärmeleistung von mehr als 50 kW gilt die Verbrennungsluftversorgung als nachgewiesen, wenn die Feuerstätten in Räumen aufgestellt sind, die eine ins Freie führende Öffnung oder Leitung haben. Der lichte Querschnitt der Öffnung muss mindestens 150 cm² und für jedes über 50 kW Nennwärmeleistung hinausgehende kW Nennwärmeleistung 2 cm² mehr betragen. Leitungen müssen strömungstechnisch äquivalent bemessen sein. Der erforderliche lichte Querschnitt darf auf höchstens zwei Öffnungen oder Leitungen aufgeteilt sein.

(5) Öffnungen und Leitungen zur Verbrennungsluftversorgung dürfen nicht verschlossen oder zugestellt werden, sofern nicht durch besondere Sicherheitseinrichtungen gewährleistet ist, dass die Feuerstätten nur bei geöffnetem Verschluss betrieben werden können. Der erforderliche lichte Querschnitt darf durch den Verschluss oder durch Gitter nicht verengt werden. Gitter oder ähnliche Einrichtungen müssen Durchströmöffnungen von mindestens 10 mm × 10 mm haben.

(6) Abweichend von den Absätzen 1 bis 4 kann für raumluftabhängige Feuerstätten eine ausreichende Verbrennungsluftversorgung auf andere Weise nachgewiesen werden.

(7) Die Absätze 1 und 2 gelten nicht für Gas-Haushalts-Kochgeräte.

(8) Die Absätze 1 bis 4 gelten nicht für offene Kamine.

§ 4
Aufstellung und Installation von Feuerstätten, Gasleitungsanlagen

(1) Feuerstätten dürfen nicht aufgestellt werden
1. in Treppenräumen, außer in Wohngebäuden geringer Höhe mit nicht mehr als zwei Wohnungen,

2. in notwendigen Fluren, Gängen sowie Räumen zwischen dem notwendigen Treppenraum und dem Ausgang ins Freie,
3. in Garagen, ausgenommen raumluftunabhängige Gasfeuerstätten, deren Außenflächen innerhalb der Garagen nicht wärmer als 300 °C werden können.

(2) Raumluftabhängige Feuerstätten, die an Abgasleitungen anzuschließen sind, dürfen in Räumen, Wohnungen oder Nutzungseinheiten vergleichbarer Größe, aus denen Luft mit Hilfe von Ventilatoren, wie Lüftungs- oder Warmluftheizungsanlagen, Dunstabzugshauben, Abluft-Wäschetrockner, abgesaugt wird, nur aufgestellt werden, wenn
1. ein gleichzeitiger Betrieb der Feuerstätten und der luftabsaugenden Anlagen durch Sicherheitseinrichtungen verhindert wird,
2. die Abgasführung durch besondere Sicherheitseinrichtungen überwacht wird,
3. die Abgase der Feuerstätten über die luftabsaugenden Anlagen abgeführt werden oder
4. durch die Bauart oder die Bemessung der luftabsaugenden Anlagen sichergestellt ist, dass kein gefährlicher Unterdruck entstehen kann.

Raumluftabhängige Feuerstätten dürfen an gemeinsamen Abgasanlagen nur angeschlossen werden, wenn der ordnungsgemäße Betrieb aller Feuerstätten durch luftabsaugende Anlagen, die sich auch in anderen Räumen, Wohnungen oder anderen Nutzungseinheiten befinden können, nicht beeinträchtigt wird.

(3) Gasfeuerstätten mit Strömungssicherung dürfen unbeschadet des §3 nur in Räumen mit einem Rauminhalt von mindestens 1 m³ je kW Gesamtnennwärmeleistung dieser Feuerstätten aufgestellt werden; dies gilt nicht, wenn durch andere Maßnahmen, wie unten und oben angeordnete Öffnungen zu unmittelbaren Nachbarräumen dieser Rauminhalt eingehalten oder durch unten und oben angeordnete Öffnungen ins Freie eine Durchlüftung sichergestellt wird.

(4) Gasfeuerstätten ohne Flammenüberwachung dürfen nur in Räumen aufgestellt werden, bei denen durch mechanische Lüftungsanlagen sichergestellt ist, dass während des Betriebes der Feuerstätten stündlich mindestens ein fünffacher Luftwechsel sichergestellt ist; für Gas-Haushalts-Kochgeräte genügt ein Außenluftvolumenstrom von 100 m³/h.

(5) Gasfeuerstätten nach §43 Abs. 6 Nr. 3 der Bauordnung Sachsen-Anhalt (BauO LSA) vom 9. Februar 2001 (GVBl. LSA S. 50) ohne

Abgasanlage dürfen nur in Räumen, aus denen durch mechanische Lüftungsanlagen während des Betriebes der Feuerstätten ein Luftvolumenstrom von mindestens 30 m³/h je kW Gesamtnennwärmeleistung abgeführt wird, aufgestellt werden.

(6) Gasleitungsanlagen in Räumen müssen so beschaffen, angeordnet oder ausgerüstet sein, dass unter Brandeinwirkung bei einer äußeren thermischen Beanspruchung von 650 °C über einen Zeitraum von 30 Minuten keine gefährlichen Gas-Luft-Gemische entstehen können. Alle Gasentnahmestellen müssen zusätzlich mit einer Vorrichtung ausgerüstet sein, die im Brandfall die Brennstoffzufuhr selbständig absperrt. Satz 2 gilt nicht, wenn durch andere selbsttätige Vorrichtungen die Anforderungen nach Satz 1 erfüllt werden.

(7) Feuerstätten für Flüssiggas (Propan, Butan und deren Gemische) dürfen in Räumen, deren Fußboden an jeder Stelle mehr als 1 m unter der Geländeoberfläche liegt, nur aufgestellt werden, wenn

1. die Feuerstätten eine Flammenüberwachung haben und
2. sichergestellt ist, dass auch bei abgeschalteter Feuerungseinrichtung Flüssiggas aus den im Aufstellraum befindlichen Brennstoffleitungen in gefahrdrohender Menge nicht austreten kann oder über eine mechanische Lüftungsanlage sicher abgeführt wird.

(8) Feuerstätten müssen von Bauteilen aus brennbaren Baustoffen und von Einbaumöbeln so weit entfernt oder so abgeschirmt sein, dass an diesen bei Nennwärmeleistung der Feuerstätten keine höheren Temperaturen als 85 °C auftreten können. Von den Außenflächen der Feuerstätte sind zu Bauteilen aus brennbaren Baustoffen mindestens die vom Hersteller angegebenen Abstandsmaße einzuhalten. Andernfalls muss ein Abstand von mindestens 40 cm eingehalten werden.

(9) Vor den Feuerungsöffnungen von Feuerstätten für feste Brennstoffe sowie vor Schornsteinreinigungsöffnungen sind Fußböden aus brennbaren Baustoffen durch einen Belag aus nichtbrennbaren Baustoffen zu schützen. Der Belag muss sich nach vorn auf mindestens 50 cm und seitlich auf mindestens 30 cm über die Feuerungsöffnung hinaus erstrecken.

(10) Bauteile aus brennbaren Baustoffen müssen vor den Feuerraumöffnungen offener Kamine nach oben und nach den Seiten einen Abstand von mindestens 80 cm haben. Bei Anordnung eines beiderseits belüfteten Strahlungsschutzes genügt ein Abstand von 40 cm.

§ 5
Heizräume

(1) Feuerstätten für feste Brennstoffe mit einer Gesamtnennwärmeleistung von mehr als 50 kW dürfen nur in besonderen Räumen (Heizräumen) aufgestellt werden. Die Heizräume dürfen

1. nicht anderweitig genutzt werden, ausgenommen zur Aufstellung von weiteren Feuerstätten, Wärmepumpen, Blockheizkraftwerken und ortsfesten Verbrennungsmotoren sowie zur Lagerung von Brennstoffen und

2. mit Aufenthaltsräumen, ausgenommen solche für das Betriebspersonal, sowie mit Treppenräumen notwendiger Treppen nicht in unmittelbarer Verbindung stehen.

(2) Heizräume müssen

1. mindestens einen Rauminhalt von 8 m³ und eine lichte Höhe von 2 m,

2. einen Ausgang, der ins Freie oder in einen Flur führt, der die Anforderungen an notwendige Flure oder Gänge gemäß § 38 BauO LSA erfüllt, und

3. Türen, die in Fluchtrichtung aufschlagen

haben.

(3) Wände, ausgenommen nichttragende Außenwände, und Stützen von Heizräumen sowie Decken über und unter ihnen müssen feuerbeständig sein. Deren Öffnungen müssen, soweit sie nicht unmittelbar ins Freie führen, mindestens feuerhemmende und selbstschließende Abschlüsse haben. Die Sätze 1 und 2 gelten nicht für Trennwände zwischen Heizräumen und den zum Betrieb der Feuerstätten gehörenden Räumen, wenn diese Räume die Anforderungen der Sätze 1 und 2 erfüllen und die Trennwände außerhalb der Rohdecke enden.

(4) Heizräume müssen zur Raumlüftung jeweils eine obere und eine untere Lüftungsöffnung ins Freie mit einem lichten Querschnitt von mindestens je 150 cm² oder Lüftungsleitungen ins Freie mit strömungstechnisch äquivalenten lichten Querschnitten haben. Der lichte Querschnitt einer Lüftungsöffnung oder -leitung darf auf die Verbrennungsluftversorgung nach § 3 Abs. 4 angerechnet werden. Die oben liegende Öffnung soll möglichst nicht tiefer als 1,8 m über dem Fußboden und die unten liegende Öffnung in der Nähe des Fußbodens angeordnet werden.

(5) Lüftungsleitungen für Heizräume müssen eine Feuerwiderstandsdauer von mindestens 90 Minuten haben, soweit sie durch andere Räume führen, ausgenommen angrenzende, zum Betrieb der Feuerstätten gehörende Räume, die die Anforderungen nach Absatz 3 Sätze 1 und 2 erfüllen. Die Lüftungsleitungen dürfen mit anderen Lüftungsanlagen nicht verbunden sein und nicht der Lüftung anderer Räume dienen.

(6) Lüftungsleitungen, die der Lüftung anderer Räume dienen, müssen, soweit sie durch Heizräume führen,

1. eine Feuerwiderstandsdauer von mindestens 90 Minuten oder selbsttätige Absperrvorrichtungen für eine Feuerwiderstandsdauer von mindestens 90 Minuten haben und
2. ohne Öffnungen sein.

§ 6
Abgasanlagen

(1) Abgasanlagen müssen nach lichtem Querschnitt und Höhe, soweit erforderlich auch nach Wärmedurchlasswiderstand und innerer Oberfläche, so bemessen sein, dass die Abgase bei allen bestimmungsgemäßen Betriebszuständen ins Freie abgeführt werden und gegenüber Räumen kein gefährlicher Überdruck auftreten kann.

(2) Die Abgase von Feuerstätten für feste Brennstoffe müssen in Schornsteine, die Abgase von Feuerstätten für flüssige oder gasförmige Brennstoffe dürfen auch in Abgasleitungen eingeleitet werden.

(3) Mehrere Feuerstätten dürfen an einen gemeinsamen Schornstein, an eine gemeinsame Abgasleitung oder an ein gemeinsames Verbindungsstück nur angeschlossen werden, wenn

1. durch die Bemessung nach Absatz 1 die Ableitung der Abgase für jeden Betriebszustand sichergestellt ist,
2. die Übertragung von Abgasen zwischen den Aufstellräumen oder ein Austritt von Abgasen über nicht in Betrieb befindliche Feuerstätten ausgeschlossen ist und
3. bei gemeinsamer Abgasleitung die Abgasleitung aus nichtbrennbaren Baustoffen besteht oder eine Brandübertragung zwischen den Geschossen durch selbsttätige Absperrvorrichtungen verhindert wird.

(4) Luft-Abgas-Systeme sind zur Abgasabführung nur zulässig, wenn sie getrennte Luft- und Abgasschächte haben. An diese Systeme dürfen nur raumluftunabhängige Feuerstätten angeschlossen werden,

deren Bauart sicherstellt, dass sie für diese Betriebsweise geeignet sind. In Gebäuden müssen Luft-Abgas-Systeme, die Geschosse überbrücken, eine Feuerwiderstandsdauer von mindestens 90 Minuten und in Wohngebäuden geringer Höhe von mindestens 30 Minuten haben oder in Schächte nach Absatz 5 angeordnet sein. Bei Anschluss von Feuerstätten für feste Brennstoffe müssen die Abgasschächte gegen Rußbrände beständig sein. Im Übrigen gelten die Absätze 3 und 7 entsprechend.

(5) In Gebäuden muss jede Abgasleitung, soweit sie Geschosse überbrückt, in einem eigenen Schacht angeordnet sein. Dies gilt nicht für Abgasleitungen im Aufstellraum der Feuerstätten, in Wohngebäuden geringer Höhe mit nicht mehr als zwei Wohnungen oder für Abgasleitungen mit einer Feuerwiderstandsdauer von mindestens 90 Minuten und mit einer Feuerwiderstandsdauer von mindestens 30 Minuten in Wohngebäuden geringer Höhe. Die Anordnung mehrerer Abgasleitungen in einem gemeinsamen Schacht ist zulässig, wenn

1. die Abgasleitungen aus nichtbrennbaren Baustoffen bestehen,
2. die zugehörigen Feuerstätten in demselben Geschoss aufgestellt sind oder
3. eine Brandübertragung zwischen den Geschossen durch selbsttätige Absperrvorrichtungen oder andere Maßnahmen verhindert wird.

Die Schächte müssen eine Feuerwiderstandsdauer von mindestens 90 Minuten und in Wohngebäuden geringer Höhe von mindestens 30 Minuten haben.

(6) Abgasleitungen aus normal entflammbaren Baustoffen außerhalb von Schächten müssen in Schutzrohren aus nichtbrennbaren Baustoffen angeordnet sein. Dies gilt nicht für Abgasleitungen im Aufstellraum der Feuerstätten.

(7) Schornsteine müssen

1. gegen Rußbrände beständig sein,
2. in Gebäuden, in denen sie Geschosse überbrücken, eine Feuerwiderstandsdauer von mindestens 90 Minuten haben oder in durchgehenden Schächten mit einer Feuerwiderstandsdauer von 90 Minuten angeordnet sein,
3. unmittelbar auf dem Baugrund gegründet oder auf einem feuerbeständigen Unterbau errichtet sein; es genügt ein Unterbau aus nichtbrennbaren Baustoffen für Schornsteine in Gebäuden geringer Höhe, für Schornsteine, die oberhalb der obersten Geschossdecke beginnen sowie für Schornsteine an Gebäude.

4. durchgehend sein; sie dürfen insbesondere nicht durch Decken unterbrochen sein, und
5. für die Reinigung Öffnungen mit Schornsteinreinigungsverschlüssen haben.

(8) Schornsteine, Abgasleitungen und Verbindungsstücke, die unter Überdruck betrieben werden, müssen innerhalb von Gebäuden
1. vollständig in vom Freien dauernd gelüfteten Räumen liegen,
2. vollständig in Räumen liegen, die § 3 Abs. 1 Nr. 3 entsprechen,
3. soweit sie in Schächten und Schutzrohren liegen über die gesamte Länge und den ganzen Umfang hinterlüftet sein oder
4. der Bauart nach so beschaffen sein, dass Abgase in gefahrdrohender Menge nicht austreten können.

Für Abgasleitungen, die nicht Satz 1 Nr. 3 entsprechen, genügt, wenn sie innerhalb von Gebäuden über die gesamte Länge hinterlüftet sind.

(9) Verbindungsstücke und horizontale Abgasleitungen dürfen nicht in Decken, Wänden oder unzugänglichen Hohlräumen angeordnet oder in andere Geschosse geführt werden.

§ 7
Abstände von Abgasanlagen zu brennbaren Bauteilen sowie zu Öffnungen

(1) Schornsteine müssen
1. von Holzbalken und von Bauteilen entsprechender Abmessungen aus brennbaren Baustoffen einen Abstand von mindestens 2 cm,
2. von sonstigen Bauteilen aus brennbaren Baustoffen einen Abstand von mindestens 5 cm

einhalten. Dies gilt nicht für Schornsteine, die nur mit geringer Fläche an Bauteile, wie Fußleisten und Dachlatten, angrenzen. Zwischenräume in Decken- und Dachdurchführungen müssen mit nichtbrennbaren Baustoffen mit geringer Wärmeleitfähigkeit ausgefüllt sein.

(2) Abgasleitungen außerhalb von Schächten müssen von Bauteilen aus brennbaren Baustoffen einen Abstand von mindestens 20 cm einhalten. Es genügt ein Abstand von mindestens 5 cm, wenn die Abgasleitungen mindestens 2 cm dick mit nichtbrennbaren Dämmstoffen ummantelt sind oder wenn die Abgastemperatur der Feuerstätten bei Nennwärmeleistung nicht mehr als 160 °C betragen kann.

(3) Verbindungsstücke müssen von Bauteilen aus brennbaren Baustoffen einen Abstand von mindestens 40 cm einhalten. Es genügt ein

Abstand von mindestens 10 cm, wenn die Verbindungsstücke mindestens 2 cm dick mit nichtbrennbaren Dämmstoffen ummantelt sind.

(4) Abgasleitungen sowie Verbindungsstücke müssen, soweit sie durch Bauteile aus brennbaren Baustoffen führen,
1. in einem Abstand von mindestens 20 cm mit einem Schutzrohr aus nichtbrennbaren Baustoffen versehen oder
2. in einem Umkreis von mindestens 20 cm mit nichtbrennbaren Baustoffen mit geringer Wärmeleitfähigkeit ummantelt

sein. Abweichend von Satz 1 genügt ein Abstand von 5 cm, wenn die Abgastemperatur der Feuerstätten bei Nennwärmeleistung nicht mehr als 160 °C betragen kann oder Gasfeuerstätten eine Strömungssicherung haben.

(5) Abgasleitungen an Gebäuden müssen von Fenstern und anderen Öffnungen einen Abstand von mindestens 20 cm haben.

(6) Andere Abstände als nach den Absätzen 1 bis 4 sind zulässig, wenn die in den technischen Spezifikationen für Bauprodukte zur Herstellung von Abgasanlagen angegebenen Abstände gegenüber Bauteilen aus brennbaren Baustoffen eingehalten sind oder sichergestellt ist, dass an den Bauteilen aus brennbaren Baustoffen bei Nennwärmeleistung der Feuerstätten keine höheren Temperaturen als 85 °C auftreten können.

§ 8
Höhe der Mündungen von Schornsteinen und Abgasleitungen über Dach

(1) Die Mündungen von Schornsteinen und Abgasleitungen müssen
1. den First um mindestens 40 cm überragen oder von der Dachfläche mindestens 1 m entfernt sein; bei raumluftunabhängigen Gasfeuerstätten genügt ein Abstand von der Dachfläche von 40 cm, wenn die Gesamtwärmeleistung der Feuerstätten nicht mehr als 50 kW beträgt und das Abgas durch Ventilatoren abgeführt wird,
2. Dachaufbauten und Öffnungen zu Räumen um mindestens 1 m überragen, soweit deren Abstand zu den Schornsteinen und Abgasleitungen weniger als 1,5 m beträgt,
3. ungeschützte Bauteile aus brennbaren Baustoffen, ausgenommen Bedachungen, um mindestens 1 m überragen oder von ihnen mindestens 1,5 m entfernt sein,
4. bei Feuerstätten für feste Brennstoffe in Verbindung mit Gebäuden, deren Bedachung überwiegend nicht den Anforderungen des § 34

Abs. 1 BauO LSA entspricht, am First des Daches austreten und diesen um mindestens 80 cm überragen.

(2) Abweichend von Absatz 1 Nrn. 1 und 2 können weitergehende Anforderungen gestellt werden, wenn Gefahren oder unzumutbare Belästigungen zu befürchten sind.

§ 9
Wärmepumpen, Blockheizkraftwerke und ortsfeste Verbrennungsmotoren

(1) Für die Aufstellung von
1. Sorptionswärmepumpen mit feuerbeheizten Austreibern,
2. Blockheizkraftwerken in Gebäuden und
3. ortsfesten Verbrennungsmotoren

gelten § 3 Abs. 1 bis 6 sowie § 4 Abs. 1 bis 8 entsprechend.

(2) Die Verbrennungsgase von Blockheizkraftwerken und ortsfesten Verbrennungsmotoren in Gebäuden sind durch eigene, dichte Leitungen über Dach abzuleiten. Mehrere Verbrennungsmotoren dürfen an eine gemeinsame Leitung angeschlossen werden, wenn die sichere Abführung der Verbrennungsgase nachgewiesen ist. Die Leitungen dürfen außerhalb der Aufstellräume der Verbrennungsmotoren nur nach Maßgabe des § 6 Abs. 5 und 7 sowie § 7 angeordnet sein.

(3) Die Einleitung der Verbrennungsgase von Blockheizkraftwerken und ortsfesten Verbrennungsmotoren in Schornsteine oder Abgasleitungen für Feuerstätten ist nur zulässig, wenn die einwandfreie Abführung der Verbrennungsgase und, soweit Feuerstätten angeschlossen sind, auch die einwandfreie Abführung der Abgase nachgewiesen ist.

(4) Für die Abführung der Abgase von Sorptionswärmepumpen mit feuerbeheizten Austreibern und Abgaswärmepumpen gelten § 43 Abs. 5 BauO LSA und die §§ 6 bis 8 entsprechend.

§ 10
Brennstofflagerung in Brennstofflagerräumen

(1) Je Gebäude oder Brandabschnitt dürfen
1. feste Brennstoffe in einer Menge von mehr als 15 000 kg,
2. Heizöl und Dieselkraftstoff in Behältern mit mehr als insgesamt 5000 l oder

3. Flüssiggas in Behältern mit einem Füllgewicht von mehr als insgesamt 14 kg

nur in besonderen Räumen (Brennstofflagerräumen) gelagert werden, die nicht zu anderen Zwecken genutzt werden dürfen. Das Fassungsvermögen der Behälter darf insgesamt 100 000 l Heizöl oder Dieselkraftstoff oder 6500 l Flüssiggas je Brennstofflagerraum und 30 000 l Flüssiggas je Gebäude oder Brandabschnitt nicht überschreiten.

(2) Wände und Stützen von Brennstofflagerräumen sowie Decken über oder unter ihnen müssen feuerbeständig sein. Durch Decken und Wände von Brennstofflagerräumen dürfen keine Leitungen geführt werden, ausgenommen Leitungen, die zum Betrieb dieser Räume erforderlich sind, sowie Heizrohrleitungen, Wasserleitungen und Abwasserleitungen. Türen von Brennstofflagerräumen müssen mindestens feuerhemmend und selbstschließend sein. Die Sätze 1 und 3 gelten nicht für Trennwände zwischen Brennstofflagerräumen und Heizräumen, soweit die Trennwände unterhalb der Rohdecke enden, und nicht für Türen zwischen Brennstofflagerräumen und Heizräumen.

(3) Brennstofflagerräume für flüssige Brennstoffe

1. müssen gelüftet und von der Feuerwehr vom Freien aus über eine Öffnung von mindestens 40 cm × 40 cm beschäumt werden können,
2. dürfen nur Bodenabläufe mit Heizölsperren oder Leichtflüssigkeitsabscheidern haben und
3. müssen an den Zugängen mit der Aufschrift „HEIZÖLLAGERUNG" oder „DIESELKRAFTSTOFFLAGERUNG" gekennzeichnet sein.

(4) Brennstofflagerräume für Flüssiggas

1. müssen über eine ständig wirksame Lüftung verfügen,
2. dürfen keine Öffnungen zu anderen Räumen, ausgenommen Öffnungen für Türen, und keine offenen Schächte und Kanäle haben,
3. dürfen mit ihren Fußböden nicht allseitig unterhalb der Geländeoberfläche liegen,
4. dürfen in ihren Fußböden außer Abläufen mit Flüssigkeitsverschluss keine Öffnungen haben,
5. müssen an ihren Zugängen mit der Aufschrift „FLÜSSIGGASANLAGE" und „WARNUNG VOR EXPLOSIONSFÄHIGER ATMOSPHÄRE" gekennzeichnet sein und

6. dürfen nur mit elektrischen Anlagen ausgestattet sein, die ausreichend explosionsgeschützt sind.

§ 11
Brennstofflagerung außerhalb von Brennstofflagerräumen

(1) In Wohnungen dürfen gelagert werden
1. Heizöl oder Dieselkraftstoff in einem dichten und unzerbrechlichen Behälter bis zu 100 l oder in Kanistern bis zu insgesamt 40 l,
2. Flüssiggas in einem Behälter (wie Flüssiggasflaschen) mit einem Füllgewicht von nicht mehr als 14 kg, wenn die Fußböden allseitig oberhalb der Geländeoberfläche liegen und außer Abläufen mit Flüssigkeitsverschluss keine Öffnungen haben. In Räumen, die überwiegend Schlafzwecken dienen, dürfen keine Flüssiggasbehälter aufgestellt werden.

(2) In anderen Räumen dürfen Heizöl oder Dieselkraftstoff von mehr als 1000 l und nicht mehr als 5000 l je Gebäude oder Brandabschnitt gelagert werden, wenn diese Räume gelüftet werden können und gegenüber anderen Räumen keine Öffnungen, ausgenommen Öffnungen für Türen, haben. In Räumen nach Satz 1 dürfen Feuerstätten für feste Brennstoffe nur aufgestellt werden, wenn deren Gesamtnennwärmeleistung nicht mehr als 50 kW beträgt.

(3) Sind in den Räumen nach Absatz 2 Feuerungsanlagen vorhanden, müssen diese
1. außerhalb des Auffangraumes für auslaufenden Brennstoff angeordnet sein und
2. einen Abstand von mindestens 1 m zu Lagerbehältern für Heizöl oder Dieselkraftstoff haben, soweit nicht ein Strahlungsschutz vorhanden ist.

§ 12
In-Kraft-Treten, Außer-Kraft-Treten

(1) Diese Verordnung tritt am Tage nach ihrer Verkündung in Kraft.

(2) *– aufgehoben –*

**Anlage
zu § 14**

Schutzzonen um Flüssiggas-Behälter im Freien

1. Bei oberirdisch oder erdgedeckt im Freien aufgestellten Flüssiggasbehältern ist um die angeschlossenen Armaturen (wie Peilventile) der explosionsgefährdete Bereich nach Maßgabe der Nummern 2 und 3 von jeglicher Nutzung freizuhalten. Die Armaturen müssen zu Kanälen, Schächten und Öffnungen einen Abstand nach Nummer 4 einhalten. Die Sätze 1 und 2 gelten nicht für blind geschlossene Behälteranschlüsse.

2. Der explosionsgefährdete Bereich unterteilt sich in einen ständig freizuhaltenden Bereich A (Zone 1) und einen temporären Bereich B (Zone 2), der nur während der Befüllung freizuhalten ist. Geometrie und Abmessungen dieser explosionsgefährdeten Bereiche sind den Bildern 1 bis 4 zu entnehmen. Die explosionsgefährdeten Bereiche müssen gut durchlüftet sein; in ihnen sind Zündquellen unzulässig. Sie dürfen sich nicht auf Nachbargrundstücke oder öffentliche Verkehrsflächen erstrecken.

3. Eine Einschränkung der explosionsgefährdeten Bereiche ist durch bauliche Maßnahmen, wie öffnungslose Wände aus nichtbrennbaren Baustoffen, an bis zu zwei Seiten zulässig. Bei einer Einschränkung an mehr als zwei Seiten sind ergänzende Lüftungsmaßnahmen vorzunehmen. Die baulichen Maßnahmen müssen seitlich und nach oben mindestens die Abmessungen der explosionsgefährdeten Bereiche am Standort der baulichen Maßnahmen haben (Bilder 5 bis 7).

4. Innerhalb eines Abstandes von 3 m um den Projektionspunkt der Armaturen auf die Erdoberfläche dürfen keine offenen Kanäle, gegen Gaseintritt ungeschützte Kanaleinläufe, offene Schächte, Öffnungen zu tiefer liegenden Räumen (wie Kellerschächte) oder Lüftungsöffnungen angeordnet sein (Bild 8). Während des Befüllvorganges erweitert sich dieser Abstand temporär von 3 m auf 5 m. Die Abstände können durch bauliche Maßnahmen entsprechend Nummer 3 verringert werden.

5. Im Freien aufgestellte Flüssiggasbehälter müssen zudem vor in der Umgebung möglichen Bränden gegen gefährliche Erwärmung durch Flammeneinwirkung oder Wärmestrahlung für eine Branddauer von mindestens 90 Minuten geschützt sein. Als Schutzmaßnahmen sind möglich

a) ein ausreichender Schutzabstand, mindestens 5 m,
b) eine geeignete Schutzwand aus nichtbrennbaren Baustoffen,
c) eine allseitige Erddeckung von mindestens 0,5 m oder
d) ein beidseitig belüfteter Strahlungsschutz aus nichtbrennbaren Baustoffen.

Die Schutzmaßnahmen nach Satz 2 Buchst. a und b sind nach den technischen Regeln zu §4 Abs. 1 DruckbehV zu bemessen und herzustellen.

Schutzzone um Flüssiggasbehälter im Freien

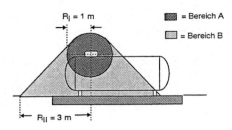

Bild 1: Explosionsgefährdeter Bereich bei oberirdischer Aufstellung

    Bereich A: Ständig freihalten, 1 m kugelförmig
    Bereich B: Nur während des Befüllvorganges freihalten, tangential an Bereich A anschließender Kegel von 3 m

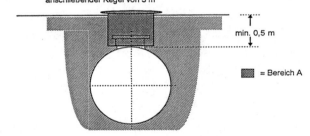

Bild 2: Explosionsgefährdeter Bereich bei erdgedeckter Einlagerung während des Betriebes (geschlossener Domschacht)

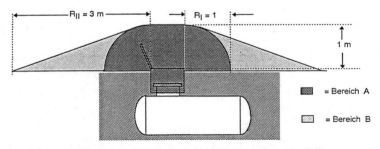

Bild 3: Explosionsgefährdeter Bereich bei erdgedeckter Einlagerung während der Befüllung

    Bereich A: Ständig freihalten, 1 m kugelförmig
    Bereich B: Nur während des Befüllvorganges freihalten, tangential an Bereich A anschließender Kegel von 3 m

FeuVO Anlage **II/5**

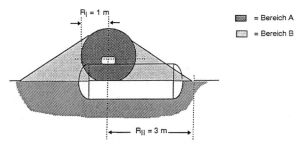

Bild 4: Explosionsgefährdeter Bereich bei halboberirdischer Einlagerung

    Bereich A: Ständig freihalten, 1 m kugelförmig
    Bereich B: Nur während des Befüllvorganges freihalten, tangential an Bereich **A** anschließender Kegel von 3 m

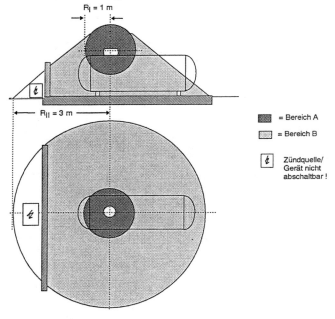

Bild 5: Einschränkung des explosionsgefährdeten Bereichs - Oberirdische Aufstellung

    Bereich A: Ständig freihalten, 1 m kugelförmig
    Bereich B: Nur während des Befüllvorganges freihalten, tangential an Bereich **A** anschließender Kegel von 3 m

::rehm*bau*   Bauordnung Sachsen-Anhalt   185

II/5 Anlage FeuVO

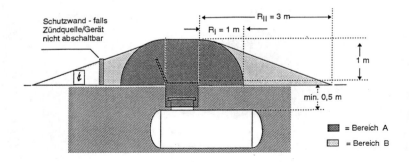

Bild 6: Einschränkung des explosionsgefährdeten Bereichs bei erdgedeckter Einlagerung während der Befüllung

Bereich A: Ständig freihalten, 1 m kugelförmig
Bereich B: Nur während des Befüllvorganges freihalten, tangential an Bereich A anschließender Kegel von 3 m

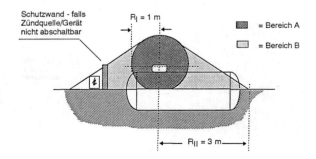

Bild 7: Einschränkung des explosionsgefährdeten Bereichs bei halboberirdischer Einlagerung während des Befüllvorgangs

Bereich A: Ständig freihalten, 1 m kugelförmig
Bereich B: Nur während des Befüllvorganges freihalten, tangential an Bereich A anschließender Kegel von 3 m

FeuVO Anlage **II/5**

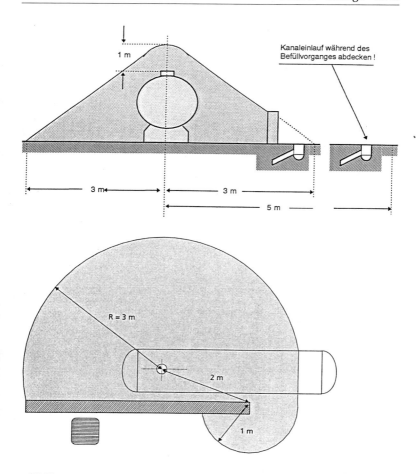

Bild 8: Bauliche Maßnahmen zur Reduzierung des Abstandes zu Kanälen, Schächten und Öffnungen

6.
Baugebührenverordnung (BauG-VO)

vom 15.3.2002 (GVBl. LSA S. 111)

Aufgrund des § 3 Abs. 4 Satz 2 und des § 12 Abs. 5 des Verwaltungskostengesetzes des Landes Sachsen-Anhalt (VwKostG LSA) vom 27. Juni 1991 (GVBl. LSA S. 154), zuletzt geändert durch Artikel 12 des Dritten Rechtsbereinigungsgesetzes vom 7. Dezember 2001 (GVBl. LSA S. 540), – im Einvernehmen mit dem Minister der Finanzen – und des § 89 Abs. 1 Nr. 5 in Verbindung mit § 63 Abs. 1 Satz 1 Nr. 1 der Bauordnung Sachsen-Anhalt (BauO LSA) vom 9. Februar 2001 (GVBl. LSA S. 50), geändert durch Artikel 35 des Dritten Rechtsbereinigungsgesetzes vom 7. Dezember 2001 (GVBl. LSA S. 540), in Verbindung mit Abschnitt II Nr. 9 des Beschlusses der Landesregierung über den Aufbau der Landesregierung Sachsen-Anhalt und die Abgrenzung der Geschäftsbereiche vom 21. Juli 1998 (MBl. LSA S. 1570), zuletzt geändert durch Beschluss vom 20. Februar 2001 (MBl. LSA S. 159), wird verordnet:

§ 1

(1) Für Amtshandlungen der Bauaufsichtsbehörden sind Kosten (Gebühren und Auslagen) nach Maßgabe dieser Verordnung zu erheben. Die in der **Anlage 1** genannten Gebühren gelten die Amtshandlungen nur insoweit ab, als die Bauaufsichtsbehörde deren Vereinbarkeit mit bauordnungs- und bauplanungsrechtlichen Vorschriften geprüft hat.

(2) Leistungen von Sachverständigen oder sachverständigen Stellen, die gemäß § 64 Abs. 3 BauO LSA bei der Vorbereitung oder Vornahme einer Amtshandlung herangezogen werden, werden gemäß § 26 Abs. 3 Satz 2 des Verwaltungsverfahrensgesetzes für das Land Sachsen-Anhalt (VwVfG LSA) in der Fassung der Bekanntmachung vom 7. Januar 1999 (GVBl. LSA S. 2), geändert durch Artikel 10 des Dritten Rechtsbereinigungsgesetzes, vergütet.

(3) Die Vergütung nach Absatz 2 und Kosten nach Maßgabe dieser Verordnung, die durch die Wahrnehmung von Prüfaufgaben der Bauaufsichtsbehörden durch Sachverständige oder sachverständige Stellen nach § 89 Abs. 2 Nr. 3 BauO LSA entstehen, schuldet außer bei Typenprüfungen die Bauaufsichtsbehörde, die den Auftrag erteilt hat.

Sie sind der Bauaufsichtsbehörde vom Kostenschuldner als Auslagen zu erstatten.

(4) Die Erhebung von Gebühren und Pauschbeträgen für Auslagen für nicht in dieser Verordnung bestimmte Amtshandlungen und sonstige Leistungen aufgrund anderer Gebührenordnungen bleibt unberührt.

§ 2

(1) Die Prüfingenieure und Prüfingenieurinnen für Baustatik im Sinne des § 2 der Bautechnischen Prüfungsverordnung (BauPrüfVO) vom 5. September 1996 (GVBl. LSA S. 315), zuletzt geändert durch Artikel 1 der Verordnung zur Änderung bauordnungsrechtlicher Vorschriften vom 7. Dezember 2001 (GVBl. LSA S. 565)[1]), erhalten für ihre Leistungen in Angelegenheiten der Bauaufsichtsbehörde Gebühren und Auslagen nach Maßgabe dieser Verordnung. In den Gebühren ist die Umsatzsteuer in jeweils gesetzlich bestimmter Höhe enthalten.

(2) Den Prüfingenieuren und Prüfingenieurinnen für Baustatik im Sinne des § 2 BauPrüfVO werden Auslagen für notwendige Reisen (Reisekostenvergütung) nach den für Beamtinnen und Beamten der Besoldungsgruppe A 15 geltenden Regelungen des Bundesreisekostengesetzes in der Fassung der Bekanntmachung vom 13. November 1973 (BGBl. I S. 1621), zuletzt geändert durch Artikel 1 der Verordnung zur Änderung reisekostenrechtlicher Vorschriften vom 28. März 2001 (BGBl. I S. 472), in der jeweils geltenden Fassung erstattet. Fahr- und Wartezeiten sind nach Zeitaufwand (§ 6) zu berechnen.

(3) Sonstige Auslagen werden nur erstattet, wenn der Prüfingenieur oder die Prüfingenieurin für Baustatik im Sinne des § 2 BauPrüfVO dies bei der Bauaufsichtsbehörde beantragt und diese zugestimmt hat.

(4) Mit dem Prüfauftrag nach § 6 BauPrüfVO teilt die Bauaufsichtsbehörde dem Prüfingenieur oder der Prüfingenieurin für Baustatik im Sinne des § 2 BauPrüfVO den Rohbauwert und die für die Gebührenberechnung anzuwendende Bauwerksklasse mit.

(5) Wird der Prüfauftrag aus von dem Prüfingenieur oder von der Prüfingenieurin für Baustatik im Sinne des § 2 BauPrüfVO nicht zu vertretenden Gründen abgebrochen, so wird der Prüfauftrag entsprechend der anteilig erbrachten Leistung vergütet.

---

1) Anmerkung der Redaktion: Der Text der BauG-VO ist an dieser Stelle korrekt wiedergegeben; nach der Änderung der BauPrüfVO vom 7.12.2001 erfolgte die letzte Änderung durch Gesetz vom 19.3.2002 (s. Nr. II/3 dieses Buches).

§ 3

(1) Der Rohbauwert ist für die in der **Anlage 2** genannten Gebäude nach deren Brutto-Rauminhalt, vervielfältigt mit dem jeweils angegebenen Rohbauwert je Kubikmeter Brutto-Rauminhalt zu errechnen. Der Brutto-Rauminhalt bestimmt sich nach **Anlage 5**. Die Rohbauwerte der Anlage 2 basieren auf der Indexzahl 100 für das Jahr 1995. Ab 1. Oktober eines jeden Jahres sind diese Kosten mit dem vom Statistischen Landesamt Sachsen-Anhalt für das jeweils vergangene Jahr bekannt gemachten Preisindex für Wohngebäude insgesamt zu vervielfältigen und auf volle Euro zu runden. Die Indexzahl und die sich daraus ergebenden Rohbauwerte je Kubikmeter Brutto-Rauminhalt werden von der obersten Bauaufsichtsbehörde im Ministerialblatt für das Land Sachsen-Anhalt bekannt gegeben.[1])

(2) Für die nicht in der Anlage 2 genannten baulichen Anlagen ist der Rohbauwert nach den veranschlagten Kosten zu ermitteln, die für die Herstellung aller bis zu einer Bauzustandsbesichtigung des Rohbaus (§ 86 Abs. 1 BauO LSA) fertig zu stellenden Arbeiten und Lieferungen erforderlich sind. Zu dem Rohbauwert gehören insbesondere die Kosten für Erdarbeiten, Abdichtungen, Dachdeckungsarbeiten, Klempnerarbeiten, Gerüste, Baugrubensicherungen, die Baustelleneinrichtung sowie die Kosten für Bauteile, die nicht zu einer Rohbaubesichtigung fertig zu stellen sind, für die jedoch ein Standsicherheitsnachweis erforderlich ist. Soweit die Gebühr nach dem Herstellungswert zu berechnen ist, sind die veranschlagten Kosten zu Grunde zu legen, die für die Herstellung aller bis zu einer Besichtigung der fertig gestellten baulichen Anlage fertig zu stellenden Arbeiten und Lieferungen erforderlich sind. Bei Umbauten sind auch die Kosten von Abbrucharbeiten zu berücksichtigen. Zu dem Rohbau- und Herstellungswert gehört die auf die Kosten nach den Sätzen 1 bis 4 entfallende Umsatzsteuer. Einsparungen durch Eigenleistungen oder Vergünstigungen sind nicht zu berücksichtigen.

(3) In den Fällen des Absatzes 2 kann die Bauaufsichtsbehörde für die Ermittlung der Gebühren den Rohbau- oder Herstellungswert unter Berücksichtigung ortsüblicher Preise schätzen, wenn der Kostenschuldner oder die Kostenschuldnerin den Rohbau- oder Herstellungswert nach Absatz 2 nicht nachgewiesen hat. Der Kostenschuldner oder die Kostenschuldnerin kann diesen Nachweis auch noch nach Erlass der Gebührenbescheide führen, solange die Gebührenbescheide noch nicht unanfechtbar geworden sind.

---

1) Abgedruckt unter S. 221.

(4) Rohbau- und Herstellungskosten von Teilen baulicher Anlagen, die nicht Gegenstand baurechtlicher Prüfungen sind, bleiben, soweit nachfolgend nichts anderes geregelt ist, unberücksichtigt. Werden die Herstellungskosten einer baulichen Anlage maßgeblich von einer Anlage, Einrichtung oder technischen Ausstattung bestimmt, die selbst keiner baurechtlichen Prüfung unterliegt, ist der Gebührenberechnung die Hälfte der Herstellungskosten dieser Anlage, Einrichtung oder technischen Ausstattung als Herstellungswert zu Grunde zu legen.

(5) Der Rohbau- oder Herstellungswert ist im Zeitpunkt zu ermitteln, wenn der Bauantrag und die zur Beurteilung des Bauvorhabens erforderlichen Unterlagen vorliegen. Der Rohbau- oder Herstellungswert ist jeweils auf volle 500 Euro aufzurunden.

(6) Stehen die Rohbauwerte nach Absatz 1 in einem groben Missverhältnis zu den Rohbauwerten nach Absatz 2, so sind auf Antrag des Bauherrn oder der Bauherrin die Rohbauwerte nach Absatz 2 der Gebührenermittlung zu Grunde zu legen, sofern die auf dieser Grundlage ermittelte Gebühr in angemessenem Verhältnis zum Aufwand steht; ein grobes Missverhältnis liegt in der Regel vor, wenn die Rohbauwerte nach Absatz 2 um mehr als ein Drittel von den Rohbauwerten nach Absatz 1 abweichen.

§ 4

(1) Bestimmt sich die Gebühr nach **Anlage 4**, so ist der Rohbauwert für eine bauliche Anlage mit mindestens 10 000 Euro anzusetzen und die Anlage zur Gebührenbemessung in die dem Schwierigkeitsgrad entsprechende Bauwerksklasse nach **Anlage 3** einzustufen. Für Zwischenwerte der in der Anlage 4 genannten Rohbauwerte sind die Gebühren der Anlage 4 gradlinig zu interpolieren. Eine Interpolation zwischen den Bauwerksklassen der Anlage 4 ist nicht zulässig.

(2) Für die Berechnung der Gebühr nach Anlage 4 sind für bauliche Anlagen sowie andere Anlagen und Einrichtungen, für die ein Herstellungswert nach § 3 Abs. 2 bis 5 ermittelt wurde, zwei Drittel des Herstellungswertes als Rohbauwert anzusetzen.

(3) Besteht eine bauliche Anlage aus Bauteilen mit unterschiedlichem Schwierigkeitsgrad, so ist sie in die Bauwerksklasse der **Anlage 3** einzustufen, auf die sich der überwiegende Prüfaufwand erstreckt.

(4) Besteht eine Baumaßnahme aus mehreren baulichen Anlagen, so ist die Gebühr nach der Gebührentafel (Anlage 4) für jede einzelne Anlage getrennt zu ermitteln, wobei der Rohbauwert und die Bau-

werksklasse der jeweiligen baulichen Anlage zu Grunde zu legen sind. Gehören die baulichen Anlagen jedoch der gleichen Bauwerksklasse an, so sind, wenn sie auch im Übrigen in statisch-konstruktiver Hinsicht weitgehend vergleichbar sind und die Bauvorlagen gleichzeitig zur Prüfung vorgelegt werden, die Rohbauwerte dieser baulichen Anlagen, soweit nicht die Voraussetzungen für eine Gebührenermäßigung nach Anlage 1 Anmerkungen zu den Tarifstellen 10.1 bis 10.10 vorliegen, zusammenzufassen; die Gebühr ist danach wie für eine bauliche Anlage nach Anlage 4 zu berechnen.

§ 5

(1) Umfasst die Amtshandlung nach § 1 Abs. 1 Genehmigungen oder vergleichbare Amtshandlungen auf der Grundlage anderer öffentlich-rechtlicher Vorschriften als der BauO LSA, so erhöhen sich die Kosten um einen Zuschlag, der sich nach den Gebühren und Auslagen bemisst, die im Falle gesonderter Amtshandlungen auf der Grundlage dieser Vorschriften zu erheben wären.

(2) Prüft die Bauaufsichtsbehörde oder eine andere Behörde die Vereinbarkeit einer gebührenpflichtigen Amtshandlung mit anderen als bauordnungs- und bauplanungsrechtlichen Vorschriften, ohne dass ein Fall des Absatzes 1 vorliegt, erhöhen sich die Gebühren für die Amtshandlung der Bauaufsichtsbehörde um einen Zuschlag, der sich nach dem Zeitaufwand für diese weitere Prüfung bemisst. Die Höhe des Zuschlags richtet sich nach § 3 der Allgemeinen Gebührenordnung des Landes Sachsen-Anhalt vom 23. Mai 2000 (GVBl. LSA S. 266), zuletzt geändert durch Verordnung vom 17. Dezember 2001 (GVBl. LSA S. 590), in der jeweils geltenden Fassung. Die Sätze 1 bis 3 gelten nicht für

1. die Beteiligung der Denkmalschutzbehörden und des Denkmalfachamtes,
2. mitwirkende Stellen, die aufgrund anderer Vorschriften für die Mitwirkung Anspruch auf Gebühren oder Entgelte haben,
3. die Weiterleitung von Bauvorlagen nach § 68 Abs. 4 Satz 3 und Abs. 5 BauO LSA und die bloße Weiterleitung sonstiger Vorgänge.

Dem Zeitaufwand sind die in § 3 der Allgemeinen Gebührenordnung des Landes Sachsen-Anhalt in der jeweils geltenden Fassung bestimmten Stundensätze zu Grunde zu legen.

(3) Entfällt der nach den vorstehenden Absätzen erhobene Zuschlag auf die Mitwirkung der Behörde eines anderen Rechtsträgers als demjenigen, für den die Bauaufsichtsbehörde handelt, ist der vereinnahmte Zuschlag an diesen Rechtsträger abzuführen.

§ 6

(1) Bestimmt sich die Gebühr im Gebührenverzeichnis (Anlage 1) nach dem Zeitaufwand, ist die Zeit anzusetzen, die unter regelmäßigen Verhältnissen von einer entsprechend ausgebildeten Fachkraft benötigt wird. Bei örtlichen Arbeiten sind die Fahr- und Wartezeiten als Arbeitszeit zu rechnen.

(2) Jeder angefangenen Arbeitsstunde ist ein Stundensatz in Höhe von 1,5 v. H. des Monatsgrundgehaltes eines Landesbeamten oder einer Landesbeamtin in der Endstufe der Besoldungsgruppe A 15 des Bundesbesoldungsgesetzes in der Fassung der Bekanntmachung vom 3. Dezember 1998 (BGBl. I S. 3434), zuletzt geändert durch Artikel 26 der Siebenten Zuständigkeitsanpassungs-Verordnung vom 29. Oktober 2001 (BGBl. I S. 2785), in der jeweils geltenden Fassung zu Grunde zu legen. Dieser Stundensatz ist auf volle Euro abzurunden. Die oberste Bauaufsichtsbehörde gibt den jeweils der Gebührenberechnung zu Grunde zu legenden Stundensatz im Ministerialblatt für das Land Sachsen-Anhalt bekannt.

§ 7

Für Amtshandlungen im Sinne des § 1 Abs. 1 und für die Leistungen des § 2 Abs. 1 werden Gebühren und Pauschbeträge für Auslagen vorbehaltlich des Satzes 2 nach der Verordnung erhoben, die im Zeitpunkt der Beendigung der Amtshandlungen und Leistungen gelten. Für die Prüfung des Brandschutzes nach § 67 Abs. 7 BauO LSA werden Gebühren nach Anlage 1 Tarifstelle 1.2.2 erhoben.

§ 8

Die DIN-Normen, auf die in den Anlagen 2 und 5 verwiesen wird, werden vom Beuth-Verlag GmbH, Berlin und Köln, herausgegeben und sind beim Deutschen Patentamt in München archivmäßig gesichert niedergelegt.

§ 9

(1) Diese Verordnung tritt vorbehaltlich Satz 2 am Tage nach ihrer Verkündung in Kraft. § 7 Satz 2 tritt mit Wirkung vom 1. Mai 2001 in Kraft.

(2) Gleichzeitig tritt die Baugebührenordnung vom 15. August 1991 (GVBl. LSA S. 269), zuletzt geändert durch Verordnung vom 24. Januar 1995 (GVBl. LSA S. 47), außer Kraft.

Anlage 1
(zu § 1 Abs. 1)

Gebührenverzeichnis

Tarif-stelle (1)	Gegenstand (2)	Gebühr Euro (3)
1	Baugenehmigung	
1.1	Baugenehmigung (§ 77 BauO LSA) i. V. m. § 66 Abs. 1 und 2 BauO LSA, ausgenommen die Baugenehmigung nach Tarifstellen 1.2, 1.4 bis 1.8	
1.1.1	für je angefangene 500 Euro des Rohbauwertes	4,6
	mindestens	50
1.1.2	soweit der Rohbauwert schwer bestimmbar ist, für je angefangene 500 Euro des Herstellungswertes	3,07
	mindestens	50
1.2	Baugenehmigung (§ 77 BauO LSA) i. V. m. § 67 BauO LSA	
1.2.1	ohne Prüfung des Brandschutzes	50 v. H. der Gebühr nach Tarifstelle 1.1
	mindestens	50
1.2.2	einschließlich der Prüfung des Brandschutzes nach Antragstellung gemäß § 67 Abs. 7 BauO LSA	80 v. H. der Gebühr nach Tarifstelle 1.1
	mindestens	50
	Anmerkungen zu den Tarifstellen 1.1 und 1.2: a) Für mehrere gleiche bauliche Anlagen auf einem Baugrundstück oder auf benachbarten Baugrundstücken ermäßigen sich die Gebühren für die zweite und jede weitere bauliche Anlage auf die Hälfte, jedoch nur bis zur jeweiligen Mindestgebühr, wenn die Bauanträge gleichzeitig zur Prüfung vorgelegt werden. Die Ermäßigung ist auf alle Bauanträge umzulegen. b) Für bauliche Anlagen, für die eine Typengenehmigung erteilt ist, ermäßigen sich die Gebühren auf die Hälfte, jedoch nur bis zur jeweiligen Mindestgebühr.	

II/6 Anlage 1 BauG-VO

Tarif-stelle (1)	Gegenstand (2)	Gebühr Euro (3)
1.3	Genehmigung von Werbeanlagen (§ 13 Abs. 1 Satz 1 BauO LSA) mit einer Ansichtsfläche	
1.3.1	bis zu 5 m²	51,13
1.3.2	von mehr als 5 m² bis 10 m², je angefangenen Quadratmeter	8,18
1.3.3	über 10 m²	92,03 zuzüglich 3,07 je Quadratmeter der 10 m² übersteigenden Fläche
	je Werbeanlage höchstens	250
	Anmerkungen zu Tarifstelle 1.3: a) Als Ansichtsfläche gilt bei unregelmäßiger Form der Werbeanlage das Rechteck, das die Anlage umschließt. b) Für gleiche Werbeanlagen auf demselben Baugrundstück ermäßigen sich die Gebühren für die zweite und jede weitere Werbeanlage auf ein Viertel, wenn die Bauanträge gleichzeitig zur Prüfung vorgelegt werden.	
1.4	Genehmigung von selbständigen Abgrabungen und Aufschüttungen	50 bis 1 000
1.5	Genehmigung von Nutzungsänderungen	50 bis 1 500
	Anmerkung zu Tarifstelle 1.5: Die Gebührenerhebung für die mit Nutzungsänderungen im Zusammenhang stehenden sonstigen Baumaßnahmen bleibt unberührt.	
1.6	Genehmigung des Abbruchs oder der Beseitigung von Gebäuden oder von deren Teilen je Gebäude	50 bis 1 250
1.7	Teilbaugenehmigung (§ 78 Abs. 1 BauO LSA)	50 bis 1 500
	Anmerkung zu Tarifstelle 1.7: Die Gebühren für die einzelnen Teilbaugenehmigungen können unter Berücksichtigung eines geringeren Prüfaufwandes im Baugenehmigungsverfahren auf die Gebühr für die Baugenehmigung angerechnet werden, soweit sie 150 Euro übersteigen.	

Tarif-stelle (1)	Gegenstand (2)	Gebühr Euro (3)
1.8	Verlängerung einer Baugenehmigung (§ 79 Abs. 2 BauO LSA)	30 v. H. der Genehmigungs-gebühr nach den Tarifstellen 1.1 bis 1.7
	mindestens	50
	höchstens	750
1.9	Änderung einer Baugenehmigung aufgrund geänderter Bauvorlagen, soweit sich die Gebühr nicht nach den Tarifstellen 1.1 bis 1.6 bestimmen lässt	nach Zeitauf-wand
	höchstens	750
2	Vorbescheid	
2.1	Vorbescheid (§ 72 Abs. 1 Satz 1 und 4 BauO LSA)	50 bis 1 500
2.2	Verlängerung eines Vorbescheides (§ 72 Abs. 1 Satz 3 BauO LSA)	30 v. H. der Genehmigungs-gebühr nach Tarifstelle 2.1
	mindestens	50
	Anmerkung zu Tarifstelle 2: Die Gebühren für Vorbescheide können je nach Verringerung des Prüfaufwandes im Baugenehmigungsverfahren bis zur Hälfte auf die Baugenehmigungsgebühr angerech-net werden, soweit die Mindestgebühr für die Baugenehmigung nicht unterschritten wird.	
3	Zustimmung nach § 82 BauO LSA, soweit das Land Sachsen-Anhalt nicht Bauherr ist	
3.1	Zustimmung nach § 82 Abs. 1 Satz 2 BauO LSA, ausgenommen die Zustimmung nach Tarifstelle 3.2	nach Tarifstelle 1.1 oder 1.2
3.2	Zustimmung zu Werbeanlagen, selbständigen Abgrabungen und Aufschüttungen, zu Nut-zungsänderungen sowie zum Abbruch oder Beseitigung von Gebäuden	nach den Tarif-stellen 1.3 bis 1.6
3.3	Teilbauzustimmung (§ 82 Abs. 4 BauO LSA)	nach Tarifstelle 1.7

II/6 Anlage 1 BauG-VO

Tarif-stelle (1)	Gegenstand (2)	Gebühr Euro (3)
3.4	Verlängerung einer Zustimmung	30 v. H. der Gebühr nach Tarifstelle 3.1 bis 3.3
	mindestens	50
	höchstens	500
3.5	Änderung einer Zustimmung aufgrund geänderter Bauvorlagen	30 v. H. der Gebühr nach den Tarifstellen 3.1 bis 3.3
	mindestens	50
	höchstens	750
3.6	Vorbescheid und dessen Verlängerung im Zustimmungsverfahren (§ 82 Abs. 4 BauO LSA)	nach Tarifstelle 2.1 oder 2.2
4	Beratung der am Bau Beteiligten (§ 64 Abs. 2 Satz 3 BauO LSA), insbesondere Auskünfte, auch im Zusammenhang mit einem anhängigen Verfahren durch die Bauaufsichtsbehörde, wenn der Zeitaufwand mehr als 15 Minuten beträgt; für jede weitere angefangene Viertelstunde	12,5
5	Bauprodukte, Bauarten	
5.1	Zustimmung zur Verwendung oder Anwendung neuer Bauprodukte und Bauarten im Einzelfall (§ 23 Abs. 1 Satz 1 oder § 24 Abs. 1 Satz 1 BauO LSA) *Anmerkung zu Tarifstelle 5.1:* Die im Rahmen des Zustimmungsverfahrens für Leistungen Dritter zu zahlenden Beträge sind in den Gebühren nicht enthalten und deshalb gesondert als Auslagen zu erheben (§ 14 Abs. 2 Nr. 6 VwKostG LSA).	100 bis 3 000
5.2	Erklärung des Zustimmungsverzichtes (§ 23 Abs. 1 Satz 2, § 24 Abs. 1 Satz 3 BauO LSA)	50 bis 1 500
5.3	Gestattung der Verwendung von Bauprodukten oder Bauarten ohne das erforderliche Übereinstimmungszertifikat (§ 25 Abs. 2 Satz 4 und Abs. 3 BauO LSA)	100 bis 2 500

Tarif-stelle (1)	Gegenstand (2)	Gebühr Euro (3)
6	Bauüberwachung, Bauzustandsbesichtigungen *Anmerkungen zu Tarifstelle 6:* Die Gebühren sind auch zu erheben, wenn das Bauvorhaben nach anderen Rechtsvorschriften genehmigt ist und diese Genehmigung die Baugenehmigung einschließt. Bei der Gebührenbemessung bleiben Ermäßigungen der Genehmigungsgebühr entsprechend den Anmerkungen zu den Tarifstellen 1.1 und 1.2 unberücksichtigt.	
6.1	Überwachung von Bauvorhaben nach § 67 BauO LSA (§ 85 Abs. 1 BauO LSA)	nach Zeitaufwand
	– für den 1. bis 3. Termin der Bauüberwachung je Termin	bis zu 20 v. H. der Gebühr nach Tarifstelle 1.2 oder 1.6
	– für jeden weiteren Termin der Bauüberwachung	bis zu 10 v. H. der Gebühr nach Tarifstelle 1.2 oder 1.6
	höchstens aber für alle Termine der Bauüberwachung	100 v. H. der Gebühr nach Tarifstelle 1.2 oder 1.6
6.2	Überwachung von Bauvorhaben nach § 67 Abs. 1 Satz 2 BauO LSA i. V. m. § 66 BauO LSA (§ 85 Abs. 1 BauO LSA)	nach Zeitaufwand
	– für den 1. bis 3. Termin der Bauüberwachung je Termin	bis zu 20 v. H. der Gebühr nach Tarifstelle 1.1
	– für jeden weiteren Termin der Bauüberwachung	bis zu 10 v. H. der Gebühr nach Tarifstelle 1.1
	höchstens aber für alle Termine der Bauüberwachung	100 v. H. der Gebühr nach Tarifstelle 1.1
6.3	Überwachung von Baumaßnahmen in statisch-konstruktiver Hinsicht	nach Zeitaufwand

II/6 Anlage 1 BauG-VO

Tarif-stelle (1)	Gegenstand (2)	Gebühr Euro (3)
	höchstens je Bauvorhaben	50 v. H. der Gebühr nach Tarifstelle 10.1 oder 10.2
6.4	Bauzustandsbesichtigung nach Fertigstellung des Rohbaus und nach der abschließenden Fertigstellung (§ 86 Abs. 1 BauO LSA) einschließlich der Bescheinigung nach § 86 Abs. 2 BauO LSA höchstens je Bauvorhaben	nach Zeitaufwand 10 v. H. der jeweiligen Genehmigungsgebühr
6.5	für jede notwendige Wiederholung einer Bauzustandsbesichtigung höchstens	nach Zeitaufwand 2,5 v. H. der jeweiligen Genehmigungsgebühr
6.6	Prüfungen bestimmter Bauarbeiten (§ 86 Abs. 4 BauO LSA) oder Anlagen (§ 86 Abs. 6 BauO LSA) je Anzeige höchstens	nach Zeitaufwand 10 v. H. der jeweiligen Genehmigungsgebühr
6.7	*Anmerkung zu Tarifstelle 6.6:* Diese Gebühren werden neben den Gebühren nach Tarifstelle 6.1 bis 6.5 erhoben. Entscheidung über den vorzeitigen Beginn des Innenausbaues oder die vorzeitige Benutzung der baulichen Anlage (§ 86 Abs. 5 und 7 BauO LSA) je Entscheidung höchstens	nach Zeitaufwand 10 v. H. der jeweiligen Genehmigungsgebühr

Tarif-stelle (1)	Gegenstand (2)	Gebühr Euro (3)
7	Fliegende Bauten	
7.1	Ausführungsgenehmigung (§ 81 Abs. 2 BauO LSA) einschließlich der erstmaligen Gebrauchsabnahme für je angefangene 500 Euro des Herstellungswertes mindestens höchstens *Anmerkung zu Tarifstelle 7.1:* Neben den Gebühren werden Gebühren nach Tarifstelle 10 erhoben.	3,07 50 2 000
7.2	Verlängerung der Ausführungsgenehmigung (§ 81 Abs. 5 Satz 1 BauO LSA)	25 bis 250
7.3	Gebrauchsabnahme (§ 81 Abs. 7 Satz 2 BauO LSA)	25 bis 1 500
7.4	Änderung einer Ausführungsgenehmigung (§ 81 Abs. 6 Satz 2 BauO LSA) oder Untersagung der Aufstellung oder des Gebrauchs Fliegender Bauten (§ 81 Abs. 8 Satz 1 BauO LSA)	25 bis 100
7.5	Nachabnahme (§ 81 Abs. 9 BauO LSA)	50
8	Abweichungen, Ausnahmen und Befreiungen	
8.1	Zulassung von Abweichungen von Vorschriften des Bauordnungsrechts (§ 75 Abs. 1 BauO LSA) je Abweichungstatbestand	50 bis 500
8.2	Ausnahmen und Befreiungen von Festsetzungen eines Bebauungsplanes, nach § 31 oder § 34 Abs. 2 Halbsatz 2 des Baugesetzbuches in der Fassung der Bekanntmachung vom 27. August 1997 (BGBl. I S. 2141), zuletzt geändert durch Artikel 62 der Siebenten Zuständigkeitsanpassungs-Verordnung, einer sonstigen städtebaulichen Satzung und von Regelungen der Baunutzungsverordnung in der Fassung der Bekanntmachung vom 23. Januar 1990 (BGBl. I S. 132), zuletzt geändert durch Artikel 3 des Investitionserleichterungs- und Wohnbaulandgesetzes vom 22. April 1993 (BGBl. I S. 466), (§ 75 Abs. 2 BauO LSA) je Ausnahme- oder Befreiungstatbestand	50 bis 500

Tarif-stelle (1)	Gegenstand (2)	Gebühr Euro (3)
8.3	Anhörung Beteiligter nach § 28 VwVfG LSA sowie Beteiligung von Nachbarn nach § 76 BauO LSA je Beteiligtem oder je Nachbar *Anmerkung zu Tarifstelle 8:* Tarifstelle 8 findet keine Anwendung bei Vorhaben nach § 82 BauO LSA, wenn das Land Sachsen-Anhalt Bauherr ist.	125
9	Baulasten	
9.1	Eintragung einer Baulast einschließlich der Entgegennahme der Baulasterklärung (§ 87 Abs. 1 und 2 BauO LSA)	50 bis 1 000
9.2	Löschung einer Baulast (§ 87 Abs. 3 Satz 4 BauO LSA)	50 bis 250
9.3	Anhörung der Verpflichteten und Begünstigten (§ 87 Abs. 3 Satz 3 BauO LSA) je Verpflichteten und Begünstigten	50
9.4	Andere Eintragungen in das Baulastenverzeichnis (§ 87 Abs. 4 Satz 2 BauO LSA)	50 bis 100
10	Prüfung der bautechnischen Nachweise	
10.1	Prüfung des Standsicherheitsnachweises, ausgenommen nach den Tarifstellen 10.2, 10.10 bis 10.12,	nach Anlage 4
10.2	Prüfung des Standsicherheitsnachweises für Umbauten und Aufstockungen	nach Tarifstelle 10.1 zuzüglich bis zu 50 v. H. dieses Betrages entsprechend dem Bearbeitungsmehraufwand
10.3	Prüfung des Schallschutznachweises, auch auf Übereinstimmung mit den Konstruktionszeichnungen mindestens	5 v. H. der Gebühr nach Anlage 4, Bauwerksklasse 3 50

Tarif-stelle (1)	Gegenstand (2)	Gebühr Euro (3)
10.4	Prüfung des Wärmeschutznachweises, auch auf Übereinstimmung mit den Konstruktionszeichnungen mindestens	10 v. H. der Gebühr nach Anlage 4, Bauwerksklasse 3 50
10.5	Prüfung des Nachweises der Feuerwiderstandsdauer tragender Bauteile, auch auf Übereinstimmung mit den Konstruktionszeichnungen mindestens	5 v. H. der Gebühr nach Anlage 4, Bauwerksklasse 3 50
10.6	Prüfung des Nachweises des Erschütterungsschutzes, auch auf Übereinstimmung mit den Konstruktionszeichnungen mindestens	5 v. H. der Gebühr nach Anlage 4, Bauwerksklasse 3 50
10.7	Prüfung von Ausführungszeichnungen für statisch-konstruktiv schwierige Bauarbeiten oder Bauteile, ausgenommen Ausführungszeichnungen nach Tarifstelle 10.8 höchstens je Bauvorhaben	nach Zeitaufwand bis zu 75 v. H. der jeweiligen Gebühr nach Tarifstelle 10.1 und 10.2
10.8	Prüfung von Elementeplänen des Fertigteilbaues sowie Werkstattzeichnungen	Gebühr nach Tarifstelle 10.7
10.9	Prüfung von vorgezogenen Lastzusammenstellungen sowie von zusätzlichen Nachweisen für Transport-, Montage- oder Bauzustände, Militärlastklassen, Erdbeben- und Bergschädensicherung	Gebühr nach Tarifstelle 10.7
10.10	Prüfung von Nachträgen zu den bautechnischen Nachweisen und den dazugehörigen Konstruktionszeichnungen sowie zu den Zeichnungen und Plänen nach den Tarifstellen 10.7 und 10.8 infolge von Änderungen oder Fehlern höchstens je Bauvorhaben	nach Zeitaufwand bis zu 100 v. H. der Gebühr für die Hauptvorlage

Tarif-stelle (1)	Gegenstand (2)	Gebühr Euro (3)
	Anmerkungen zu den Tarifstellen 10.1 bis 10.10: a) Liegen für bestimmte bauliche Anlagen, andere Anlagen und Einrichtungen sowie Teile dieser Anlagen und Einrichtungen Bescheide über Typenprüfungen vor, so sind hierfür die anrechenbaren Kosten bei Festsetzung der Gebühr nach den Tarifstellen 10.1 bis 10.6 nicht zu berücksichtigen. b) Für mehrere Gebäude oder andere bauliche Anlagen mit gleichen bautechnischen Nachweisen oder gleichen Ausführungszeichnungen auf einem Baugrundstück oder auf benachbarten Baugrundstücken ermäßigen sich die Gebühren für die zweite und jede weitere bauliche Anlage auf ein Zehntel, wenn die Nachweise gleichzeitig zur Prüfung vorgelegt werden. Diese Gebühren ermäßigen sich unter den Voraussetzungen nach Satz 1 für die zweite und jede weitere bauliche Anlage nur auf die Hälfte, wenn die Nachweise nicht gleichzeitig zur Prüfung vorgelegt werden. Die Ermäßigung ist auf alle Bauanträge umzulegen.	

Tarif-stelle (1)	Gegenstand (2)	Gebühr Euro (3)
	c) Steht die ermittelte Gebühr in einem groben Missverhältnis zum Aufwand für die Prüfung, so können die Gebühren bzw. die Höchstgebühren bis auf das Dreifache erhöht werden. Die Erhöhung kann insbesondere in Betracht kommen aa) für die Prüfung von Konstruktions- und Ausführungszeichnungen und Elementeplänen mit hohem erforderlichen Detaillierungsgrad, bb) wenn die Unterlagen in Teilabschnitten zur Prüfung vorgelegt werden und sich der Prüfaufwand dadurch wesentlich erhöht, cc) wenn die Prüfung der bautechnischen Nachweise nur durch besondere elektronische Vergleichsberechnungen erfolgen kann.	
10.11	Prüfung der bautechnischen Nachweise im Rahmen einer Typengenehmigung oder Typenprüfung	zehnfacher Betrag der Gebühr nach Tarifstelle 10.1, 10.3 bis 10.6, ohne Ermäßigung oder dreifache Gebühr nach Tarifstelle 10.14
10.12	Durchführung der Prüfung nach Tarifstelle 10.11 im Rahmen der Verlängerung einer Typengenehmigung oder Typenprüfung	zweifache Gebühr nach Zeitaufwand
10.13	Prüfung des Standsicherheitsnachweises von Windenergieanlagen	nach Zeitaufwand
10.14	Leistungen nach den Tarifstellen 10.1 bis 10.10, wenn der Rohbau- oder Herstellungswert schwer bestimmbar ist	nach Zeitaufwand

II/6 Anlage 1 BauG-VO

Tarif-stelle (1)	Gegenstand (2)	Gebühr Euro (3)
11	Typengenehmigung und Bescheid über Typenprüfung	
11.1	Erteilung einer Typengenehmigung (§ 80 Abs. 1 BauO LSA)	3 bis 12 v. H. des Herstellungswertes der baulichen Anlage
	mindestens	150
11.2	Verlängerung einer Typengenehmigung (§ 80 Abs. 2 Satz 3 BauO LSA)	1 bis 3 v. H. des Herstellungswertes der baulichen Anlage
	mindestens	50
11.3	Erteilung eines Bescheides über eine Typenprüfung (§ 80 Abs. 5 Satz 2 BauO LSA)	3 bis 8 v. H. des Herstellungswertes der baulichen Anlage
	mindestens	150
11.4	Verlängerung einer Typenprüfung (§ 80 Abs. 4 Satz 2 BauO LSA)	1 bis 3 v. H. des Herstellungswertes der baulichen Anlage
	mindestens	50
12	Nachträgliche Prüfung von Bauvorlagen und Überprüfung von baulichen Anlagen, Nutzungsänderungen und Bauarbeiten	
12.1	Nachträgliche Prüfung von Bauvorlagen einschließlich der erforderlichen örtlichen Überprüfungen für ohne Baugenehmigung ausgeführte bauliche Anlagen, andere Anlagen oder Einrichtungen oder Nutzungsänderungen, wenn diese nachträglich genehmigt oder (ohne Genehmigung) geduldet werden	zweifache der für eine Genehmigung ohne Ermäßigung festzusetzenden Gebühr sowie die Gebühren nach den Tarifstellen 6.3 und 10

Tarif-stelle (1)	Gegenstand (2)	Gebühr Euro (3)
12.2	Prüfung von Bauvorlagen einschließlich der erforderlichen örtlichen Überprüfungen für ohne Baugenehmigung ausgeführte bauliche Anlagen, andere Anlagen oder Einrichtungen oder Nutzungsänderungen, wenn diese nachträglich nicht genehmigt oder geduldet werden	75 v. H. der für eine Genehmigung ohne Ermäßigung festzusetzenden Gebühr sowie die Gebühren nach den Tarifstellen 6.3 und 10
	Anmerkungen zu den Tarifstellen 12.1 und 12.2: a) Die Gebühren sind auch zu erheben, wenn die Prüfung der baulichen Anlagen, anderer Anlagen oder Einrichtungen oder Nutzungsänderungen auf Übereinstimmung mit dem materiellen Baurecht ohne Bauvorlagen vorgenommen wurde. b) Die Gebühren für die Prüfung der bautechnischen Nachweise sind nur anzusetzen, wenn die Nachweise geprüft werden.	
13	Prüf-, Zertifizierungs- und Überwachungsstellen	
13.1	Anerkennung einer Prüf-, Zertifizierungs- und Überwachungsstelle (§ 28 Abs. 1 BauO LSA und § 11 Abs. 1 des Bauproduktengesetzes – BauPG, in der Fassung der Bekanntmachung vom 28. April 1998 (BGBl. I S. 812), geändert durch Artikel 63 der Siebenten Zuständigkeitsanpassungs-Verordnung, sowie als Stelle nach Artikel 16 Abs. 2 der Richtlinie 89/106/EWG des Rates vom 21. Dezember 1988 zur Angleichung der Rechts- und Verwaltungsvorschriften der Mitgliedstaaten über Bauprodukte (Abl. EG 1989 Nr. L 40 S. 12) je beantragtes Prüf- oder Fachgebiet Grundgebühr	255,65
13.2	Änderung, Erweiterung, Verlängerung einer Anerkennung nach Tarifstelle 13.1 Grundgebühr	127,82

Anlage 1 BauG-VO

Tarif-stelle (1)	Gegenstand (2)	Gebühr Euro (3)
13.3	Anerkennung von Ausbildungsstätten (§ 20 Abs. 5 BauO LSA) Grundgebühr	255,65
13.4	Amtshandlungen im Rahmen des Anerkennungsverfahrens bzw. der Änderung, Erweiterung und Verlängerung, wie die Durchführung von Vorgesprächen, Beantwortung von Anfragen, Prüfung von Antragsunterlagen, Teilnahme an Begutachtungen vor Ort	nach Zeitaufwand
13.5	Regelmäßige Überprüfung der anerkannten Stellen (§ 11 Abs. 1 Satz 2 BauPG) *Anmerkung zu Tarifstelle 13:* Die Grundgebühr nach Tarifstelle 13.1 bis 13.3 erhöht sich jeweils um die Gebühr nach Tarifstelle 13.4. Die im Rahmen des Anerkennungsverfahrens zu zahlenden Beträge für Leistungen Dritter sind in den Gebühren nicht enthalten und deshalb gesondert als Auslagen zu erheben.	50 bis 250
14	Sonstige Amtshandlungen	
14.1	Für jede Anmahnung oder Anforderung von Bauvorlagen, Bescheinigungen (§ 67 Abs. 5 und 10, § 68 Abs. 8 BauO LSA) und Erklärungen (§ 67 Abs. 8 BauO LSA)	51,13
14.2	Ordnungsbehördliche Verfügungen durch die Bauaufsichtsbehörden (§§ 59 Abs. 3, 64 Abs. 2, 83, 84 und 91 BauO LSA)	50 bis 1 500
14.3	Nachträgliche Anordnung von Anforderungen (§ 77 Abs. 9 BauO LSA)	50 bis 250
14.4	Anwendung von Zwangsmitteln (§§ 83 und 84 BauO LSA)	50 bis 1 000
15	Prüfingenieure für Baustatik und sonstige Sachverständige	
15.1	Anerkennung als Prüfingenieur oder Prüfingenieurin für Baustatik (§ 89 Abs. 2 Nr. 3 BauO LSA i. V. m. § 2 BauPrüfVO) Grundgebühr je Fachrichtung	511,29 255,65
15.2	Verlängerung der Anerkennung (§ 2 Abs. 5 Satz 2 BauPrüfVO) je Fachrichtung	127,82

Tarif- stelle (1)	Gegenstand (2)	Gebühr Euro (3)
15.3	Widerruf der Anerkennung als Prüfingenieur oder Prüfingenieurin (§ 6 Abs. 4 BauPrüfVO) je Fachrichtung	255,65
15.4	Anerkennung als Sachverständiger oder Sachverständige (§ 89 Abs. 2 Nr. 4 BauO LSA i. V. m. § 2 Abs. 1 der Bauordnungsrechtlichen Sachverständigenverordnung, BauSVO, vom 25. August 1992, GVBl. LSA S. 666)	125 bis 1 000
15.5	Widerruf der Anerkennung als Sachverständiger oder Sachverständige (§ 5 Abs. 2 BauSVO)	255,65

Anlage 2
(zu § 3 Abs. 1)
Tabelle des durchschnittlichen Rohbauwertes je m³ Brutto-Rauminhalt

Bezugsjahr 1995 = 100

	Gebäudeart	Rohbauwert Euro/m³
1.	Wohngebäude	96
2.	Wochenendhäuser	84
3.	Büro- und Verwaltungsgebäude, Banken und Arztpraxen	129
4.	Schulen	123
5.	Kindertagesstätten	109
6.	Hotels, Pensionen und Heime bis 60 Betten, Gaststätten	109
7.	Hotels, Pensionen und Heime mit mehr als 60 Betten	128
8.	Krankenhäuser	143
9.	Versammlungsstätten	109
10.	Kirchen	123
11.	Leichenhallen, Friedhofskapellen	102
12.	Turn- und Sporthallen (soweit nicht unter Nummer 18)	74
13.	Hallenbäder	118
14.	Kleingaragen, ausgenommen offene Kleingaragen	79
15.	Mittel- und Großgaragen, soweit sie eingeschossig sind	94
16.	Mittel- und Großgaragen, soweit sie mehrgeschossig sind	114
17.	Tiefgaragen	131
18.	Fabrik-, Werkstatt- und Lagergebäude, hallenmäßige Verkaufsstätten, einfache Tennis- und Sporthallen, soweit sie eingeschossig sind, bis zu 50 000 m³ Brutto-Rauminhalt	
18.1	mit nicht geringen Einbauten	64
18.2	ohne oder mit geringen Einbauten	
18.2.1	bis 2000 m³ Brutto-Rauminhalt	
	a) Bauart schwer*)	46
	b) sonstige Bauart	40

	Gebäudeart	Rohbauwert Euro/m³
18.2.2	der 2000 m³ übersteigende Brutto-Rauminhalt bis 5000 m³	
	a) Bauart schwer*)	40
	b) sonstige Bauart	32
18.2.3	der 5000 m³ übersteigende Brutto-Rauminhalt bis 50 000 m³	
	a) Bauart schwer*)	32
	b) sonstige Bauart	25
19.	Fabrik-, Werkstatt- und Lagergebäude, soweit sie mehrgeschossig sind,	
	a) ohne oder mit geringen Einbauten	94
	b) mit nicht geringen Einbauten	106
20.	Verkaufsstätten, mit nicht mehr als 5000 m³ Brutto-Rauminhalt in mehrgeschossigen Gebäuden	
20.1	mit Verkaufsstätten in einem Geschoss und sonstigen Nutzungen mit Aufenthaltsräumen in den übrigen Geschossen	74
20.2	mit Verkaufsstätten in mehr als einem Geschoss	131
21.	sonstige kleinere gewerbliche Bauten, soweit sie eingeschossig sind (soweit nicht unter Nummer 18)	79
22.	Stallgebäude, Scheunen und sonstige landwirtschaftliche Betriebsgebäude, ausgenommen Güllekeller	wie Nr. 18
23.	Güllekeller, soweit sie unter Ställen oder sonstigen landwirtschaftlichen Betriebsgebäuden liegen	77
24.	Schuppen, offene Kleingaragen, Feldscheunen und ähnliche Gebäude	31
25.	Gewächshäuser	
	a) bis 1500 m³ Brutto-Rauminhalt	22
	b) über 1500 m³ Brutto-Rauminhalt	13

*) Gebäude, deren Außenwände überwiegend aus Beton einschließlich Leicht- und Gasbeton oder aus mehr als 17,5 cm dickem Mauerwerk bestehen.

Ergänzende Festlegungen zur Ermittlung der Rohbauwerte

1. Die Rohbauwerte sind
   a) bei Gebäuden mit mehr als 5 Vollgeschossen um 5 v. H.,
   b) bei Hochhäusern um 10 v. H. und
   c) bei Gebäuden mit befahrbaren Decken (außer bei den Nummern 15 bis 17) um 10 v. H.

   zu erhöhen.

II/6 Anlage 2 BauG-VO

2. Die in der Tabelle angegebenen Rohbauwerte berücksichtigen nur Flachgründungen mit Streifen- oder Einzelfundamenten. Mehrkosten für andere Gründungen sind gesondert zu ermitteln; dies gilt auch für Außenwandverkleidungen, für die ein Standsicherheitsnachweis geführt werden muss.
3. Bei Gebäuden mit gemischter Nutzung sind für die Gebäudeteile mit verschiedenen Nutzungsarten die Rohbauwerte anteilig zu ermitteln, soweit Nutzungsarten nicht Nebenzwecken dienen.
4. Der nicht ausgebaute Dachraum eines Dachgeschosses ist, abweichend von DIN 277, nur mit einem Drittel seines Rauminhaltes anzusetzen.

Anlage 3
(zu § 4 Abs. 1)

Bauwerksklassen

1. Bauwerksklasse 1

Tragwerke mit sehr geringem Schwierigkeitsgrad, insbesondere einfach statisch bestimmte Tragwerke aus Holz, Stahl, Stein oder unbewehrtem Beton mit ruhenden Lasten, ohne Nachweis horizontaler Aussteifung;

2. Bauwerksklasse 2

Tragwerke mit geringem Schwierigkeitsgrad, insbesondere

a) statisch bestimmte ebene Tragwerke in gebräuchlichen Bauarten ohne Vorspann- und Verbundkonstruktion mit vorwiegend ruhenden Lasten,

b) Deckenkonstruktionen mit vorwiegend ruhenden Flächenlasten, die sich mit gebräuchlichen Tabellen berechnen lassen,

c) Mauerwerksbauten mit bis zur Gründung durchgehenden tragenden Wänden ohne Nachweis horizontaler Aussteifung,

d) Flachgründungen und Stützwände einfacher Art;

3. Bauwerksklasse 3

Tragwerke mit durchschnittlichem Schwierigkeitsgrad, insbesondere

a) schwierige statisch bestimmte und statisch unbestimmte ebene Tragwerke in gebräuchlichen Bauarten ohne Vorspannung und ohne Stabilitätsuntersuchungen,

b) einfache Verbundkonstruktionen des Hochbaues ohne Berücksichtigung des Einflusses von Kriechen und Schwinden,

c) Tragwerke für Gebäude mit Abfangung der tragenden beziehungsweise aussteifenden Wände,

d) ausgesteifte Skelettbauten,

e) ebene Pfahlrostgründungen,

f) einfache Gewölbe,

g) einfache Rahmentragwerke ohne Vorspannkonstruktionen und ohne Stabilitätsuntersuchungen,

h) einfache Traggerüste und andere einfache Gerüste für Ingenieurbauwerke,

i) einfache verankerte Stützwände;

4. Bauwerksklasse 4

Tragwerke mit überdurchschnittlichem Schwierigkeitsgrad, insbesondere

a) statisch und konstruktiv schwierige Tragwerke in gebräuchlichen Bauarten und Tragkonstruktionen, für deren Standsicherheits- und Festigkeitsnachweis schwierig zu ermittelnde Einflüsse zu berücksichtigen sind,
b) vielfach statisch unbestimmte Systeme,
c) statisch bestimmte räumliche Fachwerke,
d) einfache Faltwerke nach der Balkentheorie,
e) statisch bestimmte Tragwerke, die Schnittgrößenbestimmungen nach der Theorie 2. Ordnung erfordern,
f) einfach berechnete, seilverspannte Konstruktionen,
g) Tragwerke für schwierige Rahmen- und Skelettbauten sowie turmartige Bauten, bei denen der Nachweis der Stabilität und Aussteifung die Anwendung besonderer Berechnungsverfahren erfordert,
h) Verbundkonstruktionen, soweit nicht in Bauwerksklasse 3 oder 5 erwähnt,
i) einfache Trägerroste und einfache orthotrope Platten,
j) Tragwerke mit einfachen Schwingungsuntersuchungen,
k) schwierige statisch unbestimmte Flachgründungen, schwierige ebene oder räumliche Pfahlgründungen, besondere Gründungsverfahren, Unterfangungen,
l) schiefwinklig gelagerte oder gekrümmte Träger,
m) schiefwinklige Einfeldplatten für Ingenieurbauwerke,
n) schwierige Gewölbe und Gewölbereihen,
o) Rahmentragwerke, soweit nicht in Bauwerksklasse 3 oder 5 erwähnt,
p) schwierige Traggerüste und andere schwierige Gerüste für Ingenieurbauwerke,
q) schwierige, verankerte Stützwände;

5. Bauwerksklasse 5

Tragwerke mit sehr hohem Schwierigkeitsgrad, insbesondere

a) statisch und konstruktiv ungewöhnlich schwierige Tragwerke,
b) schwierige Tragwerke in neuen Bauarten,

c) räumliche Stabwerke und statisch unbestimmte räumliche Fachwerke,
d) schwierige Trägerroste und schwierige orthotrope Platten,
e) Verbundträger mit Vorspannung durch Spannglieder oder andere Maßnahmen,
f) Flächentragwerke (Platten, Faltwerke, Schalen), die die Anwendung der Elastizitätstheorie erfordern,
g) statisch unbestimmte Tragwerke, die Schnittgrößenbestimmungen nach der Theorie 2. Ordnung erfordern,
h) Tragwerke mit Standsicherheitsnachweisen, die nur unter Zuhilfenahme modell-statischer Untersuchungen oder durch Berechnung mit finiten Elementen beurteilt werden können,
i) Tragwerke mit Schwingungsuntersuchungen, soweit nicht in Bauwerksklasse 4 erwähnt,
j) seilverspannte Konstruktionen, soweit nicht in Bauwerksklasse 4 erwähnt,
k) schiefwinklige Mehrfeldplatten,
l) schiefwinklig gelagerte, gekrümmte Träger,
m) schwierige Rahmentragwerke mit Vorspannkonstruktionen und Stabilitätsuntersuchungen,
n) sehr schwierige Traggerüste und andere sehr schwierige Gerüste für Ingenieurbauwerke, zum Beispiel weit gespannte oder hohe Traggerüste,
o) Tragwerke, bei denen mehrere Schwierigkeitsmerkmale der Bauwerksklasse 4 gleichzeitig auftreten und sich die Prüfleistungen dadurch wesentlich erhöhen.

Anlage 4
(zu § 4 Abs. 1)

Gebührentafel

Rohbau-wert Euro	Gebühren in Euro in der Bauwerksklasse				
	1	2	3	4	5
10 000	82	123	164	205	257
15 000	113	170	227	283	355
20 000	143	214	285	357	447
25 000	171	256	341	426	534
30 000	197	296	395	493	618
35 000	223	335	446	558	699
40 000	248	373	497	621	778
45 000	273	409	546	682	855
50 000	297	445	594	742	930
100 000	517	775	1 034	1 292	1 620
150 000	715	1 073	1 430	1 788	2 240
200 000	900	1 350	1 800	2 250	2 820
250 000	1 076	1 614	2 152	2 690	3 371
300 000	1 245	1 867	2 490	3 112	3 901
350 000	1 408	2 113	2 817	3 521	4 413
400 000	1 567	2 351	3 134	3 918	4 910
450 000	1 722	2 583	3 444	4 305	5 396
500 000	1 873	2 810	3 747	4 684	5 870
1 000 000	3 262	4 893	6 524	8 155	10 220
1 500 000	4 512	6 767	9 023	11 279	14 136
2 000 000	5 679	8 519	11 358	14 198	17 795
2 500 000	6 789	10 184	13 578	16 973	21 273
3 000 000	7 855	11 783	15 710	19 638	24 613
3 500 000	8 886	13 329	17 772	22 215	27 843
4 000 000	9 888	14 832	19 776	24 720	30 982
4 500 000	10 865	16 298	21 730	27 163	34 044
5 000 000	11 821	17 731	23 641	29 551	37 038
7 500 000	16 350	24 525	32 699	40 874	51 229
10 000 000	20 581	30 871	41 161	51 452	64 486
12 500 000	24 603	36 905	49 206	61 508	77 089
15 000 000	28 466	42 700	56 933	71 166	89 195
17 500 000	32 203	48 304	64 405	80 506	100 901
20 000 000	35 833	53 750	71 666	89 583	112 277

22 500 000	39 374	59 061	78 747	98 434	123 371
25 000 000	42 836	64 254	85 673	107 091	134 220
	Mit dem Tausendstel des Rohbauwertes zu vervielfältigender Gebührensatz in der Bauwerksklasse				
	1	2	3	4	5
über 25 000 000	1,7135	2,5702	3,4269	4,2836	5,3688

Anlage 5
(zu §3 Abs. 1)

Auszug aus der DIN 277 Teil 1, Ausgabe Juni 1987; Grundflächen und Rauminhalte von Bauwerken im Hochbau, Begriffe, Berechnungsgrundlagen

2. Begriffe

2.1 Brutto-Grundfläche (BGF)

Die Brutto-Grundfläche ist die Summe der Grundflächen aller Grundrissebenen eines Bauwerkes.

Nicht dazu gehören die Grundflächen von nicht nutzbaren Dachflächen und von konstruktiv bedingten Hohlräumen, z. B. in belüfteten Dächern oder über abgehängten Decken.

Die Brutto-Grundfläche gliedert sich in Konstruktions-Grundfläche und Netto-Grundfläche.

2.2 Konstruktions-Grundfläche (KGF)

Die Konstruktions-Grundfläche ist die Summe der Grundflächen der aufgehenden Bauteile aller Grundrissebenen eines Bauwerkes, z. B. von Wänden, Stützen und Pfeilern. Zur Konstruktions-Grundfläche gehören auch die Grundflächen von Schornsteinen, nicht begehbaren Schächten, Türöffnungen, Nischen sowie von Schlitzen.

2.7 Brutto-Rauminhalt (BRI)

Der Brutto-Rauminhalt ist der Rauminhalt des Baukörpers, der nach unten von der Unterfläche der konstruktiven Bauwerkssohle und im Übrigen von den äußeren Begrenzungsflächen des Bauwerkes umschlossen wird.

Nicht zum Brutto-Rauminhalt gehören die Rauminhalte von
- Fundamenten;
- Bauteilen, soweit sie für den Brutto-Rauminhalt von untergeordneter Bedeutung sind, z. B. Kellerlichtschächte, Außentreppen, Außenrampen, Eingangsüberdachungen und Dachgauben;
- untergeordneten Bauteilen wie z. B. konstruktive und gestalterische Vor- und Rücksprünge an den Außenflächen, auskragende Sonnenschutzanlagen, Lichtkuppeln, Schornsteinköpfe, Dachüberstände, soweit sie nicht Überdeckungen für Bereich b nach Abschnitt 3.1.1 sind.

3. Berechnungsgrundlagen

3.1 Allgemeines

3.1.1 Grundflächen und Rauminhalte sind nach ihrer Zugehörigkeit zu folgenden Bereichen getrennt zu ermitteln:
- Bereich a:
  überdeckt und allseitig in voller Höhe umschlossen,
- Bereich b:
  überdeckt, jedoch nicht allseitig in voller Höhe umschlossen,
- Bereich c:
  nicht überdeckt.

Sie sind ferner getrennt nach Grundrissebenen, z. B. Geschossen, und getrennt nach unterschiedlichen Höhen zu ermitteln.

3.1.2 Waagerechte Flächen sind aus ihren tatsächlichen Maßen, schräg liegende Flächen aus ihrer senkrechten Projektion auf eine waagerechte Ebene zu berechnen.

3.1.3 Grundflächen sind in m^2, Rauminhalte in m^3 anzugeben.

3.2 Berechnung von Grundflächen

3.2.1 Brutto-Grundfläche

Für die Berechnung der Brutto-Grundfläche sind die äußeren Maße der Bauteile einschließlich Bekleidung, z. B. Putz, in Fußbodenhöhe anzusetzen. Konstruktive und gestalterische Vor- und Rücksprünge an den Außenflächen bleiben dabei unberücksichtigt.

Brutto-Grundflächen des Bereichs b sind an den Stellen, an denen sie nicht umschlossen sind, bis zur senkrechten Projektion ihrer Überdeckungen zu rechnen.

Brutto-Grundflächen von Bauteilen (Konstruktions-Grundflächen), die zwischen den Bereichen a und b liegen, sind zum Bereich a zu rechnen.

3.3 Berechnung von Rauminhalten

3.3.1 Brutto-Rauminhalt

Der Brutto-Rauminhalt ist aus den nach Abschnitt 3.2.1 berechneten Brutto-Grundflächen und den dazugehörigen Höhen zu errechnen. Als Höhen für die Ermittlung des Brutto-Rauminhaltes gelten die senkrechten Abstände zwischen den Oberflächen des Bodenbelages der jeweiligen Geschosse bzw. bei Dächern die Oberfläche des Dachbelages.

Bei Luftgeschossen gilt als Höhe der Abstand von der Oberfläche des Bodenbelages bis zur Unterfläche der darüber liegenden Deckenkonstruktion.

Bei untersten Geschossen gilt als Höhe der Abstand von der Unterfläche der konstruktiven Bauwerkssohle bis zur Oberfläche des Bodenbelages des darüber liegenden Geschosses.

Für die Höhen des Bereichs c sind die Oberkanten der diesem Bereich zugeordneten Bauteile, z. B. Brüstungen, Attiken, Geländer, maßgebend.

Bei Bauwerken oder Bauwerksteilen, die von nicht senkrechten und/oder nicht waagerechten Flächen begrenzt werden, ist der Rauminhalt nach entsprechenden Formeln zu berechnen.

Baugebührenverordnung; Preisindexzahl

Bek. des MWV vom 21. 3. 2002 (MBl. LSA S. 447 – 24001-10-1), geändert durch Bekanntmachung des MWV vom 29. 4. 2002 (MBl. LSA S. 577)

Bezug: Bek. des MWV vom 21. 3. 2002 (MBl. LSA S. 447)

1. Die Preisindexzahl, mit der ab 23. 3. 2002 nach § 3 Abs. 1 Satz 4 der Baugebührenverordnung (BauG-VO) vom 15. 3. 2002 (GVBl. LSA S. 111) die Rohbauwerte der Anlage 2 der BauG-VO zu vervielfältigen sind, wird hiermit gemäß § 3 Abs. 1 Satz 5 BauG-VO bekannt gegeben; sie beträgt 0,942.

2. Die sich durch die Änderung der Preisindexzahl ergebenden neuen Rohbauwerte je Kubikmeter-Brutto-Rauminhalt und Gebäudeart nach Anlage 2 der BauG-VO sind in der **Anlage** abgedruckt.

3. Der Stundensatz nach § 6 Abs. 2 Satz 1 BauG-VO, der der Gebührenberechnung ab 23. 3. 2002 zu Grunde zu legen ist, wird hiermit gemäß § 6 Abs. 2 Satz 2 BauG-VO bekannt gegeben; er beträgt 63 €.

4. Die Bezugs-Bek. ist damit gegenstandslos.

Anlage
Tabelle des durchschnittlichen Rohbauwertes je m³ Brutto-Rauminhalt

	Gebäudeart	Rohbauwert €/m³
1.	Wohngebäude	90
2.	Wochenendhäuser	57
3.	Büro- und Verwaltungsgebäude, Banken und Arztpraxen	122
4.	Schulen	116
5.	Kindergärten	103
6.	Hotels, Pensionen und Heime bis 60 Betten, Gaststätten	103
7.	Hotels, Pensionen und Heime mit mehr als 60 Betten	121
8.	Krankenhäuser	135
9.	Versammlungsstätten	103
10.	Kirchen	116
11.	Leichenhallen, Friedhofskapellen	96
12.	Turn- und Sporthallen (soweit nicht unter Nummer 18)	70
13.	Hallenbäder	111
14.	Kleingaragen, ausgenommen offene Kleingaragen	74
15.	Mittel- und Großgaragen, soweit sie eingeschossig sind	89
16.	Mittel- und Großgaragen, soweit sie mehrgeschossig sind	107
17.	Tiefgaragen	123
18.	Fabrik-, Werkstatt- und Lagergebäude, hallenmäßige Verkaufsstätten, einfache Tennis- und Sporthallen, soweit sie eingeschossig sind, bis zu 50 000 m² Brutto-Rauminhalt	
18.1	mit nicht geringen Einbauten	60
18.2	ohne oder mit geringen Einbauten	
18.2.1	bis 2000 m³ Brutto-Rauminhalt	
	a) Bauart schwer*)	43
	b) sonstige Bauart	38
18.2.2	der 2000 m³ übersteigende Brutto-Rauminhalt bis 5000 m³	
	a) Bauart schwer*)	38
	b) sonstige Bauart	30

II/6 Anlage BauG-VO Preisindexzahl, Rohbauwerte

	Gebäudeart	Rohbauwert €/m³
18.2.3	der 5000 m³ übersteigende Brutto-Rauminhalt bis 50 000 m³	
	a) Bauart schwer*)	30
	b) sonstige Bauart	24
19.	Fabrik-, Werkstatt- und Lagergebäude, soweit sie mehrgeschossig sind,	
	a) ohne oder mit geringen Einbauten	89
	b) mit nicht geringen Einbauten	100
20.	Verkaufsstätten, mit nicht mehr als 5000 m³ Brutto-Rauminhalt in mehrgeschossigen Gebäuden	
20.1	mit Verkaufsstätten in einem Geschoss und sonstigen Nutzungen mit Aufenthaltsräumen in den übrigen Geschossen	70
20.2	mit Verkaufsstätten in mehr als einem Geschoss	123
21.	sonstige kleinere gewerbliche Bauten, soweit sie eingeschossig sind (soweit nicht unter Nr. 18)	74
22.	Stallgebäude, Scheunen und sonstige landwirtschaftliche Betriebsgebäude, ausgenommen Güllekeller	wie Nr. 18
23.	Güllekeller, soweit sie unter Ställen oder sonstigen landwirtschaftlichen Betriebsgebäuden liegen	73
24.	Schuppen, offene Kleingaragen, offene Feldscheunen und ähnliche Gebäude	29
25.	Gewächshäuser	
	a) bis 1500 m³ Brutto-Rauminhalt	21
	b) über 1500 m³ Brutto-Rauminhalt	12

*) Gebäude, deren Außenwände überwiegend aus Beton einschließlich Leicht- und Gasbeton oder aus mehr als 17,5 cm dickem Mauerwerk bestehen.

Ergänzende Festlegungen zur Ermittlung der Rohbauwerte

1. Die Rohbauwerte sind

   a) bei Gebäuden mit mehr als fünf Vollgeschossen um 5 v. H.,

   b) bei Hochhäusern um 10 v. H. und

   c) bei Gebäuden mit befahrbaren Decken (außer bei den Nrn. 15 bis 17) um 10 v. H.

   zu erhöhen.

2. Die in der Tabelle angegebenen Rohbauwerte berücksichtigen nur Flachgründungen mit Streifen- oder Einzelfundamenten. Mehrkosten für andere Gründungen sind gesondert zu ermitteln; dies gilt

auch für Außenwandverkleidungen, für die ein Standsicherheitsnachweis geführt werden muss.
3. Bei Gebäuden mit gemischter Nutzung sind für die Gebäudeteile mit verschiedenen Nutzungsarten die Rohbauwerte anteilig zu ermitteln, soweit Nutzungsarten nicht Nebenzwecken dienen.
4. Der nicht ausgebaute Dachraum eines Dachgeschosses ist, abweichend von DIN 277, nur mit einem Drittel seines Rauminhaltes anzusetzen.

7.
Verordnung über staatlich anerkannte Sachverständige nach der Bauordnung Sachsen-Anhalt
(BauO-SV-VO)

vom 28. 9. 2001 (GVBl. LSA S. 410),
geändert durch Art. 2 der VO vom 22. 2. 2002 (GVBl. LSA 2002 S. 72)

Aufgrund des § 89 Abs. 2 Satz 1 Nr. 4 und Satz 2 bis 5 in Verbindung mit § 63 Abs. 1 Satz 1 Nr. 1 der Bauordnung Sachsen-Anhalt (BauO LSA) vom 9. Februar 2001 (GVBl. LSA S. 50) und in Verbindung mit Abschnitt II Nr. 9 des Beschlusses der Landesregierung über den Aufbau der Landesregierung Sachsen-Anhalt und die Abgrenzung des Geschäftsbereiche vom 21. Juli 1998 (MBl. LSA S. 1570), zuletzt geändert durch Beschluss vom 20. Februar 2001 (MBl. LSA S. 159) wird verordnet:

ABSCHNITT 1
Allgemeine Vorschriften

§ 1
Anwendungsbereich

(1) Staatlich anerkannte Sachverständige sind nach Maßgabe der Vorschriften der Bauordnung Sachsen-Anhalt berechtigt, in ihren Fachbereichen die erforderlichen Prüfungen vorzunehmen und Bescheinigungen auszustellen.

(2) Staatlich anerkannte Sachverständige nach dieser Verordnung werden für folgende Fachbereiche staatlich anerkannt:
1. Standsicherheit einschließlich der Feuerwiderstandsdauer der Bauteile in den Fachrichtungen Massivbau, Metallbau und Holzbau,
2. Brandschutz,
3. Erd- und Grundbau.

§ 2
Anerkennung

(1) Die Anerkennung erfolgt für Sachverständige nach § 1 Abs. 2 Nrn. 1 und 3 durch die Ingenieurkammer Sachsen-Anhalt und für

Sachverständige nach § 1 Abs. 2 Nr. 2 durch die Architektenkammer Sachsen-Anhalt und kann für einen oder mehrere Fachbereiche gemäß § 1 Abs. 2 ausgesprochen werden.

(2) Vergleichbare Anerkennungen anderer Länder gelten auch im Land Sachsen-Anhalt.

§ 3
Allgemeine Voraussetzungen der Anerkennung

Als staatlich anerkannte Sachverständige können nur solche Personen anerkannt werden, die

1. eine ausreichende Berufserfahrung in dem Bereich haben, in dem sie ihre Sachverständigentätigkeit ausüben wollen und die deutsche Sprache in Wort und Schrift beherrschen,
2. nach ihrer Persönlichkeit die Gewähr dafür bieten, dass sie ihre Aufgaben ordnungsgemäß im Sinne des § 4 erfüllen,
3. die Fähigkeit besitzen, öffentliche Ämter zu bekleiden,
4. nicht durch gerichtliche Anordnung in der Verfügung über ihr Vermögen beschränkt sind,
5. das 35. Lebensjahr vollendet und das 65. Lebensjahr zur Zeit der Antragstellung noch nicht vollendet haben und
6. den Geschäftssitz oder eine Niederlassung im Land Sachsen-Anhalt haben.

§ 4
Allgemeine Pflichten

(1) Staatlich anerkannte Sachverständige haben ihre Tätigkeit unparteiisch und gewissenhaft gemäß den bauaufsichtlichen Vorschriften, über die sie sich stets auf dem Laufenden zu halten haben, eigenverantwortlich und unabhängig auszuüben.

(2) Staatlich anerkannte Sachverständige haben sich gegen die Haftpflichtgefahren, die sich aus der Wahrnehmung ihrer Aufgaben ergeben, entsprechend dem Umfang und der Art der ausgeübten Tätigkeit ausreichend zu versichern.

(3) Staatlich anerkannte Sachverständige dürfen sich der Mithilfe von befähigten und zuverlässigen Mitarbeitern und Mitarbeiterinnen nur in einem solchen Umfang bedienen, dass sie deren Tätigkeit voll überwachen können.

(4) Staatlich anerkannte Sachverständige können sich nur durch andere staatlich anerkannte Sachverständige desselben Fachbereiches und derselben Fachrichtung vertreten lassen.

(5) Ergibt sich bei der Tätigkeit der staatlich anerkannten Sachverständigen, dass der Auftrag teilweise einem anderen Fachbereich zuzuordnen ist, sind die staatlich anerkannten Sachverständigen verpflichtet, dies dem Auftraggeber oder der Auftraggeberin anzuzeigen.

(6) Staatlich anerkannte Sachverständige dürfen nicht tätig werden, wenn sie oder ihre Mitarbeiter und Mitarbeiterinnen, insbesondere bei der Planung und Ausführung, mit diesem Bauvorhaben befasst sind oder waren oder wenn ein sonstiger Befangenheitsgrund vorliegt.

(7) Über alle erteilten Bescheinigungen haben die staatlich anerkannten Sachverständigen ein Verzeichnis zu führen und dieses auf Anforderung der Architektenkammer Sachsen-Anhalt oder Ingenieurkammer Sachsen-Anhalt vorzulegen.

(8) Werden von den staatlich anerkannten Sachverständigen Verstöße gegen die genehmigten oder bei der Gemeinde eingereichten Bauvorlagen oder gegen die von ihnen aufgestellten oder geprüften bautechnischen Nachweise festgestellt und werden diese Mängel trotz Aufforderung nicht rechtzeitig beseitigt, haben die staatlich anerkannten Sachverständigen dies unverzüglich der zuständigen Bauaufsichtsbehörde mitzuteilen.

§ 5
Anerkennungsverfahren

(1) Die Anerkennung als staatlich anerkannter Sachverständiger oder als staatlich anerkannte Sachverständige wird auf Antrag erteilt. Der Antrag ist an die zuständige Kammer zu richten. Im Antrag ist anzugeben, für welche Fachrichtung die Anerkennung beantragt wird und in welcher Gemeinde der Antragsteller oder die Antragstellerin sich als staatlich anerkannter Sachverständiger oder als staatlich anerkannte Sachverständige niederzulassen beabsichtigt.

(2) Dem Antrag sind die erforderlichen Angaben und Nachweise – soweit sie nicht schon bei den Kammern vorliegen – beizufügen, insbesondere
1. ein Lebenslauf mit lückenloser Angabe des fachlichen Werdegangs bis zum Zeitpunkt der Antragstellung,
2. eine beglaubigte Ablichtung der Abschlusszeugnisse der berufsbezogenen Ausbildung,
3. ein Führungszeugnis,

4. Angaben über etwaige Niederlassungen,
5. Angaben über etwaige Beteiligungen an einer Gesellschaft, deren Zweck die Planung und Durchführung von Bauvorhaben ist,
6. die Nachweise über die Erfüllung der besonderen Voraussetzungen der jeweiligen Fachbereiche.

(3) Änderungen zu den Angaben nach Absatz 2 Nrn. 4 und 5 sind der zuständigen Kammer auch nach Abschluss des Anerkennungsverfahrens unverzüglich mitzuteilen.

(4) Die für die Anerkennung zuständigen Kammern führen nach Fachbereichen getrennte Listen über die staatlich anerkannten Sachverständigen.

§ 6
Erlöschen, Rücknahme, Widerruf

(1) Die Anerkennung erlischt
1. durch schriftlichen Verzicht gegenüber der Architektenkammer oder der Ingenieurkammer, die die Anerkennung ausgesprochen hat,
2. mit Vollendung des 68. Lebensjahres.

(2) Die Anerkennung ist von der zuständigen Kammer zurückzunehmen, wenn nachträglich Gründe bekannt werden, die eine Versagung der Anerkennung gerechtfertigt hätten.

(3) Die Anerkennung ist von der zuständigen Kammer zu widerrufen, wenn
1. nachträglich Gründe eintreten, die eine Versagung der Anerkennung rechtfertigen würden,
2. staatlich anerkannte Sachverständige infolge geistiger oder körperlicher Gebrechen nicht in der Lage sind, ihre Tätigkeit ordnungsgemäß auszuüben,
3. staatlich anerkannte Sachverständige gegen die ihnen obliegenden Pflichten wiederholt oder gröblich verstoßen haben oder
4. staatlich anerkannte Sachverständige an verschiedenen Orten Niederlassungen als staatlich anerkannte Sachverständige einrichten.

(4) Die zuständige Kammer kann die Anerkennung widerrufen, wenn staatlich anerkannte Sachverständige ihre Pflichten als Ingenieure, Ingenieurinnen, Architekten oder Architektinnen gröblich verletzt haben.

§ 7
Führung der Bezeichnung staatlich anerkannter Sachverständiger oder staatlich anerkannte Sachverständige

Wer nach § 2 als staatlich anerkannter Sachverständiger oder staatlich anerkannte Sachverständige für Standsicherheit, Brandschutz oder Erd- und Grundbau anerkannt worden ist oder gilt, darf die Bezeichnung staatlich anerkannter Sachverständiger oder staatlich anerkannte Sachverständige führen.

ABSCHNITT 2
Staatlich anerkannte Sachverständige für Standsicherheit

§ 8
Umfang der Anerkennung

(1) Die Anerkennung wird für folgende Fachrichtungen ausgesprochen:
1. Massivbau,
2. Metallbau,
3. Holzbau.

Die Anerkennung kann für eine oder mehrere Fachrichtungen ausgesprochen werden.

(2) Die Anerkennung für einen Fachrichtung schließt die Berechtigung zur Prüfung einzelner Bauteile mit geringem Schwierigkeitsgrad einer anderen Fachrichtung nicht aus.

(3) Die Anerkennung für die Fachrichtungen Massivbau oder Metallbau schließt den Verbundbau ein.

§ 9
Voraussetzungen für die Anerkennung

(1) Als staatlich anerkannte Sachverständige für Standsicherheit können Personen anerkannt werden, die neben den allgemeinen Voraussetzungen nach § 3
1. ein Studium des Bauingenieurwesens an einer deutschen Hochschule oder ein gleichwertiges Studium in einem Mitgliedstaat der europäischen Union oder einem anderen Staat, der Vertragspartei des Abkommens über den Europäischen Wirtschaftsraum ist, erfolgreich abgeschlossen haben,

2. mindestens zehn Jahre lang, davon drei Jahre lang unmittelbar vor dem Zeitpunkt der Antragstellung, mit der Aufstellung von Standsicherheitsnachweisen, der technischen Bauleitung oder mit vergleichbaren Tätigkeiten betraut waren, wovon sie mindestens fünf Jahre lang Standsicherheitsnachweise aufgestellt haben und mindestens ein Jahr mit der technischen Bauleitung betraut gewesen sein müssen; die Zeit der technischen Bauleitung darf jedoch nur bis zu höchstens drei Jahren angerechnet werden. Für die restlichen Jahre kann auch die Mitwirkung bei der Prüfung von Standsicherheitsnachweisen angerechnet werden. Die aufgestellten Standsicherheitsnachweise sollen in erheblichem Umfang statisch-konstruktiv schwierige Bauwerke aller Bereiche (Hochbau, Industrie- und Verkehrsbau) der beantragten Fachrichtung beinhalten,

3. die für staatlich anerkannte Sachverständige für Standsicherheit erforderlichen Fachkenntnisse und Erfahrungen besitzen und nachweisen können, dass sie in der beantragten Fachrichtung über einen überdurchschnittlichen Wissensstand auf dem Gebiet der Baustatik, insbesondere im Hinblick auf die dort verwendeten Methoden der Statik und Stabilität der Tragwerke, und auf dem Gebiet des konstruktiven Brandschutzes verfügen sowie besondere praktische Erfahrungen hinsichtlich der konstruktiven Gestaltung von Ingenieurbauten besitzen; nachzuweisen sind auch Erfahrungen in der Bearbeitung von Flächentragwerken, vorgespannten Konstruktionen, Verbundbauten und schwingungsanfälligen Bauwerken sowie in der Anwendung der Datenverarbeitungstechnik im Rahmen bautechnischer Nachweise,

4. über ausreichende Kenntnisse der Baustofftechnologie und der baurechtlichen Vorschriften verfügen,

5. nicht als Unternehmer oder Unternehmerin in der Bauwirtschaft tätig sind oder nicht in einem beruflichen, finanziellen oder sonstigen Abhängigkeitsverhältnis, insbesondere zu Unternehmen der Bauwirtschaft, stehen, das die Tätigkeit als staatlich anerkannte Sachverständige beeinflussen kann und

6. als Ingenieur, Ingenieurin, Architekt oder Architektin sowie als hauptberuflicher Hochschullehrer oder als hauptberufliche Hochschullehrerin selbständig tätig sind.

(2) Die in Sachsen-Anhalt anerkannten Prüfingenieure oder Prüfingenieurinnen für Baustatik werden von der Ingenieurkammer Sachsen-Anhalt auf Antrag gemäß § 10 Abs. 1 als Sachverständige für

Standsicherheit in ihren Fachrichtungen anerkannt; ein Anerkennungsverfahren findet insoweit nicht statt. Dies gilt entsprechend für von anderen Ländern anerkannte Prüfingenieurinnen oder Prüfingenieure für Baustatik; § 3 Nr. 6 findet insoweit keine Anwendung.

§ 10
Anerkennungsverfahren

(1) Die Anträge auf Anerkennung als staatlich anerkannte Sachverständige für Standsicherheit sind an die Ingenieurkammer Sachsen-Anhalt zu richten. Im Antrag ist anzugeben, für welche Fachrichtung gemäß § 8 Abs. 1 die Anerkennung beantragt wird.

(2) Über Anträge auf Anerkennung als staatlich anerkannte Sachverständige für Standsicherheit entscheidet die Ingenieurkammer Sachsen-Anhalt unter Einbeziehung der Entscheidung des Prüfungsausschusses. Die Antragstellerin oder Antragstellerinnen müssen die in § 9 geforderten Qualifikationen nachweisen.

(3) Neben den in § 5 Abs. 2 genannten Unterlagen kann die Ingenieurkammer Sachsen-Anhalt weitere Unterlagen verlangen, wenn diese zur Beurteilung des Antrages erforderlich sind.

(4) Über die fachliche Eignung der Antragsteller oder Antragstellerinnen entscheidet ein Prüfungsausschuss der Ingenieurkammer Sachsen-Anhalt in einem Prüfungsverfahren.

(5) Die Ingenieurkammer Sachsen-Anhalt regelt das Prüfungsverfahren in einer Prüfungsordnung, die der Genehmigung der Aufsichtsbehörde bedarf. Die Aufsichtsbehörde erteilt die Genehmigung im Einvernehmen mit der obersten Bauaufsichtsbehörde.

(6) Der Prüfungsausschuss soll verlangen, dass der Antragsteller oder die Antragstellerin seine oder ihre Kenntnisse schriftlich und mündlich nachweist. Die Prüfung darf zweimal wiederholt werden.

(7) Die Anerkennung erfolgt durch Bescheinigung für eine bestimmte Frist, höchstens jedoch für fünf Jahre. Sie kann auf schriftlichen Antrag jeweils um höchstens fünf Jahre verlängert werden.

§ 11
Prüfungsausschuss

(1) Der Prüfungsausschuss wird bei der Ingenieurkammer Sachsen-Anhalt eingerichtet.

(2) Der Prüfungsausschuss besteht aus sechs Mitgliedern. Dem Prüfungsausschuss gehören an:
1. drei von der Ingenieurkammer Sachsen-Anhalt berufene Mitglieder,
2. ein von der Architektenkammer Sachsen-Anhalt berufenes Mitglied,
3. ein von der obersten Bauaufsichtsbehörde berufenes Mitglied aus dem Bereich der Bauaufsicht,
4. ein von der obersten Bauaufsichtsbehörde berufenes Mitglied aus dem Bereich der Wissenschaft.

(3) Die Berufungen erfolgen für fünf Jahre; wiederholte Berufungen sind zulässig. Die Mitglieder des Prüfungsausschusses sind ehrenamtlich tätig, an Weisungen nicht gebunden und zur Unparteilichkeit und Verschwiegenheit verpflichtet.

(4) Die Mitglieder des Prüfungsausschusses haben Ansprüche auf eine Aufwandsentschädigung entsprechend den für die Ingenieurkammer Sachsen-Anhalt geltenden Bestimmungen.

(5) Der Prüfungsausschuss wählt aus seiner Mitte einen Vorsitzenden oder eine Vorsitzende und einen Stellvertreter oder eine Stellvertreterin.

(6) Der Prüfungsausschuss ist beschlussfähig, wenn mindestens vier Mitglieder anwesend sind. Der Prüfungsausschuss beschließt mit einfacher Mehrheit der anwesenden Mitglieder. Bei Stimmengleichheit gibt die Stimme der oder des Vorsitzenden den Ausschlag.

(7) Die Ingenieurkammer Sachsen-Anhalt erlässt im Einvernehmen mit der Aufsichtsbehörde und der obersten Bauaufsichtsbehörde eine Geschäftsordnung für die Geschäftsführung des Prüfungsausschusses.

§ 12
Aufgabenerledigung

(1) Staatlich anerkannte Sachverständige für Standsicherheit haben die Vollständigkeit und Richtigkeit der Nachweise über die Standsicherheit einschließlich der Feuerwiderstandsdauer der Bauteile gemäß § 67 Abs. 5 Nr. 2 und § 68 Abs. 6 Nr. 2 BauO LSA zu prüfen und zu bescheinigen. Zur Bescheinigung gehören der Prüfbericht und eine Ausfertigung der geprüften Standsicherheitsnachweise. Soweit die staatlich anerkannten Sachverständigen für Standsicherheit über die zur Beurteilung der Verformungen des Baugrundes und ihre Auswirkungen auf das Bauwerk sowie die Sicherheit gegen Gleiten, Kippen

und Grundbruch erforderliche Sachkunde nicht verfügen, oder wenn hinsichtlich der getroffenen Annahmen oder der bodenmechanischen Kenngrößen Zweifel bestehen, sind von ihnen im Einvernehmen mit dem Bauherrn oder der Bauherrin staatlich anerkannte Sachverständige für Erd- und Grundbau einzuschalten.

(2) Staatlich anerkannte Sachverständige für Standsicherheit haben ferner die ordnungsgemäße Bauausführung der baulichen Anlage entsprechend den nach Absatz 1 Satz 1 geprüften Bauvorlagen gemäß § 67 Abs. 10 Satz 3 und § 68 Abs. 8 Satz 2 BauO LSA zu bescheinigen. Sie dürfen diese Bescheinigungen bei Fertigstellung der baulichen Anlage nur ausstellen, wenn sie sich stichprobenhaft davon überzeugt haben, dass die geprüften Anforderungen erfüllt sind. Im Massivbau sind mindestens die Spanngliedführung und Bewehrung, im Metall- und Holzbau die Anschlüsse und Verbindungen der für die Standsicherheit und den konstruktiven Brandschutz wesentlichen Bauteile stichprobenweise zu prüfen.

(3) Die Bauherren oder Bauherrinnen haben den staatlich anerkannten Sachverständigen rechtzeitig Baubeginn und Beginn der zu überprüfenden Baumaßnahmen anzuzeigen.

ABSCHNITT 3
Staatlich anerkannte Sachverständige für Brandschutz

§ 13
Voraussetzungen für die Anerkennung

(1) Als staatlich anerkannte Sachverständige für Brandschutz können Personen anerkannt werden, die neben den allgemeinen Voraussetzungen nach § 3

1. als Angehörige der Fachrichtung Architektur, Hochbau, Bauingenieurwesen oder eines Studiengangs mit Schwerpunkt Brandschutz ein Studium an einer deutschen Hochschule, ein gleichwertiges Studium im Europäischen Wirtschaftsraum oder eine Ausbildung für mindestens den gehobenen feuerwehrtechnischen Dienst erfolgreich abgeschlossen haben,

2. mindestens fünf Jahre Erfahrung, davon drei Jahre lang unmittelbar vor dem Zeitpunkt der Antragstellung, in der brandschutztechnischen Planung und Ausführung von baulichen Anlagen, insbesondere auch von baulichen Anlagen besonderer Art oder Nutzung, wie Krankenhäuser, Geschäftshäuser und Industriegebäude, gesammelt haben,

3. ausreichende Kenntnisse in der Baustofftechnologie, insbesondere des Brandverhaltens von Bauprodukten und Bauarten, besitzen,
4. die zur Erfüllung der Aufgaben erforderlichen Kenntnisse im Bereich des abwehrenden Brandschutzes besitzen,
5. über ausreichende Kenntnisse der baurechtlichen Vorschriften verfügen,
6. nicht als Unternehmer oder Unternehmerin in der Bauwirtschaft tätig sind oder nicht in einem beruflichen, finanziellen oder sonstigen Abhängigkeitsverhältnis, insbesondere zu Unternehmen der Bauwirtschaft, stehen, das die Tätigkeit als staatlich anerkannte Sachverständige beeinflussen kann und
7. als Ingenieur, Ingenieurin, Architekt oder Architektin sowie als hauptberuflicher Hochschullehrer oder als hauptberufliche Hochschullehrerin selbständig tätig sind.

(2) Die von anderen Ländern anerkannten Prüfingenieure oder Prüfingenieurinnen für Brandschutz werden von der Architektenkammer Sachsen-Anhalt auf Antrag als Sachverständige für Brandschutz anerkannt, sofern ihre Anerkennung und ihr Tätigkeitsbereich vergleichbar sind; ein Anerkennungsverfahren findet insoweit nicht statt. § 3 Nr. 6 findet insoweit keine Anwendung.

§ 14
Anerkennungsverfahren

(1) Die Anträge auf Anerkennung als staatlich anerkannte Sachverständige für Brandschutz sind an die Architektenkammer Sachsen-Anhalt zu richten.

(2) Über Anträge auf Anerkennung als staatlich anerkannte Sachverständige für Brandschutz entscheidet die Architektenkammer Sachsen-Anhalt unter Einbeziehung der Entscheidung des Prüfungsausschusses. Der Antragsteller oder die Antragstellerin muss die in § 13 geforderten Qualifikationen nachweisen.

(3) Neben den in § 5 Abs. 2 genannten Unterlagen kann die Architektenkammer Sachsen-Anhalt weitere Unterlagen verlangen, wenn diese zur Beurteilung des Antrages erforderlich sind.

(4) Über die fachliche Eignung des Antragstellers oder der Antragstellerin entscheidet ein Prüfungsausschuss der Architektenkammer Sachsen-Anhalt in einem Prüfungsverfahren.

(5) Die Architektenkammer Sachsen-Anhalt regelt das Prüfungsverfahren in einer Prüfungsordnung, die der Genehmigung der Auf-

sichtsbehörde bedarf. Die Aufsichtsbehörde erteilt die Genehmigung im Einvernehmen mit der obersten Bauaufsichtsbehörde.

(6) Der Prüfungsausschuss soll verlangen, dass der Antragsteller oder die Antragstellerin seine oder ihre Kenntnisse schriftlich und mündlich nachweist. Die Prüfung darf zweimal wiederholt werden.

(7) Die Anerkennung erfolgt durch Bescheinigung für eine bestimmte Frist, höchstens jedoch für fünf Jahre. Sie kann auf schriftlichen Antrag jeweils um höchstens fünf Jahre verlängert werden.

§ 15
Prüfungsausschuss

(1) Der Prüfungsausschuss wird bei der Architektenkammer Sachsen-Anhalt eingerichtet.

(2) Der Prüfungsausschuss besteht aus sechs Mitgliedern. Dem Prüfungsausschuss gehören an:

1. ein von der Architektenkammer Sachsen-Anhalt berufenes Mitglied,
2. ein von der Architektenkammer Sachsen-Anhalt berufenes Mitglied einer Materialprüfstelle für Brandschutz,
3. ein von der Architektenkammer Sachsen-Anhalt berufenes Mitglied aus dem Bereich der Sachversicherer,
4. ein von der Ingenieurkammer Sachsen-Anhalt berufenes Mitglied,
5. ein von der obersten Bauaufsichtsbehörde berufenes Mitglied aus dem Bereich der Bauaufsicht,
6. ein vom Ministerium des Innern berufenes Mitglied aus dem Bereich des Brandschutzes.

(3) Die Berufung erfolgt für fünf Jahre; wiederholte Berufungen sind zulässig. Die Mitglieder des Prüfungsausschusses sind ehrenamtlich tätig, an Weisungen nicht gebunden und zur Unparteilichkeit und Verschwiegenheit verpflichtet.

(4) Die Mitglieder des Prüfungsausschusses haben Anspruch auf eine Aufwandsentschädigung entsprechend den für die Architektenkammer Sachsen-Anhalt geltenden Bestimmungen.

(5) Der Prüfungsausschuss wählt aus seiner Mitte einen Vorsitzenden oder eine Vorsitzende und einen Stellvertreter oder eine Stellvertreterin.

(6) Der Prüfungsausschuss ist beschlussfähig, wenn mindestens vier Mitglieder anwesend sind. Der Prüfungsausschuss beschließt mit ein-

facher Mehrheit der anwesenden Mitglieder. Bei Stimmengleichheit gibt die Stimme des oder der Vorsitzenden den Ausschlag.

(7) Die Architektenkammer Sachsen-Anhalt erlässt im Einvernehmen mit der Aufsichtsbehörde und der obersten Bauaufsichtsbehörde eine Geschäftsordnung für die Geschäftsführung des Prüfungsausschusses.

§ 16
Aufgabenerledigung

(1) Staatlich anerkannte Sachverständige für Brandschutz prüfen, ob das Vorhaben den Anforderungen an den Brandschutz erfüllt, die eingereichten Bauvorlagen vollständig und richtig sind und erteilen bei Erfüllung der Anforderungen eine Bescheinigung gemäß § 67 Abs. 5 Nr. 3 und § 68 Abs. 6 Nr. 3 und Abs. 9 Satz 2 Nr. 2 BauO LSA.

(2) Staatlich anerkannte Sachverständige für Brandschutz haben sich bei der zuständigen Brandschutzbehörde über die vorhandene Ausrüstung und die im Brandfall zur Verfügung stehenden Einsatzkräfte zu informieren; sie sind verpflichtet den zur Wahrung der Belange des abwehrenden Brandschutzes erhobenen Forderungen der Brandschutzbehörde zu entsprechen.

(3) Staatlich anerkannte Sachverständige für Brandschutz haben ferner die ordnungsgemäße Bauausführung der baulichen Anlage entsprechend den nach Absatz 1 Satz 1 geprüften Bauvorlagen gemäß § 67 Abs. 10 Satz 3 und § 68 Abs. 8 Satz 2 BauO LSA zu bescheinigen. Sie dürfen diese Bescheinigungen bei Fertigstellung der baulichen Anlage nur ausstellen, wenn sie sich stichprobenhaft davon überzeugt haben, dass die baulichen Anlagen entsprechend den geprüften Anforderungen ausgeführt sind. Die Bauherren oder Bauherrinnen haben den staatlich anerkannten Sachverständigen rechtzeitig den Baubeginn und den Beginn der zu überprüfenden Baumaßnahmen anzuzeigen.

ABSCHNITT 4
Staatlich anerkannte Sachverständige für Erd- und Grundbau

§ 17
Voraussetzungen für die Anerkennung

Als staatlich anerkannte Sachverständige für Erd- und Grundbau können Personen anerkannt werden, die neben den allgemeinen Voraussetzungen nach § 3

1. ein Studium des Bauingenieurwesens an einer deutschen Hochschule oder ein gleichwertiges Studium in einem Mitgliedstaat der europäischen Union oder einem anderen Staat, der Vertragspartei des Abkommens über den Europäischen Wirtschaftsraum ist, erfolgreich abgeschlossen haben,
2. neun Jahre im Bauwesen tätig waren, davon mindestens drei Jahre im Erd- und Grundbau mit der Anfertigung oder Beurteilung von Standsicherheitsnachweisen betraut waren,
3. besondere Kenntnisse und Erfahrungen im Erd- und Grundbau durch die Vorlage eines Verzeichnisses aller in den letzten zwei Jahren vor Antragstellung erstellten Baugrundgutachten nachweisen; hiervon sind zwei gesondert vorzulegen, die die Bewältigung überdurchschnittlicher Aufgaben zeigen müssen,
4. versichern, dass weder sie noch ihre Mitarbeiter an einem Unternehmen der Bauwirtschaft oder einem Bohrunternehmen beteiligt sind und
5. einen Nachweis vorlegen, wonach sie über solche Geräte verfügen oder verfügen können, die für die Untersuchung des Baugrundes erforderlich sind.

§ 18
Anerkennungsverfahren

(1) Die Anträge auf Anerkennung als staatlich anerkannte Sachverständige für Erd- und Grundbau sind an die Ingenieurkammer Sachsen-Anhalt zu richten. In dem Antrag ist anzugeben, in welcher Gemeinde der Antragsteller oder die Antragstellerin seinen oder ihren Geschäftssitz oder seine oder ihre Niederlassung einrichten will.

(2) Über die Anerkennung entscheidet die Ingenieurkammer Sachsen-Anhalt auf Grund der Stellungnahme eines Beirates nach § 19. Der Antragsteller oder die Antragstellerin muss die in § 17 geforderten Qualifikationen nachweisen. Die Anerkennung ist je nach Antrag für den Geschäftssitz oder für eine bestimmte Niederlassung zu erteilen.

(3) Neben den in § 5 Abs. 2 genannten Unterlagen kann die Ingenieurkammer Sachsen-Anhalt weitere Unterlagen verlangen, wenn diese zur Beurteilung des Antrages erforderlich sind.

(4) Die Liste über die anerkannten Sachverständigen für Erd- und Grundbau wird im „Deutschen Ingenieurblatt" veröffentlicht.

§ 19
Beirat

Die Ingenieurkammer Sachsen-Anhalt holt von einem bei der Bundesingenieurkammer bestehenden Beirat eine Stellungnahme über die fachliche Eignung des Antragstellers oder der Antragstellerin einschließlich der Ausstattung mit den erforderlichen Geräten nach § 17 Nr. 5 ein. Der Beirat hat seine Stellungnahme zu begründen.

§ 20
Aufgabenerledigung

Die staatlich anerkannten Sachverständigen für Erd- und Grundbau bescheinigen die Vollständigkeit und Richtigkeit der Angaben für den Baugrund und dessen Tragfähigkeit sowie die Sicherheit der Gründung der baulichen Anlage.

§ 21
Übergangsregelung

Die bisher beim Deutschen Institut für Bautechnik (DIBt) im Verzeichnis der Erd- und Grundbauinstitute geführten Personen und Stellen (Mitteilungen des DIBt, Heft Nr. 1 vom 27. Februar 1998 S. 20) für den Bereich des Landes Sachsen-Anhalt gelten als staatlich anerkannte Sachverständige für Erd- und Grundbau.

ABSCHNITT 5
Vergütung für staatlich anerkannte Sachverständige

§ 22
Vergütung

(1) Die staatlich anerkannten Sachverständigen erhalten für ihre Tätigkeit nach Anlage 1 ein Honorar und eine Entschädigung notwendiger Auslagen gemäß Absatz 3.

(2) Das Honorar richtet sich nach dem Rohbauwert der baulichen Anlage nach § 23, der Bauwerksklasse (Anlage 3), der das Tragwerk angehört, und der Honorartafel (Anlage 4), sofern nicht das Honorar gemäß Anlage 1 nach Zeitaufwand entsprechend § 24 Abs. 4 und 5 abgerechnet wird.

(3) Fahrtkosten für notwendige Reisen, die über den Umkreis vom 15 km vom Geschäftssitz oder der Niederlassung der staatlich anerkannten Sachverständigen hinausgehen, können in Höhe der steuer-

lich zulässigen Pauschalsätze in Ansatz gebracht werden. Fahr- und Wartezeiten sind nach dem Zeitaufwand (§ 24 Abs. 4 und 5) zu ersetzen. Sonstige Auslagen, werden nur erstattet, wenn dies bei Auftragserteilung schriftlich vereinbart worden ist. Dazu gehören insbesondere auch die Beträge, die an staatlich anerkannte Sachverständige für Erd- und Grundbau auf Grund der Einschaltung nach § 12 Abs. 1 Satz 3 zu zahlen sind.

§ 23
Rohbauwert

(1) Der Rohbauwert ist für die in der Anlage 2 genannten baulichen Anlagen nach deren Brutto-Rauminhalt, vervielfältigt mit dem jeweils angegebenen Rohbauwert je Kubikmeter Brutto-Rauminhalt zu errechnen. Der Brutto-Rauminhalt bestimmt sich nach DIN 277 Teil 1, Ausgabe Juni 1987. Die Rohbauwerte der Anlage 2 basieren auf der Indexzahl 100 für das Jahr 1995. Ab 1. Oktober eines jeden Jahres sind diese Rohbauwerte mit dem vom Statistischen Landesamt Sachsen-Anhalt für das jeweilige vergangene Jahr bekannt gemachten Preisindex für Wohngebäude insgesamt zu vervielfältigen und auf volle Euro ab- oder aufzurunden. Die Indexzahl und die sich daraus ergebenden Rohbauwerte je Kubikmeter Brutto-Rauminhalt werden von der obersten Bauaufsichtsbehörde im Ministerialblatt für das Land Sachsen-Anhalt bekannt gemacht.

(2) Für die nicht in der Anlage 2 genannten baulichen Anlagen ist der Rohbauwert nach den veranschlagten Kosten zu ermitteln, die für die Herstellung aller bis zu einer Bauzustandsbesichtigung des Rohbaus (§ 86 Abs. 1 BauO LSA) fertig zu stellenden Arbeiten und Lieferungen erforderlich sind. Zu dem Rohbauwert gehören insbesondere die Kosten für Erdarbeiten, Abdichtungen, Dachdeckungsarbeiten, Klempnerarbeiten, Gerüste, Baugrubensicherungen, die Baustelleneinrichtung sowie die Kosten für Bauteile, die nicht zu einer Rohbaubesichtigung fertig zustellen sind, für die jedoch ein Standsicherheitsnachweis erforderlich ist. Kann der Rohbauwert nur auf der Grundlage eines Herstellungswerts ermittelt werden, sind der Berechnung der Herstellungswerts die veranschlagten Kosten zu Grunde zu legen, die für die Herstellung aller bis zu einer Besichtigung der fertig gestellten baulichen Anlage fertig zu stellenden Arbeiten und Lieferungen erforderlich sind. Bei Umbauten sind auch die Kosten von Abbrucharbeiten zu berücksichtigen. Zu dem Rohbau- und Herstellungswert gehört die auf die Kosten nach den Sätzen 1 bis 4 entfallende Umsatzsteuer. Einsparungen durch Eigenleis-

tungen oder Vergünstigungen sind nicht zu berücksichtigen. Bei der Ermittlung des Rohbau- oder Herstellungswertes ist von den Kosten auszugehen, die ortsüblich im Zeitpunkt der Auftragsübernahme erforderlich sind.

(3) Werden die Herstellungskosten einer baulichen Anlage maßgeblich von einer Anlage, Einrichtung oder technischen Ausstattung bestimmt, die selbst keine Mehrleistung für das Tragwerk erbringt, ist der Honorarberechnung nur die Hälfte der Kosten als Herstellungswert zu Grunde zu legen.

(4) Der Rohbau- oder Herstellungswert ist jeweils auf volle 500 Euro aufzurunden.

(5) Für die Berechnung des Honorars nach Anlage 4 sind für bauliche Anlagen, für die ein Herstellungswert nach den Absätzen 2 bis 4 ermittelt wurde, zwei Drittel des Herstellungswertes als Rohbauwert anzusetzen.

(6) Steht der Rohbauwert nach Absatz 1 in einem groben Missverhältnis zu einem für die bauliche Anlage nach den Absätzen 2 bis 5 ermittelten Rohbauwert, so ist der nach den Absätzen 2 bis 5 ermittelte Rohbauwert der Honorarabrechnung zu Grunde zu legen, sofern das auf dieser Grundlage ermittelte Honorar in angemessenem Verhältnis zum Aufwand steht; ein grobes Missverhältnis liegt in der Regel vor, wenn der Rohbauwert nach den Absätzen 2 bis 5 um mehr als ein Drittel von dem Rohbauwert nach Absatz 1 abweicht.

§ 24
Honorarberechnung

(1) Bestimmt sich das Honorar nach Anlage 4, so ist der Rohbauwert für eine bauliche Anlage mit mindestens 10 000 Euro anzusetzen und die bauliche Anlage zur Honorarbemessung in die ihrem statischen und konstruktiven Schwierigkeitsgrad entsprechende Bauwerksklasse nach Anlage 3 einzustufen. Für Zwischenwerte der in der Honorartafel genannten Rohbauwerte sind die Honorare der Honorartafel gradlinig zu interpolieren. Eine Interpolation zwischen den Bauwerksklassen der Anlage 4 ist nicht zulässig. Das Honorar schließt die Ausstellung der jeweiligen Bescheinigung ein.

(2) Besteht eine bauliche Anlage aus Bauteilen mit unterschiedlichem Schwierigkeitsgrad, so ist sie in die Bauwerksklasse einzustufen, auf die sich die überwiegende Tätigkeit der staatlich anerkannten Sachverständigen erstreckt.

(3) Besteht eine Baumaßnahme aus mehreren baulichen Anlagen, so ist das Honorar nach den Absätzen 1 und 2 für jede einzelne Anlage getrennt zu ermitteln; dabei sind der Rohbauwert und die Bauwerksklasse der jeweiligen baulichen Anlage zu Grunde zu legen. Gehören die baulichen Anlagen jedoch der gleichen Bauwerksklasse an, so sind, wenn sie auch im Übrigen in statisch-konstruktiver Hinsicht weitgehend vergleichbar sind und die Bauvorlagen gleichzeitig zur Prüfung vorgelegt werden, die Rohbauwerte dieser baulichen Anlagen, soweit nicht die Voraussetzungen für eine Ermäßigung des Honorars nach Anlage 1 Anmerkungen zu den Tarifstellen 1.1 bis 1.7 vorliegen, zusammenzufassen; das Honorar ist danach wie für eine bauliche Anlage nach Anlage 4 zu berechnen.

(4) Bestimmt sich das Honorar nach dem Zeitaufwand, ist die Zeit anzusetzen, die unter regelmäßigen Verhältnissen von einer entsprechend ausgebildeten Fachkraft benötigt wird.

(5) Für jede angefangene Arbeitsstunde wird ein Betrag von 1,293 v. H. des Monatsgrundgehalts eines Landesbeamten oder einer Landesbeamtin in der Endstufe der Besoldungsgruppe A 15 berechnet. Der Betrag ist auf volle Euro abzurunden. Die oberste Bauaufsichtsbehörde gibt den jeweils der Honorarberechnung zu Grunde zulegenden Stundensatz im Ministerialblatt für das Land Sachsen-Anhalt bekannt.

(6) In dem nach dieser Verordnung berechneten Honorar ist die Umsatzsteuer nicht enthalten. Die staatlich anerkannten Sachverständigen haben Anspruch auf Ersatz der auf ihr Honorar und die Auslagen entfallenen Umsatzsteuer, sofern sie nicht nach § 19 Abs. 1 des Umsatzsteuergesetzes unerhoben bleibt. Das Honorar wird mit Eingang der Honorarrechnung fällig. Ein Nachlass auf das Honorar ist unzulässig. Bis zur Abrechnung kann eine Berichtigung der Bauwerksklasse und des Rohbauwertes oder die Erhöhung des Honorars nach Anlage 1 der Anmerkungen zu den Tarifstellen 1.1 bis 1.7 Buchst. e vereinbart werden.

ABSCHNITT 6

Schlussvorschriften

§ 25

Verweisung auf DIN-Normen

Die DIN-Normen, auf die in dieser Verordnung verwiesen wird, werden vom Beuth-Verlag GmbH, Berlin und Köln, herausgegeben und sind beim Deutschen Patentamt in München archivmäßig gesichert niedergelegt.

§ 26
Ordnungswidrigkeiten

Nach § 88 Abs. 1 Nr. 1 BauO LSA kann mit Geldbuße bis zu 50 000 Euro belegt werden, wer die Bezeichnung staatlich anerkannter Sachverständiger oder staatlich anerkannte Sachverständige führt, ohne nach § 7 in Verbindung mit § 2 hierzu berechtigt zu sein.

§ 27
In-Kraft-Treten

Diese Verordnung tritt am Tage nach ihrer Verkündung in Kraft.

Anlage 1
(zu § 22 Abs. 1)

Tarif

Tarif-stelle (1)	Tätigkeit (2)	Honorar Euro (3)
1	Prüfung der bautechnischen Nachweise	
1.1	Prüfung des Standsicherheitsnachweises, ausgenommen nach den Tarifstellen 1.2, 1.7 bis 1.9,	nach Anlage 4
1.2	Prüfung des Standsicherheitsnachweises für Umbauten und Aufstockungen	nach Anlage 4 zuzüglich bis zu 50 v. H. dieses Betrages entsprechend dem Bearbeitungsaufwand
1.3	Prüfung des Nachweises der Feuerwiderstandsdauer tragender Bauteile, auch auf Übereinstimmung mit den Konstruktionszeichnungen	5 v. H. des Honorars nach Anlage 4, Bauwerksklasse 3
	mindestens	50
1.4	Prüfung von Ausführungszeichnungen für statisch-konstruktiv schwierige Bauarbeiten oder Bauteile, ausgenommen Ausführungszeichnungen nach Tarifstelle 1.5	nach Zeitaufwand
	höchstens je Bauvorhaben	bis zu 75 v. H. des jeweiligen Honorars nach Tarifstelle 1.1 und 1.2
1.5	Prüfung vom Elementeplänen des Fertigteilbaues sowie Werkstattzeichnungen	nach Zeitaufwand
	höchstens je Bauvorhaben	bis zu 75 v. H. des jeweiligen Honorars nach Tarifstelle 1.1 und 1.2

II/7 Anlage 1 BauO-SV-VO

Tarif-stelle (1)	Tätigkeit (2)	Honorar Euro (3)
1.6	Prüfung von vorgezogenen Lastzusammenstellungen sowie von zusätzlichen Nachweisen für Transport-, Montage- oder Bauzustände, Erdbeben- und Bergschädensicherung	nach Zeitaufwand
	höchstens	bis zu 100 v. H. des Honorars nach Tarifstelle 1.1 und 1.2
1.7	Prüfung von Nachträgen zu den Nachweisen nach den Tarifstellen 1.1 bis 1.3 und den dazugehörigen Konstruktionszeichnungen sowie zu den Zeichnungen und Plänen nach den Tarifstellen 1.4 und 1.5 infolge von Änderungen oder Fehlern	nach Zeitaufwand
	höchstens je Bauvorhaben	bis zu 100 v. H. des Honorars für die Hauptvorlage
	Anmerkungen zu den Tarifstellen 1.1 bis 1.7 a) Liegen für bestimmte bauliche Anlagen, andere Anlagen und Einrichtungen sowie Teile dieser Anlagen und Einrichtungen Bescheide über Typenprüfungen vor, so sind hierfür die Rohbauwerte bei der Bemessung des Honorars nach den Tarifstellen 1.1 bis 1.3 nicht zu berücksichtigen.	

Tarif-stelle (1)	Tätigkeit (2)	Honorar Euro (3)
	b) Für mehrere Gebäude sowie andere bauliche Anlagen auf einem Baugrundstück oder auf benachbarten Baugrundstücken, für die derselbe bautechnische Nachweis und derselbe Nachweis für die Feuerwiderstandsdauer tragender Bauteile oder gleiche Ausführungszeichnungen gelten sollen, ermäßigen sich die Honorare für die Zweite und jede weitere bauliche Anlage auf ein Zehntel, wenn die Nachweise gleichzeitig zur Prüfung vorgelegt werden.	
	c) Die Honorare nach Buchstabe b ermäßigen sich unter den Voraussetzungen nach Buchstabe b für die zweite und jede weitere bauliche Anlage nur auf die Hälfte, wenn die Nachweise nicht gleichzeitig zur Prüfung vorgelegt werden oder wenn die bauliche Anlage aus gleichartigen Abschnitten besteht, für die derselbe bautechnische Nachweis und derselbe Nachweis für die Feuerwiderstandsdauer tragender Bauteile oder gleiche Ausführungszeichnungen gelten sollen. Dies gilt nicht, wenn nur Deckenfelder, Stützenreihen oder Binder in einer baulichen Anlage gleich sind.	
	d) Die Ermäßigung nach den Buchstaben b oder c ist auf alle Prüfaufträge umzulegen.	
	e) Steht das ermittelte Honorar in einem groben Missverhältnis zum Aufwand für die Prüfung, so kann das Honorar bis auf das Dreifache erhöht werden. Die Erhöhung kann insbesondere in Betracht kommen	

Tarif-stelle (1)	Tätigkeit (2)	Honorar Euro (3)
	aa) für die Prüfung von Konstruktions- und Ausführungszeichnungen und Elementeplänen mit hohem erforderlichen Detaillierungsgrad,	
	bb) wenn Teile der erforderlichen Bauvorlagen in größeren Zeitabständen zur Prüfung vorgelegt werden und sich der Prüfaufwand dadurch erheblich erhöht,	
	cc) wenn die Prüfung der bautechnischen Nachweise für bauliche Anlagen der Bauwerksklasse 3 bis 5 (Anlage 3) nur durch besondere elektronische Vergleichsberechnungen erfolgen kann.	
1.8	Prüfung des Standsicherheitsnachweises von Windenergieanlagen mit einer Nabenhöhe bis 30 m	nach Zeitaufwand
1.9	Leistungen nach den Tarifstellen 1.1 bis 1.7, wenn der Rohbauwert schwer bestimmbar ist	nach Zeitaufwand
2.	Prüfung des Brandschutzes	
2.1	Prüfung der Bauvorlagen hinsichtlich des vorbeugenden Brandschutzes unter Berücksichtigung der Belange des abwehrenden Brandschutzes (§ 16 Abs. 1 bis 3)	0,3 v. H. des Rohbauwertes
2.2	Prüfungen von Nachträgen zu Bauvorlagen nach Tarifstelle 2.1	nach Zeitaufwand
	höchstens je Bauvorhaben	bis zu 100 v. H. des Honorars nach Tarifstelle 2.1
	Anmerkungen zu Tarifstelle 2: Die Anmerkungen zu den Tarifstellen 1.1 bis 1.7 Buchst. b bis e gelten sinngemäß.	

Tarif-stelle (1)	Tätigkeit (2)	Honorar Euro (3)
3	Überwachung von Bauvorhaben nach §§ 12 Abs. 2 und 16 Abs. 3	nach Zeitaufwand
	höchstens je Bauvorhaben	bis zu 50 v. H. des Honorars nach den Tarifstellen 1.1, 1.2, 1.8 und 1.9 oder der Tarifstelle 2.1 Ermäßigungen und Erhöhungen bleiben hierbei unberücksichtigt

Anlage 2
(zu § 23 Abs. 1 Satz 3)
Tabelle des durchschnittlichen Rohbauwertes je m³ Brutto-Rauminhalt
Bezugsjahr 1995 = 100

	Gebäudeart	Rohbauwert Euro/m³
1.	Wohngebäude	96
2.	Wochenendhäuser	84
3.	Büro- und Verwaltungsgebäude, Banken und Arztpraxen	129
4.	Kindertagesstätten mit einer Gruppe	109
5.	Schulen	123
6.	Hotels, Pensionen und Heime bis 30 Betten, Gaststätten	109
7.	Versammlungsstätten	109
8.	Kirchen	123
9.	Leichenhallen, Friedenskapellen	102
10.	Turn- und Sporthallen (soweit nicht unter Nummer 15) bis zu 1600 m² Grundfläche oder 200 Zuschauerplätzen	74
11.	Hallenbäder	118
12.	Mittelgaragen, soweit sie eingeschossig sind	94
13.	Mittelgaragen, soweit sie mehrgeschossig sind	114
14.	Tiefgaragen bis zu 1000 m² Nutzfläche	131
15.	Fabrik-, Werkstatt- und Lagergebäude, hallenmäßige Verkaufsstätten, einfache Tennis- und Sporthallen, soweit die eingeschossig sind, bis zu 1600 m² Grundfläche oder 200 Zuschauerplätzen	
15.1	mit nicht geringen Einbauten	64
15.2	ohne oder mit geringen Einbauten	
15.2.1	bis 2000 m³ Brutto-Rauminhalt	
	a) Bauart schwer*)	46
	b) sonstige Bauart	40
15.2.2	der 2000 m³ übersteigende Brutto-Rauminhalt bis 5000 m³	
	a) Bauart schwer*)	40
	b) sonstige Bauart	32
15.2.3	der 5000 m³ übersteigende Brutto-Rauminhalt	
	a) Bauart schwer*)	32
	b) sonstige Bauart	25

	Gebäudeart	Rohbauwert Euro/m³
16.	Fabrik-, Werkstatt- und Lagergebäude, soweit sie mehrgeschossig sind, bis zu 1600 m² Grundfläche und einer Höhe von 30 m	
	a) ohne oder mit geringen Einbauten	94
	b) mit nicht geringen Einbauten	106
17.	Verkaufsstätten, mit nicht mehr als 700 m² Verkaufsfläche in mehrgeschossigen Gebäuden	
17.1	mit Verkaufsstätten in einem Geschoss und sonstigen Nutzungen mit Aufenthaltsräumen in den übrigen Geschossen	74
17.2	mit Verkaufsstätten in mehr als einem Geschoss	131
18.	sonstige kleinere gewerbliche Bauten, soweit sie eingeschossig sind (soweit nicht unter Nr. 15)	79
19.	Stallgebäude, Scheunen und sonstige landwirtschaftliche Betriebsgebäude, ausgenommen Güllekeller	wie Nr. 15
20.	Güllekeller, soweit sie unter Ställen oder sonstigen landwirtschaftlichen Betriebsgebäuden liegen	77
21.	Schuppen, offene Feldscheunen und ähnliche Gebäude	31
22.	Gewächshäuser bis 1600 m² Grundfläche	
	a) bis 1500 m³ Brutto-Rauminhalt	22
	b) über 1500 m³ Brutto-Rauminhalt	13

*) Gebäude, deren Außenwände überwiegend aus Beton einschließlich Leicht- und Gasbeton oder aus mehr als 17,5 cm dickem Mauerwerk bestehen.

Ergänzende Festlegungen zur Ermittlung der Rohbauwerte

1. Die Rohbauwerte sind

   a) bei Gebäuden mit mehr als 5 Vollgeschossen um 5 v. H. und

   b) bei Gebäuden mit befahrbaren Decken (außer bei den Nummern 12 bis 14) um 10 v. H.

   zu erhöhen.

2. Die in der Tabelle angegebenen Rohbauwerte berücksichtigen nur Flachgründungen mit Streifen- oder Einzelfundamenten. Mehrkosten für andere Gründungen sind gesondert zu ermitteln; dies gilt auch für Außenwandverkleidungen, für die ein Standsicherheitsnachweis geführt werden muss.

3. Bei Gebäuden mit gemischter Nutzung sind für die Gebäudeteile mit verschiedenen Nutzungsarten die Rohbauwerte anteilig zu ermitteln, soweit Nutzungsarten nicht Nebenzwecken dienen.
4. Der nicht ausgebaute Dachraum eines Dachgeschosses ist, abweichend von DIN 277, nur mit einem Drittel seines Rauminhaltes anzusetzen.

Anlage 3
(zu § 22 Abs. 2)

Bauwerksklassen

1. Bauwerksklasse 1

Tragwerke mit sehr geringem Schwierigkeitsgrad, insbesondere einfach statisch bestimmte Tragwerke aus Holz, Stahl, Stein oder unbewehrtem Beton mit ruhenden Lasten, ohne Nachweis horizontaler Aussteifung;

2. Bauwerksklasse 2

Tragwerke mit geringem Schwierigkeitsgrad, insbesondere

a) statisch bestimmte ebene Tragwerke in gebräuchlichen Bauarten ohne Vorspann- und Verbundkonstruktion mit vorwiegend ruhenden Lasten,

b) Deckenkonstruktionen mit vorwiegend ruhenden Flächenlasten, die sich mit gebräuchlichen Tabellen berechnen lassen,

c) Mauerwerksbauten mit bis zur Gründung durchgehenden tragenden Wänden ohne Nachweis horizontaler Aussteifung,

d) Flachgründungen und Stützwände einfacher Art;

3. Bauwerksklasse 3

Tragwerke mit durchschnittlichem Schwierigkeitsgrad, insbesondere

a) schwierige statisch bestimmte und statisch unbestimmte ebene Tragwerke in gebräuchlichen Bauarten ohne Vorspannung und ohne Stabilitätsuntersuchungen,

b) einfache Verbundkonstruktionen des Hochbaues ohne Berücksichtigung des Einflusses von Kriechen und Schwinden,

c) Tragwerke für Gebäude mit Abfangung der tragenden beziehungsweise aussteifenden Wände,

d) ausgesteifte Skelettbauten,

e) ebene Pfahlrostgründungen,

f) einfache Gewölbe,

g) einfache Rahmentragwerke ohne Vorspannkonstruktionen und ohne Stabilitätsuntersuchungen,

h) einfache Traggerüste und andere einfache Gerüste für Ingenieurbauwerke,

i) einfache verankerte Stützwände;

4. Bauwerksklasse 4

Tragwerke mit überdurchschnittlichem Schwierigkeitsgrad, insbesondere

a) statisch und konstruktiv schwierige Tragwerke in gebräuchlichen Bauarten und Tragkonstruktionen, für deren Standsicherheits- und Festigkeitsnachweis schwierig zu ermittelnde Einflüsse zu berücksichtigen sind,

b) vielfach statisch unbestimmte Systeme,

c) statisch bestimmte räumliche Fachwerke,

d) einfache Faltwerke nach der Balkentheorie,

e) statisch bestimmte Tragwerke, die Schnittgrößenbestimmungen nach der Theorie 2. Ordnung erfordern,

f) einfach berechnete, seilverspannte Konstruktionen,

g) Tragwerke für schwierige Rahmen- und Skelettbauten sowie turmartige Bauten, bei denen der Nachweis der Stabilität und Aussteifung die Anwendung besonderer Berechnungsverfahren erfordert,

h) Verbundkonstruktionen, soweit nicht in Bauwerksklasse 3 oder 5 erwähnt,

i) einfache Trägerroste und einfache orthotrope Platten,

j) Tragwerke mit einfachen Schwingungsuntersuchungen,

k) schwierige statisch unbestimmte Flachgründungen, schwierige ebene oder räumliche Pfahlgründungen, besondere Gründungsverfahren, Unterfangungen,

l) schiefwinklig gelagerte oder gekrümmte Träger,

m) schiefwinklige Einfeldplatten für Ingenieurbauwerke,

n) schwierige Gewölbe und Gewölbereihen,

o) Rahmentragwerke, soweit nicht in Bauwerksklasse 3 oder 5 erwähnt,

p) schwierige Traggerüste und andere schwierige Gerüste für Ingenieurbauwerke,

q) schwierige, verankerte Stützwände;

5. Bauwerksklasse 5

Tragwerke mit sehr hohem Schwierigkeitsgrad, insbesondere

a) statisch und konstruktiv ungewöhnlich schwierige Tragwerke,

b) schwierige Tragwerke in neuen Bauarten,

c) räumliche Stabwerke und statisch unbestimmte räumliche Fachwerke,
d) schwierige Trägerroste und schwierige orthotrope Platten,
e) Verbundträger mit Vorspannung durch Spannglieder oder andere Maßnahmen,
f) Flächentragwerke (Platten, Faltwerke, Schalen), die die Anwendung der Elastizitätstheorie erfordern,
g) statisch unbestimmte Tragwerke, die Schnittgrößenbestimmungen nach der Theorie 2. Ordnung erfordern,
h) Tragwerke mit Standsicherheitsnachweisen, die nur unter Zuhilfenahme modell-statischer Untersuchungen oder durch Berechnung mit finiten Elementen beurteilt werden können,
i) Tragwerke mit Schwingungsuntersuchungen, soweit nicht in Bauwerksklasse 4 erwähnt,
j) seilverspannte Konstruktionen, soweit nicht in Bauwerksklasse 4 erwähnt,
k) schiefwinklige Mehrfeldplatten,
l) schiefwinklig gelagerte, gekrümmte Träger,
m) schwierige Rahmentragwerke mit Vorspannkonstruktionen und Stabilitätsuntersuchungen,
n) sehr schwierige Traggerüste und andere sehr schwierige Gerüste für Ingenieurbauwerke, zum Beispiel weit gespannte oder hohe Traggerüste,
o) Tragwerke, bei denen mehrere Schwierigkeitsmerkmale der Bauwerksklasse 4 gleichzeitig auftreten und sich die Prüfleistungen dadurch wesentlich erhöhen.

Anlage 4
(zu §22 Abs. 2)

Honorartafel

Rohbau-wert Euro	Honorar in Euro in der Bauwerksklasse (ohne Mehrwertsteuer)				
	1	2	3	4	5
10 000	71	106	141	177	221
15 000	98	147	195	244	306
20 000	123	184	246	307	385
25 000	147	221	294	368	461
30 000	170	255	340	425	533
35 000	192	289	385	481	603
40 000	214	321	428	535	671
45 000	235	353	471	588	737
50 000	256	384	512	640	802
100 000	446	668	891	1 114	1 396
150 000	616	925	1 233	1 541	1 931
200 000	776	1 164	1 552	1 940	2 431
250 000	928	1 391	1 855	2 319	2 906
300 000	1 073	1 610	2 146	2 683	3 363
350 000	1 214	1 821	2 428	3 035	3 804
400 000	1 351	2 026	2 702	3 377	4 233
450 000	1 484	2 227	2 969	3 711	4 651
500 000	1 615	2 423	3 230	4 038	5 060
1 000 000	2 812	4 218	5 624	7 030	8 811
1 500 000	3 889	5 834	7 779	9 723	12 187
2 000 000	4 896	7 344	9 792	12 240	15 340
2 500 000	5 853	8 779	11 705	14 632	18 338
3 000 000	6 772	10 158	13 543	16 929	21 218
3 500 000	7 660	11 491	15 321	19 151	24 003
4 000 000	8 524	12 786	17 048	21 310	26 709
4 500 000	9 366	14 050	18 733	23 416	29 348

5 000 000	10 190	15 285	20 380	25 475	31 929
7 500 000	14 095	21 142	28 189	35 236	44 163
10 000 000	17 742	26 613	35 484	44 355	55 592
12 500 000	21 209	31 814	42 419	53 024	66 456
15 000 000	24 540	36 810	49 080	61 350	89 195
17 500 000	27 761	41 641	55 522	69 402	86 984
20 000 000	30 891	46 336	61 781	77 226	96 791
22 500 000	33 943	50 914	67 886	84 857	106 354
25 500 000	36 928	55 392	73 856	92 320	115 707
	Bei Rohbauwerten über 25 000 000 Euro errechnet sich das Honorar aus dem Tausendstel des Rohbauwertes, vervielfältigt mit dem nachstehend aufgeführten Honorarfaktor der jeweiligen Bauwerksklasse				
	1	2	3	4	5
über 25 000 000	1,4771	2,2157	2,9542	3,6928	4,6283

Preisindexzahl, Stundensatz nach der Verordnung über staatlich anerkannte Sachverständige nach der Bauordnung Sachsen-Anhalt

Bek. des MWV vom 21.3.2002 (MBl. LSA S.449, 24001-21-2)

1. Die Preisindexzahl, mit der ab 26.10.2001 nach § 23 Abs.1 der Verordnung über staatlich anerkannte Sachverständige nach der Bauordnung Sachsen-Anhalt (BauO-SV-VO) vom 28.9.2001 (GVBl. LSA S.410) die Rohbauwerte der Anlage 2 der BauO-SV-VO zu vervielfältigen sind, wird hiermit gemäß § 23 Abs.1 Satz 5 BauO-SV-VO bekannt gegeben; sie beträgt 0,942.
2. Die sich durch die Änderung der Preisindexzahl ergebenden neuen Rohbauwerte je Kubikmeter Brutto-Rauminhalt und Gebäudeart nach Anlage 2 der BauO-SV-VO sind in der Anlage abgedruckt.
3. Der Stundensatz nach § 24 Abs.5 Satz 3 BauO-SV-VO, der der Honorarberechnung ab 26.10.2001 zu Grunde zu legen ist, wird hiermit gemäß § 24 Abs.5 Satz 3 BauO-SV-VO bekannt gegeben; er beträgt 55 €.
4. Die Bezugs-Bek. ist damit gegenstandslos.

Anlage
Tabelle des durchschnittlichen Rohbauwertes je m³ Brutto-Rauminhalt

	Gebäudeart	Rohbauwert €/m³
1.	Wohngebäude	90
2.	Wochenendhäuser	79
3.	Büro- und Verwaltungsgebäude, Banken und Arztpraxen	122
4.	Kindertagesstätten mit einer Gruppe	103
5.	Schulen	116
6.	Hotels, Pensionen und Heime bis 30 Betten, Gaststätten	103
7.	Versammlungsstätten	103
8.	Kirchen	116
9.	Leichenhallen, Friedhofskapellen	96
10.	Turn- und Sporthallen (soweit nicht unter Nummer 15) bis zu 1600 m² Grundfläche oder 200 Zuschauerplätzen	70
11.	Hallenbäder	111
12.	Mittelgaragen, soweit sie eingeschossig sind	89
13.	Mittelgaragen, soweit sie mehrgeschossig sind	107
14.	Tiefgaragen bis zu 1000 m² Nutzfläche	123
15.	Fabrik-, Werkstatt- und Lagergebäude, hallenmäßige Verkaufsstätten, einfache Tennis- und Sporthallen, soweit sie eingeschossig sind, bis zu 1600 m² Grundfläche oder 200 Zuschauerplätzen	
15.1	mit nicht geringen Einbauten	60
15.2	ohne oder mit geringen Einbauten	
15.2.1	bis 2000 m³ Brutto-Rauminhalt	
	a) Bauart schwer*)	43
	b) sonstige Bauart	38
15.2.2	der 2000 m³ übersteigende Brutto-Rauminhalt bis 5000 m³	
	a) Bauart schwer*)	38
	b) sonstige Bauart	30
15.2.3	der 5000 m³ übersteigende Brutto-Rauminhalt	
	a) Bauart schwer*)	30
	b) sonstige Bauart	24

BauO-SV-VO Preisindexzahl, Rohbauwerte Anlage **II/7**

	Gebäudeart	Rohbauwert €/m³
16.	Fabrik-, Werkstatt- und Lagergebäude, soweit sie mehrgeschossig sind, bis zu 1600 m² Grundfläche und einer Höhe von 30 m	
	a) ohne oder mit geringen Einbauten	89
	b) mit nicht geringen Einbauten	100
17.	Verkaufsstätten, mit nicht mehr als 700 m² Verkaufsfläche in mehrgeschossigen Gebäuden	
17.1	mit Verkaufsstätten in einem Geschoss und sonstigen Nutzungen mit Aufenthaltsräumen in den übrigen Geschossen	70
17.2	mit Verkaufsstätten in mehr als einem Geschoss	123
18.	sonstige kleinere gewerbliche Bauten, soweit sie eingeschossig sind (soweit nicht unter 16)	74
19.	Stallgebäude, Scheunen und sonstige landwirtschaftliche Betriebsgebäude, ausgenommen Güllekeller	wie Nr. 16
20.	Güllekeller, soweit sie unter Ställen oder sonstigen landwirtschaftlichen Betriebsgebäuden liegen	142
21.	Schuppen, offene Feldscheunen und ähnliche Gebäude	57
22.	Gewächshäuser bis 1600 m² Grundfläche	
	a) bis 1500 m³ Brutto-Rauminhalt	41
	b) über 1500 m³ Brutto-Rauminhalt	24

*) Gebäude, deren Außenwände überwiegend aus Beton einschließlich Leicht- und Gasbeton oder aus mehr als 17,5 cm dickem Mauerwerk bestehen.

Ergänzende Festlegungen zur Ermittlung der Rohbauwerte

1. Die Rohbauwerte sind

    a) bei Gebäuden mit mehr als 5 Vollgeschossen um 5 v. H. und

    b) bei Gebäuden mit befahrbaren Decken (außer bei den Nrn. 12 bis 14) um 10 v. H.

    zu erhöhen.

2. Die in der Tabelle angegebenen Rohbauwerte berücksichtigen nur Flachgründungen mit Streifen- oder Einzelfundamenten. Mehrkosten für andere Gründungen sind gesondert zu ermitteln; dies gilt auch für Außenwandverkleidungen, für die ein Standsicherheitsnachweis geführt werden muss.

3. Bei Gebäuden mit gemischter Nutzung sind für die Gebäudeteile mit verschiedenen Nutzungsarten der Rohbauwert anteilig zu ermitteln, soweit Nutzungsarten nicht Nebenzwecken dienen.
4. Der nicht ausgebaute Dachraum eines Dachgeschosses ist, abweichend von DIN 277, nur mit einem Drittel seines Rauminhaltes anzusetzen.

8.
Verordnung über anerkannte Sachverständige für die Prüfung technischer Anlagen und Einrichtungen nach Bauordnungsrecht (Bauordnungsrechtliche Sachverständigenverordnung – BauSVO)[1])

vom 25. 8. 1992 (GVBl. LSA S. 666)

§ 1
Anerkannte Sachverständige

(1) Anerkannte Sachverständige, die das Bauordnungsrecht für die Prüfung bestimmter technischer Anlagen oder Einrichtungen vorschreibt, sind

1. die nach § 2 anerkannten Sachverständigen,

2. die von anderen Ländern nach Bauordnungsrecht anerkannten Sachverständigen.

(2) Als anerkannte Sachverständige im Sinne des Absatzes 1 gelten bis zur Vollendung des 68. Lebensjahres

1. die von einer Anstalt oder Körperschaft des öffentlichen Rechts als Sachverständige für die Prüfung technischer Anlagen oder Einrichtungen nach Bauordnungsrecht innerhalb ihres Zuständigkeitsbereiches bestellten Bediensteten,

2. die Sachverständigen, die am Tag des In-Kraft-Tretens dieser Verordnung beim Technischen Überwachungs-Verein Hannover/Sachsen-Anhalt e. V. mit der Prüfung bestimmter technischer Anlagen oder Einrichtungen nach Bauordnungsrecht betraut waren und für ihren Fachbereich auf Antrag der Technischen Überwachungs-Vereine in eine bei der obersten Bauaufsichtsbehörde zu führende Liste eingetragen sind. Der Antrag kann nur bis zum 31. Dezember 1992 gestellt werden.

---

[1] Die VO bleibt in Kraft auf Grund des Art. I des Vierten Rechtsbereinigungsgesetzes vom 19. 3. 2002 (GVBl. LSA S. 130) in Verbindung mit Nr. 165 der Anlage.

§ 2
Voraussetzungen für die Anerkennung als Sachverständiger

(1) Als Sachverständiger nach § 1 Abs. 1 Nr. 1 kann von der obersten Bauaufsichtsbehörde auf Antrag anerkannt werden, wer

1. das 60. Lebensjahr im Zeitpunkt der Antragstellung nicht vollendet hat,
2. berechtigt ist, im Land Sachsen-Anhalt die Berufsbezeichnung Ingenieur zu führen und als Ingenieur eine mindestens fünfjährige Berufserfahrung in der Fachrichtung hat, in der die Prüftätigkeit ausgeübt werden soll,
3. die erforderlichen Kenntnisse besitzt und
4. die Gewähr dafür bietet, dass er die Aufgaben eines Sachverständigen gewissenhaft und unparteiisch erfüllen wird.

(2) Die oberste Bauaufsichtsbehörde kann ein Gutachten über die Eignung des Antragstellers einholen. Die Kosten trägt der Antragsteller.

(3) Die Anerkennung darf nicht über den Zeitpunkt hinaus erteilt werden, zu dem der Sachverständige das 68. Lebensjahr vollendet hat.

(4) Die Anerkennung ist zu versagen, wenn der Antragsteller
1. die Fähigkeit zur Bekleidung öffentlicher Ämter verloren hat,
2. durch gerichtliche Anordnung in der Verfügung über sein Vermögen beschränkt ist.

§ 3
Antrag auf Anerkennung als Sachverständiger

(1) Die Anerkennung als Sachverständiger ist bei der obersten Bauaufsichtsbehörde zu beantragen.

(2) Dem Antrag sind folgende Unterlagen beizufügen:
1. eine Geburtsurkunde,
2. Lebenslauf mit lückenloser Angabe des fachlichen Werdeganges und der Berufsausübung bis zum Zeitpunkt der Antragstellung,
3. jeweils beglaubigte Abschrift oder Ablichtung des Abschlusszeugnisses der Ausbildungsstätte sowie aller Zeugnisse über die bisherigen Beschäftigungen,
4. ein Führungszeugnis im Sinne von § 30 Abs. 1 Satz 1 des Bundeszentralregistergesetzes in der Fassung vom 21. September 1984 (BGBl. I S. 1229), zuletzt geändert durch Artikel 7 § 20 des Betreuungsgesetzes vom 12. September 1990 (BGBl. I S. 2002),

5. die Erklärung des Sachverständigen, dass er nur Prüfungen nach bestem Wissen und Gewissen selbst durchführen wird, wenn seine Unparteilichkeit gewahrt ist,

6. eine Aufstellung der Prüfgeräte des Sachverständigen und der Hilfsmittel und Einrichtungen.

§ 4
Pflichten und Aufgaben des Sachverständigen

(1) Der Sachverständige ist verpflichtet, die ordnungsgemäße Beschaffenheit und Betriebssicherheit der technischen Anlagen und Einrichtungen eigenverantwortlich zu prüfen. Er hat dem Auftraggeber (Eigentümer, Besitzer oder Betreiber der Anlage oder Einrichtung) die festgestellten Mängel mitzuteilen und sich von der Beseitigung wesentlicher Mängel zu überzeugen. Über das Ergebnis der Prüfungen ist ein Bericht anzufertigen und dem Auftraggeber auszuhändigen. Werden festgestellte Mängel nicht in der vom Sachverständigen festgelegten Frist beseitigt, ist die zuständige Bauaufsichtsbehörde zu unterrichten.

(2) Der Sachverständige hat seine Prüftätigkeit unparteiisch und gewissenhaft auszuüben. Er darf einen Prüfauftrag nicht übernehmen, wenn er oder einer seiner Mitarbeiter bei der Planung oder Errichtung der technischen Anlage oder Einrichtung mitgewirkt hat oder aus einem sonstigen Grunde befangen ist.

(3) Der Sachverständige hat die Prüfungen selbst durchzuführen; zu seiner Hilfe darf er befähigte und zuverlässige Personen hinzuziehen.

(4) Der Sachverständige hat der obersten Bauaufsichtsbehörde auf Verlangen Auskunft über seine Prüftätigkeit zu erteilen und Unterlagen hierüber vorzulegen.

(5) Der Sachverständige hat sich über die geltenden bauaufsichtlichen Vorschriften und die einschlägigen allgemein anerkannten Regeln der Technik auf dem Laufenden zu halten.

§ 5
Erlöschen und Widerruf der Anerkennung

(1) Die Anerkennung nach § 1 Abs. 1 Nr. 1 erlischt durch schriftlichen Verzicht gegenüber der obersten Bauaufsichtsbehörde.

(2) Die Anerkennung ist zu widerrufen oder zurückzunehmen, wenn
1. nachträglich Gründe nach §2 Abs. 1 oder 4 eintreten oder bekannt werden, die eine Versagung der Anerkennung gerechtfertigt hätten,
2. der Sachverständige infolge geistiger oder körperlicher Gebrechen nicht mehr in der Lage ist, seine Aufgaben zu erfüllen,
3. der Sachverständige gegen die ihm obliegenden Pflichten wiederholt oder gröblich verstoßen hat.

(3) Die Anerkennung kann widerrufen werden, wenn der Sachverständige seine Tätigkeit länger als zwei Jahre nicht oder nur in einem geringen Umfang ausgeübt hat.

9.
Verordnung über die Übertragung von bauaufsichtlichen Befugnissen und Zuständigkeiten (Bauaufsichtliche Übertragungsverordnung)

vom 7.12.2001 (GVBl. LSA S. 570)

Auf Grund des § 89 Abs. 5 Satz 1 Nr. 1 und Satz 2 und Abs. 8 in Verbindung mit § 63 Abs. 1 Satz 1 Nr. 1 der Bauordnung Sachsen-Anhalt (BauO LSA) vom 9. Februar 2001 (GVBl. LSA S. 50) in Verbindung mit Abschnitt II Nr. 9 des Beschlusses der Landesregierung über den Aufbau der Landesregierung Sachsen-Anhalt und die Abgrenzung der Geschäftsbereiche vom 21. Juli 1998 (MBl. LSA S. 1570), zuletzt geändert durch Beschluss vom 20. Februar 2001 (MBl. LSA S. 159), wird im Einvernehmen mit dem Ministerium für Arbeit, Frauen, Gesundheit und Soziales und dem Ministerium für Raumordnung, Landwirtschaft und Umwelt verordnet:

§ 1
Übertragung von Befugnissen nach der Bauordnung Sachsen-Anhalt

Dem Deutschen Institut für Bautechnik werden folgende Befugnisse übertragen:

1. die Anerkennung von Personen, Stellen oder Überwachungsgemeinschaften als Stellen nach § 28 Abs. 1 BauO LSA,
2. die Anerkennung von Personen, Stellen oder Überwachungsgemeinschaften als Stellen nach § 28 Abs. 3 BauO LSA.

§ 2
Übertragung von Zuständigkeiten nach dem Bauproduktengesetz

(1) Dem Deutschen Institut für Bautechnik werden folgende Befugnisse übertragen:

1. die Anerkennung von Personen, Stellen oder Überwachungsgemeinschaften als Prüf-, Überwachungs- oder Zertifizierungsstelle nach § 11 Abs. 1 Satz 1 des Bauproduktengesetzes (BauPG) in der Fassung der Bekanntmachung vom 28. April 1998 (BGBl. I S. 812),

geändert durch Artikel 63 der Siebenten Zuständigkeitsanpassungs-Verordnung vom 29. Oktober 2001 (BGBl. I S. 2785), sowie Aufgaben nach § 11 Abs. 1 Satz 2, Abs. 3 und 7 BauPG,

2. die Entgegennahme von Anzeigen über das Tätigwerden von Behörden als Prüf-, Überwachungs- oder Zertifizierungsstelle nach § 11 Abs. 2 BauPG.

§ 3
In-Kraft-Treten, Außer-Kraft-Treten

(1) Diese Verordnung tritt am Tage nach ihrer Verkündung in Kraft.

(2) Gleichzeitig tritt die Bauaufsichtliche Übertragungsverordnung vom 28. Juni 1995 (GVBl. LSA S. 205) außer Kraft.

10.
Verordnung über Campingplätze und Wochenendplätze (CWVO)

vom 27.1.1994 (GVBl. LSA S.78),
zuletzt geändert durch Art. I des Gesetzes vom 19.3.2002 (GVBl. LSA S.130) in Verbindung mit Nr. 165 der Anlage

§ 1
Begriffe

(1) Campingplätze sind Plätze, die während des ganzen Jahres oder wiederkehrend während bestimmter Zeiten des Jahres betrieben werden und die zum vorübergehen den Aufstellen und Bewohnen von mehr als drei Wohnwagen oder Zelten bestimmt sind.

(2) Als Wohnwagen gelten nur motorisierte Wohnfahrzeuge (Motorcaravans), Wohnanhänger (Caravans) und Klappanhänger, die jederzeit ortsveränderlich sind.

(3) Standplatz ist die Fläche, die zum Aufstellen eines Zeltes oder Wohnwagens und des dazugehörigen Kraftfahrzeuges bestimmt ist.

(4) Wochenendplätze sind Plätze, die nur zum Aufstellen oder Errichten von Wochenendhäusern mit einer Grundfläche von höchstens 40 m² und einer Gesamthöhe von höchstens 3,20 m dienen und die ständig oder wiederkehrend während bestimmter Zeiten des Jahres betrieben werden; bei der Ermittlung der Grundfläche bleiben ein überdachter Freisitz bis zu 10 m² Grundfläche oder ein Vorzelt unberücksichtigt. Bei der Bemessung der Höhe bleiben Giebeldreiecke außer Betracht, soweit sie, waagerecht gemessen, nicht breiter als 3 m sind. Als solche Wochenendhäuser gelten auch nicht jederzeit ortsveränderlich aufgestellte Wohnwagen und Mobilheime.

(5) Aufstellplatz ist die Fläche auf Wochenendplätzen, die zum Aufstellen oder Errichten eines Wochenendhauses nach Absatz 4 bestimmt ist.

§ 2
Zufahrt, innere Fahrwege und Bepflanzung

(1) Camping- und Wochenendplätze müssen an einem befahrbaren öffentlichen Weg liegen oder eine befahrbare öffentlich-rechtlich gesi-

cherte Zufahrt zu einer befahrbaren öffentlichen Verkehrsfläche haben und durch innere Fahrwege ausreichend erschlossen sein. Zufahrten und innere Fahrwege müssen für Feuerwehrfahrzeuge befahrbar sein.

(2) Bei Campingplätzen müssen Zufahrten und innere Fahrwege mindestens 5,50 m breit sein. Geringere Zufahrtsbreiten können gestattet werden, wenn ausreichende Ausweich- und Wendemöglichkeiten vorhanden sind. Für innere Fahrwege mit Richtungsverkehr und für Stichwege von höchstens 100 m Länge genügt eine Breite von 3 m.

(3) Bei Wochenendplätzen müssen Zufahrten und innere Fahrwege mindestens 3 m breit sein; Zufahrten müssen mit den erforderlichen Ausweich- und Wendemöglichkeiten versehen sein.

(4) Campingplätze sind der Landschaft entsprechend zu bepflanzen, dabei sind standortgerechte Gehölze zu verwenden, um die Plätze mit der umgebenden Landschaft zu verbinden. Die Bepflanzung soll auch gegen Wind und starke Sonneneinstrahlung schützen.

§ 3
Standplätze, Aufstellplätze und Stellplätze

(1) Standplätze auf Campingplätzen müssen mindestens 70 m² groß sein. Sie sind dauerhaft zu kennzeichnen.

(2) Auf den Standplätzen dürfen Wochenendhäuser und sonstige bauliche Anlagen, wie feste Anbauten und Einfriedungen nicht errichtet werden.

(3) Aufstellplätze auf Wochenendplätzen müssen mindestens 100 m² groß sein.

(4) Wochenendhäuser müssen zu den Grenzen der Aufstellplätze einen Abstand von mindestens 2,50 m einhalten; andere Abstände sind zulässig, wenn zwischen den Wochenendhäusern
1. im Bereich der Brandschutzstreifen ein Abstand von mindestens 10 m und
2. im Übrigen ein Abstand von mindestens 5 m

eingehalten wird. Dies gilt auch für überdachte Freisitze und Vorzelte. Der Mindestabstand der Wochenendhäuser zu den Grenzen der Aufstellplätze darf 1 m nicht unterschreiten.

(5) Standplätze müssen von Abwassergruben, Kläranlagen, Sickeranlagen und Trockenaborten mindestens 50 m entfernt sein.

(6) Sollen die Kraftfahrzeuge nicht auf den Stand- oder Aufstellplätzen abgestellt werden, so ist für jeden Stand- oder Aufstellplatz ein gesonderter Stellplatz herzustellen; die Mindestgrößen für Standplätze und Aufstellplätze dürfen dann entsprechend kleiner sein.

(7) Stellplätze für Besucher können verlangt werden.

§ 4
Brandschutz

(1) Camping- und Wochenendplätze sind durch mindestens 5 m breite Brandschutz streifen in einzelne Abschnitte zu unterteilen. In einem Abschnitt dürfen sich nicht mehr als 20 Stand- oder Aufstellplätze befinden. Bei aneinander gereihten Stand- oder Aufstellplätzen ist nach jeweils 10 Plätzen ebenfalls ein Brandschutzstreifen anzuordnen. Es kann verlangt werden, dass Brandschutzstreifen zu angrenzenden Grundstücken angelegt werden.

(2) Wochenendplätze dürfen nur eingerichtet werden, wenn die Löschwasserversorgung aus einer Druckleitung mit Überflurhydranten oder aus Gewässern über besondere Einrichtungen für die Löschwasserentnahme dauernd gesichert ist. Die Druckleitung muss eine Durchflussleistung von mindestens 24 m^3/Stunde haben.

(3) Die Überflurhydranten nach Absatz 2 müssen an den inneren Fahrwegen liegen. Von jedem Aufstellplatz muss sein Überflurhydrant oder eine besondere Einrichtung für die Löschwasserentnahme in höchstens 200 m Entfernung erreichbar sein. Hydranten an öffentlichen Verkehrsflächen können angerechnet werden.

(4) Für je 50 Standplätze und für je 25 Aufstellplätze ist mindestens ein für die Brandklasse A, B und C geeigneter Feuerlöscher mit mindestens 6 kg Löschmittelinhalt auf der Platzanlage zweckmäßig verteilt und wetterfest anzubringen. Von jedem Stand- oder Aufstellplatz muss ein Feuerlöscher in höchstens 40 m Entfernung erreichbar sein.

§ 5
Trinkwasserversorgung

(1) Camping- und Wochenendplätze dürfen nur angelegt werden, wenn die Versorgung mit Trinkwasser aus einer Wasserversorgungsanlage dauernd gesichert ist. Je Standplatz oder Aufstellplatz müssen täglich mindestens 200 l zur Verfügung stehen.

(2) Für je 100 Standplätze oder Aufstellplätze sollen mindestens sechs Trinkwasserzapfstellen mit Schmutzwasserabläufen vorhanden

sein. Sie müssen gekennzeichnet und von den Toilettenanlagen räumlich getrennt sein. Werden die Zapfstellen im Freien angeordnet, so ist der Boden in einem Umkreis von 2 m zu befestigen. Zapfstellen, die kein Trinkwasser liefern, sind als solche zu kennzeichnen.

§ 6
Wascheinrichtungen

(1) Für je 100 Standplätze oder Aufstellplätze müssen in nach Geschlechtern getrennten besonderen Räumen jeweils zur Hälfte für Frauen und Männer mindestens 16 Waschplätze und acht Duschen vorhanden sein. Mindestens ein Viertel der Waschplätze und Duschen sind in Einzelzellen anzuordnen.

(2) Die Fußböden und die Wände der Räume müssen bis zu einer Höhe von 1,50 m so beschaffen sein, dass sie leicht zu reinigen sind. In den Fußböden sind Schmutzwasserabläufe vorzusehen.

§ 7
Geschirrspül- und Wäschespüleinrichtungen

Für je 100 Standplätze oder Aufstellplätze müssen mindestens drei Geschirrspülbecken und, davon räumlich getrennt, mindestens zwei Wäschespülbecken oder Waschmaschinen vorhanden sein. Diese Einrichtungen sind von den Wascheinrichtungen und Toilettenanlagen räumlich zu trennen. Mindestens die Hälfte dieser Becken muss eine Warmwasserversorgung haben. § 5 Abs. 2 Satz 3 und § 6 Abs. 2 gelten entsprechend.

§ 8
Toilettenanlagen

(1) Für je 100 Standplätze oder Aufstellplätze müssen mindestens acht Toiletten für Frauen sowie mindestens vier Toiletten für Männer und mindestens vier Urinale vorhanden sein. Toiletten und Urinale müssen eine Wasserspülung haben.

(2) Die Toilettenanlagen müssen für Geschlechter getrennte Toilettenräume mit Vorräumen haben. In den Vorräumen ist für je sechs Toiletten oder Urinale mindestens ein Waschbecken anzubringen. § 6 Abs. 2 gilt entsprechend.

§ 9
Einrichtungen zugunsten Behinderter

Auf Campingplätzen mit mehr als 200 Standplätzen muss mindestens ein Waschplatz sowie eine Dusche und eine Toilette für Behinderte, insbesondere für Rollstuhlbenutzer, zugänglich und benutzbar sein.

§ 10
Anlagen für Abwasser und feste Abfall- und Wertstoffe

(1) Es sind Einrichtungen zum Einbringen des Abwassers und derjenigen Fäkalien vorzuhalten, die in den in Wohnwagen, Zelten und Wochenendhäusern vorhandenen Toiletten und Spülen anfallen.

(2) Für die vorübergehende Aufnahme fester Abfall- und Wertstoffe sind dichte Abfall- und Wertstoffbehälter in ausreichender Größe und zweckmäßig verteilt aufzustellen und als solche zu kennzeichnen. Die Abfall- und Wertstoffentsorgung ist zu sichern. Abfallgruben sind nicht zulässig. Sammelplätze für Abfall- und Wertstoffbehälter müssen gegen die übrige Platzanlage abgeschirmt sein.

§ 11
Beleuchtung

(1) Die Wascheinrichtungen und die Toilettenanlagen der Camping- und Wochenendplätze müssen eine ausreichende elektrische Beleuchtung haben.

(2) Die Fahrwege von Camping- und Wochenendplätzen müssen eine zur Orientierung ausreichende elektrische Beleuchtung haben.

§ 12
Einfriedungen

Camping- und Wochenendplätze sind einzufrieden oder anderweitig abzugrenzen. Die Einfriedung ist vorzugsweise durch Gehölzpflanzungen vorzunehmen. Abweichungen können gestattet werden, soweit Gründe der öffentlichen Sicherheit oder Ordnung oder Gestaltung nicht entgegenstehen.

§ 13
Sonstige Einrichtungen

(1) Camping- und Wochenendplätze müssen einen jederzeit zugänglichen Fernsprechanschluss haben. Bei dem Anschluss müssen

Anschrift und Rufnummer der Polizei, der Feuerwehr, des Krankentransportes, der nächsten Unfallhilfestation, des nächsten Arztes und der nächsten Apotheke verzeichnet sein.

(2) An den Eingängen zu den Camping- und Wochenendplätzen ist an gut sichtbarer, geschützter Stelle ein Lageplan des Camping- oder Wochenendplatzes anzubringen. Aus dem Lageplan müssen die Fahrwege, Brandschutzstreifen, die Art und Lage der Löschwasserentnahmestellen sowie die Standorte der Feuerlöscher und der Fernsprechanschlüsse ersichtlich sein.

(3) An Eingängen zu Camping- und Wochenendplätzen und bei größeren Plätzen auch an weiteren Stellen sind Hinweise anzubringen, die mindestens folgende Angaben enthalten müssen:
1. Name und Anschrift des Betreibers und der gegebenenfalls von ihm beauftragten Aufsichtsperson (Platzwart),
2. Lage des Fernsprechanschlusses,
3. Anschrift und Rufnummer der Polizei, der Feuerwehr und des Rettungsdienstes,
4. Name, Anschrift und Rufnummer des nächsten Arztes und der nächsten Apotheke,
5. Platzordnung,
6. Hinweise der Naturschutzbehörde zu einer naturverträglichen Erholung.

(4) Gemeinschaftseinrichtungen sind gut sichtbar zu beschildern.

§ 14
Betriebsvorschriften

(1) Der Betreiber eines Camping- oder Wochenendplatzes ist dafür verantwortlich, dass
1. die Anlagen und Einrichtungen, die nach den Vorschriften dieser Verordnung erforderlich sind, in dem der Belegung des Platzes entsprechenden Umfang betriebsbereit bleiben,
2. die nachstehenden Betriebsvorschriften eingehalten werden.

Der Betreiber eines Camping- oder Wochenendplatzes oder eine von ihm beauftragte Person (Platzwart) muss darüber hinaus zur Sicherstellung einer geordneten Nutzung oder eines geordneten Betriebes ständig erreichbar sein.

(2) Der Betreiber eines Camping- oder Wochenendplatzes muss in einer Platzordnung mindestens Folgendes regeln:

1. Das Aufstellen von Kraftfahrzeugen, Wohnwagen und Zelten sowie von Wochenendhäusern,
2. das Benutzen und Sauberhalten der Plätze, Anlagen und Einrichtungen,
3. das Beseitigen von Abfall- und Wertstoffen und Abwasser,
4. den Umgang mit Feuer,
5. das Verhalten im Brandfall.

Der Betreiber hat die Platzordnung zusammen mit seinem Namen und seiner Anschrift auf dem Campingplatz auszuhängen.

(3) Auf Camping- oder Wochenendplätzen sind die Brandschutzstreifen von baulichen Anlagen, Gegenständen und Unterholz ständig freizuhalten; Graswuchs muss kurz gehalten werden.

(4) In Abständen von höchstens einem Jahr hat der Betreiber die Feuerlöscher, die Hydranten und die besonderen Einrichtungen für die Löschwasserentnahme durch einen fachkundigen Wartungsdienst prüfen zu lassen.

§ 15
Abweichungen

(1) Bei der Berechnung der in § 5 Abs. 2, § 6 Abs. 1, §§ 7 und 8 genannten Anlagen und Einrichtungen sind Zwischenwerte zulässig und durch Interpolation zu ermitteln.

(2) Für Campingplätze bis zu 50 Standplätzen können Abweichungen von den Vorschriften der §§ 7 und 13 Abs. 2 gestattet werden, wenn wegen der öffentlichen Sicherheit oder Ordnung Bedenken nicht bestehen.

(3) Auf Campingplätzen kann eine geringere oder größere Anzahl der in § 5 Abs. 2, § 6 Abs. 1, §§ 7 und 8 geforderten Einrichtungen gestattet oder verlangt werden, wenn die nach diesen Bestimmungen geforderte Anzahl in einem offensichtlichen Missverhältnis zu der durchschnittlichen Belegungsdichte, bezogen auf jeden Standplatz, steht.

(4) Soweit auf Wochenendplätzen oder auf den einzelnen Aufstellplätzen Anschlussmöglichkeiten an die zentrale Wasserversorgungsanlage und an das zentrale Abwassernetz vorhanden sind, darf die nach § 5 Abs. 2, § 6 Abs. 1, §§ 7 und 8 erforderliche Zahl der gemeinschaftlichen Anlagen und Einrichtungen entsprechend verringert werden. Auf den so ausgestatteten Aufstellplätzen dürfen Wochenend-

häuser nur aufgestellt werden, die die entsprechenden Einrichtungen haben und an die zentrale Wasserversorgungsanlage und das zentrale Abwassernetz angeschlossen werden.

§ 16
Wochenendhäuser auf Wochenendplätzen

Auf Wochenendhäuser sind die bauordnungsrechtlichen Vorschriften über Wohnungen und Toilettenräume nicht anzuwenden. Anforderungen an den Wärmeschutz, den Schallschutz und die Beheizbarkeit sowie an die lichte Höhe der Aufenthaltsräume werden nicht gestellt; das Gleiche gilt für die Feuerwiderstandsdauer der Bauteile.

§ 17
Ordnungswidrigkeiten

Ordnungswidrig im Sinne des § 88 Abs. 1 Nr. 1 der Bauordnung Sachsen-Anhalt (BauO LSA) vom 9. Februar 2001 (GVBl. LSA S. 50) handelt, wer vorsätzlich oder fahrlässig

1. entgegen § 14 Abs. 1 Satz 1 Nr. 1 die in § 4 Abs. 2, 3 und 4 sowie in den §§ 5 bis 10 und 13 Abs. 1 genannten Anlagen nicht in dem der Belegung des Platzes entsprechenden Umfang betriebsbereit hält,
2. entgegen § 14 Abs. 1 Satz 2 während des Betriebes die ständige Erreichbarkeit nicht sicherstellt,
3. entgegen § 14 Abs. 3 die Brandschutzstreifen nicht ständig frei hält,
4. entgegen § 14 Abs. 4 die vorgeschriebenen Prüfungen nicht rechtzeitig durchführen lässt.

§ 18
Anwendung der Betriebsvorschriften auf bestehende Camping- und Wochenendplätze

Auf die zum Zeitpunkt des In-Kraft-Tretens der Verordnung bestehenden Camping- und Wochenendplätze im Sinne dieser Verordnung sind die Betriebsvorschriften nach § 14 auf die bestehenden Anlagen und Einrichtungen entsprechend anzuwenden.

§ 19
Sprachliche Gleichstellung

Personen- und Funktionsbezeichnungen gelten jeweils in weiblicher und männlicher Form.

§ 20
In-Kraft-Treten

(1) Diese Verordnung tritt am Tage nach ihrer Verkündung in Kraft.

(2) – *aufgehoben* –

11.
Verordnung über die Überwachung von Tätigkeiten mit Bauprodukten und bei Bauarten (ÜTVO)[1]

vom 16.10.2001 (GBVl. LSA S. 450)

Aufgrund von § 20 Abs. 6 Satz 1, § 24 Abs. 1 Satz 4 und § 89 Abs. 6 Satz 1 Nr. 2, jeweils in Verbindung mit § 63 Abs. 1, Satz 1 Nr. 1 der Bauordnung Sachsen-Anhalt (BauO LSA), vom 9. Februar 2001 (GVBl. LSA S. 50), dieser in Verbindung mit Abschnitt II Nr. 9 des Beschlusses der Landesregierung über den Aufbau der Landesregierung Sachsen-Anhalt und die Abgrenzung der Geschäftsbereiche vom 21. Juli 1998 (MBl. LSA S. 1570), zuletzt geändert durch Beschluss vom 20. Februar 2001 (MBl. LSA S. 159), wird verordnet:

§ 1

Folgende Tätigkeiten müssen durch eine Überwachungsstelle nach § 28 Abs. 1 Satz 1 Nr. 5 BauO LSA überwacht werden:

1. der Einbau von punktgestützten hinterlüfteten Wandbekleidungen aus Einscheibensicherheitsglas in einer Höhe von mehr als 8 m über Gelände,

2. das Herstellen und der Einbau von Beton mit höherer Festigkeit und anderen besonderen Eigenschaften auf Baustellen (Beton B II),

3. die Instandsetzung von tragenden Betonbauteilen, deren Sicherheit gefährdet ist,

4. der Einbau von Verpressankern,

5. Herstellen von Einpressmörtel auf der Baustelle und Einpressen in Spannkanäle und

6. das Einbringen von Ortschäumen auf Bauteilflächen über 50 m².

Die Überwachung erfolgt nach einschlägigen Technischen Baubestimmungen und kann sich auf Stichproben beschränken.

---

[1] Die Verpflichtungen aus der Richtlinie 98/34/EG des Europäischen Parlaments und des Rates vom 22. Juni 1998 über ein Informationsverfahren auf dem Gebiet der Normen und technischen Vorschriften (ABl. EG Nr. L 204 S. 37), zuletzt geändert durch die Richtlinie 98/48/EG des Europäischen Parlaments und des Rates vom 20. Juli 1998 (ABl. EG Nr. L 217 S. 18), sind beachtet worden.

§ 2

Für die Tätigkeiten nach § 1 Satz 1 Nrn. 2, 3, 5 und 6 gelten die Überwachungsstellen, die bisher als Überwachungsstellen für die Fremdüberwachung nach § 28 Abs. 1 Nr. 4 in Verbindung mit § 27 Abs. 2 BauO LSA die entsprechenden Bauprodukte überwachen, als anerkannte Überwachungsstellen nach § 28 Abs. 1 Nr. 5 BauO LSA. Die Tätigkeiten nach § 1 Satz 1 Nrn. 1 und 4 sind für die Dauer von zwei Jahren nach Verkündung von der Überwachungspflicht ausgenommen.

§ 3

Die Verordnung tritt am Tage nach ihrer Verkündung in Kraft.

12.
Verordnung über Anforderungen an Hersteller von Bauprodukten und Anwender von Bauarten (Hersteller- und Anwenderverordnung – HAVO)[1])

vom 15.10.2001 (GVBl. LSA S. 426)

Aufgrund von § 20 Abs. 5, § 24 Abs. 1 Satz 4 in Verbindung mit § 20 Abs. 5, beide in Verbindung mit § 63 Abs. 1 Satz 1 Nr. 1 der Bauordnung Sachsen-Anhalt (BauO LSA) vom 9. Februar 2001 (GVBl. LSA S. 50), dieser in Verbindung mit Abschnitt II Nr. 9 des Beschlusses der Landesregierung über den Aufbau der Landesregierung Sachsen-Anhalt und die Abgrenzung der Geschäftsbereiche vom 21. Juli 1998 (MBl. LSA S. 1570), zuletzt geändert durch Beschluss vom 20. Februar 2001 (MBl. LSA S. 159), wird verordnet:

§ 1

Hersteller und Anwender müssen über Fachkräfte mit besonderer Sachkunde und Erfahrung sowie über besondere Vorrichtungen verfügen für

1. die Ausführung von Schweißarbeiten zur Herstellung tragender Stahlbauteile,

2. die Ausführung von Schweißarbeiten zur Herstellung tragender Aluminiumbauteile,

3. die Ausführung von Schweißarbeiten zur Herstellung von Betonstahlbewehrungen,

4. die Ausführung von Leimarbeiten zur Herstellung tragender Holzbauteile und von Brettschichtholz,

5. die Herstellung und den Einbau von Beton mit höherer Festigkeit und anderen besonderen Eigenschaften auf Baustellen, die Herstellung von Transportbeton und vorgefertigten tragenden Bauteilen aus Beton B II und

---

[1] Die Verpflichtungen aus der Richtlinie 98/34/EG des Europäischen Parlaments und des Rates vom 22. Juni 1998 über ein Informationsverfahren auf dem Gebiet der Normen und technischen Vorschriften (ABl. EG Nr. L 204 S. 37), zuletzt geändert durch die Richtlinie 98/48/EG des Europäischen Parlaments und des Rates vom 20. Juli 1998 (ABl. EG Nr. L 217 S. 18), sind beachtet worden.

6. die Instandsetzung von tragenden Betonbauteilen, deren Standsicherheit gefährdet ist.

Die erforderliche Ausbildung und berufliche Erfahrung der Fachkräfte sowie die erforderlichen Vorrichtungen bestimmen sich nach den nach §3 Abs. 4 Satz 1 BauO LSA von der obersten Bauaufsichtsbehörde im Ministerialblatt für das Land Sachsen-Anhalt bekannt gemachten technischen Regeln in der jeweils geltenden Fassung der Liste der Technischen Baubestimmungen einschließlich der dort aufgeführten Anlagen in den Fällen des Satzes 1

– Nr. 1 nach der lfd. Nr. 2.4.4 (Teil 7 der technischen Regel),

– Nr. 2 nach der lfd. Nr. 2.4.1,

– Nr. 3 nach der lfd. Nr. 2.3.4,

– Nr. 4 nach der lfd. Nr. 2.5.1 (Teil 1 und – 1/A1 der technischen Regel),

– Nr. 5 nach der lfd. Nr. 2.3.1,

– Nr. 6 nach der lfd. Nr. 2.3.11 (Teil 3 der technischen Regel)

der vorgenannten Liste.

§ 2

(1) Die Hersteller und Anwender haben vor der erstmaligen Durchführung der Arbeiten nach §1 und danach für solche nach

1. §1 Satz 1 Nrn. 1 bis 3, 5 und 6 in Abständen von höchstens drei Jahren,

2. §1 Satz 1 Nr. 4 in Abständen von höchstens fünf Jahren

gegenüber einer nach §28 Abs. 1 Satz 1 Nr. 6 BauO LSA anerkannten Prüfstelle nachzuweisen, dass sie über die vorgeschriebenen Fachkräfte und Vorrichtungen verfügen.

(2) Für die in §1 aufgeführten Bauprodukte gelten die Überwachungsstellen für die Fremdüberwachung nach §28 Abs. 1 Satz 1 Nr. 4 BauO LSA und die Stellen, welche in den vom Deutschen Institut für Bautechnik im Einvernehmen mit der obersten Bauaufsichtsbehörde bekannt gemachten Verzeichnissen der Stellen für Eignungsnachweise zum Schweißen von Stahl- und Aluminiumkonstruktionen, von Betonstahl und zum Leimen tragender Holzbauteile geführt werden und tätig waren, auch als Prüfstellen nach §28 Abs. 1 Satz 1 Nr. 6 BauO LSA.

§ 3

Die oberste Bauaufsichtsbehörde kann im Einzelfall zulassen, dass Bauprodukte, Bauarten oder Teile baulicher Anlagen abweichend von den Regelungen in §§ 1 und 2 hergestellt werden, wenn nachgewiesen ist, dass Gefahren im Sinne des § 3 Abs. 1 BauO LSA nicht zu erwarten sind.

§ 4

Die Verordnung tritt am Tage nach ihrer Verkündung in Kraft.

13.
Verordnung über das Übereinstimmungszeichen (Übereinstimmungszeichen-Verordnung – ÜZVO)[1])

vom 7.12.2001 (GVBl. LSA S.569)

Auf Grund des §89 Abs.6 Nr.1 in Verbindung mit §63 Abs.1 Satz 1 Nr.1 der Bauordnung Sachsen-Anhalt (BauO LSA) vom 9. Februar 2001 (GVBl. LSA S.50) in Verbindung mit Abschnitt II Nr.9 des Beschlusses der Landesregierung über den Aufbau der Landesregierung Sachsen-Anhalt und die Abgrenzung der Geschäftsbereiche vom 21.Juli 1998 (MBl. LSA S.1570), zuletzt geändert durch Beschluss vom 20. Februar 2001 (MBl. LSA S.159), wird verordnet:

§ 1

(1) Das Übereinstimmungszeichen (Ü-Zeichen) nach § 25 Abs. 4 BauO LSA besteht aus dem Buchstaben „Ü" und hat folgende Angaben zu enthalten:

1. Der Name des Herstellers; zusätzlich das Herstellwerk, wenn der Name des Herstellers eine eindeutige Zuordnung des Bauprodukts zu dem Herstellwerk nicht ermöglicht; anstelle des Namens des Herstellers genügt der Name des Vertreibers des Bauprodukts mit der Angabe des Herstellwerks; die Angabe des Herstellwerks darf verschlüsselt erfolgen, wenn sich beim Hersteller oder Vertreiber und, wenn ein Übereinstimmungszertifikat erforderlich ist, bei der Zertifizierungsstelle und Überwachungsstelle das Herstellwerk jederzeit eindeutig ermitteln lässt.

2. Die Grundlage der Übereinstimmungsbestätigung

   a) Kurzbezeichnung der für das geregelte Bauprodukt im Wesentlichen maßgebenden technischen Regel,

   b) die Bezeichnung für eine allgemeine bauaufsichtliche Zulassung als „Z" und deren Nummer,

   c) die Bezeichnung für ein allgemeines bauaufsichtliches Prüfzeugnis als „P", dessen Nummer und die Bezeichnung der Prüfstelle oder

---

[1] Die Verpflichtungen aus der Richtlinie 98/34/EG des Europäischen Parlaments und des Rates vom 22. Juni 1998 über ein Informationsverfahren auf dem Gebiet der Normen und technischen Vorschriften (ABl. EG Nr. 204 S. 37), zuletzt geändert durch Richtlinie 98/48/EG des Europäischen Parlaments und des Rates vom 20. Juli 1998 (ABl. EG Nr. L 217 S. 18) sind beachtet worden.

d) die Bezeichnung für eine Zustimmung im Einzelfall als „Z i E" und die Behörde.
3. Die für den Verwendungszweck wesentlichen Merkmale des Bauprodukts, soweit sie nicht durch die Angabe der Kurzbezeichnung der technischen Regel nach Nummer 2 Buchst. a abschließend bestimmt sind.
4. Die Bezeichnung oder das Bildzeichen der Zertifizierungsstelle, wenn die Einschaltung einer Zertifizierungsstelle vorgeschrieben ist.

(2) Die Angaben nach Absatz 1 sind auf der von dem Buchstaben „Ü" umschlossenen Innenfläche oder in deren unmittelbarer Nähe anzubringen. Der Buchstabe „Ü" und die Angaben nach Absatz 1 müssen deutlich lesbar sein. Der Buchstabe „Ü" muss in seiner Form der folgenden Abbildung entsprechen:

(3) Wird das Ü-Zeichen auf einem Beipackzettel, der Verpackung, dem Lieferschein oder einer Anlage zum Lieferschein angebracht, so darf der Buchstabe „Ü" ohne oder mit einem Teil der Angaben nach Absatz 1 zusätzlich auf dem Bauprodukt angebracht werden.

§ 2

(1) Diese Verordnung tritt am Tage nach ihrer Verkündung in Kraft.

(2) Gleichzeitig tritt die Übereinstimmungszeichen-Verordnung vom 26. Juni 1995 (GVBl. LSA S. 187) außer Kraft.

14.
Verordnung über die Anerkennung als Prüf-, Überwachungs- oder Zertifizierungsstelle nach Bauordnungsrecht (PÜZAVO)[1])

vom 13.6.1997 (GVBl. LSA S. 583),
geändert durch Art. 5 der VO vom 7.12.2001 (GVBl. LSA S. 565)

Auf Grund des § 86 Abs. 6 Nr. 2 in Verbindung mit § 62 Abs. 1 Satz 1 Nr. 1 des Gesetzes über die Bauordnung des Landes Sachsen-Anhalt (BauO LSA) vom 23. Juni 1994 (GVBl. LSA S. 723), zuletzt geändert durch § 17 des Gesetzes zur Gestaltung des öffentlichen Personennahverkehrs im Land Sachsen-Anhalt vom 24. November 1995 (GVBl. LSA S. 339), in Verbindung mit Abschnitt II Nr. 9 des Beschlusses der Landesregierung über den Aufbau der Landesregierung Sachsen-Anhalt und die Abgrenzung der Geschäftsbereiche vom 21. November 1995 (MBl. LSA S. 2355), zuletzt geändert durch Abschnitt II Nr. 1 des Beschlusses über die Übertragung der Rechtsförmlichkeitsprüfung auf das Ministerium der Justiz vom 10. Dezember 1996 (MBl. LSA S. 2408), wird verordnet:

§ 1
Anerkennung

(1) Eine Person, eine Stelle oder eine Überwachungsgemeinschaft kann auf Antrag anerkannt werden als

1. Prüfstelle für die Erteilung allgemeiner bauaufsichtlicher Prüfzeugnisse (§ 22 Abs. 2 der Bauordnung Sachsen-Anhalt [BauO LSA] vom 9. Februar 2001 ([GVBl. LSA S. 50]),
2. Prüfstelle für die Überprüfung von Bauprodukten vor Bestätigung der Übereinstimmung (§ 26 Abs. 2 BauO LSA),
3. Zertifizierungsstelle (§ 27 Abs. 1 BauO LSA),
4. Überwachungsstelle für die Fremdüberwachung (§ 27 Abs. 2 BauO LSA),
5. Überwachungsstelle für die Überwachung nach (§ 20 Abs. 6 BauO LSA) oder
6. Prüfstelle für die Überprüfung nach § 20 Abs. 5 BauO LSA,

wenn sie die Voraussetzungen nach § 2 erfüllt.

---

[1] Diese VO bleibt in Kraft auf Grund des Art. I des Vierten Rechtsbereinigungsgesetzes vom 19.3.2002 (GVBl. LSA S. 130) in Verbindung mit Nr. 174 der Anlage.

(2) Die Anerkennung als Prüf-, Überwachungs- oder Zertifizierungsstelle erfolgt für einzelne oder mehrere Bauprodukte.

(3) Die Anerkennung kann zugleich als Prüf-, Überwachungs- und Zertifizierungsstelle, auch für das gleiche Bauprodukt, erfolgen, wenn die jeweiligen Anerkennungsvoraussetzungen erfüllt sind.

(4) Die Anerkennung kann befristet werden. Die Frist soll höchstens fünf Jahre betragen. Die Anerkennung kann auf Antrag verlängert werden; § 79 Abs. 2 Satz 2 BauO LSA gilt entsprechend.

§ 2
Anerkennungsvoraussetzungen

(1) Jede Prüf-, Überwachungs- oder Zertifizierungsstelle muss über eine ausreichende Zahl an Beschäftigten mit der für die Erfüllung ihrer Aufgaben notwendigen Ausbildung und beruflichen Erfahrung verfügen und eine leitende Person haben, der die Aufsicht über alle Beschäftigten obliegt. Sie muss ein für den Tätigkeitsbereich der Prüf-, Überwachungs- oder Zertifizierungsstelle geeignetes technisches oder naturwissenschaftliches Studium an einer Fachhochschule, Technischen Hochschule oder Universität abgeschlossen haben und

1. für Prüfstellen nach Abs. 1 Nr. 1 eine insgesamt mindestens fünfjährige Berufserfahrung im Bereich der Prüfung, Überwachung oder Zertifizierung von Bauprodukten,
2. für Prüfstellen nach § 1 Abs. 1 Nr. 2 eine mindestens dreijährige Berufserfahrung im Bereich der Prüfung von Bauprodukten,
3. für Zertifizierungsstellen nach § 1 Abs. 1 Nr. 3 eine insgesamt mindestens dreijährige Berufserfahrung im Bereich der Prüfung, Überwachung oder Zertifizierung von Bauprodukten oder vergleichbarer Tätigkeiten,
4. für Überwachungsstellen nach § 1 Abs. 1 Nrn. 4 und 5 eine mindestens dreijährige Berufserfahrung im Bereich der Überwachung von Bauprodukten,
5. für Prüfungen nach § 1 Abs. 1 Nr. 6 eine mindestens dreijährige Berufserfahrung im jeweiligen Aufgabenbereich

nachweisen. Die leitende Person einer Prüfstelle muss diese Aufgabe hauptberuflich ausüben. Satz 3 gilt nicht, wenn eine hauptberuflich stellvertretende Person bestellt ist, die die Anforderungen des Satzes 2 erfüllt. Für Prüfstellen kann eine hauptberuflich stellvertretende Person verlangt werden, die die Anforderungen des Satzes 2 erfüllt, wenn dies nach Art und Umfang der Tätigkeiten erforderlich ist; ist die leitende Person nicht hauptberuflich tätig, kann eine zweite hauptberuflich stellvertretende Person verlangt werden.

(2) Die leitende Person der Prüf-, Überwachungs- oder Zertifizierungsstelle

1. darf zum Zeitpunkt der Antragstellung das 65. Lebensjahr nicht vollendet haben,
2. darf die Fähigkeit zur Bekleidung öffentlicher Ämter nicht verloren haben,
3. darf durch gerichtliche Anordnung nicht in der Verfügung über ihr Vermögen beschränkt sein,
4. muss die erforderliche Zuverlässigkeit besitzen und
5. muss die Gewähr dafür bieten, dass sie neben ihren Leitungsaufgaben andere Tätigkeiten nur in solchem Umfang ausüben wird, dass die ordnungsgemäße Erfüllung der Pflichten als leitende Person gewährleistet ist.

(3) Jede Prüf-, Überwachungs- oder Zertifizierungsstelle muss ferner verfügen über

1. die erforderlichen Räumlichkeiten und die erforderliche technische Ausstattung,
2. schriftliche Anweisungen für die Durchführung ihrer Aufgaben und für die Benutzung und Wartung der erforderlichen Prüfvorrichtungen,
3. ein System zur Aufzeichnung und Dokumentation ihrer Tätigkeiten.

(4) Jede Prüf-, Überwachungs- oder Zertifizierungsstelle muss die Gewähr dafür bieten, dass sie unparteiisch ist.

(5) Eine Überwachungsgemeinschaft als Prüf-, Überwachungs- oder Zertifizierungsstelle hat für ihren jeweiligen Anerkennungsbereich einen Fachausschuss einzurichten. Er unterstützt die leitende Person der Prüf-, Überwachungs- oder Zertifizierungsstelle in allen Prüf-, Überwachungs- oder Zertifizierungsvorgängen, insbesondere bei der Bewertung der Prüf-, Überwachungs- oder Zertifizierungsergebnisse, und spricht hierfür Empfehlungen aus. Dem Fachausschuss müssen mindestens drei Produkthersteller sowie die leitende Person der Prüf-, Überwachungs- oder Zertifizierungsstelle angehören. Die Anerkennungsbehörde kann die Berufung weiterer von Produktherstellern unabhängiger Personen verlangen.

(6) Prüf- und Überwachungsstellen dürfen Unteraufträge für bestimmte Aufgaben nur an gleichfalls dafür anerkannte Prüf- oder Überwachungsstellen oder an solche Stellen, die in das Anerkennungsverfahren einbezogen waren, erteilen. Zertifizierungsstellen dürfen keine Unteraufträge erteilen.

§ 3
Antrag und Antragsunterlagen

(1) Die Anerkennung ist schriftlich bei der Anerkennungsbehörde zu beantragen. Anerkennungsbehörde ist das Deutsche Institut für Bautechnik.

(2) Mit der Antragstellung sind folgende Unterlagen einzureichen:
1. Angabe, auf welche Tätigkeit im Sinne des § 1 Abs. 1 Satz 1 sich die Anerkennung beziehen soll,
2. Angaben zum Bauprodukt, für das eine Anerkennung beantragt wird; dabei kann auf nach § 20 Abs. 2 BauO LSA in der Bauregelliste A bekannt gemachte technische Regeln Bezug genommen werden,
3. Angaben zur Person und Qualifikation der leitenden Person und ihres Stellvertreters, zum leitenden und sachbearbeitenden Personal und deren Berufserfahrung,
4. Angaben über wirtschaftliche und rechtliche Verbindungen der Antrag stellenden Person, Stelle oder Überwachungsgemeinschaft, der leitenden Person nach § 2 Abs. 2 und der Beschäftigten zu einzelnen Herstellern,
5. Angaben zu den Räumlichkeiten und zur technischen Ausstattung,
6. Angabe des Geburtsdatums der leitenden Person,
7. Angaben zu Unterauftragnehmern.

(3) Die Anerkennungsbehörde kann Gutachten über die Erfüllung einzelner Anerkennungsvoraussetzungen einholen.

§ 4
Allgemeine Pflichten

Jede Prüf-, Überwachungs- oder Zertifizierungsstelle muss
1. im Rahmen ihrer Anerkennung und Kapazitäten von allen Herstellern der Bauprodukte in Anspruch genommen werden können,
2. die Vertraulichkeit auf allen ihren Organisationsebenen sicherstellen,

3. der Anerkennungsbehörde auf Verlangen Gelegenheit zur Überprüfung geben,
4. regelmäßig an einem von der Anerkennungsbehörde vorgeschriebenen Erfahrungsaustausch der für das Bauprodukt anerkannten Prüf-, Überwachungs- oder Zertifizierungsstellen teilnehmen,
5. ihr technisches Personal hinsichtlich neuer Entwicklungen im Bereich der Anerkennung fortbilden und die technische Ausstattung warten, so erneuern und ergänzen, dass die Anerkennungsvoraussetzungen während des gesamten Anerkennungszeitraums erfüllt sind,
6. Aufzeichnungen über die einschlägigen Qualifikationen, die Fortbildung und die berufliche Erfahrung ihrer Beschäftigten führen und fortschreiben,
7. Anweisungen erstellen, aus denen sich die Pflichten und Verantwortlichkeiten der Beschäftigten ergeben und diese fortschreiben,
8. die Erfüllung der Pflichten nach den Nummern 4 bis 7 sowie nach § 2 Abs. 3 Nrn. 2 und 3 zusammenfassend dokumentieren und dem Personal zugänglich machen und
9. einen Wechsel der leitenden Person oder ihres Stellvertreters sowie wesentliche Änderungen in der gerätetechnischen Ausrüstung der Anerkennungsbehörde unverzüglich anzeigen.

§ 5
Besondere Pflichten

(1) Prüfstellen und Überwachungsstellen dürfen nur Prüfgeräte verwenden, die nach allgemein anerkannten Regeln der Technik geprüft sind; sie müssen sich hierzu an von der Anerkennungsbehörde geforderten Vergleichsuntersuchungen beteiligen.

(2) Jede Prüf-, Überwachungs- oder Zertifizierungsstelle hat Berichte über ihre Prüf-, Überwachungs- und Zertifizierungstätigkeiten anzufertigen und zu dokumentieren. Die Berichte müssen mindestens Angaben zum Gegenstand, zum beteiligten Personal, zu den angewandten Verfahren entsprechend den technischen Anforderungen, zu den Ergebnissen und zum Herstellerwerk enthalten. Die Berichte haben ferner Angaben zum Prüfdatum, Zertifizierungsdatum oder zum Überwachungszeitraum zu enthalten. Die Berichte sind von der leitenden Person der Prüf-, Überwachungs- oder Zertifizierungsstelle zu unterzeichnen. Sie sind fünf Jahre aufzubewahren und der Anerkennungsbehörde oder der von ihr bestimmten Stelle auf Verlangen vorzulegen.

§ 6
Erlöschen und Widerruf der Anerkennung

(1) Die Anerkennung erlischt
1. durch schriftlichen Verzicht gegenüber der Anerkennungsbehörde,
2. durch Fristablauf oder
3. wenn die leitende Person das 68. Lebensjahr vollendet hat.

(2) Die Anerkennung ist zu widerrufen, wenn
1. nachträgliche Gründe eintreten, die eine Versagung der Anerkennung gerechtfertigt hätten,
2. die leitende Person infolge geistiger oder körperlicher Gebrechen nicht mehr in der Lage ist, ihre Tätigkeit ordnungsgemäß auszuüben oder
3. die Prüf-, Überwachungs- oder Zertifizierungsstelle gegen die ihr obliegenden Pflichten wiederholt oder grob verstoßen hat.

Liegen Widerrufsgründe nach Satz 1 hinsichtlich der leitenden Person vor, kann von einem Widerruf der Anerkennung abgesehen werden, wenn innerhalb von sechs Monaten nach Eintreten der Widerrufsgründe ein Wechsel der leitenden Person stattgefunden hat.

(3) Die Anerkennung kann widerrufen werden, wenn die Prüf-, Überwachungs- oder Zertifizierungsstelle
1. ihre Tätigkeit zwei Jahre nicht ausgeübt hat,
2. nicht regelmäßig an dem Erfahrungsaustausch gemäß § 4 Nr. 4 teilnimmt oder
3. sich nicht an den Vergleichsuntersuchungen gemäß § 5 Abs. 1 beteiligt.

§ 7
Übergangsvorschrift

Personen, die zum Zeitpunkt des In-Kraft-Tretens dieser Verordnung Leiter einer nach bisherigem Recht anerkannten Prüfstelle oder Überwachungsgemeinschaft sind, sind für die entsprechenden Bauprodukte von der Forderung des § 2 Abs. 1 Satz 2 befreit.

§ 8
In-Kraft-Treten

Diese Verordnung tritt am Tage nach ihrer Verkündung in Kraft.

15.
Verordnung über die erweiterte Anwendung der Dampfkesselverordnung, der Druckbehälterverordnung und der Aufzugsverordnung in Sachsen-Anhalt[1])

vom 7.9.1992 (GVBl. LSA S.670)

Aufgrund des § 82 Abs. 5 des Gesetzes über die Bauordnung vom 20. Juli 1990 (GBl. S. 929) in Verbindung mit § 1 des Gesetzes zur Einführung des Gesetzes vom 20. Juli 1990 über die Bauordnung vom 20. Juli 1990 (BGBl. I S. 950), zuletzt geändert durch § 18 Abs. 1 Satz 2 Nr. 2 des Verwaltungskostengesetzes des Landes Sachsen-Anhalt vom 27. Juni 1991 (GVBl. LSA S. 154), wird verordnet:

§ 1

Die §§ 2 bis 8, 10 bis 28 und 31 der Dampfkesselverordnung (DampfkV) vom 27. Februar 1980 (BGBl. I S. 173) zuletzt geändert durch Anlage I Kapitel VIII Sachgebiet B Abschnitt II Nr. 4 zum Einigungsvertrag vom 31. August 1990 in Verbindung mit Artikel 1 des Einigungsvertragsgesetzes vom 23. September 1990 (BGBl. II S. 885), sind auch auf Dampfkesselanlagen anzuwenden, die weder gewerblichen noch wirtschaftlichen Zwecken dienen und in deren Gefahrenbereich auch keine Arbeitnehmer beschäftigt werden (§ 1 Abs. 2 DampfkV). Das gilt nicht für Dampfkesselanlagen nach § 1 Abs. 3 bis 5 DampfkV.

§ 2

Die §§ 3 bis 6, 8 bis 34 und 37 bis 39 der Druckbehälterverordnung (DruckbehV), in der Fassung vom 21. April 1989 (BGBl. I S. 843), zuletzt geändert durch Artikel 2 der Verordnung zum Gerätesicherheitsgesetz und zur Änderung der Druckbehälterverordnung vom 25. Juni 1992 (BGBl. I S. 1171), sind auch auf Druckbehälter, Druckgasbehälter und Füllanlagen anzuwenden, die weder gewerblichen noch wirtschaftlichen Zwecken dienen und in deren Gefahrenbereich auch keine Arbeitnehmer beschäftigt werden (§ 1 Abs. 2 DruckbehV). Das gilt nicht für Behälter und Anlagen nach § 1 Abs. 3 bis 5 und § 2 DruckbehV.

---

1) Die VO bleibt in Kraft auf Grund des Vierten Rechtsbereinigungsgesetzes vom 19.3.2002 (GVBl. LSA S.130) in Verbindung mit Nr. 163 der Anlage.

§ 3

Die §§ 2 bis 5, 7 bis 22, 25 und 26 der Aufzugsverordnung (AufzV) vom 27. Februar 1980 (BGBl. I S. 205), zuletzt geändert durch Anlage I Kapitel VIII Sachgebiet B Abschnitt II Nr. 2 zum Einigungsvertrag vom 31. August 1990 in Verbindung mit Artikel 1 des Einigungsvertragsgesetzes vom 23. September 1990 (BGBl. II S. 885), sind auch auf Aufzugsanlagen anzuwenden, die weder gewerblichen noch wirtschaftlichen Zwecken dienen und in deren Gefahrenbereich auch keine Arbeitnehmer beschäftigt werden (§ 1 Abs. 2 AufzV). Das gilt nicht für Aufzugsanlagen nach § 1 Abs. 3 bis 5 AufzV.

§ 4

Für die Zuständigkeit gelten die Vorschriften des Gewerberechts entsprechend. Soweit die Gewerbeaufsichtsämter für den Vollzug dieser Verordnung zuständig sind, haben sie auch die Rechte und Pflichten der Bauaufsichtsbehörden.

§ 5

Keiner Baugenehmigung oder Zustimmung bedürfen Anlagen, die auf Grund dieser Verordnung einer Genehmigung oder Erlaubnis nach den in den §§ 1 bis 3 genannten Verordnungen bedürfen.

§ 6

Diese Verordnung tritt am Tage nach ihrer Verkündung in Kraft

16.
Verordnung zur Feststellung der wasserrechtlichen Eignung von Bauprodukten und Bauarten (WasBauPVO)[1])[2])

vom 17.3.1999 (GVBl. LSA S. 104)

Auf Grund von § 20 Abs. 4 und § 24 Abs. 2 in Verbindung mit § 62 Abs. 1 Satz 1 Nr. 1 des Gesetzes über die Bauordnung des Landes Sachsen-Anhalt (BauO LSA) vom 23. Juni 1994 (GVBl. LSA S. 723), zuletzt geändert durch § 17 des Gesetzes zur Gestaltung des öffentlichen Personennahverkehrs im Land Sachen-Anhalt vom 24. November 1995 (GVBl. LSA S. 339), in Verbindung mit Abschnitt II Nr. 9 des Beschlusses der Landesregierung über den Aufbau der Landesregierung Sachen-Anhalt und die Abgrenzung der Geschäftsbereiche vom 21. Juli 1998 (MBl. LSA S. 1570), geändert durch Beschluss vom 26. Januar 1999 (MBl. LSA S. 198), wird verordnet:

§ 1

Für folgende serienmäßig hergestellte Bauprodukte und für folgende Bauarten sind auch hinsichtlich wasserrechtlicher Anforderungen Verwendbarkeits-, Anwendbarkeits- und Übereinstimmungsnachweise nach §§ 21, 22 und 25 bis 27 in Verbindung mit § 20 Abs. 1 Satz 1, Abs. 2 und 3 Satz 1 Nrn. 1 und 2, § 24 Abs. 1 und § 28 BauO LSA zu führen.

1. Abwasserbehandlungsanlagen

    a) Kleinkläranlagen, die für einen Anfall von Abwässern bis zu 8 m^3/Tag bemessen sind,

    b) Leichtflüssigkeitsabscheider für Benzin und Öl,

    c) Fettabscheider,

    d) Amalgamabscheider für Zahnarztpraxen,

    e) Anlagen zur Begrenzung von Schwermmetallen in Abwässern, die bei der Herstellung keramischer Erzeugnisse anfallen,

    f) Anlagen zur Begrenzung von abfiltrierbaren Stoffen, Arsen, Antimon, Barium, Blei und anderen Schwermetallen, die für

---

[1] Die Verpflichtungen aus der Richtlinie 98/34/EG des Europäischen Parlaments und des Rates vom 22. Juni 1998 über ein Informationsverfahren auf dem Gebiet der Normen und technischen Vorschriften (ABl. EG Nr. L 204 S. 37) sind beachtet worden.

[2] Die VO bleibt in Kraft auf Grund des Art. I des Vierten Rechtsbereinigungsgesetzes vom 19.3.2002 (GVBl. LSA S. 130) in Verbindung mit Nr. 176 der Anlage.

einen Anfall von bei der Herstellung und Verarbeitung von Glas und künstlichen Mineralfasern anfallenden Abwässern bis zu 8 m³/Tag bemessen sind,
   g) Anlagen zur Begrenzung von Kohlenwasserstoffen in mineralölhaltigen Abwässern,
   h) Anlagen zur Begrenzung des Silbergehalts in Abwässern aus fotografischen Verfahren und
   i) Anlagen zur Begrenzung von Halogenkohlenstoffen in Abwässern von Chemischreinigungen.
2. Bauprodukte und Bauarten für ortsfest verwendete Anlagen zum Lagern, Abfüllen und Umschlagen von wassergefährdenden Stoffen:
   a) Auffangwannen und -vorrichtungen sowie vorgefertigte Teile für Auffangräume und -flächen,
   b) Abdichtungsmittel für Auffangwannen, -vorrichtungen, -räumen und für Flächen,
   c) Behälter,
   d) Innenbeschichtungen und Auskleidungen für Behälter und Rohre,
   e) Rohre, zugehörige Formstücke, Dichtmittel, Armaturen und
   f) Sicherheitseinrichtungen.

§ 2

Diese Verordnung tritt am Tage nach ihrer Verkündung in Kraft.

17.
Einführung Technischer Baubestimmungen; Liste der Technischen Baubestimmungen

RdErl. des MWV vom 8.8.2001 – 22/24011/01
(MBl. LSA Nr. 41/2001 S. 812)

Bezug: RdErl. vom 20.12.1996 (MBl. LSA 1997 S. 578), geändert durch RdErl. vom 5.5.1999 (MBl. LSA S. 977)

1. Die Anlage zum Bezugs-RdErl. erhält folgende Fassung:

   Die Liste der Technischen Baubestimmungen – Fassung September 1998 – wird durch die nachfolgend als **Anlage** abgedruckte Liste der Technischen Baubestimmungen – Fassung September 2000 – ersetzt.

2. Die Bekanntmachung des MWV vom 16.1.1995 zur Einführung der Richtlinie für Windkraftanlagen, Fassung Juni 1996 (MBl. LSA S. 1708) tritt außer Kraft.

3. Dieser RdErl. tritt mit seiner Veröffentlichung in Kraft.

Anlage

Liste der Technischen Baubestimmungen[1])

– Fassung September 2000 –

Inhaltsübersicht

1. Technische Regeln zu Lastannahmen
2. Technische Regeln zur Bemessung und zur Ausführung
   - 2.1 Grundbau
   - 2.2 Mauerwerksbau
   - 2.3 Beton-, Stahlbeton- und Spannbetonbau
   - 2.4 Metallbau
   - 2.5 Holzbau
   - 2.6 Bauteile
   - 2.7 Sonderkonstruktionen
3. Technische Regeln zum Brandschutz

---

1) Die Verpflichtungen aus der Richtlinie 98/34/EG des Europäischen Parlaments und des Rates vom 22. Juni 1998 über ein Informationsverfahren auf dem Gebiet der Normen und technischen Vorschriften (ABl. EG L 204 S. 37) sind beachtet worden.

II/17 Liste der Technischen Baubestimmungen

4. Technische Regeln zum Wärme- und zum Schallschutz
   4.1 Wärmeschutz
   4.2 Schallschutz
5. Technische Regeln zum Bautenschutz
   5.1 Erschütterungsschutz
   5.2 Holzschutz
6. Technische Regeln zum Gesundheitsschutz
7. Technische Regeln als Planungsgrundlagen

Vorbemerkungen

Die Liste der Technischen Baubestimmungen enthält technische Regeln für die Planung, Bemessung und Konstruktion baulicher Anlagen und ihrer Teile, deren Einführung als Technische Baubestimmungen auf der Grundlage des § 3 Abs. 4 BauO LSA erfolgt. Technische Baubestimmungen sind allgemein verbindlich, da sie nach § 3 Abs. 4 BauO LSA beachtet werden müssen.

Soweit technische Regeln durch die Anlagen in der Liste geändert oder ergänzt werden, gehören auch die Änderungen und Ergänzungen zum Inhalt der Technischen Baubestimmungen.

Es werden nur die technischen Regeln eingeführt, die zur Erfüllung der Grundsatzanforderungen des Bauordnungsrechts unerlässlich sind. Die Bauaufsichtsbehörden sind allerdings nicht gehindert, im Rahmen ihrer Entscheidungen zur Ausfüllung unbestimmter Rechtsbegriffe auch auf nicht eingeführte allgemein anerkannte Regeln der Technik zurückzugreifen.

Soweit in den Technischen Baubestimmungen (Nrn. 3.3 bis 3.5 und 3.7) Regelungen der Musterbauordnung (MBO) herangezogen werden, gelten dafür die nachfolgend aufgeführten Anforderungen der BauO LSA:

MBO	BauO LSA
§ 1 Abs. 1 Satz 2	§ 1 Abs. 1 Satz 2
§ 3 Abs. 3 Satz 1	§ 3 Abs. 4 Satz 1
§ 3 Abs. 3 Satz 3	§ 3 Abs. 4 Satz 3
§ 5	§ 5
§ 17 Abs. 1	§ 17 Abs. 1
§ 17 Abs. 4	§ 17 Abs. 4
§ 28 Abs. 1 Satz 2	§ 32 Abs. 1 Satz 2
§ 28 Abs. 4 Satz 2	§ 32 Abs. 4
§ 30 Abs. 1	§ 34 Abs. 1
§ 32 Abs. 1	§ 37 Abs. 1

Liste der Technischen Baubestimmungen **II/17**

MBO	BauO LSA
§ 32 Abs. 4	§ 37 Abs. 4
§ 32 Abs. 5	§ 37 Abs. 5
§ 32 Abs. 8	§ 37 Abs. 8
§ 33 Abs. 1	§ 38 Abs. 1
§ 33 Abs. 4	§ 38 Abs. 4
§ 35 Satz 2	§ 44 Abs. 1 Satz 2
§ 37	§ 42 Abs. 1
§ 83	§ 91

Die technischen Regeln für Bauprodukte werden nach § 20 Abs. 2 BauO LSA in der Bauregelliste A bekannt gemacht.

1 Technische Regeln zu Lastannahmen

Lfd. Nr.	Bezeichnung	Titel	Ausgabe	Bezugs-quelle/ Fundstelle
1	2	3	4	5
1.1	DIN 1055	Lastannahmen für Bauten		
	Teil 1	–; Lagerstoffe, Baustoffe und Bauteile; Eigenlasten und Reibungswinkel –	Juli 1978	*)
	Teil 2	–; Bodenkenngrößen; Wichte, Reibungswinkel, Kohäsion, Wandreibungswinkel	Februar 1976	*)
	Blatt 3 Anlage 1.1/1	–; Verkehrslasten	Juni 1971	*)
	Teil 4 Anlage 1.1/2	–; Verkehrslasten; Windlasten bei nicht schwingungsanfälligen Bauwerken –;–;– Änderung	August 1986	*)
	Teil 4 A 1	A 1; Berichtigungen	Juni 1987	*)
	Teil 5 Anlage 1.1/3	–; Verkehrslasten; Schneelast und Eislast	Juni 1975	*)
	Teil 5 A 1	–; –; –; (Schneelastzonenkarte)	April 1994	*)
	Teil 6 Anlage 1.1/4	–; Lasten in Silozellen	Mai 1987	*)
	Beiblatt 1	–; –; Erläuterungen	Mai 1987	*)
1.2	DIN 1072	Straßen- und Wegbrücken; Lastannahmen	Dezember 1985	*)
	Beiblatt 1	–; –; Erläuterungen	Mai 1988	*)
1.3	Richtlinie Anlage 1.1/5	ETB-Richtlinie – „Bauteile, die gegen Absturz sichern"	Juni 1985	*)

II/17 Liste der Technischen Baubestimmungen

Lfd. Nr.	Bezeichnung	Titel	Ausgabe	Bezugs-quelle/ Fundstelle
1	2	3	4	5
1.4	Richtlinie VDI 3673 Blatt 1	Druckentlastung von Staubexplosionen	Juli 1995	*)

2. Technische Regeln zur Bemessung und Ausführung
2.1 Grundbau

Lfd. Nr.	Bezeichnung	Titel	Ausgabe	Bezugs-quelle/ Fundstelle
1	2	3	4	5
2.1.1	DIN 1054 Anlage 2.1/1	Baugrund; zulässige Belastung des Baugrunds	November 1976	*)
2.1.2	DIN 4014 Anlage 2.1/2	Bohrpfähle; Herstellung, Bemessung und Tragverhalten	März 1990	*)
2.1.3	DIN 4026 Anlage 2.1/3	Rammpfähle; Herstellung, Bemessung und zulässige Belastung	August 1975	*)
2.1.4	DIN 4093	Baugrund; Einpressen in den Untergrund; Planung, Ausführung, Prüfung	September 1987	*)
2.1.5	DIN 4123	Gebäudesicherung im Bereich von Ausschachtungen, Gründungen und Unterfangungen	Mai 1972	*)
2.1.6	DIN 4124 Anlage 2.1/4	Baugruben und Gräben; Böschungen, Arbeitsraumbreiten, Verbau	August 1981	*)
2.1.7	DIN 4125 Anlage 2.1/5	Verpressanker, Kurzzeitanker und Daueranker; Bemessung, Ausführung und Prüfung	November 1990	*)
2.1.8	DIN 4126	Ortbeton-Schlitzwände; Konstruktion und Ausführung	August 1986	*)
2.1.9	DIN 4128	Verpresspfähle (Ortbeton- und Verbundpfähle) mit kleinem Durchmesser; Herstellung, Bemessung und zulässige Belastung	April 1983	*)

2.2 Mauerwerksbau

Lfd. Nr.	Bezeichnung	Titel	Ausgabe	Bezugs-quelle/Fundstelle
1	2	3	4	5
2.2.1	DIN 1053	Mauerwerk		
	-1 Anlage 2.2/4	–; Berechnung und Ausführung	November 1996	*)
	Teil 3	–; Bewehrtes Mauerwerk; Berechnung und Ausführung	Februar 1990	*)
	Teil 4 Anlage 2.2/2	–; Bauten aus Ziegelfertigbauteilen	September 1978	*)
2.2.2	Richtlinie	Richtlinien für die Bemessung und Ausführung von Flachstürzen	August 1977 Ber. Juli 1979	**) 3/1979, S. 73
2.2.3	DIN V ENV 1996-1-1 Anlage 2.2/3	Eurocode 6: Bemessung und Konstruktion von Mauerwerksbauten; Teil 1-1: Allgemeine Regeln, Regeln für bewehrtes und unbewehrtes Mauerwerk	Dezember 1996	*)
	DIN-Fachbericht 60	Nationales Anwendungsdokument (NAD); Richtlinie zur Anwendung von DIN V ENV 1996-1-1; Eurocode 6	1. Auflage 1997	*)

2.3 Beton-, Stahlbeton- und Spannbetonbau

Lfd. Nr.	Bezeichnung	Titel	Ausgabe	Bezugs-quelle/Fundstelle
1	2	3	4	5
2.3.1	DIN 1045 Anlagen 2.3/1 und 2.3/13	Beton- und Stahlbeton; Bemessung und Ausführung	Juli 1988	*)
	DIN 1045/A 1	–; –; Änderung A 1	Dezember 1996	*)
2.3.2	DIN 1075 Anlage 2.3/2	Betonbrücken; Bemessung und Ausführung	April 1981	*)
2.3.3	DIN 4028 Anlage 2.3/3	Stahlbetondielen aus Leichtbeton mit haufwerksporigem Gefüge; Anforderungen, Prüfung, Bemessung, Ausführung, Einbau	Januar 1982	*)
2.3.4	DIN 4099	Schweißen von Betonstahl; Ausführung und Prüfung	November 1985	*)

II/17 Liste der Technischen Baubestimmungen

Lfd. Nr.	Bezeichnung	Titel	Ausgabe	Bezugs-quelle/Fundstelle
1	2	3	4	5
2.3.5	DIN 4212 Anlage 2.3/4	Kranbahnen aus Stahlbeton und Spannbeton; Berechnung und Ausführung	Januar 1986	*)
2.3.6	DIN 4219 Teil 2 Anlage 2.3/13	Leichtbeton und Stahlleichtbeton mit geschlossenem Gefüge; Bemessung und Ausführung	Dezember 1979	*)
2.3.7	DIN 4227	Spannbeton		
	Teil 1 Anlagen 2.3/5 und 2.3/13	–; Bauteile aus Normalbeton mit beschränkter oder voller Vorspannung	Juli 1988	*)
	-1/A 1	–; Änderung A 1	Dezember 1995	*)
	DIN V 4227 Teil 2 Anlage 2.3/6 und 2.3/13	–; Bauteile mit teilweiser Vorspannung	Mai 1984	*)
	Teil 4 Anlage 2.3/13	–; Bauteile aus Spannleichtbeton	Februar 1986	*)
	DIN V 4227 Teil 6 Anlagen 2.3/7 und 2.3/13	–; Bauteile mit Vorspannung ohne Verbund	Mai 1982	*)
2.3.8	DIN 4228	Werkmäßig hergestellte Betonmaste	Februar 1989	*)
2.3.9	DIN 4232	Wände aus Leichtbeton mit haufwerksporigem Gefüge; Bemessung und Ausführung	September 1987	*)
2.3.10	DIN 18551 Anlagen 2.3/8 und 2.3/13	Spritzbeton; Herstellung und Güteüberwachung	März 1992	*)
2.3.11	Instandsetzungs-Richtlinie Anlage 2.3/11	Richtlinie für Schutz und Instandsetzung von Betonbauteilen Teil 1: Allgemeine Regelungen und Planungsgrundsätze Teil 2: Bauplanung und Bauausführung Teil 3: Qualitätssicherung der Bauausführung	August 1990	*)
2.3.12	DIN V ENV 1992 Anlagen 2.3/9 und 2.3/13	Eurocode 2: Planung von Stahlbeton- und Spannbetontragwerken		
	Teil 1-1	–; Teil 1: Grundlagen und Anwendungsregeln für den Hochbau	Juni 1992	*)

Liste der Technischen Baubestimmungen II/17

Lfd. Nr.	Bezeichnung	Titel	Ausgabe	Bezugs-quelle/ Fundstelle
1	2	3	4	5
	Richtlinie	Richtlinie zur Anwendung von Eurocode 2 – Planung von Stahlbeton- und Spannbetontragwerken Teil 1: Grundlagen und Anwendungsregeln für den Hochbau	April 1993	*)
	Richtlinie	Richtlinie zur Anwendung von Eurocode 2 – Planung von Stahlbeton- und Spannbetontragwerken Teil 1-1: Grundlagen und Anwendungsregeln für den Hochbau (Ergänzung zur Ausgabe April 1993)	Juni 1995	*)
	Teil 1-3	–; Teil 1-3: Allgemeine Regeln – Bauteile und Tragwerke aus Fertigteilen	Dezember 1994	*)
	Richtlinie	Richtlinie zur Anwendung von Eurocode 2 – Planung von Stahlbeton- und Spannbetontragwerken Teil 1-3: Bauteile und Tragwerke aus Fertigteilen	Juni 1995	*)
	Teil 1-4	–; Teil 1-4: Allgemeine Regeln – Leichtbeton mit geschlossenem Gefüge	Dezember 1994	*)
	Richtlinie	Richtlinie zur Anwendung von Eurocode 2 – Planung von Stahlbeton- und Spannbetontragwerken Teil 1-4: Leichtbeton mit geschlossenem Gefüge	Juni 1995	*)
	Teil 1-5	–; Teil 1-5: Allgemeine Regeln – Tragwerke mit Spanngliedern ohne Verbund	Dezember 1994	*)
	Richtlinie	Richtlinie zur Anwendung von Eurocode 2 – Planung von Stahlbeton- und Spannbetontragwerken Teil 1-5: Tragwerke mit Spanngliedern ohne Verbund	Juni 1995	*)
	Teil 1-6	–; Teil 1-6: Allgemeine Regeln – Tragwerke aus unbewehrtem Beton	Dezember 1994	*)

II/17 Liste der Technischen Baubestimmungen

Lfd. Nr.	Bezeichnung	Titel	Ausgabe	Bezugs-quelle/ Fundstelle
1	2	3	4	5
	Richtlinie	Richtlinie zur Anwendung von Eurocode 2 – Planung von Stahlbeton- und Spannbetontragwerken Teil 1-6: Tragwerke aus unbewehrtem Beton	Juni 1995	*)
2.3.13	DIN V ENV 206 Anlagen 2.3/12 und 2.3/13	Beton: Eigenschaften, Herstellung, Verarbeitung und Gütenachweis	Oktober 1990	*)
	Richtlinie	Richtlinie zur Anwendung von DIN V ENV 206 Beton; Eigenschaften, Herstellung, Verarbeitung und Gütenachweis	November 1991	*)

2.4 Metallbau

Lfd. Nr.	Bezeichnung	Titel	Ausgabe	Bezugs-quelle/ Fundstelle
1	2	3	4	5
2.4.1	DIN 4113 Teil 1 Anlage 2.4/9	Aluminiumkonstruktionen unter vorwiegend ruhender Belastung; Berechnung und bauliche Durchbildung	Mai 1980	*)
	Richtlinie	Richtlinien zum Schweißen von tragenden Bauteilen aus Aluminium	Oktober 1986	*)
2.4.2	DIN 4119	Oberirdische zylindrische Flachboden-Tankbauwerke aus metallischen Werkstoffen		
	Teil 1 Anlagen 2.4/1 und 2.4/2	–; Grundlagen, Ausführung, Prüfungen	Juni 1979	*)
	Teil 2	–; Berechnung	Februar 1980	*)
2.4.3	DIN 4132 Anlagen 2.4/1 und 2.4/2	Kranbahnen; Stahltragwerke; Grundsätze für Berechnung, bauliche Durchbildung und Ausführung	Februar 1981	*)
2.4.4	DIN 18800	Stahlbauten		
	Teil 1 Anlagen 2.4/1 und 2.4/2	–; Bemessung und Konstruktion	November 1990	*)

Liste der Technischen Baubestimmungen II/17

Lfd. Nr.	Bezeichnung	Titel	Ausgabe	Bezugs-quelle/ Fundstelle
1	2	3	4	5
	Teil 1 A 1	–; –; Änderung A 1	Februar 1996	*)
	Teil 2 Anlage 2.4/1	–; Stabilitätsfälle, Knicken von Stäben und Stabwerken	November 1990	*)
	Teil 2 A 1	–; –; Änderung A 1	Februar 1996	*)
	Teil 3 Anlage 2.4/1	–; Stabilitätsfälle, Plattenbeulen	November 1990	*)
	Teil 3 A 1	–; –; Änderung A 1	Februar 1996	*)
	Teil 4 Anlage 2.4/1	–; Stabilitätsfälle, Schalenbeulen	November 1990	*)
	Teil 7 Anlage 2.4/2	–; Herstellen, Eignungsnachweise zum Schweißen	Mai 1983	*)
2.4.5	DIN 18801 Anlage 2.4/1	Stahlhochbau; Bemessung, Konstruktion, Herstellung	September 1983	*)
2.4.6	DIN 18806 Teil 1 Anlage 2.4/3	Verbundkonstruktionen; Verbundstützen	März 1984	*)
	Richtlinie	Richtlinien für die Bemessung und Ausführung von Stahlverbundträgern	März 1981	*)
	Ergänzende Bestimmungen	Ergänzende Bestimmungen zu den Richtlinien für die Bemessung und Ausführung von Stahlverbundträgern (Ausgabe März 1981)	März 1984	*)
	Ergänzende Bestimmungen	Ergänzende Bestimmungen zu den Richtlinien für die Bemessung und Ausführung von Stahlverbundträgern (Ausgabe März 1981)	Juni 1991	*)
2.4.7	DIN 18807	Trapezprofile im Hochbau		*)
	Teil 1 Anlagen 2.4/1, 2.4/7 und 2.4/10	–; Stahltrapezprofile; Allgemeine Anforderungen, Ermittlung der Tragfähigkeitswerte durch Berechnung	Juni 1987	*)
	Teil 3 Anlagen 2.4/1, 2.4/8 und 2.4/10	–; Stahltrapezprofile; Festigkeitsnachweis und konstruktive Ausbildung	Juni 1987	*)
	-6 Anlage 2.4/10	–; Teil 6: Aluminium-Trapezprofile und ihre Verbindungen; Ermittlung der Tragfähigkeitswerte durch Berechnung	September 1995	*)

II/17 Liste der Technischen Baubestimmungen

Lfd. Nr.	Bezeichnung	Titel	Ausgabe	Bezugs-quelle/ Fundstelle
1	2	3	4	5
	-8 Anlage 2.4/10	–; Teil 8: Aluminium-Trapezprofile und ihre Verbindungen; Nachweise der Tragsicherheit und Gebrauchstauglichkeit	September 1995	*)
	-9 Anlage 2.4/10	–; Teil 9: Aluminium-Trapezprofile und ihre Verbindungen; Anwendung und Konstruktion	Juni 1998	*)
2.4.8	DASt-Richtlinie 016 Anlagen 2.4/1 und 2.4/2	Bemessung und konstruktive Gestaltung von Tragwerken aus dünnwandigen kaltgeformten Bauteilen	Juli 1988, Neudruck 1992	***)
2.4.9	DIN 18808 Anlagen 2.4/1 und 2.4/2	Stahlbauten; Tragwerke aus Hohlprofilen unter vorwiegend ruhender Beanspruchung	Oktober 1984	*)
2.4.10	DIN 18809 Anlage 2.4/4	Stählerne Straßen- und Wegbrücken; Bemessung, Konstruktion, Herstellung	September 1987	*)
2.4.11	DIN V ENV 1993 Teil 1-1 Anlage 2.4/5	Eurocode 3: Bemessung und Konstruktion von Stahlbauten; Teil 1-1: Allgemeine Bemessungsregeln, Bemessungsregeln für den Hochbau	April 1993	*)
	Richtlinie	DASt-Richtlinie 103 Richtlinie zur Anwendung von DIN V ENV 1993 Teil 1-1	November 1993	*) und ***)
2.4.12	DIN V ENV 1994 Teil 1-1 Anlage 2.4/6	Eurocode 4: Bemessung und Konstruktion von Verbundtragwerken aus Stahl und Beton; Teil 1-1: Allgemeine Bemessungsregeln, Bemessungsregeln für den Hochbau	Februar 1994	*)
	Richtlinie	DASt-Richtlinie 104 Richtlinie zur Anwendung von DIN V ENV 1994 Teil 1-1	Februar 1994	*) und ***)
2.4.13	DASt-Richtlinie 007 Anlage 2.4/2	Lieferung, Verarbeitung und Anwendung wetterfester Baustähle	Mai 1993	***)

2.5 Holzbau

Lfd. Nr.	Bezeichnung	Titel	Ausgabe	Bezugs-quelle/Fundstelle
1	2	3	4	5
2.5.1	DIN 1052	Holzbauwerke		
	Teil 1 Anlage 2.5/3	–; Berechnung und Ausführung	April 1988	*)
	-1/A 1	–; –; Änderung A 1	Oktober 1996	*)
	Teil 2 Anlage 2.5/1	–; Mechanische Verbindungen	April 1988	*)
	-2/A 1	–; –; Änderung A 1	Oktober 1996	*)
	Teil 3	–; Holzhäuser in Tafelbauart; Berechnung und Ausführung	April 1988	*)
	-3/A 1	–; –; Änderung A 1	Oktober 1996	*)
2.5.2	DIN 1074	Holzbrücken	Mai 1991	*)
2.5.3	DIN V ENV 1995 Teil 1-1 Anlage 2.5/2	Eurocode 5: Entwurf, Berechnung und Bemessung von Holzbauwerken; Teil 1-1: Allgemeine Bemessungsregeln, Bemessungsregeln für den Hochbau	Juni 1994	*)
	Richtlinie	Richtlinie zur Anwendung von DIN V ENV 1995 Teil 1-1	Februar 1995	*)

2.6 Bauteile

Lfd. Nr.	Bezeichnung	Titel	Ausgabe	Bezugs-quelle/Fundstelle
1	2	3	4	5
2.6.1	DIN 4121	Hängende Drahtputzdecken; Putzdecken mit Metallputzträgern, Rabitzdecken; Anforderungen für die Ausführung	Juli 1978	*)
2.6.2	DIN 4141	Lager im Bauwesen		
	Teil 1	–; Allgemeine Regelungen	September 1984	*)
	Teil 2	–; Lagerung für Ingenieurbauwerke im Zuge von Verkehrswegen (Brücken)	September 1984	*)
	Teil 3	–; Lagerung für Hochbauten	September 1984	*)
	Teil 14	–; Bewehrte Elastomerlager; Bauliche Durchbildung und Bemessung	September 1985	*)

II/17 Liste der Technischen Baubestimmungen

Lfd. Nr.	Bezeichnung	Titel	Ausgabe	Bezugs-quelle/ Fundstelle
1	2	3	4	5
	Teil 15	–; Unbewehrte Elastomerlager; Bauliche Durchbildung und Bemessung	Januar 1991	*)
	DIN EN 1337-11 Anlage 2.6/2	Lager im Bauwesen; Teil 11: Transport, Zwischenlagerung und Einbau	April 1998	*)
2.6.3	DIN 18069	Tragbolzentreppen für Wohngebäude; Bemessung und Ausführung	November 1985	*)
2.6.4	DIN 18168 Teil 1	Leichte Deckenbekleidungen und Unterdecken; Anforderungen für die Ausführung	Oktober 1981	*)
2.6.5	DIN 18516	Außenwandbekleidungen, hinterlüftet		*)
	Teil 1 Anlage 2.6/4	–; –; Anforderungen, Prüfgrundsätze	1999-12	*)
	Teil 3	–; –; Naturwerkstein; Anforderungen, Bemessung	1999-12	*)
	Teil 4 Anlage 2.6/3	–; –; Einscheiben-Sicherheitsglas; Anforderungen, Bemessung, Prüfung	Februar 1990	*)
	Teil 5	–; –; Teil 5: Betonwerkstein; Anforderungen, Bemessung	1999-12	*)
2.6.6	Richtlinie Anlage 2.6/1	Technische Regeln für die Verwendung von linienförmig gelagerten Verglasungen	September 1996	**) 6/1998, S. 146

2.7 Sonderkonstruktionen

Lfd. Nr.	Bezeichnung	Titel	Ausgabe	Bezugs-quelle/ Fundstelle
1	2	3	4	5
2.7.1	DIN 1056 Anlage 2.7/1	Frei stehende Schornsteine in Massivbauart; Berechnung und Ausführung	Oktober 1984	*)
2.7.2	DIN 4112 Anlagen 2.4/1 und 2.7/2	Fliegende Bauten; Richtlinien für Bemessung und Ausführung	Februar 1983	*)
2.7.3[1])				

Liste der Technischen Baubestimmungen II/17

Lfd. Nr.	Bezeichnung	Titel	Ausgabe	Bezugs-quelle/ Fundstelle
1	2	3	4	5
2.7.4	DIN 4131 Anlagen 2.4 und 2.7/3	Antennentragwerke aus Stahl	November 1991	*)
2.7.5	DIN 4133 Anlagen 2.4/2 und 2.7/4	Schornsteine aus Stahl	November 1991	*)
2.7.6	DIN 4134	Tragluftbauten; Berechnung, Ausführung und Betrieb	Februar 1983	*)
2.7.7	DIN 4178 Anlage 2.4/1	Glockentürme; Berechnung und Ausführung	August 1978	*)
2.7.8	DIN 4421 Anlagen 2.4/1, 2.4/2 und 2.7/8	Traggerüste; Berechnung, Konstruktion und Ausführung	August 1982	*)
2.7.9	DIN V 11535-1	Gewächshäuser; Teil 1: Ausführung und Berechnung	Februar 1998	*)
2.7.10	DIN 11622	Gärfuttersilos und Güllebehälter		
	-1 Anlage 2.7/7	–; Teil 1: Bemessung, Ausführung, Beschaffenheit; Allgemeine Anforderungen	Juli 1994	*)
	-2	–; Teil 2: Bemessung, Ausführung, Beschaffenheit; Gärfuttersilos und Güllebehälter aus Stahlbeton, Stahlbetonfertigteilen, Betonformsteinen und Betonschalungssteinen	Juli 1994	*)
	Anlage 2.7/6	–; Teil 3: Bemessung, Ausführung, Beschaffenheit; Gärfutterhochsilos und Güllehochbehälter aus Holz	Juli 1994	*)
	-4	–; Teil 4: Bemessung, Ausführung, Beschaffenheit; Gärfutterhochsilos und Güllehochbehälter aus Stahl	Juli 1994	*)
2.7.11	DIN 18914 Anlagen 2.4/1	Dünnwandige Rundsilos aus Stahl	September 1985	*)
2.7.12	Richtlinie Anlage 2.7/10	Richtlinie für Windkraftanlagen; Einwirkungen und Standsicherheitsnachweise für Turm und Gründung	Juni 1993	Schriftenreihe B des DIBt, Heft 8
2.7.13	DIN 4420 Teil 1 Anlage 2.7/9	Arbeits- und Schutzgerüste; –; Allgemeine Regelungen; Sicherheitstechnische Anforderungen, Prüfungen	Dezember 1990	*)
2.7.14	Richtlinie Anlage 2.7/11	Lehmbau Regeln	Juni 1998	****)

3. Technische Regeln zum Brandschutz

Lfd. Nr.	Bezeichnung	Titel	Ausgabe	Bezugs-quelle/Fundstelle
1	2	3	4	5
3.1	Teil 4 Anlage 3.1/8	–; Zusammenstellung und Anwendung klassifizierter Baustoffe, Bauteile und Sonderbauteile	März 1994	*)
	DIN V ENV 1992-1-2 Anlage 3.1/9	Eurocode 2: Planung von Stahlbeton- und Spannbetontragwerken –; Teil 1-2: Allgemeine Regeln; Tragwerksbemessung für den Brandfall	1997-05	*)
	DIN-Fachbericht 92	Nationales Anwendungsdokument (NAD) – Richtlinie zur Anwendung von DIN V ENV 1992-1-2: 1997-05	2000	*)
	DIN V ENV 1993-1-2 Anlage 3.1/9	Eurocode 3: Bemessung und Konstruktion von Stahlbauten –; Teil 1-2: Allgemeine Regeln; Tragwerksbemessung für den Brandfall	1997-05	*)
	DIN-Fachbericht 93	Nationales Anwendungsdokument (NAD) – Richtlinie zur Anwendung von DIN V ENV 1993-1-2: 1997-05	2000	*)
	DIN V ENV 1994-1-2 Anlage 3.1/9	Eurocode 4: Bemessung und Konstruktion von Verbundtragwerken aus Stahl und Beton –; Teil 1-2: Allgemeine Regeln; Tragwerksbemessung für den Brandfall	1997-06	*)
	DIN-Fachbericht 94	Nationales Anwendungsdokument (NAD) – Richtlinie zur Anwendung von DIN V ENV 1994-1-2: 1997-06	2000	*)
	DIN V ENV 1995-1-2 Anlage 3.1/9	Eurocode 5: Entwurf, Berechnung und Bemessung von Holzbauwerken –; Teil 1-2: Allgemeine Regeln; Tragwerkbemessung für den Brandfall	1997-05	*)
	DIN-Fachbericht 95	Nationales Anwendungsdokument (NAD) –; Richtlinie zur Anwendung von DIN V ENV 1995-1-2: 1997-05	2000	*)

Liste der Technischen Baubestimmungen II/17

Lfd. Nr.	Bezeichnung	Titel	Ausgabe	Bezugs-quelle/ Fundstelle
1	2	3	4	5
	DIN V ENV 1996-1-2 Anlage 3.1/9	Eurocode 6: Bemessung und Konstruktion von Mauerwerksbauten –; Teil 1-2: Allgemeine Regeln; Tragwerksbemessung für den Brandfall	1997-05	*)
	DIN-Fachbericht 96	Nationales Anwendungsdokument (NAD) – Richtlinie zur Anwendung von DIN V ENV 1996-1-2: 1997-05	2000	*)
3.2	DIN 18093	Feuerschutzabschlüsse; Einbau von Feuerschutztüren in massive Wände aus Mauerwerk oder Beton; Ankerlagen, Ankerformen, Einbau	Juni 1987	*)
3.3	Industriebau-Richtlinie	Richtlinie über den baulichen Brandschutz im Industriebau	März 2000	**) 6/2000, S. 212
3.4	Richtlinie	Richtlinie über brandschutztechnische Anforderungen an Hohlraumestriche und Doppelböden	Dezember 1998	**) 6/1999, S. 184
3.5	Richtlinie Anlage 3.5/1	Richtlinie zur Bemessung von Löschwasser-Rückhalteanlagen beim Lagern wassergefährdender Stoffe (LöRüRL)	August 1992	**) 5/1992, S. 160
3.6[1])				
3.7	Leitungsanlagen-Richtlinie	Richtlinien über brandschutztechnische Anforderungen an Leitungsanlagen	März 2000	**) 6/2000, S. 206
3.8	Kunststofflager-Richtlinie	Richtlinie über den Brandschutz bei der Lagerung von Sekundärstoffen aus Kunststoff	Juni 1996	Anhang A

4. Technische Regeln zum Wärme- und Schallschutz
4.1 Wärmeschutz

Lfd. Nr.	Bezeichnung	Titel	Ausgabe	Bezugs-quelle/Fundstelle
1	2	3	4	5
4.1.1	DIN 4108	Wärmeschutz im Hochbau		
	Teil 2 Anlage 4.1/1	–; Wärmedämmung und Wärmespeicherung; Anforderungen und Hinweise für Planung und Ausführung	August 1981	*)
	Teil 3 Anlage 4.1/2	–; Klimabedingter Feuchteschutz; Anforderungen und Hinweise für Planung und Ausführung	August 1981	*)
	DIN V 4108-4	Wärmeschutz und Energie-Einsparung in Gebäuden; Teil 4: Wärme- und feuchteschutztechnische Kennwerte	Oktober 1998	*)
4.1.2	DIN 18159	Schaumkunststoffe als Ortschäume im Bauwesen		
	Teil 1	–; Polyurethan-Ortschaum für die Wärme- und Kältedämmung; Anwendung, Eigenschaften, Ausführung, Prüfung	Dezember 1991	*)
	Teil 2	–; Harnstoff-Formaldehydharz-Ortschaum für die Wärmedämmung; Anwendung, Eigenschaften, Ausführung, Prüfung	Juni 1978	*)
4.1.3	Richtlinie	ETB-Richtlinie zur Begrenzung der Formaldehydemission in der Raumluft bei Verwendung von Harnstoff-Formaldehydharz-Ortschaum	April 1985	*)

4.2 Schallschutz

Lfd. Nr.	Bezeichnung	Titel	Ausgabe	Bezugs-quelle/Fundstelle
1	2	3	4	5
4.2.1	DIN 4109 Anlagen 4.2/1 und 4.2/2	Schallschutz im Hochbau –; Anforderungen und Nachweise	November 1989	*)
	Beiblatt 1 zu DIN 4109 Anlage 4.2/2	–; Ausführungsbeispiele und Rechenverfahren	November 1989	*)

5. Technische Regeln zum Bautenschutz
5.1 Erschütterungsschutz

Lfd. Nr.	Bezeichnung	Titel	Ausgabe	Bezugs-quelle/ Fundstelle
1	2	3	4	5
5.1.1	DIN 4149	Bauten in deutschen Erdbebenge-bieten;		
	Teil 1 Anlage 5.1/1	–; Lastannahmen, Bemessung und Ausführung üblicher Hochbauten	April 1981	*)
	Teil 1 A 1	–; –; Änderung A 1, Karte der Erd-bebenzonen	Dezember 1992	*)

5.2 Holzschutz

Lfd. Nr.	Bezeichnung	Titel	Ausgabe	Bezugs-quelle/ Fundstelle
1	2	3	4	5
5.2.1	DIN 68800	Holzschutz		
	Teil 2	–; Vorbeugende bauliche Maßnah-men im Hochbau	Mai 1996	*)
	Teil 3 Anlage 5.2/1	–; Vorbeugender chemischer Holz-schutz	April 1990	*)

6. Technische Regeln zum Gesundheitsschutz

Lfd. Nr.	Bezeichnung	Titel	Ausgabe	Bezugs-quelle/ Fundstelle
1	2	3	4	5
6.1[1])				
6.2	Asbest-Richtli-nie Anlage 6.2/1	Richtlinie für die Bewertung und Sanierung schwach gebundener Asbestprodukte in Gebäuden	Januar 1996	**) 3/1996, S. 88
6.3	Richtlinie	Bauaufsichtliche Richtlinie über die Lüftung fensterloser Küchen, Bäder und Toilettenräume in Woh-nungen	April 2001	Anhang B
6.4	PCP-Richtlinie Anlage 6.4/1	Richtlinie für die Bewertung und Sanierung Pentachlorphenol (PCP)-belasteter Baustoffe und Bauteile in Gebäuden	Oktober 1996	**) 1/1997, S. 6 2/1997, S. 48

7. Technische Regeln als Planungsgrundlagen

Lfd. Nr.	Bezeichnung	Titel	Ausgabe	Bezugs-quelle/Fundstelle
1	2	3	4	5
7.1	DIN 18065 Anlage 7.1/1	Gebäudetreppen; Definitionen, Messregeln, Hauptmaße	Januar 2000	*)
7.2	DIN 18024	Barrierefreies Bauen		
	-1 Anlage 7.2/1	–; Teil 1: Straßen, Plätze, Wege, öffentliche Verkehrs- und Grünanlagen sowie Spielplätze; Planungsgrundlagen	Januar 1998	*)
	-2 Anlage 7.2/2	–; Teil 2: Öffentlich zugängige Gebäude und Arbeitsstätten; Planungsgrundlagen	November 1996	*)
7.3	DIN 18025	Barrierefreie Wohnungen		
	-1 Anlage 7.3/1	–; Wohnungen für Rollstuhlbenutzer; Planungsgrundlagen	Dezember 1992	*)
	-2 Anlage 7.3/2	–; Planungsgrundlagen	Dezember 1992	*)
7.4	Richtlinie	Richtlinie über Flächen für die Feuerwehr auf Grundstücken	Mai 2000	Anhang C

1) Aus Gründen der Einheitlichkeit bleiben die lfd. Nrn. 2.7.3, 3.6 und 6.1 erhalten.
*) Beuth Verlag GmbH, 10772 Berlin.
**) Deutsches Institut für Bautechnik, „Mitteilungen", zu beziehen beim Verlag Ernst & Sohn, Bühringstraße 10, 13086 Berlin.
***) Stahlbau-Verlagsgesellschaft mbH, Sohnstraße 65, 40237 Düsseldorf.
****) GWV Fachverlage GmbH, A.-Lincoln-Straße 46, 65189 Wiesbaden.

Anlage 1.1/1
zu DIN 1055 Blatt 3

Bei Anwendung der technischen Regel ist Folgendes zu beachten:

1. Zu den Abschnitten 4, 5 und 6.1

Voraussetzung für die Annahme gleichmäßig verteilter Verkehrslasten nach Abschnitt 4, Abschnitt 5 und Abschnitt 6.1, Tabelle 1, Zeilen 5 b bis 7 f, sind nur Decken mit ausreichender Querverteilung der Lasten. Bei Decken unter Wohnräumen, die nach der Norm DIN 1045, Ausgabe Juli 1988, bemessen werden, ist stets eine ausreichende Querverteilung der Lasten vorhanden; in diesen Fällen gilt Tabelle 1 Zeile 2 a.

2. Zu Abschnitt 6.1, Tabelle 1

2.1 Spalte 3

Die Verkehrslastangabe für Treppen nach Zeile 5 (5,0 kN/m²) gilt in der Regel auch für die Zeilen 6 und 7. Für Tribünentreppen ist eine Verkehrslast von 7,5 kN/m² anzusetzen.

2.2 Zeile 1 a ist mit folgender Fußnote zu versehen:

Ein Spitzboden ist ein für Wohnzwecke nicht geeigneter Dachraum unter Pult- oder Satteldächern mit einer lichten Höhe von höchstens 1,80 m.

2.3 Zeile 4 a, Spalte 3 ist zu ergänzen:

in Wohngebäuden und Bürogebäuden ohne nennenswerten Publikumsverkehr

2.4 Zeile 4 b ist mit folgender Fußnote zu versehen:

Ergeben sich aus der maximalen Belegung des Parkhauses (auf jeden Einstellplatz von 2,3 m × 5 m mit vier Radlasten eines 2,5-t-Pkws und Fahrgassen mit 3,5 kN/m² belastet) Schnittgrößen, die kleiner sind als die, die aus einer Gesamtflächenlast von 3,5 kN/m² resultieren, braucht für die Weiterleitung auf Stützen, Wände und Konsolen nur diese reduzierte Belastung berücksichtigt zu werden.

2.5 Zeile 5, Spalte 3 ist zu ergänzen:

und Bürogebäuden mit hohem Publikumsverkehr

3. Zu Abschnitt 6.3.1

3.1 Abschnitt 6.3.1 wird von der Einführung ausgenommen. Stattdessen gilt folgende Regelung:

a) Hofkellerdecken und andere Decken, die planmäßig von Personenkraftwagen und nur einzeln von Lastkraftwagen mit geringem Gewicht befahren werden (ausgenommen sind Decken nach Abschnitt 6.1 Tabelle 1), sind für die Lasten der Brückenklasse 6/6 nach DIN 1072, Ausgabe Dezember 1985, Tabelle 2, zu berechnen.

Muss mit schwereren Kraftwagen gerechnet werden, gelten – je nach Fahrzeuggröße – die Lasten der Brückenklassen 12/12 oder 30/30 nach DIN 1072, Ausgabe Dezember 1985, Tabelle 2 oder 1.

b) Hofkellerdecken, die nur von im Brandfall von Feuerwehrfahrzeugen befahren werden, sind für die Brückenklasse 16/16 nach DIN 1072: 1985-12 Tabelle 2 zu berechnen. Dabei ist jedoch nur ein Einzelfahrzeug in ungünstigster Stellung anzusetzen; auf den umliegenden Flächen ist die gleichmäßig verteilte Last der Hauptspur als Verkehrslast in Rechnung zu stellen. Der nach DIN 1072: 1985-12 Tabelle 2 geforderte Nachweis für eine einzelne Achslast von 110 kN darf entfallen. Die Verkehrslast darf als vorwiegend ruhend eingestuft werden und braucht auch nicht mit einem Schwingbeiwert vervielfacht zu werden.

4. Abschnitt 7.1.2 ist wie folgt zu korrigieren:

In Versammlungsräumen, ... und Treppen nach Tabelle 1, wird hinter Zeile 5 Buchstabe „a" gestrichen.

5. Abschnitt 7.4.1.3 wird wie folgt geändert:

Nach dem 1. Satz wird folgender Satz angefügt:

Für Personenkraftwagen mit einem Gesamtgewicht bis 2,5 t ist eine Horizontallast von 10 kN in 0,5 m Höhe infolge Anpralls anzusetzen (dies gilt auch für Parkhäuser).

Der erste Abschnitt wird durch folgenden Satz ergänzt:

Bei Berechnung der Fundamente braucht die Anpralllast nicht berücksichtigt zu werden.

6. Abschnitt 7.4.2, 2. Absatz:

In Parkhäusern für Fahrzeuge nach Tabelle 1, Zeilen 4 b und 5 c sind an offenen Fassadenseiten, die nur durch ein Geländer o. Ä. gesichert sind, grundsätzlich Bordschwellen mit einer Mindesthöhe von 0,2 m oder gleichwertige Anprallsicherungen vorzusehen.

7. Abschnitt 7.4.3 wird wie folgt geändert:

Hinter dem Wort „Sicherheitsbeiwert" werden die Worte „für alle Lasten" eingefügt.

Anlage 1.1/2

zu DIN 1055 Teil 4

Bei Anwendung der technischen Regel ist Folgendes zu beachten:

1. Zu Abschnitt 6.2.1

Unter den in Tabelle 2, Fußnote 2 benannten Gebäuden sind solche mit Traufhöhen $h_w < 8\,m$, Breiten $a < 13\,m$ und Längen $b < 25\,m$ zu verstehen.

Liste der Technischen Baubestimmungen **II/17**

2. Zu Abschnitt 6.3.1

Die Norm gibt in Abschnitt 6.3.1 mit Bild 12 in stark vereinfachter Form die Druck-Sog-Verteilung infolge Wind für Dächer beliebiger Neigungen an. Dabei wurde näherungsweise auch auf die Erfassung der im Allgemeinen sehr geringen Unterschiede zwischen den Drücken in der Luv-seitigen (Wind zugewandten) und Lee-seitigen (Wind abgewandten) Dachfläche für Dachneigungen $0 < \alpha < 25°$ (Flachdächer) verzichtet. Die damit vernachlässigte horizontale Windlastkomponente des Daches hängt in starkem Maße vom Verhältnis Traufhöhe (h_w) zu Gebäudebreite (a) ab, auf das Bild 12 – wiederum aus Vereinfachungsgründen – nicht eingeht. Diese Vernachlässigung ist bei Flachdächern auf gedrungenen Baukörpern mit $0{,}2 < h_w/a < 0{,}5$ aus Sicherheitsgründen nicht vertretbar. Daher ist bei Flachdächern in Luv alternativ auch eine Sogbelastung von

$$w_s = (1{,}3 \times \sin \alpha - 0{,}6) \times q$$

gemäß nachstehender Ergänzung des Bildes 12 zu untersuchen.

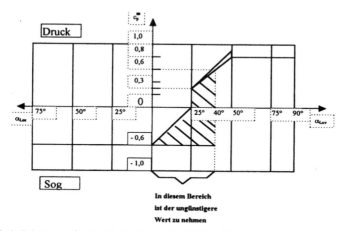

Bild 12 Beiwerte c_p für Sattel-, Pult- und Flachdächer[1])

---

1) Mit Bild 12 vergleichbare Druckbeiwerte c_p lassen sich aus anderen Angaben der Norm, z. B. über die resultierenden Windlasten in Abschnitt 6.2, nicht herleiten, weil die Werte des Bildes 12 Belastungen mit abdecken, die mit den Kraftbeiwerten c_f zur Ermittlung der resultierenden Gesamtlasten nach Abschnitt 6.2 nicht erfasst werden können. Insbesondere trifft dies für die Angaben über die resultierenden Dachlasten für Gebäude nach Fußnote 2 der Tabelle 2 zu.

Für $0° \leq \alpha_{Luv} < 25°$ ist $c_p = 1{,}3 \cdot \sin \alpha_{Luv} - 0{,}6$
und alternativ: $c_p = -0{,}6$.
Für $25° \leq \alpha_{Luv} \leq 40°$ ist $c_p = (0{,}5/25) \cdot \alpha_{Luv} - 0{,}2$
und alternativ: $c_p = -0{,}6$.
Für $40° < \alpha_{Luv} < 50°$ ist $c_p = (0{,}5/25) \cdot \alpha_{Luv} - 0{,}2$.

Anlage 1.1/3

zu DIN 1055 Teil 5

Bei Anwendung der technischen Regel ist Folgendes zu beachten:
- Zu Abschnitt 4

   Die Angaben der Tabelle 2 sind wie folgt zu ergänzen:

   Regelschneelast S_o in kN/m²

	1	2	3	4	5
1	Geländehöhe des Bauwerkstand- ortes über NN	Schneelastzone nach Bild 1			
		I	II	III	IV
	m				
4	900	1,50			
	1000	1,80	2,80		
5	1100			4,50	
	1200			5,20	
	1300			5,90	
	1400			6,60	
	1500			7,30	

Sind für bestehende Bauwerkstandorte darüber hinaus höhere Schneelasten als hier angegeben bekannt, so sind diese anzuwenden.
- Zu DIN 1055 Teil 5 A 1 Karte der Schneelastzonen

   Zur einheitlichen Anwendung von DIN 1055 Teil 5 A 1 wird die nachfolgende Einordnung der Gemeinden in die Schneelastzonen festgelegt:

   Schneelastzone III: Alle Gemeinden des Landes Sachsen-Anhalt, soweit sie nicht nachfolgend in der Schneelastzone IV genannt sind.

   Schneelastzone IV: Die Gemeinden Benneckenstein, Elend, Schierke, Sorge und Tanne des Landkreises Wernigerode.

Anlage 1.1/4
zu DIN 1055 Teil 6

Bei Anwendung der technischen Regel ist Folgendes zu beachten:

1. Zu Abschnitt 3.1.1

Außer den Schüttgütern nach der Tabelle 1 der Norm sind weitere Schüttgüter in Tabelle 1 des Beiblatts 1 zu DIN 1055 Teil 6, Ausgabe Mai 1987, Lastannahmen für Bauten; Lasten in Silozellen; Erläuterungen, genannt. Die für diese Schüttgüter angegebenen Rechenwerte können nur zum Teil als ausreichend gesichert angesehen werden. Für folgende Schüttgüter bestehen keine Bedenken, die Silolasten nach Abschnitt 3 der Norm mit den in Tabelle 1 des Beiblattes 1 angegebenen Anhaltswerten zu ermitteln: Sojabohnen, Kartoffeln, Kohle, Koks und Flugasche.

Die Anhaltswerte nach Tabelle 1 des Beiblattes 1 für die übrigen Schüttgüter – Rübenschnitzelpellets, Futtermittel, Kohlenstaub, Kesselschlacke, Eisenpellets, Kalkhydrat – dürfen nur dann ohne weiteren Nachweis als Rechenwerte verwendet werden, wenn die hiermit ermittelten ungünstig wirkenden Schnittgrößen um 15 % erhöht werden.

2. Zu Abschnitt 3.3.3

Bei der Berücksichtigung ungleichförmiger Lasten durch den Ansatz einer Teilflächenlast nach Abschnitt 3.3.3.2 geht die Norm davon aus, dass die Schnittgrößen nach der Elastizitätstheorie und bei Stahlbetonsilos für den ungerissenen Zustand bestimmt werden.

Anlage 1.1/5
zu ETB-Richtlinie „Bauteile, die gegen Absturz sichern"

Bei Anwendung der technischen Regel ist Folgendes zu beachten:

zu Abschnitt 3.1

4. Absatz:

Anstelle des Satzes „Windlasten sind diesen Lasten zu überlagern." gilt:

„Windlasten sind diesen Lasten zu überlagern, ausgenommen für Brüstungen von Balkonen und Laubengängen, die nicht als Fluchtwege dienen."

II/17 Liste der Technischen Baubestimmungen

Anlage 2.1/1

zu DIN 1054

Bei Anwendung der technischen Regel ist Folgendes zu beachten:
Auf folgende Druckfehler in der Norm DIN 1054 wird hingewiesen:
– Abschnitt 2.3.4 letzter Satz: Statt „Endwiderstand" muss es „Erdwiderstand" heißen.
– Tabelle 8 Fußnote 1: Statt „Zeilen 4 und 5" muss es „Zeilen 3 und 4" heißen, wobei der Tabellenkopf als Zeile 1 gezählt wird.
– Abschnitt 5.5, letzter Satz: Statt „50 m" muss es „0,5 m" heißen.

Anlage 2.1/2

zu DIN 4014

Bei Anwendung der technischen Regel ist Folgendes zu beachten:

1. Zu Abschnitt 1

Bis zur Neufassung von DIN 1054 sind als γ_M-Werte die in DIN 1054: 1976-11, Tabelle 8, enthaltenen Sicherheitsbeiwerten zu verwenden.

2. Für die Verwendung von Flugasche nach DIN EN 450 als Betonzuschlagstoff ist die „DAfStb-Richtlinie – Verwendung von Flugasche nach DIN EN 450 im Betonbau, Ausgabe September 1996" anzuwenden.

Anlage 2.1/3

zu DIN 4026

Bei Anwendung der technischen Regel ist Folgendes zu beachten:

1. Zu Abschnitt 5.4

Die in der Norm erlaubten Stoßverbindungen zusammengesetzter Rammpfähle sind dort nicht geregelt; sie bedürfen daher des Nachweises der Verwendbarkeit.

2. Zu Tabelle 4

In der Überschrift zu den Spalten 2 und 3 ist die Fußnote 1) durch die Fußnote 2) zu ersetzen.

Anlage 2.1/4
zu DIN 4124

Bei Anwendung der technischen Regel ist Folgendes zu beachten:
Von der Einführung sind nur die Abschnitte 4.2.1 bis 4.2.5 und 9 der Norm DIN 4124 erfasst.

Anlage 2.1/5
zu DIN 4125

Bei Anwendung der technischen Regel ist Folgendes zu beachten:

1. Zu den Abschnitten 6.3 und 6.5

Bei Verwendung von Kurzzeitankern sind die Besonderen Bestimmungen der Zulassungen für die zur Anwendung vorgesehenen Spannverfahren oder Daueranker zu beachten. Teile des Ankerkopfes, die zur Übertragung der Ankerkraft aus dem unmittelbaren Verankerungsbereich des Stahlzuggliedes auf die Unterkonstruktion dienen (z. B. Unterlegplatten), sind nach Technischen Baubestimmungen (z. B. DIN 18800 für Stahlbauteile) zu beurteilen.

2. Sofern Daueranker oder Teile von ihnen in benachbarten Grundstücken liegen sollen, muss sichergestellt werden, dass durch Veränderungen am Nachbargrundstück, z. B. Abgrabungen oder Veränderungen der Grundwasserverhältnisse, die Standsicherheit dieser Daueranker nicht gefährdet wird.

Die rechtliche Sicherung hat durch eine Baulast (§ 87 BauO LSA) zu erfolgen, mit dem Inhalt, dass der Eigentümer des betroffenen Grundstücks Veränderungen in dem Bereich, in dem Daueranker liegen, nur vornehmen darf, wenn vorher nachgewiesen ist, dass die Standsicherheit der Daueranker und der durch sie gesicherten Bauteile nicht beeinträchtigt wird.

Anlage 2.2/2
zu DIN 1053 Teil 4

Bei Anwendung der technischen Regel ist Folgendes zu beachten:

1. Zu Abschnitt 2

Anstelle der „Richtlinien für Leichtbeton und Stahlleichtbeton mit geschlossenem Gefüge" sind als mitgeltende Normen DIN 4219-1:

1979-12- Leichtbeton und Stahlleichtbeton mit geschlossenem Gefüge; Anforderungen an den Beton; Herstellung und Überwachung – und DIN 4219-2: 1979-12- Leichtbeton und Stahlleichtbeton mit geschlossenem Gefüge; Bemessung und Ausführung – zu beachten.

Soweit in anderen Abschnitten der Norm auf DIN 1045 (Ausgabe Januar 1972) verwiesen wird, gilt hierfür nunmehr die Norm DIN 1045: 1988-07.

2. Auf folgende Druckfehler in der Norm wird hingewiesen.
– Abschnitt 4.8 Abs. 5
   In Zeile 1 muss es richtig heißen:
   „... B 5 bis B 25 (Bn 50 bis Bn 250) ..." (statt: „... B 5 bis B 35 [Bn 50 bis Bn 350] ...".)
– Abschnitt 5.6.4.5 Abs. 3
   In Zeile 2 muss es richtig heißen:
   „... 0,1 MN/m² ..." (statt: „... 0,1 MN/mm² ...".)

Anlage 2.2/3

zu DIN V ENV 1996-1-1

Bei Anwendung der technischen Regel ist Folgendes zu beachten:

DIN V ENV 1996 Teil 1-1, Ausgabe Dezember 1996, darf – unter Beachtung der zugehörigen Richtlinie zur Anwendung von DIN V ENV 1996-1-1 – alternativ zu DIN 1053-1 (lfd. Nr. 2.2.1) dem Entwurf, der Berechnung und der Bemessung sowie der Ausführung von Mauerwerksbauten zugrunde gelegt werden.

Anlage 2.2/4

zu DIN 1053-1

Bei Anwendung der technischen Regel ist Folgendes zu beachten:

Zu Abschnitt 8.4.3.4

Polystyrol-Hartschaumplatten und Polyurethan-Hartschaumplatten nach DIN 18164-1: 1992-08 können als Wärmedämmstoff für zweischaliges Mauerwerk verwendet werden, wenn die Platten eine umlaufende Kantenprofilierung (Nut und Feder oder einen Stufenfalz) haben oder mit versetzten Lagen verlegt werden.

Anlage 2.3/1

zu DIN 1045

Bei Anwendung der technischen Regel ist Folgendes zu beachten:

1. Für die Zusammensetzung, Herstellung, Verarbeitung und für den Gütenachweis von Fließbeton sowie für die nachträgliche Zugabe von Fließmittel ist die „DAfStb-Richtlinie für Fließbeton – Herstellung, Verarbeitung und Prüfung, Ausgabe August 1995" anzuwenden.

2. Für die Verwendung von Restwasser und Restbetonzuschlag als Zugabewasser bzw. Betonzuschlag ist die „DAfStb-Richtlinie für Herstellung von Beton unter Verwendung von Restwasser, Restbeton und Restmörtel, Ausgabe August 1995" anzuwenden.

3. Für die Verwendung von verzögernden Betonzusatzmitteln (Verzögerer und Betonzusatzmittel mit verzögernder Nebenwirkung) ist die „DAfStb-Richtlinie für Beton mit verlängerter Verarbeitungszeit (verzögerter Beton – Eignungsprüfung, Herstellung, Verarbeitung und Nachbehandlung, Ausgabe August 1995" anzuwenden.

4. Für die Verwendung von rezykliertem Zuschlag sowie von Betonsplitt und Betonbrechsand als Zuschlag ist die „DAfStb-Richtlinie – Beton mit rezykliertem Zuschlag – Teil 1: Betontechnik; Teil 2: Betonzuschlag aus Betonsplitt und Betonbrechsand, Ausgabe August 1998" anzuwenden.

5. Für tragende und aussteifende Bauteile aus bewehrtem Beton in den Festigkeitsklassen B 65 bis B 115 ist die „DAfStb-Richtlinie für hochfesten Beton, Ausgabe August 1995" anzuwenden.

5.1 Bei Anwendung der „DAfStb-Richtlinie für hochfesten Beton, Ausgabe August 1995" ist Folgendes zu beachten:

5.1.1 Folgende Anwendungen bedürfen der Zustimmung im Einzelfall nach § 23 BauO LSA:

5.1.1.1 Abschnitt 1.1

Die Anwendung der Festigkeitsklassen B 105 und B 115.

5.1.1.2 Abschnitt 17.3.2

Die Ausnutzung des traglaststeigernden Einflusses einer Umschnürbewehrung aufgrund eines genaueren Nachweises.

5.1.1.3 Abschnitt 26.2

Der genauere Nachweis nach Theorie II. Ordnung. Die Hochtemperatur-Materialkennwerte des verwendeten Betons sind nachzuweisen.

5.1.1.4 Abschnitt 26.3 und 26.4

Der Verzicht auf Anordnung einer Brandschutzbewehrung bei Anwendung betontechnischer Maßnahmen. Die Wirksamkeit der vorgesehenen betontechnischen Maßnahmen ist anhand von Brandversuchen nach DIN 4102-2 nachzuweisen.

5.1.2 Zu Abschnitt 7.4.2.1

Der in Absatz (1) angegebene Zielwert der Eignungsprüfung bezieht sich auf den Mittelwert einer Serie von 3 Proben.
DIN 1045: 1988-07, Abschnitt 7.4.2.2 gilt in diesem Zusammenhang nicht.

5.1.3 Zu Abschnitt 7.4.2.1 Absatz (5)

Als Mindestwerte für die Zugfestigkeit sind die Werte der Tabelle R 9 und für den Elastizitätsmodul die Werte der Tabelle R 4 einzuhalten.

5.1.4 Zu Abschnitt 7.4.3.5.2 Absatz (3)

Die 3er Stichprobe ist gleichbedeutend mit den 3 Würfeln einer Serie nach DIN 1045: 1988-07, Abschnitt 6.5.1 Abs. (2).

5.1.5 Zu Abschnitt 26.1

In Satz 1 ist hinter „Abschnitt 3" einzufügen „und Abschnitt 4".

6. Für die Verwendung von Flugasche nach DIN EN 450 als Betonzusatzstoff ist die „DAfStb-Richtlinie – Verwendung von Flugasche nach DIN EN 450 im Betonbau, Ausgabe September 1996" anzuwenden.

Anlage 2.3/2

zu DIN 1075

Bei Anwendung der technischen Regel ist Folgendes zu beachten:

1. Zu Abschnitt 6.2

Anstelle der im 4. Absatz enthaltenen Bezugnahme auf die Norm DIN 1072, Ausgabe November 1967, gilt DIN 1072, Ausgabe Dezember 1985, Abschnitt 3.3.9.

2. Zu Abschnitt 7

2.1 Zu Abschnitt 7.1

2.1.1 Zu Abschnitt 7.1.1

Dieser Abschnitt ist von der Einführung ausgenommen. Stattdessen gilt DIN 1072, Ausgabe Dezember 1985, Abschnitt 4.4 Abs. 6.

2.1.2 Zu Abschnitt 7.1.2

Dieser Abschnitt ist von der Einführung ausgenommen. Stattdessen gilt:

Sind flach gegründete Widerlager von Platten- und Balkenbrücken aus Stahlbeton mit dem Überbau ausreichend verbunden, so darf vereinfachend für die Bemessung der Widerlager und deren Fundamente – bei Straßenbrücken mit einer Überbaulänge bis etwa 20 m, bei Eisenbahnbrücken bis etwa 10 m – an der Widerlager-Oberkante gelenkige Lagerung und am Fundament für das Einspannmoment der Wand volle Einspannung angenommen werden. Für das Feldmoment der Wand ist dann als zweiter Grenzfall am Fundament gelenkige Lagerung anzunehmen. Zwangsschnittkräfte dürfen vernachlässigt werden.

2.2 Zu Abschnitt 7.2

2.2.1 Zu Abschnitt 7.2.1

Anstelle der im 1. Absatz enthaltenen Bezugnahme auf die Norm DIN 1072, Ausgabe November 1967, gilt DIN 1072, Ausgabe Dezember 1985, Abschnitt 3.5 und 5.2.

2.2.2 Zu Abschnitt 7.2.2

Der 5. Absatz ist von der Einführung ausgenommen. Stattdessen gilt:

Für den Nachweis der Knicksicherheit ist bei Pfeilern mit Rollen- oder Gleitlagern der Bewegungswiderstand der Lager gleich Null zu setzen, d. h. weder als verformungsbehindernd noch als verformungsfördernd einzuführen, sofern sich im Knickfall die Richtung der Reibungskraft umkehrt. Dies darf bei sehr großen Verschiebungswegen, wie z. B. beim Einschieben von Überbauten, nicht immer vorausgesetzt werden, so dass dort besondere Untersuchungen erforderlich sind.

3. Zu Abschnitt 8

Für die Kombination HA gilt der Wert β_{WN} des unmittelbar angrenzenden Betons als zulässige Pressung unter den lastübertragenden Platten.

4. Zu Abschnitt 9

4.1 Zu Abschnitt 9.1.1

Anstelle der in der Norm definierten Kombination HB gilt folgende Definition:

Kombination HB Summe der Haupt- und der Sonderlasten aus Bauzuständen.

Die beiden letzten Absätze sind nicht zu beachten.

4.2 Zu Abschnitt 9.2.3.2

Anstelle der Bezugnahme auf DIN 1072, Ausgabe November 1967, gilt DIN 1072, Ausgabe Dezember 1985, Abschnitt 5.3.

4.3 Zu Abschnitt 9.3

4.3.1 Zu Abschnitt 9.3.1

Anstelle des dritten Einschubes im 2. Absatz, Buchstabe a gilt:
- häufig hoch beanspruchten Bauteilen, z. B. Konsolen an Fahrbahnübergängen und Bauteile, die nach DS 804 nachzuweisen sind.

4.3.2 Zu Abschnitt 9.3.2

Dieser Abschnitt ist von der Einführung ausgenommen.

Stattdessen gilt:

Bei den unter Abschnitt 9.3.1 genannten nicht vorwiegend ruhend belasteten Bauteilen ist die Schwingbreite $\Delta\sigma_s$ der Stahlspannung aus den Verkehrsregellasten nach DIN 1072, Ausgabe Dezember 1985, Abschnitte 3.3.1, 3.3.4 und 3.3.6 bzw. DS 804 nachzuweisen für die beiden Grenzschnittgrößen

$$S_{max} = \max (\alpha_p S_p + \alpha_s S_s) + S_g \tag{5}$$
$$S_{min} = \min (\alpha_p S_p + \alpha_s S_s) + S_g \tag{6}$$

Aus S_{max} und S_{min} können die Grenzwerte der Stahlspannung max σ_s bzw. min σ_s bei Zug nach DIN 1045, Ausgabe Juli 1988, Abschnitt 17.1.3, bei Druck nach Abschnitt 17.8 (letzter Absatz) ermittelt werden.

Die Schwingbreite

$$\Delta\sigma_s = \max \sigma_s - \min \sigma_s \tag{7}$$

darf die zulässigen Werte nach DIN 1045 – Ausgabe Juli 1988 – Abschnitt 17.8 nicht überschreiten.

Darin bedeuten:

S_g Schnittgröße aus ständiger Last

S_p Schnittgrößen aus den Verkehrsregellasten nach DIN 1072 einschließlich Schwingbeiwert

S_s Schnittgrößen aus den Regellasten von Schienenfahrzeugen einschließlich Schwingbeiwert

α_p Beiwert für Straßenverkehr

α_s Beiwert für Schienenfahrzeuge

Die Beiwerte α_p und α_s ergeben sich aus DIN 1072, Ausgabe Dezember 1985, Abschnitt 3.3.8.

Bei Bauteilen, die nach DS 804 nachzuweisen sind, gilt $\alpha_s = 1{,}0$.

Der vereinfachte Nachweis nach DIN 1045, Ausgabe Juli 1988, Abschnitt 17.8 Absatz 5 (berichtigte Fassung), ist zulässig; dabei sind die mit α_p bzw. α_s multiplizierten Verkehrsregellasten als häufig wechselnde Lastanteile anzusetzen. Bei der Bildung der Verhältnisse $\Delta Q/\max Q$ und $\Delta M/\max M$ ist der Lastfall H zugrunde zu legen.

Bei Straßenbrücken der Brückenklasse 60/30 ohne Belastung durch Schienenfahrzeuge darf der Nachweis der Schwingbreite auf die statisch erforderliche Bewehrung aus geschweißten Betonstahlmatten und auf geschweißte Stöße beschränkt werden.

Weitergehende Forderungen nach DIN 4227 Teile 1 bis 6 bleiben unberührt.

4.4 Zu Abschnitt 9.4

Anstelle der Bezugnahme auf DIN 1045, Ausgabe Dezember 1978, gilt DIN 1045, Ausgabe Juli 1988, Abschnitt 17.6.3. Die Absätze 2 und 3 sind nicht zu beachten.

4.5 Zu Abschnitt 9.5

Anstelle der Bezugnahme auf DIN 1072, Ausgabe November 1967, gilt DIN 1072, Ausgabe Dezember 1985 Abschnitt 5.4.

4.6 Zu Abschnitt 9.6

Dieser Abschnitt ist von der Einführung ausgenommen. Stattdessen gilt:

Für den Nachweis der Sicherheit gegen Abheben und Umkippen gelten die Widerstands-Teilsicherheitsbeiwerte bzw. die Beiwerte zur Erhöhung der im Gebrauchszustand zulässigen Spannungen nach DIN 1072, Ausgabe Dezember 1985, Anhang A.

5. Auf folgende Druckfehler wird hingewiesen:

- Abschnitt 5, Bild 3

  Die Bildunterschrift zu Bild 3 c muss heißen:

  ... (zu Bild 3 b)

- Abschnitt 5.2.2, Absatz 2

  In Zeile 20 muss es heißen:

  ... Betondeckenfertiger zu verdichten;

- Abschnitt 8, Bild 7

  In Bild 7 gilt:

$$zul\sigma_1 = \frac{\beta_R}{2{,}1}\sqrt{\frac{A^*}{A_1^*}} \leq 1{,}4\,\beta_R$$

- Abschnitt 10, Tabelle 5

  Die Überschrift in Tabelle 5, Zeile 1, Spalte 3 muss heißen:

  Rechnerische Bezugsfläche A_b

Anlage 2.3/3

zu DIN 4028

Bei Anwendung der technischen Regel ist Folgendes zu beachten:

1. Zu Abschnitt 7.1.2

Ausfachende Wandtafeln können als Voll- und Hohldielen mit beidseitiger Bewehrung ausgeführt werden. Ihre Dicke d muss mindestens 12 cm, die Breite b mindestens 50 cm betragen. Einzelne Passstücke mit Breiten b ≥ 20 cm sind zulässig. Bei Hohldielen sind die Abmessungsbedingungen nach Abschnitt 7.1.1 Abs. 3 und 4 einzuhalten.

2. Zu Abschnitt 7.2.4.2 in Verbindung mit Abschnitt 4.3

Für Stahlbetondielen, die der Witterung ausgesetzt sind, ist die Betondeckung gegenüber den Werten von DIN 1045, Ausgabe Juli 1988, Tabelle 10 um 0,5 cm zu erhöhen.

Anlage 2.3/4
zu DIN 4212

Bei Anwendung der technischen Regel ist Folgendes zu beachten:

1. Mit Rücksicht auf mögliche Ungenauigkeiten in der Vorausbeurteilung des Kranbetriebs ist eine wiederkehrende Überprüfung der Kranbahnen auf Schädigungen erforderlich, sofern die Bemessung auf Betriebsfestigkeit (mit Kollektivformen S_0, S_1 oder S_2) erfolgt. Sie ist in geeigneten Zeitabständen vom Betreiber der Kranbahn (oder einem Beauftragten) durchzuführen.

2. Auf folgende Druckfehler wird hingewiesen:
   - Die Unterschriften der Bilder 2 und 3 sind zu vertauschen, wobei es in der neuen Unterschrift des Bildes 2 heißen muss: „... σ_{ub} = 0,20 · β_{ws}".
   - In Abschnitt 4.2.4 – In der 5. Zeile muss es heißen: „... $\sigma_{ub} \leq 1/6$ ...".

Anlage 2.3/5
zu DIN 4227 Teil 1, geändert durch DIN 4227-1/A1

Bei Anwendung der technischen Regel ist Folgendes zu beachten:

1. Zu Abschnitt 6.7.3

Der Abschnitt wird wie folgt geändert:
- die Gleichung (1) erhält die Nr. (100)
- die Tabelle 6 erhält die Nummer 5.1
- die Tabelle 7 erhält die Nummer 5.2
- die Bezüge auf die vorgenannte Gleichung und die Tabellen sind im Text entsprechend zu ändern
- die Anmerkung am Abschnittsende wird gestrichen.

2. Zu Abschnitt 12.1, Absatz 7, Satz 2
Für Stege gilt Tabelle 9, Zeile 62.

3. Auf folgende Druckfehler in der Norm DIN 4227 Teil 1 wird hingewiesen:
- In der Tabelle 9 Zeile 31 Spalte 5 muss es richtig heißen „2,2" (statt „2,0").
- Auf Seite 27 müssen die drei letzten Zeilen unter „Zitierte Normen und andere Unterlagen" richtig heißen:
  „DAfStb-Heft 320 Erläuterungen zu DIN 4227 Spannbeton[10])"
  „Richtlinien für die Bemessung und Ausführung von Stahlverbundträgern (vorläufiger Ersatz für DIN 1078 und DIN 4239)"
  „Mitteilungen des Instituts für Bautechnik Berlin"

4. Für die Verwendung von Restwasser und Restbetonzuschlag als Zugabewasser bzw. Betonzuschlag ist die „DAfStb-Richtlinie für Herstellung von Beton unter Verwendung von Restwasser, Restbeton und Restmörtel, Ausgabe August 1995" anzuwenden.

5. Für die Verwendung von Flugasche nach DIN EN 450 als Betonzusatzstoff ist die „DAfStb-Richtlinie – Verwendung von Flugasche nach DIN EN 450 im Betonbau, Ausgabe September 1996" anzuwenden.

Anlage 2.3/6

zu DIN V 4227 Teil 2

Bei Anwendung der technischen Regel ist Folgendes zu beachten:

1. Zu Abschnitt 9.2

Der in Absatz 1 für die Dauerschwingfestigkeit angegebene Wert von 140 MN/m² gilt nur für Einzelspannglieder aus gerippstem Spannstahl. Für Spannglieder aus Litzen oder glatten Spannstählen gilt anstelle des Wertes 140 MN/m² der Wert 110 MN/m².

2. Zu Abschnitt 12

Sofern die Querkraft aus Vorspannung gleichgerichtet ist zur Querkraft aus Lasteinwirkung, ist in Absatz 2 zusätzlich der Nachweis nach folgender Gleichung zu führen:

$1{,}75\, S_g + 1{,}75\, S_p + 1{,}5\, S_v \leq R.$

Anlage 2.3/7
zu DIN V 4227 Teil 6
Bei Anwendung der technischen Regel ist Folgendes zu beachten:

1. Zu Abschnitt 2
Absatz 3 ist überholt. Stattdessen gilt:
Auf den Ausführungszeichnungen für die Spannbewehrung ist der in der Zulassung für die verwendeten Litzen und gezogenen Drähte angegebene Relaxationswert zu vermerken.
Im Übrigen gilt DIN 4227 Teil 1, Ausgabe Dezember 1988, Abschnitt 2.2.

2. Zu Abschnitt 12
Sofern die Querkraft aus Vorspannung gleichgerichtet ist zur Querkraft aus Lasteinwirkung, ist zusätzlich in Absatz 2 der Nachweis nach folgender Gleichung zu führen:
$1{,}75\ S_g + 1{,}75\ S_p + 1{,}5\ S_v \leq R.$

Anlage 2.3/8
zu DIN 18551
Bei Anwendung der technischen Regel ist Folgendes zu beachten:

Zu Abschnitt 8.5
Die Bemessung von Stützenverstärkungen nach Abschnitt 8.5 in Verbindung mit DIN 1045 gilt nur für symmetrisch bewehrte Stützen mit quadratischem, rechteckigem oder kreisförmigem Querschnitt, die symmetrisch umlaufend verstärkt sind.

Anlage 2.3/9
zu DIN V ENV 1992
Bei Anwendung der technischen Regel ist Folgendes zu beachten:

1. DIN V ENV 1992 Teil 1-1, Ausgabe Juni 1992, sowie DIN V ENV 1992-1-3 bis 6, jeweils Ausgabe Dezember 1994, dürfen – unter Beachtung der zugehörigen Anwendungsrichtlinie – alternativ zu DIN 1045 (Lfd. Nr. 2.3.1) bzw. DIN 4219 Teil 2 (Lfd. Nr. 2.3.6) und DIN 4227 (Lfd. Nr. 2.3.7) dem Entwurf, der Berechnung und der Bemessung sowie der Ausführung von Stahlbeton- und Spannbetonbauteilen zugrunde gelegt werden.

2. Bei der Ausführung von Stahlbeton- und Spannbetonbauteilen entsprechend DIN V ENV 1992 Teil 1-1, Ausgabe Juni 1992, sowie DIN V ENV 1992-1-3 bis 6, jeweils Ausgabe Dezember 1994, ist Beton zu verwenden, der DIN V ENV 206 (Lfd. Nr. 2.3.13) entspricht.

3. Für die Verwendung von Flugasche nach DIN EN 450 als Betonzusatzstoff ist die „DAfStb-Richtlinie – Verwendung von Flugasche nach DIN EN 450 im Betonbau, Ausgabe September 1996" anzuwenden.

Anlage 2.3/11
zur Richtlinie für Schutz und Instandsetzung von Betonbauteilen

Bauaufsichtlich ist die Anwendung der technischen Regel nur für Instandsetzungen von Betonbauteilen, bei denen die Standsicherheit gefährdet ist, gefordert.

Anlage 2.3/12
zu DIN V ENV 206

Bei Anwendung der technischen Regel ist Folgendes zu beachten:

1. Baustellenbeton mit Festigkeitsklassen > C 20/25 nach DIN V ENV 206 ist als Beton B II nach DIN 1045 zu behandeln.

2. Für die Verwendung von Flugasche nach DIN EN 450 als Betonzusatzstoff ist die „DAfStb-Richtlinie – Verwendung von Flugasche nach DIN EN 450 im Betonbau, Ausgabe September 1996" anzuwenden.

zu den technischen Regen nach Abschnitt 2.3

Dem Beton dürfen Betonzusatzmittel nur zugegeben werden, wenn deren Verwendbarkeit durch eine allgemeine bauaufsichtliche Zulassung nachgewiesen ist.

Anlage 2.4/1
zu den technischen Regeln nach Abschn. 2.4 und 2.7

1. Bei Anwendung der technischen Regel ist die Anpassungsrichtlinie Stahlbau, Fassung Oktober 1998 („Mitteilungen" des DIBt, Sonderheft 11/2, 3. Auflage[1])) zu beachten.

---

1) Die „Mitteilungen" sind zu beziehen beim Verlag Ernst & Sohn, Bühringstraße 10, 13086 Berlin.

2. Auf folgende Druckfehler in der „Anpassungsrichtlinie Stahlbau", Seite 12 f. wird hingewiesen:

2.1 Die Festlegung zu 755 ist unzutreffend und wird deshalb gestrichen. Stattdessen erfolgt folgende zusätzliche Festlegung zu Element 757:

Die in den Tabellen 16 und 17 angegebenen Interaktionsbeziehungen sind Näherungen.

Es wird auf die genaueren, auch für andere Querschnitte anwendbaren Gleichungen im Beitrag von H. Rubin in „Stahlbauhandbuch 1, Teil A", Stahlbauverlagsgesellschaft, 3. Auflage, S. 197, Tab. 3.4-1 verwiesen.

Bei der Anwendung dieser Tabellen sind folgende Formelzeichen einzusetzen:

V statt Q

$f_{y,d}$ statt f_y

$N_{pl,V,d}/M_{pl,V,d}/V_{pl,d}$ statt $N_{pl,Q}/M_{pl,Q}/Q_{pl}$

2.2 Bei der Festlegung zu Element 804 ist der letzte Satz („Bei einschnittigen ...") ein selbständiger Absatz, d. h. diese Bedingung gilt generell.

Anlage 2.4/2
zu den technischen Regeln nach Abschn. 2.4 und 2.7

Bei Anwendung der technischen Regel ist die Herstellungsrichtlinie Stahlbau, Fassung Oktober 1998 („Mitteilungen" des DIBt, Sonderheft 11/3. Auflage[1]) zu beachten.

Anlage 2.4/3
zu DIN 18806

1. Bei Anwendung dieser technischen Regel sind die Normen DIN 18800-1 Ausgabe März 1981 und DIN 4114 Blatt 1 Ausgabe Juli 1952, Blatt 2 Ausgabe Februar 1953 zu beachten.

---
1) Die „Mitteilungen" sind zu beziehen beim Verlag Ernst & Sohn, Bühringstraße 10, 13086 Berlin.

2. Auf folgende Druckfehler in der Norm DIN 18 806 wird hingewiesen:
- Auf Seite 3 muss es in Fußnote 1 heißen „siehe Seite 1" (statt „... Seite 2")
- Im Anhang A muss das letzte Glied in der Formel (A.1) zur Berechnung von „4 $\bar{\lambda}^2$" (statt „4 $\bar{\lambda}^4$") heißen.

Anlage 2.4/4

zu DIN 18809

1. Bei Anwendung der technischen Regel sind die Normen DIN 18800-1 Ausgabe März 1981 und DIN 4114 Blatt 1 Ausgabe Juli 1952, Blatt 2, Ausgabe Februar 1953 zu beachten.

2. Auf folgende Druckfehler in der Norm DIN 18809 wird hingewiesen:

In Bild 3, obere Skizze links muss es statt „$l_e = 2/3$" richtig „$l_e = 2\, l_3$" heißen.

In Tabelle 1, erste Formel, muss es statt „l_m" richtig „l_M" heißen.

Anlage 2.4/5

zu DIN V ENV 1993 Teil 1–1

Bei Anwendung der technischen Regel ist Folgendes zu beachten:

1. DIN V ENV 1993 Teil 1–1, Ausgabe April 1993, darf – unter Beachtung der zugehörigen Anwendungsrichtlinie (DASt-Richtlinie 103) – alternativ zu DIN 18800 (Lfd. Nr. 2.4.4) dem Entwurf, der Berechnung und der Bemessung sowie der Ausführung von Stahlbauten zugrunde gelegt werden.

2. Bei Ausführung von Stahlbauten entsprechend DIN V ENV 1993 Teil 1–1, Ausgabe April 1993, ist DIN 18 800 Teil 7, Ausgabe Mai 1983, zu beachten.

3. Auf folgende Druckfehler in der DASt-Richtlinie 103 wird hingewiesen:

Auf dem Deckblatt ist im Titel der 3. Absatz wie folgt zu ändern:

„Eurocode 3 – Bemessung und Konstruktion von Stahlbauten Teil 1–1: Allgemeine Bemessungsregeln, Bemessungsregeln für den Hochbau"

Auf Seite 4, Abschnitt 3.2 beginnt der 2. Satz wie folgt:
„Für die nicht geschweißten Konstruktionen ..."
Auf den Seiten 28 und 29, Anhang C, Absatz 6 ist in den Formeln für Längsspannungen und für Schubspannungen jeweils das Zeichen Φ (Großbuchstabe) zu ersetzen durch das Zeichen φ (Kleinbuchstabe).
Auf Seite 29, Anhang C, Absatz 9 ist das Wort „Ermüdungsbelastung" durch das Wort „Ermüdungsfestigkeit" zu ersetzen.

Anlage 2.4/6

zu DIN V ENV 1994 Teil 1–1

Bei Anwendung der technischen Regel ist Folgendes zu beachten:
DIN V ENV 1994 Teil 1-1, Ausgabe Februar 1994, darf – unter Beachtung der zugehörigen Anwendungsrichtlinie (DASt-Richtlinie 104) – alternativ zu DIN 18806 Teil 1 und den Richtlinien für die Bemessung und Ausführung von Stahlverbundträgern (lfd. Nr. 2.4.6) dem Entwurf, der Berechnung und der Bemessung sowie der Ausführung von Verbundtragwerken aus Stahl und Beton zugrunde gelegt werden.

Anlage 2.4/7

zu DIN 18807 Teil 1

Bei Anwendung der technischen Regel ist Folgendes zu beachten:
Auf folgende Druckfehler wird hingewiesen:
1. Zu Bild 9
   In der Bildunterschrift ist „nach Abschnitt 3.2.5.3" jeweils zu berichtigen in „nach Abschnitt 4.2.3.3".
2. Zu Abschnitt 4.2.3.7
   Unter dem zweiten Spiegelstrich muss es statt „... höchstens 30° kleiner ..." heißen „... mindestens 30° kleiner ...".

Anlage 2.4/8

zu DIN 18 807 Teil 3

Bei Anwendung der technischen Regel ist Folgendes zu beachten:
Auf folgende Druckfehler wird hingewiesen:

Zu Abschnitt 3.3.3.1

Im zweiten Absatz muss es anstelle von „... 3.3.3.2 Aufzählung a) multiplizierten ..." heißen „... 3.3.3.2 Punkt 1 multiplizierten ...".
Im dritten Absatz muss es anstelle von „... 3.3.3.2 Aufzählung b) nicht ..." heißen „... 3.3.3.2 Punkt 2 nicht ...".

Zu Abschnitt 3.6.1.5 mit Tabelle 4

In der Tabellenüberschrift muss es heißen „Einzellasten zul F in kN je mm Stahlkerndicke und je Rippe für ...".

Anlage 2.4/9

zu DIN 4113 Teil 1

Alternativ zu DIN 4113-1: 1980-05 darf die Norm BS 8118 Teil 1: 1991 angewendet werden, wenn entweder die Sicherheitsbeiwerte nach Tabelle 3.2 oder Tabelle 3.3 im Abschnitt 3 – Bemessungsgrundlagen – um 10% höher angesetzt oder die Grenzspannungen nach den Tabellen 4.1 und 4.2 im Abschnitt 4 – Bemessung von Bauteilen – bzw. nach den Tabellen 6.1–6.3 im Abschnitt 6 – Bemessung von Verbindungen – um 10% reduziert werden.

Anmerkung: Sofern im Einzelfall ein genauerer Nachweis geführt wird, kann das bei Anwendung von DIN 4113-1: 1980-05 erzielte Sicherheitsniveau mit einem geringeren Aufschlag auf die Sicherheitsbeiwerte bzw. einer geringeren Reduktion der Grenzspannungen erreicht werden.

Anlage 2.4/10

zu DIN 18807-1, -3, -6, -8 und -9

Bei Anwendung der technischen Regeln ist Folgendes zu beachten:

Die Normen gelten auch für Wellprofile, wobei die Wellenhöhe der Profilhöhe h und die Wellenlänge der Rippenbreite b_R nach DIN 18807-1, Bild 3 und Bild 4, bzw. Anhang A von DIN 18807-9 entspricht, siehe Bild.

DIN 18807-1, Abschnitt 4, bzw. DIN 18807-6, Abschnitt 3, gelten jedoch nicht für Wellprofile. Die Beanspruchbarkeiten von Wellprofilen sind nach DIN 18807-2 oder DIN 18807-7 zu ermitteln; lediglich das Grenzbiegemoment im Feldbereich von Einfeldträgern und Durchlaufträgern darf auch nach der Elastizitätstheorie ermittelt werden.

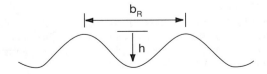

Liste der Technischen Baubestimmungen **II/17**

Anlage 2.5/1

zu DIN 1052 Teil 2

Bei Anwendung der technischen Regel ist Folgendes zu beachten:

1. Zu den Abschnitten 6.2.3, 6.2.10, 6.2.11, 6.2.12, 6.2.15

Die genannten Mindestholzabmessungen und Mindestnagelabstände dürfen bei Douglasie nur angewendet werden, wenn die Nagellöcher über die ganze Nagellänge vorgebohrt werden. Dies gilt abweichend von Tabelle 11, Fußnote 1 für alle Nageldurchmesser.

2. Zu Abschnitt 7.2.4

Die Festlegungen gelten nicht für Douglasie.

Anlage 2.5/2

zu DIN V ENV 1995 Teil 1–1

Bei Anwendung der technischen Regel ist Folgendes zu beachten:
DIN V ENV 1995 Teil 1–1, Ausgabe Juni 1994, darf – unter Beachtung der zugehörigen Anwendungsrichtlinie – alternativ zu DIN 1052 (Lfd. Nr. 2.5.1) dem Entwurf, der Berechnung und der Bemessung sowie der Ausführung von Holzbauwerken zugrunde gelegt werden.

Anlage 2.5/3

zu DIN 1052-1

Bei Anwendung der technischen Regel ist Folgendes zu beachten:

1. Zu Abschnitt 2.2

Der Abschnitt wird ergänzt um folgenden Absatz:

„Holzwerkstoffe im Sinne dieser Norm sind auch OSB-Platten Typ OSB/3 und Typ OSB/4 nach DIN EN 300 mit einer Dicke ≥ 8 mm. Die Platten dürfen für alle Ausführungen verwendet werden, bei denen die Verwendung von Flachpressplatten nach DIN 68763 der Klassen 20 und 100 zulässig ist.

Für die Bemessung der Bauteile mit OSB-Platten gelten die Bestimmungen für Flachpressplatten mit folgenden Änderungen hinsichtlich der Rechenwerte der Elastizitäts- und Schubmodulen sowie der zulässigen Spannungen:

II/17 Liste der Technischen Baubestimmungen

	OSB/3	OSB/4
Plattenlängs-/Spanrichtung	Werte nach DIN 1052-1, Tabellen 3 und 6	Um 25% erhöhte Werte nach DIN 1052-1, Tabellen 3 und 6
Rechtwinklig zur Plattenlängs-/Spanrichtung	50% der Werte nach DIN 1052-1, Tabellen 3 und 6	62,5% der Werte nach DIN 1052-1, Tabellen 3 und 6

Hinsichtlich der Wärmeleitfähigkeit und des Brandverhaltens gelten die für Flachpressplatten nach DIN 68 763 getroffenen Regelungen in den Normen DIN 4108 und DIN 4102."

2. Zu Abschnitt 14

Die Aufzählung b) von DIN 1052-1/A 1: 1996-10 erhält folgende Fassung:

„Brettschichtholz aus Lamellen der Sortierklassen S 13, MS 10 bis MS 17, bei Bauteilen über 10 m Länge auch aus Lamellen der Sortierklasse S 10, und zwar insbesondere Träger mit Rechteckquerschnitt mit unsymmetrischem Trägeraufbau nach Tabelle 15, Fußnote[1]), mit der Brettschichtholzklasse (Festigkeitsklasse), dem Herstellernamen und dem Datum der Herstellung; bei Brettschichtholz-Trägern mit unsymmetrischem Aufbau nach 5.1.2 zweiter und dritter Absatz sowie mit symmetrischem Aufbau nach Tabelle 15, Fußnote[1]), müssen die Bereiche unterschiedlicher Sortierklassen erkennbar sein."

Anlage 2.6/1
zu den technischen Regeln für die Verwendung von linienförmig gelagerten Verglasungen

Bei Anwendung der technischen Regel ist Folgendes zu beachten:

1. Zu Abschnitt 1

Die technischen Regeln brauchen nicht angewendet zu werden auf Dachflächenfenster in Wohnungen und Räumen ähnlicher Nutzung (z. B. Hotelzimmer, Büroräume) mit einer Lichtfläche (Rahmeninnenmaß) bis zu 1,6 m^2.

2. Zu Abschnitt 3

Für sonstige Überkopfverglasungen von Wohnungen (z. B. Wintergärten, Balkonüberdachungen) mit einer Scheibenspannweite bis zu 80 cm und einer Einbauhöhe bis zu 3,50 m dürfen alle in Abschnitt 2.1 aufgeführten Glaserzeugnisse verwendet werden.

Anlage 2.6/2

zu DIN EN 1337-11

Bei Anwendung der technischen Regel ist Folgendes zu beachten:

1. Die in der Norm zitierten prEN 1337-1, -2 und -3 sind noch nicht erschienen, stattdessen sind:
– für prEN 1337-1 – die Norm DIN 4141-1 und -2,
– für prEN 1337-2 die allgemeinen bauaufsichtlichen Zulassungen für Gleitlager und Kalottenlager,
– für prEN 1337-3 – die Norm DIN 4141-14 und -140
anzuwenden.

2. Zu Abschnitt 3, Satz 2

Der für Brücken geltende Nachweis wird auch für andere bauliche Anlagen anerkannt.

Anlage 2.6/3

zu DIN 18516-4

Bei Anwendung der technischen Regel ist Folgendes zu beachten:

Zu Abschnitt 3.3.4

In Bohrungen sitzende Punkthalter fallen nicht unter den Anwendungsbereich der Norm.

Anlage 2.6/4

zu DIN 18516-1

Bei Anwendung der technischen Regel ist Folgendes zu beachten:

1. Anstelle von Abschnitt 5.1.1 gilt:
„Falls der Rechenwert der Eigenlast eines Baustoffs nicht DIN 1055-1 entnommen werden kann, soll dessen Eigenlast unter Berücksichtigung einer möglichen Feuchteaufnahme durch Wiegen nachgewiesen werden."

II/17 Liste der Technischen Baubestimmungen

2. Zu Abschnitt 7.2.1 und 7.2.2 gilt:
„Für andere Korosionsschutzsysteme ist ein Eignungsnachweis einer dafür anerkannten Prüfstelle vorzulegen."

3. Anhang C wird von der bauaufsichtlichen Einführung ausgenommen.

4. Auf folgende Druckfehlerberichtigung wird hingewiesen:
Zu Anhang A, Abschnitt A 3.1:
Im 4. Absatz muss es anstelle von „... nach Bild A.1.b) ..." richtig „... nach Bild A.1.c) ..." und anstelle von „... nach Bild A.1.c) ..." richtig „... nach Bild A.1.d) ..." heißen.
Zu Abschnitt A.3.2
Im 2. Absatz muss es anstelle von „... nach 8.1 ..." richtig „... nach A.1 ..." heißen.

Anlage 2.7/1

zu DIN 1056

Bei Anwendung der technischen Regel ist Folgendes zu beachten:

Zu Abschnitt 10.2.3.1
Für die Mindestwanddicke gilt Tabelle 6, jedoch darf die Wanddicke an keiner Stelle kleiner als $^1/_{30}$ des dazugehörigen Innendurchmessers sein.

Anlage 2.7/2

zu DIN 4112

Bei Anwendung der technischen Regel ist Folgendes zu beachten:

Zu Abschnitt 5.17.3.4
Der 3. Absatz gilt nur für Verschiebungen in Binderebene bei Rahmenbindern mit mehr als 10 m Stützweite.

Anlage 2.7/3

zu DIN 4131

Bei Anwendung der technischen Regeln ist Folgendes zu beachten:

Zu Abschnitt A 1.3.2.3
Aerodynamische Kraftbeiwerte, die dem anerkannten auf Windkanalversuchen beruhenden Schrifttum entnommen oder durch Versuche im Windkanal ermittelt werden, müssen der Beiwertdefinition nach DIN 1055 Teil 4 entsprechen.

Anlage 2.7/4
zu DIN 4133
Bei Anwendung der technischen Regeln ist Folgendes zu beachten:

Zu Abschnitt A.1.3.2.2

Aerodynamische Kraftbeiwerte, die dem anerkannten auf Windkanalversuchen beruhenden Schrifttum entnommen oder durch Versuche im Windkanal ermittelt werden, müssen der Beiwertdefinition nach DIN 1055 Teil 4 entsprechen.

Anlage 2.7/6
zu DIN 11622-3
Bei Anwendung der technischen Regel ist Folgendes zu beachten:

Zu Abschnitt 4

Auf folgenden Druckfehler in Absatz 3, Buchstabe b wird hingewiesen:
Die 5. Zeile muss richtig lauten:
„Für Güllebehälter mit einem Durchmesser d > 10 m".

Anlage 2.7/7
zu DIN 11622-1
Bei Anwendung der technischen Regel ist Folgendes zu beachten:

Zu Abschnitt 3.3

Anstelle des nach Absatz 1 anzusetzenden Erdruhedrucks darf auch mit aktivem Erddruck gerechnet werden, wenn die zum Auslösen des Grenzzustandes erforderliche Bewegung der Wand sichergestellt ist (siehe DIN 1055 Teil 2, Abschnitt 9.1).

Anlage 2.7/8
zu DIN 4421
Bei Anwendung der technischen Regel ist Folgendes zu beachten:
Für Traggerüste dürfen Stahlrohrgerüstkupplungen mit Schraub- oder Keilverschluss und Baustützen aus Stahl mit Ausziehvorrichtung, die auf der Grundlage eines Prüfbescheids gemäß den ehemaligen Prüf-

zeichenverordnungen der Länder hergestellt wurden, weiter verwendet werden, sofern ein gültiger Prüfbescheid für die Verwendung mindestens bis zum 1.1.1989 vorlag. Gerüstbauteile, die diese Bedingungen erfüllen, sind in den Mitteilungen des Deutschen Instituts für Bautechnik, Heft Nr. 6/97, S. 181 veröffentlicht.

Anlage 2.7/9

zu DIN 4420 Teil 1

Bei Anwendung der technischen Regel ist Folgendes zu beachten:

Für Arbeits- und Schutzgerüste dürfen Stahlrohrgerüstkupplungen mit Schraub- oder Keilverschluss, die auf der Grundlage eines Prüfbescheids gemäß den ehemaligen Prüfzeichenverordnungen der Länder hergestellt wurden, weiterverwendet werden, sofern ein gültiger Prüfbescheid für die Verwendung mindestens bis zum 1.1.1989 vorlag. Gerüstbauteile, die diese Bedingungen erfüllen, sind in den Mitteilungen des Deutschen Instituts für Bautechnik, Heft Nr. 6/97, S. 181 veröffentlicht.

Anlage 2.7/10

zu Richtlinie für Windkraftanlagen

Bei Anwendung der technischen Regel ist Folgendes zu beachten:

1. Windenergieanlagen müssen mit einem Sicherheitssystem versehen sein, das jederzeit einen sicheren Zustand der Anlage gewährleistet und unabhängig vom Betriebsführungssystem wirkt.

1.1 Soweit die Windenergieanlage keine kleine Anlage nach Anhang A zur Richtlinie ist, muss das Sicherheitssystem mindestens folgende Betriebswerte überwachen:

– Drehzahl,
– Lastabwurf (Netzausfall),
– Kurzschluss,
– Überleistung,
– Erschütterungen,
– Funktionsfähigkeit des Betriebsführungsrechners.

1.2 Das Sicherheitssystem muss in der Lage sein,
- die Drehzahl des Rotors innerhalb des zulässigen Drehzahlbereichs zu halten,
- den Rotor in Ruhestellung zu bringen,
- bei Lastabwurf, Kurzschluss, Netzausfall oder bei Betriebsstörungen die Anlage in einem ungefährlichen Zustand zu halten.

1.3 Das Sicherheitssystem muss bestehen aus
- mindestens zwei voneinander unabhängig automatisch einsetzenden Bremsanlagen. Jedes Bremssystem muss in der Lage sein, den Rotor auf eine unkritische Drehzahl abzubremsen. Eines dieser Bremssysteme muss den Rotor zum Stillstand bringen können;
- einer zum Betriebsführungssystem redundanten Signalführung zur Auslösung der Bremssysteme;
- einer Not-Ausschaltung;
- einem Zugriff auf den Lastabwurfschalter, falls die Last den Bremsvorgang behindert;
- bei den im Anhang A zur Richtlinie definierten kleinen Windenergieanlagen ist ein Bremssystem ausreichend.

2. Windenergieanlagen, die keine kleinen Anlagen nach Anhang A zur Richtlinie sind, müssen eine Vorrichtung zur Arretierung des antriebs- und übertragungstechnischen Teiles und der Windrichtungsnachführung besitzen, damit Montage-, Überprüfungs-, Wartungs- und Instandsetzungsarbeiten gefahrlos durchgeführt werden können.

3. Soweit die Windenergieanlage keine kleine Anlage nach Anhang A zur Richtlinie ist, müssen durch Gutachten einer sachverständigen Stelle[1]) bestätigt werden:
- die Schnittgrößen aus dem maschinentechnischen Teil der Windenergieanlage als Einwirkungen auf den Turm nach Abschnitt 10 der Richtlinie,

---

1) 1. Germanischer Lloyd AG, Postfach 11 16 06, D-20416 Hamburg
   2. Bureau Veritas Hamburg, Postfach 10 09 40, D-20006 Hamburg
   3. Technischer Überwachungsverein Norddeutschland e. V., Postfach 54 02 20, D-22502 Hamburg
   4. TÜV BAU- UND BETRIEBSTECHNIK GmbH – TÜV Bayern – (Zentralabteilung), Prüfamt für Baustatik für Fliegende Bauten, Westendstraße 199, D-80686 München
   5. HD-Technic, Energeneering Office, Venesch 6 a, D-49477 Ibbenbüren
   6. Det Norske Veritas, Nyhavn 16, DK-1051 Koppenhagen K
   7. Energieonderzoek Centrum Nederland (ECN), Postbus 1, NL-1755 ZG Petten

- die Richtigkeit und Vollständigkeit der Nachweise für die Teile der Maschine einschließlich der Rotorblätter, die an der Aufnahme der Einwirkungen und ihrer Weiterleitung auf den Turm beteiligt sind,
- das Vorhandensein und die Funktionsfähigkeit des Sicherheitssystems. Hierbei sind auch ggf. Auflagen für Prüfungen bei Inbetriebnahme, Inspektion und Wartung zu formulieren.

4. In dem Prüfbericht für Typenprüfungen sind die aufgrund der Herstellerangaben erforderlichen Mindestabstände zu anderen Windenergieanlagen oder Gebäuden für mindestens drei Werte der Umgebungsturbulenzintensität auszuweisen. Für die jeweilige Baugenehmigung ist die örtliche Umgebungsturbulenzintensität zu ermitteln und danach der Mindestabstand ggf. durch Interpolation festzulegen.

5. Um eine mögliche Gefährdung durch Eisabwurf zu vermeiden, sind betriebliche bzw. technische Maßnahmen oder geeignete Abstandsregelungen vorzusehen.

Anlage 2.7/11
zu den Lehmbau-Regeln

Die technische Regel gilt für Wohngebäude bis zu zwei Vollgeschossen und mit nicht mehr als zwei Wohnungen.

Hinsichtlich des Brandschutzes müssen die Bauteile nach DIN 4102-4: 1994-03 klassifiziert sein.

Für den Nachweis des Wärmeschutzes sind die Rechenwerte der Wärmeleitfähigkeit nach DIN V 4108: 1998-10 anzusetzen. Für den Nachweis des Schallschutzes gilt DIN 4109: 1989-11.

Anlage 3.1/8
zu DIN 4102 Teil 4

Bei Anwendung der technischen Regel sind die Berichtigung 1 zu DIN 4102-4, Ausgabe Mai 1995, Berichtigung 2 zu DIN 4102-4, Ausgabe April 1996 und Berichtigung 3 zu DIN 4102-4, Ausgabe Juni 1998 zu beachten.

Anlage 3.1/9

1. Die Vornormen DIN V ENV 1992-1-2, DIN V ENV 1993-1-2, DIN V ENV 1994-1-2, DIN V ENV 1995-1-2 und DIN V ENV 1996-1-2 dürfen unter Beachtung ihrer Nationalen Anwendungsdokumente alternativ zur Norm DIN 4102-4 angewendet werden, sofern die Tragwerksbemessung für die Gebrauchslastfälle bei Normaltemperatur nach den Vornormen DIN V ENV 1992-1-1, DIN V ENV 1993-1-1, DIN V ENV 1994-1-1, DIN V ENV 1995-1-1 und DIN V ENV 1996-1-1 unter Beachtung ihrer Nationalen Anwendungsdokumente erfolgt ist.

2. Bei der Anwendung der technischen Regel ist DIN V ENV 1991-2-2: 1997-05 – Eurocode 1 – Grundlagen der Tragwerksplanung und Einwirkungen auf Tragwerke – Teil 2-2: Einwirkungen auf Tragwerke; Einwirkungen im Brandfall einschließlich dem Nationalen Anwendungsdokument (NAD) – Richtlinie zur Anwendung von DIN V ENV 1991-2-2: 1997-05 (DIN-Fachbericht 91) zu beachten.

3. Für DIN V ENV 1992-1-2, DIN V ENV 1994-1-2 und DIN 1996-1-2 gilt:

Die in den Tabellen zu den Mindestquerschnittsabmessungen angegebenen Feuerwiderstandsklassen entsprechen den Feuerwiderstandsklassen nach DIN 4102 Teil 2 bzw. den bauaufsichtlichen Anforderungen gemäß nachfolgender Tabelle:

Bauaufsichtliche Anforderung	Tragende Bauteile **ohne** Raumabschluss	Tragende Bauteile **mit** Raumabschluss	Nichttragende Innenwände
feuerhemmend	R 30 F 30	REI 30 F 30	EI 90 F 30
feuerbeständig	R 90 F 90	REI 90 F 90	EI 90 F 90
Brandwand	–	REI-M 90	EI-M 90

Es bedeuten:

R – Tragfähigkeit

E – Raumabschluss

I – Wärmedämmung

M – Widerstand gegen mechanische Beanspruchung

4. Das Nachweisverfahren der Stufe 3 ist nur im Rahmen der Zustimmung im Einzelfall anwendbar.

Anlage 3.5/1
zur Richtlinie zur Bemessung von Löschwasser-Rückhalteanlagen beim Lagern wassergefährdender Stoffe (LöRüRL):

1. Abschnitt 1.2 Abs. 1 erhält folgende Fassung:
„Das Erfordernis der Rückhaltung verunreinigten Löschwassers ergibt sich ausschließlich aus dem Besorgnisgrundsatz des Wasserrechts (§ 19 g Abs. 1 Wasserhaushaltsgesetz – WHG) in Verbindung mit der Regelung des VawS-LSA vom 25. 1. 1996 (GVBl. LSA S. 58). Danach muss im Schadensfall anfallendes Löschwasser, das mit ausgetretenen wassergefährdenden Stoffen verunreinigt sein kann, zurückgehalten und ordnungsgemäß entsorgt werden können."

2. Nach Abschnitt 1.4 wird folgender neuer Abschnitt 1.5 eingefügt:
„1.5 Eine Löschwasserrückhaltung ist nicht erforderlich für das Lagern von Calciumsulfat und Natriumchlorid."

3. Abschnitt 1.5 wird Abschnitt 1.6 neu.

4. In Abschnitt 3.2 wird die Zeile „WKG 0: im Allgemeinen nicht wassergefährdende Stoffe" gestrichen.

5. Satz 2 des Hinweises in Fußnote 4 wird gestrichen. Satz 1 erhält folgenden neuen Wortlaut:
„Vergleiche Allgemeine Verwaltungsvorschrift zum Wasserhaushaltsgesetz über die Einstufung wassergefährdender Stoffe und ihre Einstufung in Wassergefährdungsklassen (Verwaltungsvorschrift wassergefährdender Stoffe – 17. Mai 1999, Bundesanzeiger Nr. 98 a vom 29. 5. 1999).

Anlage 4.1/1
zu DIN 4108 Teil 2

Bei Anwendung der technischen Regel ist Folgendes zu beachten:

1. Die Abschnitte 6 und 7 sind von der Einführung ausgenommen.

2. Zu Abschnitt 5.2.4

Ausgenommen sind die Dämmsysteme folgender Konstruktionen:
– Wärmedämmsysteme als Umkehrdach unter Verwendung von Dämmstoffen aus Polystyrol-Extruderschaum nach DIN 18164-1 und DIN V 4108-4, die mit einer Kiesschicht oder mit einem Betonplattenbelag (z. B. Gehwegplatten) in Kiesbettung oder auf Ab-

standhaltern abgedeckt sind. Die Dämmplatten sind einlagig auf ausreichend ebenem Untergrund zu verlegen. Die Dachentwässerung ist so auszubilden, dass ein langfristiges Überstauen der Wärmedämmplatten ausgeschlossen ist. Ein kurzfristiges Überstauen (während intensiver Niederschläge) kann als unbedenklich angesehen werden.

Bei leichter Unterkonstruktion mit einer flächenbezogenen Masse unter 250 kg/m² muss der Wärmedurchlasswiderstand unterhalb der Abdichtung mindestens 0,15 (m² · K)/W betragen.

Bei der Berechnung des vorhandenen Wärmedurchgangskoeffizienten k_D ist der errechnete k-Wert um einen Betrag Δk nach folgender Tabelle zu erhöhen:

Anteil des Wärmedurchlasswiderstandes unterhalb der Dachhaut in % des gesamten Wärmedurchlasswiderstandes	Erhöhung des k-Wertes Δk W/(m² · K)
0–10	0,05*)
10,1–50	0,03
> 50	0

*) Dieser Wert ist stets anzusetzen, wenn der Wärmedurchlasswiderstand der Bauteilschichten unter der Dachhaut < 0,1 (m² · K)/W beträgt.

Überschreitet der Anteil des Wärmedurchlasswiderstandes der Bauteilschichten unter der Dachhaut ein Drittel des gesamten Wärmedurchlasswiderstandes, so ist ein diffusionstechnischer Nachweis nach DIN 4108-5 zu führen.

– Wärmedämmsysteme als Perimeterdämmung (außenliegende Wärmedämmung erdberührender Gebäudeflächen) ohne lastabtragende Funktion unter Anwendung von Dämmstoffen aus Polystyrol-Extruderschaum nach DIN 18164-1 und DIN V 4108-4 oder Schaumglas nach DIN 18174 und DIN V 4108-4, wenn die Perimeterdämmung nicht ständig im Grundwasser liegt. Lang anhaltendes Stauwasser oder drückendes Wasser ist im Bereich der Dämmschicht zu vermeiden. Die Dämmplatten müssen dicht gestoßen im Verband verlegt werden und eben auf dem Untergrund aufliegen.

Schaumglasplatten sind miteinander vollfugig und an die Bauteilflächen großflächig mit Bitumenkleber zu verkleben. Die Oberfläche der verlegten, unbeschichteten Schaumglasplatten ist vollflächig mit einer bituminösen, frostbeständigen Deckbeschichtung zu versehen. Diese entfällt bei werkseitig beschichteten Platten, wenn es sich um eine mit Bitumen aufgebrachte Beschichtung handelt.

II/17 Liste der Technischen Baubestimmungen

Anlage 4.1/2

zu DIN 4108 Teil 3

Bei Anwendung der technischen Regel ist Folgendes zu beachten:
Der Abschnitt 4 ist von der Einführung ausgenommen.

Anlage 4.2/1

zu DIN 4109

Bei Anwendung der technischen Regel ist Folgendes zu beachten:

1. Zu Abschnitt 5.1, Tabelle 8, Fußnote 2

Die Anforderungen sind im Einzelfall von der Bauaufsichtsbehörde festzulegen.

2. Zu Abschnitt 6.3 und 7.3

Eignungsprüfungen I und III sind im Rahmen der Erteilung eines allgemeinen bauaufsichtlichen Prüfzeugnisses durchzuführen.

3. Zu Abschnitt 8

Bei baulichen Anlagen, die nach Tabelle 4, Zeilen 3 und 4 einzuordnen sind, ist die Einhaltung des geforderten Schalldruckpegels durch Vorlage von Messergebnissen nachzuweisen. Das Gleiche gilt für die Einhaltung des geforderten Schalldämm-Maßes bei Bauteilen nach Tabelle 5 und bei Außenbauteilen, an die Anforderungen entsprechend Tabelle 8, Spalten 3 und 4 gestellt werden, sofern das bewertete Schalldämm-Maß $R'_{w,res}$ 50 dB betragen muss. Die Messungen sind von bauakustischen Prüfstellen durchzuführen, die entweder nach § 28 Abs. 1 Nr. 1 BauO LSA anerkannt sind oder in einem Verzeichnis über „Sachverständige Prüfstellen für Schallmessungen nach der Norm DIN 4109" beim Verband der Material-Prüfungsämter[1]) geführt werden.

4. Zu Abschnitt 6.4.1

Prüfungen im Prüfstand ohne Flankenübertragung dürfen auch durchgeführt werden; das Ergebnis ist nach Beiblatt 3 zu DIN 4109, Ausgabe Juni 1996, umzurechnen.

---

1) Verband der Materialprüfungsämter (VMPA) e. V. Berlin, Rudower Chaussee 5, Gebäude 13.7, 12484 Berlin.
Hinweis: Dieses Verzeichnis wird auch bekannt gemacht in der Zeitschrift „Der Prüfingenieur", herausgegeben von der Bundesvereinigung der Prüfingenieure für Baustatik.

5. Eines Nachweises der Luftschalldämmung von Außenbauteilen (Tabelle 8 der Norm DIN 4109) vor Außenlärm bedarf es, wenn

a) der Bebauungsplan festsetzt, dass Vorkehrungen zum Schutz vor Außenlärm am Gebäude zu treffen sind (§ 9 Abs. 1 Nr. 24 BauGB), oder

b) der sich aus amtlichen Lärmkarten oder Lärmminderungsplänen nach § 47 a des Bundes-Immissionsschutzgesetzes ergebende „maßgebliche Außenlärmpegel" (Abschnitt 5.5 der Norm DIN 4109) auch nach den vorgesehenen Maßnahmen zur Lärmminderung (§ 47 a Abs. 3 Nr. 3 BImSchG) gleich oder höher ist als
   – 56 dB(A) bei Bettenräumen in Krankenhäusern und Sanatorien,
   – 61 dB(A) bei Aufenthaltsräumen in Wohnungen, Übernachtungsräumen, Unterrichtsräumen und ähnlichen Räumen,
   – 66 dB(A) bei Büroräumen.

Anlage 4.2/2

zu DIN 4109 und Beiblatt 1 zu DIN 4109

Die Berichtigung 1 zu DIN 4109, Ausgabe August 1992, ist zu beachten.

Anlage 5.1/1

zu DIN 4149

Bei Anwendung der technischen Regel ist Folgendes zu beachten:

Zu Abschnitt 5

In den Erdbebenzonen 3 und 4 sind die Dachdeckungen bei Dächern mit mehr als 35° Neigung und in den Erdbebenzonen 2, 3 und 4 die frei stehenden Teile der Schornsteine über Dach durch geeignete Maßnahmen gegen die Einwirkungen von Erdbeben so zu sichern, dass angrenzende öffentlich zugängliche Verkehrsflächen sowie die Zugänge zu den baulichen Anlagen gegen herabfallende Teile ausreichend geschützt sind.

In den Erdbebenzonen 3 und 4 dürfen für Wände nur Steine verwendet werden, deren Stege in Wandlängsrichtung durchlaufen. Als solche Steine gelten auch bauaufsichtlich zugelassene Steine mit elliptischer oder rhombenförmiger Lochung. Andere Steine dürfen verwendet werden, wenn ihre Druckfestigkeit in der in Wandlängsrichtung vorgesehenen Steinrichtung mindestens 2,0 N/mm² beträgt.

II/17 Liste der Technischen Baubestimmungen

zu DIN 4149 Teil 1 A 1

Zur einheitlichen Anwendung von DIN 4149 Teil 1 A 1 wird die nachfolgende Einordnung der Gemeinden in die Erdbebenzonen festgelegt:

Erdbebenzonen A und O: Alle Gemeinden des Landes Sachsen-Anhalt, soweit sie nicht nachfolgend in der Erdbebenzone I genannt sind.

Erdbebenzone I: Die Gemeinden Breitenbach, Bröckau, Droßdorf, Geußnitz, Heukewalde, Kayna, Schellbach, Spora, Wittgendorf und Wüchwitz.

Anlage 5.2.1

zu DIN 68800 Teil 3

Bei Anwendung der technischen Regel ist Folgendes zu beachten:
Die Abschnitte 11 und 12 der Norm sind von der Einführung ausgenommen.

Anlage 6.2/1

zur Asbest-Richtlinie

Bei Anwendung der technischen Regel ist zu beachten:
Eine Erfolgskontrolle der Sanierung nach Abschnitt 4.3 durch Messungen der Konzentration von Asbestfasern in der Raumluft nach Abschnitt 5 ist nicht erforderlich bei Sanierungsverfahren, die nach dieser Richtlinie keiner Abschottung des Arbeitsbereiches bedürfen.

Anlage 6.4/1

zur PCP-Richtlinie

Von der Einführung sind nur die Abschnitte 1, 2, 3, 4, 5, 6.1 und 6.2 erfasst.

Anlage 7.1/1

zu DIN 18065

Bei Anwendung der technischen Regel ist Folgendes zu beachten:

1. Von der Einführung ausgenommen ist die Anwendung auf Treppen in Wohngebäuden geringer Höhe mit nicht mehr als zwei Wohnungen und in Wohnungen.

2. Von der Technischen Baubestimmung kann auch abgewichen werden, wenn eine Abweichung gemäß § 75 Abs. 1 BauO LSA von den Anforderungen der BauO LSA oder von Vorschriften aufgrund der BauO LSA für Treppen zugelassen wurde.

Anhang 7.2/1

zu DIN 18024-1

Die Einführung bezieht sich nur auf die baulichen Anlagen oder die Teile baulicher Anlagen, für die nach § 57 BauO LSA barrierefreie Nutzbarkeit gefordert wird. Technische Regeln, auf die in dieser Norm verwiesen wird, sind von der Einführung nicht erfasst. Bei der Anwendung der Technischen Baubestimmung ist Folgendes zu beachten:

Die Abschnitte 8.4, 8.5, 9, 10.1 Satz 2, 12.2, 13 bis 16 und 19 sind nicht anzuwenden.

Anhang 7.2/2

zu DIN 18024-2

Die Einführung bezieht sich nur auf die baulichen Anlagen oder die Teile baulicher Anlagen, für die nach § 57 BauO LSA barrierefreie Nutzbarkeit gefordert wird. Technische Regeln, auf die in dieser Norm verwiesen wird, sind von der Einführung nicht erfasst. Bei der Anwendung der Technischen Baubestimmung ist Folgendes zu beachten:

Die Abschnitte 6 Satz 4, 8, 11 Satz 1, 13, 14 und 16 sind nicht anzuwenden.

Anhang 7.3/1

zu DIN 18025-1

Die Einführung bezieht sich nur auf Wohnungen, die als Wohnungen für Rollstuhlbenutzer errichtet werden und die Zugänge zu diesen Wohnungen. Technische Regeln, auf die in dieser Norm verwiesen wird, sind von der Einführung nicht erfasst.

Anhang 7.3/2

zu DIN 18025-2

Die Einführung bezieht sich nur auf Wohnungen, die barrierefrei errichtet werden und die Zugänge zu diesen Wohnungen. Technische Regeln, auf die in dieser Norm verwiesen wird, sind von der Einführung nicht erfasst.

Anhang A

Richtlinie über den Brandschutz bei Lagerung von Sekundärstoffen aus Kunststoff (Kunststofflager-Richtlinie KLR)

– Fassung Juni 1996 –

1. Schutzziel

1.1 Ziel dieser Richtlinie ist es, beim Brand eines Lagers für Sekundärstoffe aus Kunststoff der Ausbreitung von Feuer vorzubeugen und wirksame Löscharbeiten zu ermöglichen (§ 17 BauO LSA).

1.2 Zu diesem Zweck enthält die Richtlinie abgestufte Anforderungen an:
- die Größe der Flächen von Brand- und Lagerabschnitten,
- die Lagerguthöhe,
- die Begrenzung der Brand- und Lagerabschnitte durch Wände oder durch Freiflächen.

2. Geltungsbereich

Diese Richtlinie gilt für die Lagerung von Sekundärstoffen aus Kunststoff – nachstehend als Stoffe bezeichnet – in Lagermengen von mehr als 200 m³ in Form von Mono- oder Mischfraktionen in kompakter Form oder als Schüttgut, lose, in ortsfesten und ortsbeweglichen Behältern, in Lagergebäuden und im Freien.

3. Flächen für die Feuerwehr

Für den Einsatz der Feuerwehr sind auf dem Grundstück geeignete Zufahrten sowie Aufstell- und Bewegungsflächen im Einvernehmen mit der für den Brandschutz zuständigen Dienststelle herzustellen.

4. Lagerung von Stoffen in Gebäuden

4.1 Die Lagerung von Stoffen darf in Gebäuden nur in den Erdgeschossen erfolgen.

4.2 Das Lager ist durch Brandwände in Brandabschnitte von höchstens 5000 m² zu unterteilen.

4.3 Jeder Abschnitt ist durch mindestens 5 m breite Freiflächen in Lagerabschnitte von höchstens 300 m² zu unterteilen.

4.4 In einem Brandabschnitt müssen vorhanden sein:
- stationäre automatische Feuerlöschanlagen oder Rauch-Abzugsanlagen in Verbindung mit automatischen Brand-Meldeanlagen, wenn der Abschnitt größer als 800 m² ist,
- stationäre automatische Feuerlöschanlagen, wenn der Brandabschnitt größer als 1600 m² ist.

5. Lagerung von Stoffen im Freien

5.1 Als Lagerung von Stoffen im Freien gilt auch eine Lagerung innerhalb eines Brandabschnittes mit einem Dach, wenn
- die zulässige Lagerguthöhe durchgehend mindestens 2,5 m unterhalb der Unterkante des niedrigsten Teils des Daches endet,
- der Brandabschnitt an mindestens zwei sich gegenüberliegenden Seiten vollflächig offen ist und
- die übrigen Seiten des Brandabschnittes, die nicht vollflächig offen sind, eine Länge von höchstens 45 m haben.

5.2 Das Lager ist durch mindestens 10 m breite, nicht überdachte Freiflächen oder durch feuerbeständige Wände aus nicht brennbaren Baustoffen in Brandabschnitte von höchstens 2000 m² zu unterteilen. Die Wände sind
- bei Brandabschnitten ohne Dächer mindestens einen Meter über die zulässige Lagerguthöhe,
- bei Brandabschnitten mit Dächern nach Abschnitt 5.1 aus nichtbrennbaren Baustoffen bis unter die Dachhaut,
- bei Brandabschnitten mit Dächern nach Abschnitt 5.1 aus brennbaren Baustoffen mindestens 1 m über Dach zu führen.

5.3 Jeder Brandabschnitt ist durch mindestens 5 m breite Freiflächen oder durch feuerbeständige Wände aus nichtbrennbaren Baustoffen in Lagerabschnitte von höchstens 400 m² zu unterteilen. Die Wände sind mindestens 0,5 m über die zulässige Lagerguthöhe zu führen.

5.4 Brand- und Lagerabschnitte dürfen folgende Lagertiefen nicht überschreiten:
- 40 m, wenn zwei sich gegenüberliegende Seiten für die Brandbekämpfung frei zugänglich sind,
- 20 m, wenn nur eine Seite für die Brandbekämpfung zugänglich ist.

5.5 Lager im Freien müssen von den Grundstücksgrenzen einen Abstand von mindestens 10 m einhalten oder gegenüber Grundstücksgrenzen feuerbeständige Wände aus nicht brennbaren Baustoffen ohne Öffnungen bis mindestens 1 m über der zulässigen Lagerguthöhe haben.

6. Lagerguthöhe

Die Lagerguthöhe darf bei Schüttung 5 m, bei Blocklagerung 4 m nicht überschreiten. Die zulässigen Lagerguthöhen sind deutlich sichtbar auszuschildern.

7. Tragbare Feuerlöscher

Zur Bekämpfung von Entstehungsbränden müssen geeignete Feuerlöscher in ausreichender Zahl vorhanden sein.

8. Löschwasserversorgung

Für die Brandbekämpfung muss Löschwasser in einer Menge von mindestens 96 m³/Std. über einen Zeitraum von mindestens 2 Stunden zur Verfügung stehen. Die für den Brandschutz zuständige Dienststelle kann eine größere Löschwassermenge verlangen, wenn dies erforderlich ist.

9. Betriebliche Maßnahmen

9.1 Auf dem Grundstück muss ein Fernmeldehauptanschluss vorhanden sein.

9.2 Im Einvernehmen mit der für den Brandschutz zuständigen Dienststelle sind Feuerwehrpläne anzufertigen und der örtlichen Feuerwehr zur Verfügung zu stellen.

Anhang B
Richtlinie über die Lüftung fensterloser Küchen, Bäder und Toilettenräume in Wohnungen April 1988
Fassung April 2001

1. Anwendungsbereich

Nach § 50 Abs. 4 Satz 2 und § 52 Abs. 4 BauO LSA sind in Wohnungen nur dann Küchen, Kochnischen, Bäder und Toilettenräume ohne Außenfenster (im Folgenden fensterlose Räume genannt) zulässig, wenn eine wirksame Lüftung dieser Räume gewährleistet ist. Diese Voraussetzung liegt vor, wenn die Lüftung den nachfolgenden Anforderungen entspricht.

2. Lüftungstechnische Mindestanforderungen

Jeder fensterlose Raum einer Wohnung muss eine Zuluftversorgung haben und an eine Entlüftungsanlage unmittelbar angeschlossen sein. Die der Zuluftversorgung und Entlüftung dienenden Anlagen und Einrichtungen müssen eine ständige Grundlüftung der fensterlosen Räume, in Küchen zusätzlich eine Stoßlüftung mit Außenluft ermöglichen. Die Grundlüftung muss so angeordnet und eingerichtet sein, dass in der Wohnung keine Zugbelästigungen entstehen und keine Gerüche in andere Räume übertragen werden. Alle fensterlosen Räume der Wohnung müssen gleichzeitig gelüftet werden können.

2.1 Zuluftversorgung

Den fensterlosen Räumen muss planmäßig ein Zuluft-Volumenstrom mit mindestens den in Tabelle 1 angegebenen Luftraten zugeführt werden können.

2.1.1 Zuluft aus der Wohnung

Die Zuluft darf – außer in den Fällen der Nr. 2.1.2 a, b und c – den Räumen der Wohnung entnommen werden. Für die Zuluftversorgung aus der Wohnung darf eine Luftrate von 0,5 m³/h je m³ Rauminhalt der Räume mit Außenfenstern oder Außentüren in der Wohnung angerechnet werden, soweit in diesen Räumen keine Feuerstätten stehen, die ihre Verbrennungsluft dem Aufstellraum entnehmen (raumluftabhängige Feuerstätten), und zwischen diesen Räumen und den fensterlosen Räumen eine Verbindung durch Nachströmöffnungen oder -spalten und undichte Innentüren besteht.

2.1.2 Zuluft über Lüftungsanlagen und -einrichtungen

Die Zuluft muss über eine Belüftungsanlage mit Ventilator oder über dichte Leitungen vom Freien oder über Außenluftöffnungen den fensterlosen Räumen unmittelbar zugeführt werden

a) bei Küchen für die Stoßlüftung,

b) bei mehreren fensterlosen Räumen in der Wohnung mit Abluftschächten ohne Ventilatoren (siehe Nr. 2.2.2),

c) bei fensterlosen Räumen, für die die Zuluftversorgung aus der Wohnung (Nr. 2.1.1) nicht ausreicht.

Die Zuluft darf auch außerhalb der fensterlosen Räume an zentraler Stelle der Wohnung (z. B. im Wohnungsflur) oder durch Öffnungen in den Außenwänden der Wohnung (z. B. im oberen Fensterrahmen) zugeführt werden, wenn zu den fensterlosen Räumen eine Verbindung durch Nachströmöffnungen oder -spalten oder undichte Innentüren besteht. Dies gilt jedoch nicht für die Stoßlüftung von Küchen und bei mehreren fensterlosen Räumen in der Wohnung mit Abluftschächten ohne Ventilatoren (Nr. 2.2.2).

Außenluftöffnungen, Leitungen vom Freien und Belüftungsanlagen mit Ventilator sind so zu bemessen, dass sich für den planmäßigen Zuluft-Volumenstrom rechnerisch kein größerer Unterdruck in der Wohnung als 8 Pa gegenüber dem Freien ergibt. Befinden sich in der Wohnung raumluftunabhängige Feuerstätten, sind die Öffnungen, Leitungen und Belüftungsanlagen so zu bemessen, dass sich für die Summe aus dem planmäßigen Volumenstrom und dem Verbrennungsluftvolumenstrom (= 1,6 m³/h je kW Nennwärmeleistung) kein größerer Unterdruck in der Wohnung als 4 Pa gegenüber dem Freien errechnet. Belüftungsanlagen mit Ventilatoren müssen ferner so ausgelegt und mit der Entlüftungsanlage und den raumluftabhängigen Feuerstätten verblockt sein, dass in den fensterlosen Räumen kein Überdruck gegenüber benachbarten Räumen entsteht und die Feuerstätten nur bei ausreichender Verbrennungsluftversorgung betrieben werden können.

Außenluftöffnungen und Leitungen vom Freien, die auch der Verbrennungsluftversorgung von Feuerstätten dienen, dürfen nicht absperrbar sein oder ihre Verschlüsse müssen so mit den raumluftabhängigen Feuerstätten verblockt sein, dass die Feuerstätten nur bei ausreichender Verbrennungsluftversorgung betrieben werden können. Andere Außenluftöffnungen und Leitungen vom Freien sowie Belüftungsanlagen mit Ventilatoren, die nicht vorgewärmte Luft fördern, müssen in der Wohnung absperrbar sein.

2.2 Entlüftungsanlagen

Die Entlüftungsanlage muss die Abluft über dichte Leitungen ins Freie fördern und mindestens für einen Abluftvolumenstrom in Höhe der in Tabelle 1 angegebenen Luftraten bemessen sein.

Tabelle 1

Fensterloser Raum	Luftrate in m³/h	
	Betriebsdauer = 12 Std./Tag	Beliebige Betriebsdauer
1	2	3
Küche:		
– Grundlüftung	40	60
– Stoßlüftung	200	200
Kochnische:	40	40
Bad (auch mit WC):	40	60
Toilettenraum:	20	30

2.2.1 Entlüftungsanlagen mit Ventilatoren

Die Entlüftungsanlagen müssen Ventilatoren mit steiler Kennlinie haben. Entlüftungsanlagen, die für eine Luftrate nach Spalte 2 der Tabelle 1 bemessen sind, müssen mit selbsttätigen Einrichtungen ausgestattet sein, die eine tägliche Betriebsdauer von mindestens zwölf Stunden sicherstellen. Bei Entlüftungsanlagen mit einer Luftrate nach Spalte 3 der Tabelle 1 dürfen die Ventilatoren – ausgenommen von Zentralentlüftungsanlagen nach Nr. 2.3 – vom Nutzer abzuschalten sein (Bedarfslüftung).

2.2.2 Abluftschächte ohne Ventilatoren

Für fensterlose Bäder und Toilettenräume genügen als Entlüftungsanlagen Abluftschächte ohne Ventilatoren, wenn
a) die Wohnungen keine fensterlosen Küchen und Kochnischen haben oder
b) die Bäder und Toilettenräume durch Türen mit umlaufenden Dichtungen und einer Schwelle von der übrigen Wohnung getrennt sind.

2.2.3 Abluftöffnungen

Die Abluftöffnungen der Entlüftungsanlagen dürfen in jedem fensterlosen Raum von Hand absperrbar sein oder selbsttätige Rückschlagklappen haben.

2.2.4 Raumluftabhängige Feuerstätten und Entlüftungsanlagen mit Ventilatoren

Die Anforderungen der Feuerungsverordnung (FeuVO) an die Aufstellung von raumluftabhängigen Feuerstätten in Wohnungen mit Entlüftungsanlagen mit Ventilatoren sind erfüllt, wenn die Zuluft- und Verbrennungsluftzuführung Nr. 2.1.2 entspricht und die Abgasführung der Feuerstätten durch besondere Einrichtungen überwacht wird oder die Abgase durch Saugventilatoren oder mit Überdruck unter Verwendung dichter Feuerstätten und dichter Abgasanlagen abgeleitet werden.

2.3 Lüftungsanlagen für mehrere Wohnungen

Die fensterlosen Räume mehrerer Wohnungen dürfen über gemeinsame Anlagen oder Lüftungsleitungen be- und entlüftet werden. Die Entlüftungsanlage muss dazu

– in allen Wohnungen mit Ventilatoren und selbsttätigen Rückschlagklappen für alle Abluftöffnungen ausgestattet sein (Einzellüftungsgeräte) oder

– einen zentralen Ventilator besitzen, der ganztätig betrieben wird und in den Wohnungen nicht abgeschaltet werden kann (Zentralentlüftungsanlagen); Zentralentlüftungsanlagen dürfen für eine nächtliche Absenkung des Abluftvolumenstroms um bis zu 50 v. H. eingerichtet sein.

Sowohl bei Einzellüftungsanlagen als auch bei Zentralentlüftungsanlagen müssen die Zuluftöffnungen in den Wohnungen von Hand absperrbar oder mit selbsttätigen Absperrklappen versehen sein.

2.4 Lüftungsanlagen nach DIN 18 017

Lüftungsanlagen nach DIN 18 017 Teil 1 (Ausgabe Februar 1987) und Teil 3 (Ausgabe August 1990) für fensterlose Bäder und Toilettenräume in Wohnungen erfüllen die lüftungstechnischen Anforderungen nach den Abschnitten 2 bis 2.3, wenn die Wohnungen keine fensterlosen Küchen und Kochnischen aufweisen.

3. Schallschutzanforderungen (§ 42 Abs. 4 BauO LSA)

Lüftungsanlagen und -leitungen für fensterlose Räume in Wohnungen müssen gegen die Weiterleitung von Schall in andere Wohnungen oder fremde Räume entsprechend DIN 4109 und Beiblatt 1 zu DIN 4109, Ausgabe November 1989, gedämmt sein.

4. Brandschutzanforderungen (§ 42 Abs. 2 BauO LSA)

Lüftungsanlagen und -leitungen für fensterlose Räume in Wohnungen müssen der mit der VV BauO LSA Nr. 42.2 bauaufsichtlich eingeführten Richtlinie über brandschutztechnische Anforderungen an Lüftungsanlagen in Gebäuden genügen.

5. Bauzustandsbesichtigung (§ 86 BauO LSA)

Zur Bauzustandsbesichtigung: Nach Fertigstellung der Baumaßnahme hat der Bauherr zum Nachweis, dass die Lüftung den lüftungstechnischen Mindestanforderungen dieser Richtlinie entspricht, eine Bescheinigung des Fachunternehmers beizubringen.

Bei Lüftungsanlagen nach DIN 18 017 ist darüber hinaus in der Bescheinigung der entsprechende Teil der Norm und die Art der Lüftungsanlage anzugeben.

Anhang C
Richtlinie über Flächen für die Feuerwehr

Zur Ausführung des § 5 BauO LSA wird hinsichtlich der Flächen für die Feuerwehr Folgendes bestimmt:

1. Befestigung und Tragfähigkeit

Zu- oder Durchfahrten für die Feuerwehr, Aufstellflächen und Bewegungsflächen sind so zu befestigen, dass sie von Feuerwehrfahrzeugen mit einer Achslast bis zu 10 t und einem zulässigen Gesamtgewicht bis zu 16 t befahren werden können.

Zur Tragfähigkeit von Decken, die im Brandfall von Feuerwehr-Fahrzeugen befahren werden, wird auf Anlage 1/1 zu DIN 1055 Blatt 3 der Liste der Technischen Baubestimmungen verwiesen.

2. Zu- oder Durchfahrten

Die lichte Breite der Zu- und Durchfahrten muss mindestens 3 m, die lichte Höhe mindestens 3,50 m betragen. Die lichte Höhe der Zu- oder Durchfahrten ist senkrecht zur Fahrbahn zu messen. Wird eine Zu-

oder Durchfahrt auf eine Länge von mehr als 12 m beidseitig durch Bauteile, wie Wände oder Pfeiler, begrenzt, so muss die lichte Breite mindestens 3,50 m betragen. Wände und Decken von Durchfahrten müssen feuerbeständig sein.

3. Kurven in Zu- oder Durchfahrten

Der Einsatz der Feuerwehrfahrzeuge wird durch Kurven in Zu- oder Durchfahrten nicht behindert, wenn die in der Tabelle den Außenradien der Gruppen zugeordneten Mindestbreiten nicht unterschritten werden. Dabei müssen vor oder hinter Kurven auf einer Länge von mindestens 11 m Übergangsbereiche (Bild 1) vorhanden sein.

Tabelle

Außenradius der Kurve (in m)	Breite mind. (in m)
10,5 bis 12	5,0
über 12 bis 15	4,5
über 15 bis 20	4,0
über 20 bis 40	3,5
über 40 bis 70	3,2
über 70	3,0

4. Fahrspuren

Geradlinig geführte Zu- oder Durchfahrten können außerhalb der Übergangsbereiche (Nrn. 2 und 13) als Fahrspuren ausgebildet werden. Die beiden befestigten Streifen müssen voneinander einen Abstand von 0,80 m haben und mindestens je 1,10 m breit (Bild 1) sein.

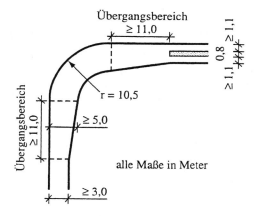

Bild 1

5. Neigungen in Zu- und Durchfahrten

Zu- oder Durchfahrten dürfen längs geneigt sein. Jede Änderung der Fahrbahnneigung ist in Durchfahrten sowie innerhalb eines Abstandes von 8 m vor und hinter Durchfahrten unzulässig. Im Übrigen sind die Übergänge mit einem Radius von mindestens 15 m auszurunden.

6. Stufen und Schwellen

Stufen und Schwellen im Zuge von Zu- oder Durchfahrten dürfen nicht höher als 8 cm sein. Eine Folge von Stufen oder Schwellen im Abstand von weniger als 10 m ist unzulässig. Im Bereich von Übergängen nach Nr. 5 dürfen keine Stufen sein.

7. Sperrvorrichtungen

Sperrvorrichtungen (Sperrbalken, Ketten, Sperrpfosten) sind in Zu- oder Durchfahrten zulässig, wenn sie von der Feuerwehr geöffnet werden können.

8. Aufstellflächen

Aufstellflächen müssen mindestens 3,50 m breit und so angeordnet sein, dass alle zum Anleitern bestimmten Stellen von Hubrettungsfahrzeugen erreicht werden können (Bild 2).

9. Aufstellflächen entlang von Außenwänden

Für Aufstellflächen entlang von Außenwänden muss zusätzlich zur Mindestbreite von 3,50 m auf der gebäudeabgewandten Seite ein mindestens 2 m breiter hindernisfreier Geländestreifen vorhanden sein. Die Aufstellflächen müssen mit ihrer der anzuleiternden Außenwand zugekehrten Seite einen Abstand von mindestens 3 m zur Außenwand haben. Der Abstand darf höchstens 9 m und bei Brüstungshöhen von mehr als 18 m höchstens 6 m betragen. Die Aufstellfläche muss mindestens 8 m über die letzte Anleiterstelle hinausreichen (Bild 2).

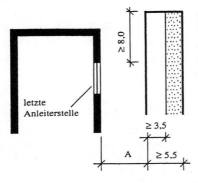

alle Maße in Meter

A ≥ 3,0 bis 9,0 m bei Brüstungshöhe ≥ 8,0 bis 18,0 m
A ≥ 3,0 bis 6,0 m bei Brüstungshöhe > 18,0 m

Bild 2

10. Aufstellflächen rechtwinklig zu Außenwänden

Für rechtwinklig oder annähernd im rechten Winkel auf die anzuleiternde Außenwand zugeführte Aufstellflächen muss zusätzlich zur Mindestbreite von 3,50 m beidseitig ein mindestens 1,25 m breiter hindernisfreier Geländestreifen vorhanden sein; die Geländestreifen müssen mindestens 11 m lang sein. Die Aufstellflächen dürfen keinen größeren Abstand als 1 m zur Außenwand haben. Die Entfernung zwischen der Außenseite der Aufstellflächen und der entferntesten seitlichen Begrenzung der zum Anleitern bestimmten Stellen darf 9 m und bei Brüstungshöhe von mehr als 18 m 6 m nicht überschreiten (Bild 3).

Liste der Technischen Baubestimmungen II/17

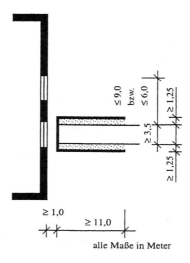

Bild 3

11. Freihalten des Anleiterbereiches

Zwischen der anzuleiternden Außenwand und den Aufstellflächen dürfen sich keine den Einsatz von Hubrettungsfahrzeugen erschwerenden Hindernisse wie bauliche Anlagen oder Bäume befinden.

12. Neigung von Aufstellflächen

Aufstellflächen dürfen nicht mehr als 5 v. H. geneigt sein.

13. Bewegungsflächen

Bewegungsflächen müssen für jedes Fahrzeug mindestens 7 m × 12 m groß sein. Zufahrten sind keine Bewegungsflächen. Vor und hinter Bewegungsflächen an weiterführenden Zufahrten sind mindestens 4 m lange Übergangsbereiche (ÜGB) anzuordnen (Bild 4).

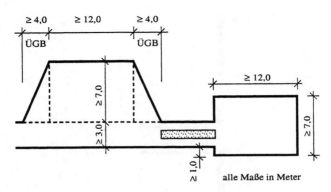

Bild 4

14. Zu- oder Durchgänge

Der Zu- oder Durchgang muss geradlinig und mindestens 1,25 m breit sein und darf durch Einbauten nicht eingeengt werden; bei Türöffnungen und anderen geringfügigen Einengungen in diesen Zu- oder Durchgängen genügt eine lichte Breite von 1 m. Die lichte Höhe des Zu- oder Durchgangs muss mindestens 2 m betragen.

15. Kennzeichnung

Zu- oder Durchfahrten für Feuerwehrfahrzeuge sind als „Feuerwehrzufahrt" zu kennzeichnen. Der Hinweis muss von der öffentlichen Verkehrsfläche aus sichtbar sein. Hinweisschilder für Aufstellflächen oder Bewegungsflächen müssen die Aufschrift „Fläche für die Feuerwehr" tragen. Hinweisschilder für Flächen für die Feuerwehr müssen DIN 4066 Blatt 2 entsprechen und mindestens 594 mm × 210 mm groß sein.

18.
Verwaltungsvorschriften zur BauO LSA zu Stellplätzen und Garagen nach der BauO LSA[1)]

– Auszug –

...

53. Stellplätze und Garagen (§ 53)

53.1. Zu Absatz 1

53.1.1. Die Richtzahlen der nachfolgenden Tabelle entsprechen dem durchschnittlichen Bedarf und dienen lediglich als Anhalt, um die Zahl der herzustellenden Stellplätze oder Garagen unter Berücksichtigung der örtlichen Verhältnisse im Einzelfall festzulegen. Ist die Herstellung von Stellplätzen durch Satzung nach Absatz 6 Satz 3 oder durch Bebauungsplan untersagt oder eingeschränkt, führt dies nicht zu einer Reduzierung der Anzahl der notwendigen Stellplätze oder Garagen, auch wenn diese nicht in der notwendigen Anzahl hergestellt werden dürfen.

Soweit eine Satzung nach Absatz 3 vorhanden ist, muss diese bei der Entscheidung zu Grunde gelegt werden; der Bauherrin oder dem Bauherrn bleibt es unbenommen, Stellplätze oder Garagen herzustellen.

Soweit auf Grund einer Satzung nach Abs. 4 Satz 2 die Herstellung von Stellplätzen oder Garagen verlangt wird, richtet sich das Verlangen hinsichtlich der Anzahl nach der folgenden Tabelle:

Richtzahlen für den Stellplatzbedarf

Nr.	Verkehrsquelle	Zahl der Stellplätze (Stpl.)	Anteil für Besucherinnen oder Besucher in v. H.
1.	Wohngebäude		
1.1.	Einfamilienhäuser	1–2 Stpl. je Wohnung	–
1.2.	Mehrfamilienhäuser und sonstige Gebäude mit Wohnungen	1–1,5 Stpl. je Wohnung	10
1.3.	Gebäude mit Altenwohnungen	0,5 Stpl. je Wohnung	20

---

1) Aus dem Entwurf zu den Verwaltungsvorschriften zur BauO LSA. Zum Zeitpunkt der Drucklegung des Werkes waren die Verwaltungsvorschriften noch nicht veröffentlicht; es kann aber davon ausgegangen werden, dass es keine Änderungen geben wird.

Nr.	Verkehrsquelle	Zahl der Stellplätze (Stpl.)	Anteil für Besucherinnen oder Besucher in v. H.
1.4.	Wochenend- und Ferienhäuser	1 Stpl. je Wohnung	–
1.5.	Kinder- und Jugendwohnheime	1 Stpl. je 10–20 Betten, jedoch mind. 2 Stpl.	75
1.6.	Studentenwohnheime	1 Stpl. je 2–3 Betten	10
1.7.	Schwesternwohnheime	1 Stpl. je 3–5 Betten, jedoch mind. 3 Stpl.	10
1.8.	Arbeitnehmerwohnheime	1 Stpl. je 2–4 Betten, jedoch mind. 3 Stpl.	20
1.9.	Altenwohnheime, Altenheime	1 Stpl. je 8–15 Betten, jedoch mind. 3 Stpl.	75
2.	**Gebäude mit Büro-, Verwaltungs- und Praxisräumen**		
2.1.	Büro- und Verwaltungsräume Allgemein	1 Stpl. je 30–40 m² Nutzfläche	20
2.2.	Räume mit erheblichem Besucherverkehr (Schalter-, Abfertigungs- oder Beratungsräume, Arztpraxen u. dergleichen)	1 Stpl. je 20–30 m² Nutzfläche, jedoch mind. 3 Stpl.	75
3.	**Verkaufsstätten**		
3.1.	Läden, Geschäftshäuser	1 Stpl. je 30–40 m² Verkaufsnutzfläche, jedoch mind. 2 Stpl. je Laden	75
3.2.	Geschäftshäuser mit geringem Besucherverkehr	1 Stpl. je 50 m² Verkaufsnutzfläche	75
3.3.	Großflächige Einzelhandelsbetriebe außerhalb von Kerngebieten	1 Stpl. je 10–20 m² Verkaufsnutzfläche	90
4.	**Versammlungsstätten** (außer Sportstätten), **Kirchen**		
4.1.	Versammlungsstätten von überörtlicher Bedeutung (z. B. Theater, Konzerthäuser, Mehrzweckhallen)	1 Stpl. je 5 Sitzplätze	90
4.2.	Sonstige Versammlungsstätten (z. B. Lichtspieltheater, Schulaulen, Vortragssäle)	1 Stpl. je 5–10 Sitzplätze	90

Verwaltungsvorschriften Stellplätze und Garagen II/18

Nr.	Verkehrsquelle	Zahl der Stellplätze (Stpl.)		Anteil für Besucherinnen oder Besucher in v. H.
4.3.	Gemeindekirchen	1	Stpl. je 20–30 Sitzplätze	90
4.4.	Kirchen von überörtlicher Bedeutung	1	Stpl. je 10–20 Sitzplätze	90
5.	**Sportstätten**			
5.1.	Sportplätze ohne Besucherplätze (z. B. Trainingsplätze)	1	Stpl. je 250 m² Sportfläche	–
5.2.	Sportplätze und Sportstadien mit Besucherplätzen	1	Stpl. je 250 m² Sportfläche, zusätzlich 1 Stpl. je 10–15 Besucherplätze	–
5.3.	Spiel- und Sporthallen ohne Besucherplätze	1	Stpl. je 50 m² Hallenfläche	–
5.4.	Spiel- und Sporthallen mit Besucherplätzen	1	Stpl. je 50 m² Hallenfläche, zusätzlich 1 Stpl. je 10–15 Besucherplätze	–
5.5.	Freibäder und Freiluftbäder	1	Stpl. je 200–300 m² Grundstücksfläche	–
5.6.	Hallenbäder ohne Besucherplätze	1	Stpl. je 5–10 Kleiderablagen	–
5.7.	Hallenbäder mit Besucherplätzen	1	Stpl. je 5–10 Kleiderablagen, zusätzlich 1 Stpl. je 10–15 Besucherplätze	–
5.8.	Tennisplätze ohne Besucherplätze	4	Stpl. je Spielfeld	–
5.9.	Tennisplätze mit Besucherplätzen	4	Stpl. je Spielfeld, zusätzlich 1 Stpl. je 10–15 Besucherplätze	–
5.10.	Minigolfplätze	6	Stpl. je Minigolfanlage	–
5.11.	Kegel- und Bowlingbahnen	4	Stpl. je Bahn	–

II/18 Verwaltungsvorschriften Stellplätze und Garagen

Nr.	Verkehrsquelle	Zahl der Stellplätze (Stpl.)	Anteil für Besucherinnen oder Besucher in v. H.
5.12.	Bootshäuser und Bootsliegeplätze	1 Stpl. je 2–5 Boote	–
6.	**Gaststätten und Beherbergungsbetriebe**		
6.1.	Gaststätten von örtlicher Bedeutung	1 Stpl. je 8–12 Sitzplätze	75
6.2.	Gaststätten von überörtlicher Bedeutung	1 Stpl. je 4–8 Sitzplätze	75
6.3.	Hotels, Pensionen, Kurheime und andere Beherbergungsbetriebe	1 Stpl. je 2–6 Betten, für zugehörigen Restaurationsbetrieb Zuschlag nach Nr. 6.1 oder 6.2	75
6.4.	Jugendherbergen	1 Stpl. je 10 Betten	75
7.	**Krankenanstalten**		
7.1.	Universitätskliniken	1 Stpl. je 2–3 Betten	50
7.2.	Krankenhäuser von überörtlicher Bedeutung (z. B. Schwerpunktkrankenhäuser), Privatkliniken	1 Stpl. je 3–4 Betten	60
7.3.	Krankenhäuser von örtlicher Bedeutung	1 Stpl. je 4–6 Betten	60
7.4.	Sanatorien, Kuranstalten, Anstalten für langfristige Kranke	1 Stpl. je 2–4 Betten	25
7.5.	Altenpflegeheime	1 Stpl. je 6–10 Betten	75
8.	**Schulen, Einrichtungen der Jugendförderung**		
8.1.	Grundschulen	1 Stpl. je 30 Schülerinnen oder Schüler	–
8.2.	Sonstige allgemein bildende Schulen, Berufsschulen, Berufsfachschulen	1 Stpl. je 25 Schülerinnen oder Schüler, zusätzlich 1 Stpl. je 5–10 Schülerinnen oder Schüler über 18 Jahre	–
8.3.	Sonderschulen für Behinderte	1 Stpl. je 15 Schülerinnen oder Schüler	–

Verwaltungsvorschriften Stellplätze und Garagen II/18

Nr.	Verkehrsquelle	Zahl der Stellplätze (Stpl.)		Anteil für Besucherinnen oder Besucher in v. H.
8.4.	Fachhochschulen, Hochschulen	1	Stpl. je 2–4 Studierende	–
8.5.	Kindergärten, Kindertagesstätten und dergleichen	1	Stpl. je 20–30 Kinder, jedoch mind. 2 Stpl.	–
8.6.	Jugendfreizeitheime und dergleichen	1	Stpl. je 15 Besucherplätze	–
9.	**Gewerbliche Anlagen**			
9.1.	Handwerks- und Industriebetriebe	1	Stpl. je 50–70 m² Nutzfläche oder je 3 Beschäftigte*)	10 – 30
9.2.	Lagerräume, Lagerplätze, Ausstellungs- und Verkaufsplätze	1	Stpl. je 80–100 m² Nutzfläche oder je 3 Beschäftigte*)	–
9.3.	Kraftfahrzeugwerkstätten	6	Stpl. je Wartungs- od. Reparaturstand	–
9.4.	Tankstellen mit Pflegeplätzen	10	Stpl. je Pflegeplatz	–
9.5.	Automatische Kraftfahrzeugwaschstraßen	5	Stpl. je Waschanlage**)	–
9.6.	Kraftfahrzeugwaschstraße zur Selbstbedienung	3	Stpl. je Waschplatz	–
10.	**Verschiedenes**			
10.1.	Kleingartenanlagen	1	Stpl. je 3 Kleingärten	–
10.2.	Friedhöfe	1	Stpl. je 2000 m² Grundstücksfläche, jedoch mind. 10 Stpl.	–
10.3.	Spiel- und Automatenhallen	1	Stpl. je 20 m² Spielhallenfläche, jedoch mind. 3 Stpl.	–

*) Der Stellplatzbedarf ist in der Regel nach der Nutzfläche zu berechnen; ergibt sich dabei ein offensichtliches Missverhältnis zum tatsächlichen Stellplatzbedarf, so ist die Zahl der Beschäftigten zugrunde zu legen.

**) Zusätzlich soll ein Stauraum für mindestens 10 Kraftfahrzeuge vorhanden sein.

53.1.2. Soweit in der Tabelle Mindest- und Höchstzahlen angegeben sind, müssen die örtlichen Verhältnisse berücksichtigt werden. Die Zahl der notwendigen Stellplätze ist zu erhöhen oder zu vermindern, wenn die besonderen örtlichen Verhältnisse oder die besondere Art oder Nutzung der baulichen Anlagen dies erfordern oder gestatten (z. B. Fremdenverkehr, Ausflugsverkehr, Pendlerverkehr sowie geringe Zahl von Beschäftigten oder Besucherinnen oder Besuchern).

53.1.3. Bei baulichen Anlagen mit unterschiedlicher Nutzung ist der Stellplatzbedarf für die jeweilige Nutzungsart getrennt zu ermitteln. Bei Anlagen mit Mehrfachnutzung ist die Nutzungsart mit dem größeren Stellplatzbedarf maßgebend.

53.1.4. Bei baulichen Anlagen mit regelmäßigem An- oder Auslieferungsverkehr kann auch eine ausreichende Zahl von Stellplätzen für Lastkraftwagen verlangt werden. Dies gilt sinngemäß auch für Anlagen, bei denen ein Besucherverkehr durch Autobusse zu erwarten ist.

53.1.5. Für Sonderfälle, die in der Tabelle der Richtzahlen nicht erfasst sind, ist der Stellplatzbedarf nach den besonderen Verhältnissen im Einzelfall unter sinngemäßer Berücksichtigung der Richtzahlen für Verkehrsquellen mit vergleichbarem Stellplatzbedarf zu ermitteln.

53.2. Zu Absatz 2

Werden bauliche Anlagen und andere Anlagen oder ihre Nutzung so wesentlich geändert, dass die Änderung einer Neuerrichtung gleichkommt, so müssen Stellplätze und Garagen wie nach Absatz 1 hergestellt werden. Bei nicht wesentlicher Änderung (z. B. beim nachträglichen Ausbau von Dachgeschossen) sind Stellplätze oder Garagen nur in dem Umfang zu fordern, wie er sich aus Zahl und Art der zusätzlich zu erwartenden Kraftfahrzeuge ergibt.

53.3. Zu Absatz 3

Die Stellplatzverzichtssatzung bewirkt kein Verbot der tatsächlichen Herstellung von Stellplätzen oder Garagen.

53.7. Zu Absatz 7

Im Falle der Einschränkung oder Untersagung der Herstellung von Stellplätzen oder Garagen durch Satzung nach Absatz 6 Satz 3 oder durch Bebauungsplan, ist ein Ablösebetrag nur zu erheben, wenn dies in der Satzung nach Absatz 7 (Ablösesatzung) ausdrücklich bestimmt ist.

53.8. Zu Absatz 8

53.8.1. Die Gemeinde hat bei Verwendung des Geldbetrages für die Schaffung zusätzlicher privater Stellplätze zu gewährleisten, dass diese tatsächlich zur Entlastung der öffentlichen Verkehrsflächen beitragen (z. B. durch öffentlich-rechtlichen Vertrag).

53.8.2. Bauliche Anlagen und Einrichtungen, die den Bedarf an Parkeinrichtungen verringern, sind z. B. Fahrradabstellanlagen, Fahrrad- und Gehwege und Parkleitsysteme.

53.8.3. Maßnahmen zur Herstellung oder Verbesserung der Verbindungen zwischen Parkeinrichtungen und Haltestellen des öffentlichen Personennahverkehrs sind z. B. die Schaffung von Geh- und Fußgängerschutzwegen, Ampelanlagen oder Über- und Unterführungen.